KB013983

신기후체제하 글로벌 에너지 질서 변동과
한국의 에너지 전략

이 도서의 국립중앙도서관 출판예정도서목록(CIP)은 서지정보유통지원시스템 홈페이지(http://seoji.nl.go.kr)
와 국가자료공동목록시스템(http://www.nl.go.kr/kolisnet)에서 이용하실 수 있습니다.
CIP제어번호: CIP2016015204(양장), CIP2016015205(학생판)

신기후체제하 글로벌 에너지 질서
변동과 한국의 에너지 전략

A Shifting Global Energy Order Under the New Climate Change System
and Korea's Energy Strategy

김연규 엮음

한울
아카데미

2015년 12월 파리에서 개최된 UN기후변화협약 당사국총회는 매우 큰 의미를 지닌다. 당시 파리 총회에서는 2020년이면 효력이 만료되는 교토 의정서를 대신해 지구 기온 상승을 2도 이내로 묶을 수 있는 구속력 있는 국제 협약을 만들어내는 것이 목표였다. 파리 총회의 결과 파리기후협약 이 채택되었는데, 파리기후협약의 체결로 선진국과 개도국이 모두 참여 하는 신기후체제, 즉 '포스트 2020'의 출범이 가시화되었다.

이 책은 신기후체제 도래에 따른 세계 주요 지역 및 국가들의 기후변화 대응 전략을 소개·분석하고 이를 토대로 한국이 신기후체제에 대응하는 전략을 제안하기 위한 것으로, 한양대 에너지거버넌스센터가 2015년 11월부터 2016년 2월까지 외교부 기후변화환경외교국의 의뢰로 '신기후체제하 에너지 외교 추진 방향'이라는 주제의 연구 용역을 수행하면서 정부의 정책 입안에 기여한 내용과, 2015년 12월 11일 에너지경제연구원 주최로 열린 '한미 기후변화 협력, 동북아 협력에 대한 전문가 워크숍'에서 발표된 연구 결과들을 바탕으로 집필한 것이다.

제1부에서는 글로벌 에너지 거버넌스와 신기후체제에 대한 주요 선행 연구들과 이론적 틀을 소개하면서 파리협정의 채택에 따른 신기후체제의

도래가 에너지 시장과 탄소 배출권 시장에 큰 영향을 줄 것으로 예상했다. 제2부에서는 신기후체제에서의 주요 에너지 산업에 대해 분석했다. 또한 신기후체제하에서 글로벌 기업들이 어떻게 대응해야 할지 제안하는 한편, 신기후체제에 선도적으로 대응하고 있는 국가 중 하나인 독일의 재생에너지 정책에 대해서도 상세하게 설명했다. 제3부에서는 신기후체제에서의 글로벌 거버넌스와 파리협정의 목표 달성 여부에 영향을 줄 수 있는 주요 행위자들인 미국과 중국, EU, 일본의 에너지 외교와 에너지 안보 전략에 대해 연구했다. 한편 덴마크가 북유럽의 신재생에너지 산업을 선도하는 국가가 되기까지 에너지 정책이 변천한 과정을 분석하고 덴마크의 에너지 정책이 국제 에너지 안보와 지속가능 발전에 제공하는 시사점을 소개했다. 마지막으로 제4부에서는 신기후체제하에서 한국이 수립·실행해야 할 에너지 외교 전략에 대해 제안했다.

이상에서 살펴본 바와 같이 이 책은 세계 주요 국가와 지역이 처한 상황과 내부 정치 리더십의 정책 지향에 따라 기후변화 대응 정책이 어떻게 차이 나는지에 주목하고 이를 소개·분석함으로써 한국의 향후 대응 방안을 제안하는 데 초점을 맞추었다. 물론 각국의 정치권력이 교체되면 국가별로 기후변화 대응 정책의 방향과 수준 또한 변하기 마련이다. 특히 미국에서는 화석연료 중심의 에너지 정책에 초점을 맞추고 있는 도널드 트럼프가 대통령으로 선출되었으므로 오바마 행정부의 기후변화 정책을 지속하기 어려워지고 파리협정을 글로벌 차원에서 실행하는 데에도 부정적인 영향을 줄 가능성을 배제할 수 없다. 그러나 파리협정으로 인해 출범한 신기후체제가 우리나라의 새로운 성장 산업 육성 및 지속가능한 경제 성장에 도움이 되고 신기후체제에 적극적으로 참여하려는 국가들과의 협력을 통한 성과 창출을 가능하게 만들었다는 점은 부인할 수 없다. 따라서 이 책이 신기후체제와 관련된 연구와 교육에 활용되어 후속 연구를 수행하는 데 또는 신기후체제 관련 외교·경제 협력 전략을 수립·실행하는 데 도움이 될 수 있기를 희망한다.

이 책의 출판과 필진의 연구에 도움을 준 한국연구재단과 외교부 기후변화환경외교국, 외교부 글로벌에너지협력센터에 감사드린다. 또한 출판을 맡아준 한울엠플러스 김종수 사장에게도 감사의 뜻을 표한다.

필진을 대표해서

김연규

차례

제 1 부

글로벌 에너지 거버넌스와 신기후체제

01 이론적 틀
신기후체제와 글로벌 에너지 질서

김연규·조정원

문제 제기

2015년 12월 12일 파리에서 열린 제21차 UN기후변화협약(United Nations Framework Convention on Climate Change: UNFCCC) 당사국총회(Conference of Parties: COP)에서는 2020년 이후의 국제 기후변화 대응 체제를 규정하는 파리협정(Paris Agreement)이 채택되었다. 기후 재앙으로 인한 인류의 파국을 막기 위해 선진국과 개도국 모두를 포함한 195개 협약 당사국 정상들이 참여했는데, 총회가 열린 2015년 12월의 기간을 일부에선 '인류 역사상 가장 중요한 2주'라고 부르기도 했다. 파리 총회의 목표는 지구 기온 상승을 2도 이내로 묶을 수 있는 구속력 있는 국제 협약, 즉 2020년 만료되는 교토의정서(Kyoto Protocol)를 대체할 '신기후체제(New Climate Regime)'를 만들어 내는 것이었다. 파리 기후회의의 주요 결과물은 파리협정으로서, 이 협정은 전문과 29개의 조항으로 구성되었다. 이 협정에서는 지구 기온 상승을

2도보다 더 낮게 억제하고 나아가 1.5도 이내로 억제하기 위해 노력한다는 목표가 제시되었다. 21세기 중반에는 온실가스 순 배출량이 0이 되도록 한 다는 장기 방향도 제시되었다. 기후협상의 합의문에 1.5도 목표가 언급된 것은 처음이다. 이 기후변화 국제 협상의 가장 중요한 진전은 과거와 달리 선진국과 개도국이 모두 기후행동에 참여해 감축을 시행한다는 원칙에 합 의했다는 점이다.

선진국과 개도국이 모두 참여하는 신기후체제 출범이 가시화되면서 각 국의 에너지 정책은 기후변화 대응 정책과 연계하는 차원에서 변하고 있 다. 여전히 많은 국가에서 에너지 수요가 점증함에 따라 에너지 공급 안보 를 우선시하는 에너지 외교를 펼치고 있으나 신기후체제하에서는 기후 안보와의 균형을 위해 에너지 공급 안보의 내용이 바뀔 가능성이 커지고 있다(Umbach, 2015). 각국이 에너지 안보와 새롭게 강화되는 기후 안보가 상충되는 현실로 인해 고민하는 이 시점에서 한국은 '에너지 - 기후 연계 (Energy-Climate Nexus)'에 대해 면밀히 고찰할 필요가 있다. 무엇보다 미국, 중국, 유럽 국가들이 신기후체제하에서 에너지 안보를 어떻게 재정의하 고 있는지를 파악해야 한다. 이를 위해서는 기후 안보와 지속가능성 간의 연계 속에서 주요 국가들이 자국의 에너지 안보를 어떻게 평가하고 규정 하고 있는지를 먼저 파악해야 할 것이다.

2013년 미국의 태평양 함대 제독 새뮤얼 로클리어(Samuel J. Locklear)는 "기후변화는 세계가 처한 가장 심각한 위협"이라고 언급했으며, 미 국무 장관 존 케리(John Kerry)는 기후변화를 "대량 살상 무기"에 비유했다. 사실 동아시아는 기후변화에 가장 취약하다. 동아시아는 기후변화로 농작물 생산이 악화되어 식량 안보가 위협을 받고 있다. 게다가 경제성장으로 인 해 해외 에너지 수입 의존도도 높다. 이러한 수입 의존도를 줄이기 위해 동아시아는 최근 원자력을 중시해왔다. 하지만 기후변화로 인해 원자력

시설들의 위험성이 노출되어 원자력의 미래마저 불투명한 상황에 처하게 되었다. 북미 셰일혁명으로 LNG 구도가 변화함에 따라 LNG가 대안으로 제시되기도 했으나 LNG 인프라와 가격 체계의 미비로 확산까지는 이르지 못한 상황이다. 아시아 지역의 경우 기후변화와 불안한 에너지 안보가 결합되어 국가들의 기반이 취약해져 있다. 따라서 아시아 지역 차원에서 에너지, 기후, 식량, 환경문제들을 동시에 다루기 위한 지역 협력이 절실하다. 아시아 지역의 태양력과 풍력을 활용해서 지역 스마트그리드 체계 등을 구축하기 위한 노력도 점차 중요해지고 있다. 신흥국, 특히 아시아를 중심으로 에너지 수요가 지속적으로 증가하는 가운데 온실가스 규제로 인해 석유·석탄의 비중이 감소하는 한편 가스·신재생 등 저탄소 에너지의 비중이 증가함에 따라 가스의 안정적인 공급을 둘러싼 국제 경쟁이 가속화되고 있다. 이에 따라 녹색 기술을 둘러싼 국가 간 경쟁, 즉 '글로벌 그린 레이스(Global Green Race)'가 본격화될 것으로 예상된다.

EU를 위시한 국가들은 1995년부터 에너지 정책의 목표를 공급의 안정 (security of supply), 경제적 경쟁력(economic competitiveness), 환경의 지속가능성(environmental sustainability)이라는 이른바 '에너지 삼각구도'로 설정해 왔다. 지금은 신기후체제의 도래와 함께 지속가능성의 일부로서 기후변화가 공급 안정, 경제적 경쟁력 등에 어떤 영향을 미치는지에 대한 대논쟁이 일어나고 있는 실정이다. 미국에서는 기후변화가 에너지 안보 제고와 경제성장에 유용하게 활용될 수 있다는 견해와 기후변화 쟁점이 부각되는 것은 에너지 안보와 경제성장에 도움이 되지 않는다는 견해가 병존하고 있다.

이 책이 제기하는 근본적인 문제는 신기후체제하에서는 에너지가 소비·공급되는 방식이 혁명적으로 바뀔 것이며 그 핵심은 전력발전의 변화에서 시작되리라는 것이다(Varun and Norris, 2016: 147). 많은 연구에서는 저탄소 경제로 이행하는 데서의 핵심 사안이 전력이라고 지적한다. 전기자동차도 원유를 대체하는 차원에서 중요하지만, 전력이 상류(upstream) 부문이라면 생산된 전기를 사용하는 전기자동차는 하류(downstream) 부문에 해당되어 상류에서의 혁명이 자연스럽게 하류로 확산될 것이다(Varun and Norris, 2016: 148). 국제에너지기구(International Energy Agency: IEA)에 따르면 현재 화석연료에 의존하는 발전소가 전 세계 전력의 약 70%를 공급하고 있는데 지구온난화를 섭씨 2도로 제한할 가능성을 50%까지 올리기 위해서는 화석연료에 의존하는 발전율을 7%까지 낮춰야 한다.

에너지 안보와 기후 안보는 기후변화가 국제 문제로 등장하기 시작한 이래 동전의 양면과 같이 인식되어왔다. 에너지 안보와 기후 안보는 매우 특별한 조합이라서 경쟁 관계이지만 한편으로는 정치적으로 동맹 관계이기도 하다. 이러한 에너지와 기후 문제 간 관계의 특징이 가장 잘 반영된 에너지 외교 정책은 2008년에 채택된 EU의 '2020 기후와 에너지 패키지(2020 Climate and Energy Package)'다. EU는 여기서 2020년까지 ① 1990년 대비 온실가스 배출 20% 감축, ② 최종 에너지 소비에서 재생에너지 비중을 20%로 확대, ③ 에너지 효율 20% 증대 등 '20-20-20 목표'를 설정한 바 있다. 이는 최근 '2020 기후와 에너지 패키지 및 에너지 로드맵 2050'으로 개편되었다. EU의 이 패키지는 탄소 배출을 감축하면서 동시에 에너지 안보를 제고하는 목표를 제시하고 있다. 전체적으로 미국, 중국, EU, 일본 등 모든 선진국은 신기후체제하에서 기후 안보를 강화하기 위해 에너지 안보를 수정하고 있는데, 이러한 변화는 우선적으로 석유, 석탄, 천연가스, 신재생에너지, 원자력 등 에너지 믹스의 변화와 이를 위한 국제 협력 및 지역 협력의 형태 변화로 나타나고 있다. 국가마다 신기후체제하에서 조금씩 다른 에너지 믹스 전략을 수립하고 있는 것이다.

EU의 비전과 같이 기후 안보를 제고하는 것이 에너지 안보도 동시에 제고하는 방법일까? 에너지 안보를 제고하고 탄소를 감축시키는 원인은 '에너지 수요 증가'로 동일하지만 이를 해결하는 방법은 반드시 동일하지 않고 상충될 수 있다. 화석연료 사용을 억제하고 에너지 효율과 신재생 기술을 확산시키는 것이 에너지 안보와 기후 안보를 동시에 달성하는 방안으로 제시되지만, 석탄 매장량이 풍부한 국가의 경우, 또는 셰일 개발 기술로 원유와 가스가 새롭게 풍부해진 국가의 경우 원유, 가스, 석탄 사용을 제한하는 것은 에너지 안보 불안을 가중시키는 일이다. 기후와 환경적 제약 때문에 줄어든 화석연료만큼 추가로 기술을 개발하거나 비교적 청정한 가스 등을 대규모로 대신 수입해야 하기 때문에 에너지 불안이 야기될 수밖에 없다. 제로 탄소로 이행하는 과정에서 이행기 동안에는 자원 및 에너지의 수출입을 위한 경쟁과 쟁탈전이 더욱 심화될 가능성이 크다. 수입국은 수입국대로 대체에너지를 확보해야 하며, 화석연료 수출국은 수출국대로 얼마 남지 않은 화석연료의 시대와 국가 수입의 감소에 대비해 수출 극대화에 나서야 한다. 셰일 원유와 가스의 생산과 수출을 환경 및 경제적 이유로 제한하는 것은 전통 원유에 대한 의존 및 가스 생산국인 러시아와 중동에 대한 의존을 심화시켜 에너지 안보 불안을 가중시키는 결과를 가져올 것이다. 따라서 기후 안보가 에너지 안보를 동시에 담보하는지는 매우 복잡한 문제이므로 면밀한 고찰이 필요하다.

연구의 목적

선진국과 개도국이 모두 참여하는 신기후체제 출범이 가시화되면서 에너지 산업을 포함한 경제 전반에 저탄소 경제 구조로의 전환이 강력히 요구되고 있다. 국내적으로 에너지 정책은 이미 기후변화 대응 정책과 연계되기 시작했다. 국제적으로는 미국, 영국 등 주요국이 기후변화 대응과 연계한 에너지 외교를 강화해오고 있는 상황이므로 한국의 에너지 외교도 신기후체제하의 새로운 비전을 설정하고 국제적 흐름에 대응해나가야 한다. 이 책에서는 미국, 중국, 일본, EU를 비롯해 우리나라가 참고할 만한 주요국의 기후변화와 관련된 에너지 외교의 내용, 사례, 추진 체계 등을 분석함으로써 신기후체제하에서의 한국의 에너지 외교 추진 방향을 제언하려 한다. 후속 연구로는 신기후체제하 동북아시아 한·중·일 3국의 에너지·기후 지역 협력 방안을 모색해야 할 것이다. 신기후체제로 글로벌 에너지 질서가 재편되는 가운데 (동북)아시아는 에너지 수요가 가장 급증하고 있는 지역이자 온실가스 감축의 핵심 지역이다(Jain, 2014). 한편 에너지 안보가 매우 취약한 지역이기도 하다. 한·중·일 3국은 중동 지역에 대한 수입 의존도가 매우 높아서 가격에 프리미엄이 형성되어 있으며, 해상 운송로 또한 불안한 실정이다. 그런데도 한·중·일 3국 간 지역 협력 수준은 매우 낮다. 경제 협력은 느는 데 비해 정치 안보 분야의 협력은 따라가지 못하는 '아시아 패러독스'가 존재하는 것이다.

기존 연구

기후변화와 에너지 문제는 최근 들어 가장 중요하게 인식되는 양대 글로벌 문제이지만 지금까지 별도의 문제로 다루는 경향이 있었다. 기후변화와 에너지 문제가 본격적으로 연계되기 시작한 것은 2013년에 IEA가 발행한 특별 보고서 「에너지기후 지도의 재구성, 세계 에너지 전망 보고서 2013(Redrawing the Energy-Climate Map, World Energy Outlook Special Report 2013)」에서였다. IEA는 2013년 4월 보고서를 통해 지구 평균 온도를 2도

상승 범위에 묶어두기 위해 에너지 관련 탄소 배출 감소의 중요성을 강조하면서 ① 구체적인 에너지 효율 제고 방안 채택(탄소 배출 감소의 49%를 차지), ② 석탄발진소의 건설과 사용 제한(탄소 배출 감소의 21%를 차지), ③ 석유가스 개발로 인한 메탄(CH_4) 배출 감소, ④ 화석연료 사용에 대한 국가 보조금의 단계적 철폐 등 네 가지 정책의 실행을 제시했다.

2013년 ≪엔바이런멘털 폴리틱스(Environmental Politics)≫는 '기후변화와 에너지' 특집호를 발간하고 데이비드 토크(David Toke), 세바스티 - 엘레니 베지기아니도(Sevasti-Eleni Vezirgiannidou) 등 다수 전문가의 논문을 게재했다. 기존의 연구 성과들에서 다룬 기후변화와 에너지 문제의 연계는 다음과 같은 세 가지 유형으로 정리해볼 수 있다. 우선, 기후변화 - 에너지 안보 넥서스(Climate Change and Energy Security Nexus)를 들 수 있다. 기후변화 - 에너지 안보 넥서스는 지구 표면 온도의 상승과 그로 인한 이상 기후 현상들이 국가 내부 에너지의 안정적인 공급에 미치는 영향에 초점을 맞춘다. 그 과정에서 지구의 이상 기온 현상은 국가나 지역의 에너지 안보에 위협을 증폭시킬 수 있는 존재(threat multiplier)로서 다뤄져왔다(Center for Naval Analyses, 2007; King and Gulledge, 2013).[1] 이러한 관점은 2007년 8월 기후변화에 따른 가뭄으로 인해서 앨라배마 주 브라운스페리 원자력발전소의 냉각수를 사용하기 어려워져 가동을 중단하는 사례가 발생하면서 기후변화가 발전량의 감소를 유발할 수 있음이 입증된 바가 있다(Fulton, Heather and Gleick, 2011). 또한 최근 네팔의 사례도 기후변화가 에너지 안보에 위협이 될 수 있다는 논리에 설득력을 더해주고 있다. 네팔은 기후변

---

[1] 이러한 논지는 2007년 발표된 보고서 「국가 안보와 기후변화의 위협(National Security and the Threat of Climate Change)」에서 처음으로 언급되었다. 그 이후 해외의 많은 연구들이 기후변화가 에너지 안보를 비롯한 국가의 전체적인 안보에 위협이 될 수 있다는 관점에 동의하면서 기후변화가 에너지 안보의 위협적인 요소로 받아들여졌다.

화로 인해 주민들이 사용할 수 있는 물이 감소함에 따라 네팔 내 전력 생산량의 40%를 차지하는 수력발전량도 감소하고 있으며, 이로 인해 전력난도 계속되고 있다(안희민, 2015).

둘째, 토지 사용 - 기후변화 - 에너지 넥서스를 들 수 있다. 이러한 연계는 두 가지 측면에서의 파급 효과에 주목한다. 우선 자원의 채굴 및 개발에 따른 토지 사용은 온실가스 배출량의 증가를 초래한다. 온실가스 배출량의 증가는 기후변화에 따른 이상 기후 현상을 유발해 토지의 생산성에도 좋지 않은 영향을 준다. 그렇기 때문에 토지 사용과 기후변화, 에너지 문제는 〈그림 1-1〉에 제시된 것처럼 서로 연계될 수밖에 없다(Virginia, Rebecca and Keith, 2011).

토지 사용 - 기후변화 - 에너지 넥서스를 감안하면 알베도 효과²에 따른 기후변화의 문제에 대한 인식, 잠열의 활용, 태양광과 풍력을 중심으로 한 신재생에너지 사용의 활성화를 통해 생태 보호를 추진해야 한다. 그러나 현재와 같은 화석연료 중심의 에너지 사용 패턴은 토지 사용과 기후변화, 주변 환경에도 부정적인 영향을 초래할 수 있다. 2011년 캐나다가 교토의정서에서 탈퇴하는 원인을 제공했던 앨버타의 타르샌드 개발 과정이 대표적인 사례다. 앨버타의 지방정부는 타르샌드 채굴을 위해 수림 지대 벌목을 허용했다. 벌목을 완료한 후 개발 업체가 본격적으로 타르샌드 채굴을 진행하면서 지반을 깊게 뚫고 들어가는 작업을 진행했고 그로 인해 지반이 약화되었다. 또한 채굴한 타르샌드는 물로 세척하더라도 호수와 강의 바닥에 가라앉는 특성이 있기 때문에 수자원의 오염을 피할 수 없었다. 또한 타르샌드가 사용되면서 오염 물질 배출이 늘어나고 기후변화에

---

2 알베도 효과는 태양에서 투사된 빛이 지구의 대기나 지면에서 부분적으로 흡수된 후에 반사되는 비율에 따른 여러 가지 기온 변화의 효과를 의미한다. 기후변화를 유발하는 오존층의 파괴와 이산화탄소, 수증기 때문에 발생하는 온실효과 모두 알베도 효과에 따른 것이다.

〈그림 1-1〉토지 사용 - 기후변화 - 에너지 넥서스

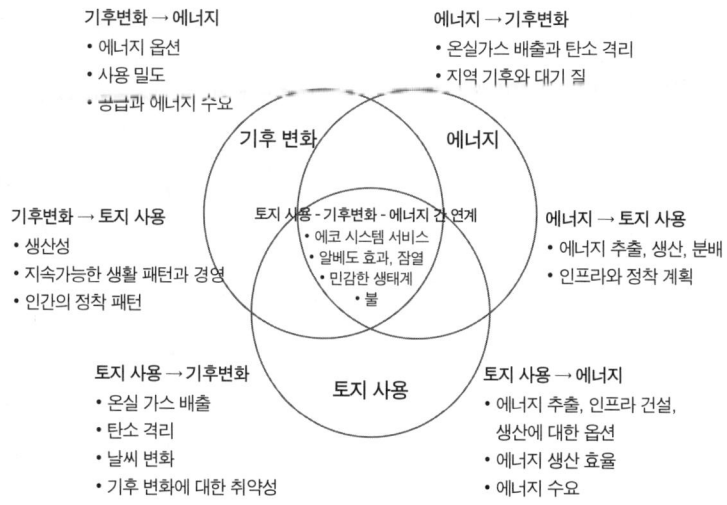

기후변화 → 에너지
• 에너지 옵션
• 사용 밀도
• 공급과 에너지 수요

에너지 → 기후변화
• 온실가스 배출과 탄소 격리
• 지역 기후와 대기 질

기후 변화　**에너지**

기후변화 → 토지 사용
• 생산성
• 지속가능한 생활 패턴과 경영
• 인간의 정착 패턴

토지 사용 - 기후변화 - 에너지 간 연계
• 에코 시스템 서비스
• 알베도 효과, 잠열
• 민감한 생태계
• 불

에너지 → 토지 사용
• 에너지 추출, 생산, 분배
• 인프라와 정착 계획

토지 사용 → 기후변화
• 온실 가스 배출
• 탄소 격리
• 날씨 변화
• 기후 변화에 대한 취약성

토지 사용

토지 사용 → 에너지
• 에너지 추출, 인프라 건설,
　생산에 대한 옵션
• 에너지 생산 효율
• 에너지 수요

자료: Virginia, Rebecca and Keith(2011: 758).

따른 이상 기후 현상이 나타날 가능성을 배제할 수 없게 되었다.

　이 외에도 화력발전소가 가동되는 지역에는 토지에 석탄의 재와 슬러리가 지속적으로 쌓이면서 토양 오염을 유발할 수 있다(Orr et al., 2002). 아울러 정유 공장, 원유 및 가스 저장소 같은 에너지 관련 인프라는 토지의 지표 상태에 영향을 줄 수 있다. 이와 같은 화석연료의 개발 또는 사용으로 인한 토지 사용 및 기후변화의 악순환을 예방하기 위해서는 화석연료의 사용 감소, 신재생에너지의 점진적 사용 증대, 경관생태학(landscape ecology) 관점에서 토지 사용 – 기후변화 – 에너지 넥서스 정책 수립과 실행, 이해 당사자들 간의 커뮤니케이션과 타당성 평가가 요구된다(Virginia, Rebecca and Keith, 2011).[3]

3　경관생태학은 제2차 세계대전 이후 유럽에서 지역 생태계의 보호와 복원, 관리와 이용 계획을 위한 과학적인 기반을 제공하고 이를 바탕으로 에너지 정책과 환경 정책을 수립하기 위해 나온 학문 분야다. 버지니아·레베카·키스는 생태계와 환경을 보호하는 한편 화석연료

마지막으로 기후변화에 따른 수자원 - 에너지 - 식량 넥서스(Water-Energy-Food Nexus)를 들 수 있다. 이상 기온 현상은 수자원의 고갈과 에너지 공급의 부족을 초래할 뿐만 아니라 식량 생산량을 감소시켜 식량의 안정적인 공급(식량 안보)을 저해할 수 있다. 수자원 고갈, 에너지 부족, 식량난의 삼중고는 주민들의 기본적인 생활을 위협하는 요소로 작용할 수 있다. 이를 예방하기 위해 〈그림 1-2〉와 같이 수자원과 에너지, 식량 안보를 연계함으로써 지속가능한 적응을 유지하기 위한 주요 원칙들과 이를 실행하기 위한 정책과 제도적 환경을 제시했다(Rasul and Sharma, 2015).

〈그림 1-2〉에서 필자들은 수자원 - 에너지 - 식량 넥서스 관점에서의 기후 정책과 기후변화 적응 계획의 수립, 폐기물 감소를 통한 경제적 효율 제고, 수자원·에너지·식량의 안정적 공급, 지속가능한 에코 시스템 서비스에 대한 투자가 주요 원칙이 되어야 한다고 제시했다. 또한 이러한 주요 원칙들을 바탕으로 빈곤 감소, 지속가능한 발전, 수자원과 에너지, 식량 공급의 취약성 감소를 추진할 수 있다고 보았다. 그리고 이를 뒷받침하기 위해 수자원과 에너지, 토지의 스마트한 활용이 가능한 시스템의 구축, 연관 분야들 간의 협조를 바탕으로 하는 통합적인 넥서스 정책 수립과 실행, 빈곤 감소와 수자원·에너지·식량 공급의 취약성을 동시에 해결할 수 있는 정책 목표의 연계를 주장했다. 그러나 이러한 제안들을 실현할 수 있는 구체적인 방안은 제시하지 않았다.

기후변화가 에너지 정책이나 다른 정책의 하부 정책으로 다뤄졌다고

사용 증대에 따른 이상 기후 현상 및 이상 기후 현상으로 인한 토지 생산성의 저하, 토지 생산성의 저하로 인한 식량 수확과 생산 감소 등의 악순환을 막기 위한 체계적인 양적 연구 방법을 개발하자고 제안했다. 또한 자원 개발 및 토지 사용과 관련된 다양한 이해 당사자 간의 소통과 가치 평가가 이뤄져야 한다고 주장했다. Dale H. Virginia, Efroymson A. Rebecca, Kline L. Keith, "The land use-climate change-energy nexus," *Landscape Ecol*, 26(2011), pp. 767~768.

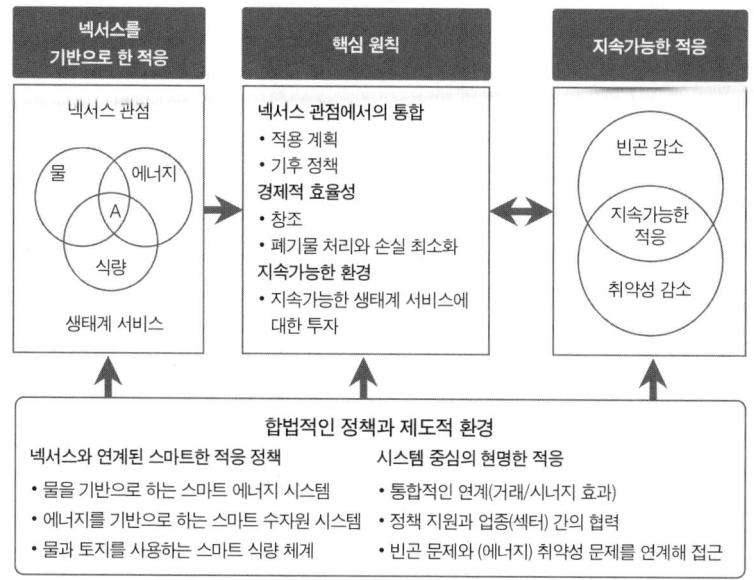

〈그림 1-2〉 수자원 - 에너지 - 식량 넥서스에 따른 정책 적응 네트워크

자료: Rasul and Sharma(2015: 16).

언급한 연구도 있다(Bazilian et al., 2011). 이 연구에서는 기후변화 정책에서 강조하는 온실가스 저감과 관련된 내용들이 전통 에너지 산업의 목표에서는 이질적인 것으로 취급되어왔으며 재정과 기술, 리스크 관리에서 도움이 되지 않는 것으로 여겨지고 있다고 보았다.

남아프리카공화국의 메두피 화력발전소 사례를 분석해서 에너지 안보와 기후변화의 연계를 다룬 연구에서는 단기적인 에너지 안보 문제 해결과 자원 소모형 산업 발전을 위한 저렴한 가격의 전력 공급에 대한 선호가 미래의 산업구조 조정에 따른 비용 지출의 원인이 될 수 있다고 지적했다(Bazilian et al., 2011). 따라서 이를 예방하기 위해서는 메두피 주 정부의 재정을 지속가능한 산업구조로 개편하고 에너지 산업의 저탄소화를 유도하는 데 사용해야 한다고 주장했다. 그러나 이 논문의 필자들은 메두피 주

정부가 이를 위해 어떤 정책을 수립·실행해야 하고 이해 당사자인 기업들과 산업구조를 개편하기 위한 협의를 어떻게 진행해야 하는지에 대한 구체적인 방안은 제시하지 않았다.

기후변화의 부정적인 측면과 기후변화가 에너지 안보에 미치는 영향에 대해 주목한 이 책의 2장에서도 그동안의 연구 동향을 정리해놓았다(King and Gulledge, 2013). 이 연구의 필자들은 자신들이 논문을 쓴 2013년까지는 연구들의 분석이 국가 단위에 치우쳐 있었고 지역적으로 선진국과 개발도상국의 문제를 주로 다루었다고 언급했다. 또한 2007년 IPCC의 보고서에는 기후변화에 대한 문제 제기를 바탕으로 한 연구들이 주로 실렸기 때문에 2006년 이후의 과학기술 진보는 반영되지 않은 부분이 많으며 기후변화의 부정적인 측면에 치우쳐 있다는 점도 지적했다.

엘리자베스 샬레키(Elizabeth L. Chalecki)는 기후변화 – 에너지 넥서스의 관점에서 환경 안보를 다루었다(Chalecki, 2014). 이 연구에서는 환경 안보 (environmental security)라는 개념이 국가나 사회의 환경 자산 희소성, 환경 문제로 인한 리스크, 환경과 관련된 긴장이나 갈등을 반영하고 있다고 지적했다. 이산화탄소를 중심으로 한 오염 물질의 배출로 농산물의 수확량이 감소하면 식량의 부족이 유발된다(〈그림 1-3〉 참조). 그로 인한 정치적 갈등과 시민 사회의 불안정이 지역의 안보에 부정적인 영향을 미치면 이는 국제적인 갈등으로 확대될 수 있다. 또한 오염 물질 배출로 인한 기후변화로 발생하는 북극의 변화와 자연 재앙, 아노펠레스 모스키토 같은 전염병을 유발하는 곤충들은 환경 안보에 부정적인 영향을 줄 수 있다고 보았다. 이러한 문제들을 해결하기 위해 다자 환경 협약을 통한 자원의 보존, 청정 에너지 사용 증대를 통한 환경 안보의 증진을 주장했다(〈그림 1-4〉 참조).

이 연구에서 언급한 다자 환경 협약은 환경문제와 관련된 국가들 간에 협력과 거버넌스가 추진되어야만 가능한 결과물이다. 그러나 필자들은

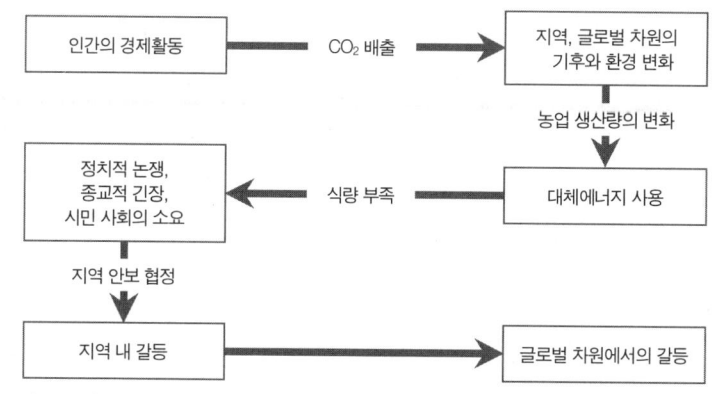

〈그림 1-3〉이산화탄소 배출로 유발되는 환경문제와 갈등

자료: Chalecki(2014: 2).

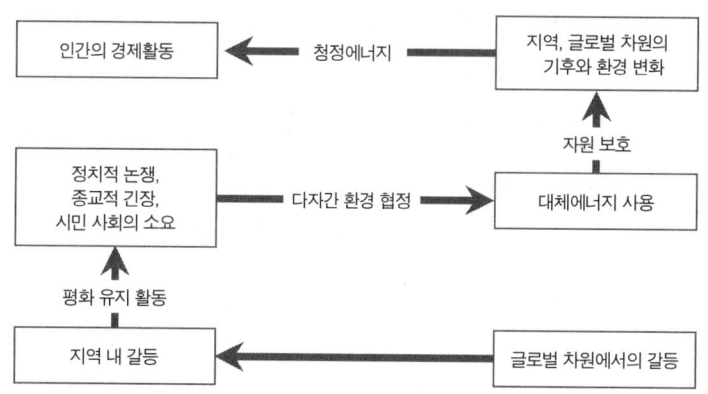

〈그림 1-4〉환경 갈등을 감소·예방하기 위한 피드백

자료: Chalecki(2014: 9).

다자 환경 협약에 필요한 국제 협력과 글로벌 에너지 거버넌스의 구체적인 추진 방안은 제시하지 않았다.

한국 학계에서는 기후변화 - 에너지 안보 넥서스에 대한 연구가 해외에 비해 활성화되지 않았다. 그렇기 때문에 발표된 연구 성과의 수도 많지 않다. 그중에서 기후변화와 에너지 정책의 연계를 다룬 연구로는 2012년 정하윤과 이재승이 1990년대부터 최근까지의 미국의 기후변화 및 신재생에너지 정책을 분석한 논문을 들 수 있다. 이 논문에서 클린턴, 조지 W. 부시, 오바마 행정부의 각 쟁점별 전개 과정과 두 쟁점의 정책적 수렴 과정을 분석한 바에 따르면, 미국의 신재생에너지 및 기후변화 정책은 외부적으로는 국제 유가의 변동과 국제 기후변화 레짐이 형성되는 과정의 영향을 받았다. 그리고 내부적으로는 에너지 안보, 환경보호, 경제 발전의 흐름에서 정책을 수용했다. 클린턴 행정부는 기후변화 쟁점을 환경보호와 경제 발전 맥락에서 수용하면서 신재생에너지 개발이 경제 발전에 도움이 된다는 점을 주장했다. 부시 행정부는 교토의정서에서 탈퇴하면서 국제 기후변화 레짐에서의 규범 준수를 거부했다. 그러나 기후변화와 신재생에너지 쟁점을 에너지 안보와 경제 발전의 흐름에서 수용하면서 클린턴 행정부의 기조에서 큰 변화를 주지는 않았다. 이러한 기조는 오바마 행정부에서도 계승되어 기후변화와 신재생에너지 쟁점이 고용 창출과 경제 회복의 기회가 될 수 있음을 강조했다. 그러므로 정하윤과 이재승은 1990년대부터 최근까지의 미국의 기후변화와 신재생에너지 정책은 시장을 기반으로 하는 경제적 접근이라는 기조하에 정책적 연속성이 이어져왔다고 주장했다(정하윤·이재승, 2012).

이 외에 기후변화 – 에너지 넥서스라는 개념을 직접 내세우지는 않았지만 환경 정책 추진 과정에서 에너지와 기후변화를 연계한 각국의 지역 사례 연구들도 실려 있다. 일본 기타큐슈 시의 환경 거버넌스에 대한 연구는 시민들의 공해 문제에 대한 반발을 계기로 기타큐슈 시와 기업이 협력해 환경문제를 해결하고 정부와 주민, 기업들 간에 거버넌스를 확립해가는 과정을 설명했다. 또한 일본 중앙정부가 기타큐슈 시 정부에 1990년대 초반에 '지구온난화 방지를 위한 행동계획'과 '지구온난화 방지를 위한 지방 시범 계획' 연구 사업을 시작하도록 권유하고 재정을 지원하기 시작하면서 에코타운, 에코 콤비나트 건설을 추진하게 된 과정과, 이를 통해 일본에서 에너지를 재활용하고 오염 물질 배출량이 감소하며 기후변화 대응에서 성과를 내게 된 과정을 소개했다(신상범, 2012). 이를 통해 환경문제를 해결하는 거버넌스를 확립하는 과정에서 중앙정부의 역할이 얼마나 중요한지를 입증했으며, 친환경 도시와 친환경 공단을 건설함으로써 기후변화와 에너지 정책을 효과적으로 연계하는 것이 환경문제 해결과 친환경 도시 건설의 선결 과제임을 보여주었다.

중국의 베이징 시에서 3시간 거리에 위치한 허베이 성(河北省) 바오딩 시(保定市)의 사례 연구는 중국 기후변화 - 에너지 넥서스 정책의 현황과 문제점을 다루고 있다(조정원, 2012). 바오딩 시는 지방정부 차원에서 태양광과 풍력발전 산업을 육성하기 위해 노력해왔고, 그 결과 신재생에너지 기업 티엔웨이잉리(天威英利)가 성장할 수 있었다. 또한 스위스정부 발전협력처와 저탄소 도시 건설에 대한 협력의향서를 체결하고 WWF의 저탄소 도시 건설 프로젝트를 통해 화석연료 사용은 줄이고 신재생에너지 사용은 증대시킴으로써 탄소 배출량 감소를 지향하는 친환경 도시 건설을 추진했다. 그러나 환경 및 기후변화와 관련된 중국 중앙정부의 정책 기능 분산, 환경보호부의 기능과 역량 취약, 바오딩 시 정부의 재정 부족으로 인해 환경 거버넌스와 기후변화 - 에너지 넥서스가 성과 창출에 어려움을 겪고 있다고 지적했다. 이러한 중국 환경 거버넌스와 기후변화 - 에너지 넥서스 정책의 문제점은 현재까지도 지속되고 있다.

2015년 6월에 발표된 물과 위생에 대한 지속가능 발전 목표와 공적개발원조(ODA)에 대한 논문에서는 수자원 - 에너지 - 식량 넥서스에서 물의 중요성에 대한 인식을 바탕으로 한국국제협력단이 수립한 국가 협력 전략(Country Partnership Strategy: CPS)에 따라 개발원조 공여 국가들에 어떤 형태로 지원해야 하는지를 연구했다. 이를 위해 개발원조 공여에 영향을 미치는 아홉 가지 요인을 파악해 공적개발원조가 지속가능 발전 목표에서 제시한 대로 공여 국가들이 수자원을 확보하는 데에 도움이 되고 있는지를 분석했다. 이 논문의 결론에서 필자들은 개발원조 공여 국가들에 수자원 – 에너지 – 식량 넥서스를 정책에 반영하는 것이 중요한데 이를 위해서는 수자원의 확보를 통해 수력발전과 농업에 필요한 물을 충분하게 공급받음으로써 수자원 확보와 에너지·식량의 안정적 공급이 가능하도록 원조를 해야 한다고 주장했다. 예컨대 스리랑카의 농촌에서 다목적 댐을 통해 수력발전 사업을 시행하면 농촌의 전력 공급은 물론, 안정적인 수자원 공급과 식량의 안정적인 수확까지 기대할 수 있을 것이다(이윤·이정석·홍용석, 2015). 이와 같이 필자들은 공적개발원조에 수자원 – 에너지 – 식량의 연계를 반영해 세 가지 문제를 동시에 해결하는 것이 중요하다고 지적했다.

상술한 국내 연구들은 수가 많지는 않지만 각국의 기후변화 – 에너지 넥서스와 관련된 정책의 지역 사례 분석이 포함되어 있다. 이러한 연구들은 향후 국내 학계에서 각국 기후변화 – 에너지 넥서스 정책을 추진하는 과정에서의 국제 협력 및 행위자들의 글로벌 에너지 거버넌스 연구를 진행하는 데 도움이 될 것이다. 그러나 일본 기타큐슈 시의 사례 연구와 수자원 – 에너지 – 식량 넥서스를 중심으로 접근한 물과 위생에 대한 공적개발원조 연구를 제외하고는 연구 주제의 구체적인 해결 방안을 제시하는 데 미흡하다.

2014년 발표된 주얼·셔프·리아히(Jewell, Cherp and Riahi, 2014)의 연구는 기후 관련 목표들이 에너지 관련 정책 목표와 상충될 수 있다는 사실을 유럽의 사례에 비춰 잘 보여주고 있다. 이들의 연구에서 중요한 점은 에너지 안보 정책의 목표가 다양한 측면을 포함한다는 것이다. 앞서 언급한 ① 에너지원의 다변화, ② 국가 경제의 에너지 집중도 완화, ③ 해외 수입 의존도 완화 외에 에너지 인프라 및 안전한 수송로 확보 등도 에너지 안보의 중요한 목표다. 따라서 기후 안보 목표들은 에너지 안보의 다양한 목표와 때로는 상호 보완 관계를 갖고 때로는 상충 관계를 가지므로 정책 당국자들은 기후 안보와 에너지 안보의 목표와 정책을 실정할 때 선별적이고 차별적으로 접근할 필요가 있다고 주장한다. 기후 정책의 에너지 안보에 대한 여파는 또한 단기·중기·장기적으로 다른 결과를 가져올 수 있다. 주얼·셔프·리아히의 연구에서 가장 중요한 시사점은 기후 정책의 목표가 에너지 안보의 적정성(affordability) 측면에서 단기적으로 에너지 불안을 야기할 수 있다는 점이다. 기후체제하에서 단기적으로 에너지 안보를 가장 크게 보장하는 것은 가스다. 기후변화는 대부분 글로벌한 차원의 문제인 반면, 에너지 안보는 국가 차원의 문제이고, 에너지 접근은 지역 차원의 문제라 할 수 있다.

02 파리기후협정과 신기후체제

박희원·김효선

1. 파리기후협정의 채택 배경

전 세계가 고도성장과 함께 환경 파괴와 자연 재해가 크게 증가하는 위험 사회 시대를 맞고 있다. 급격한 기후변화로 인해 해일, 태풍, 폭염, 혹한, 홍수, 사막화 같은 기상 이변 사례가 속출하고 있으며, 특히 북극의 빙하가 녹아내려 해수면이 상승함에 따라 섬나라들이 해수면 이하로 잠길 위험에 놓여 있다(Held, 2013). 이러한 기후변화의 주요 원인으로는 지구온난화 현상을 꼽을 수 있다. 지난 1000년 중 900년간 일정했던 지구 온도는 최근 100년 동안 약 0.7~0.8도 상승했으며, 온도의 변동 폭이 매우 커지고 있다. 지구온난화는 인간의 활동에 의해 발생하는 이산화탄소, 메탄, 이산화질소 등의 온실가스가 대기권에 머무르면서 지구의 열이 밖으로 빠져나가지 못하도록 온실효과를 일으키는 현상을 말한다. 온실가스 농도는 1750년대 산업혁명기 이후 급격하게 증가했으며, 대표적 온실가스인 이산화탄소의 경우 최근 200여 년 동안 급격하게 증가해 농도가 약 400ppm에

달하는 것으로 보고되고 있다. UN기후변화협약은 450ppm의 온실가스 농도를 인류가 견딜 수 있는 한계로 예측하고 있다. 온실가스는 생태계를 파괴할 뿐만 아니라 바닷물의 수온과 염도를 상승시켜 해양 순환의 변화에도 영향을 미치며, 이는 다시 급격한 기후변화로 이어져 자연재해를 일으키고 생계형 농업과 어업에도 영향을 준다. 따라서 기후변화는 현재 인류가 직면한 가장 심각한 문제 중 하나로 꼽히고 있다.

이에 세계 각국은 1990년 리우에서 열린 UN 당사국총회 협상을 시작으로 1992년 UN기후변화협약을 채택했다. 1994년 협약이 발효되고 1995년 제1회 당사국총회가 베를린에서 개최되었으며, 1997년 12월 일본 교토에 모여 국제적으로 합의된 구속력 있는 협약인 교토의정서를 채택했다. 교토의정서란 UN기후변화협약에 따른 온실가스 감축을 규정한 국제 공문서로서, 지구온난화를 막기 위한 방안으로 채택되었다(King and Gulledge, 2014). 교토의정서에서는 의무 이행 국가가 2008년부터 2012년까지 5년간 대기오염 물질 배출량을 1990년 수준 대비 평균 5.2% 감축하도록 규정했으며, 감축 대상 물질로는 이산화탄소, 메탄, 이산화질소, 불화탄소, 수소화불화탄소, 불화유황 총 여섯 가지를 정했다. 여기에는 호주, 캐나다, 미국, 일본, EU 회원국 등 전 세계의 영향력 있는 선진국 총 28개국이 참여했다. 미국은 자국의 산업을 보호하기 위해 교토의정서 발의 전인 2001년 탈퇴했으며 한국은 당시 개발도상국으로 분류되어 의무 대상국에서 제외되었다. 2011년 남아프리카공화국 더반에서 열린 제17차 UN기후변화회의에서는 교토의정서를 2020년까지 연장하기로 합의했으나, 교토의정서 2차 공약 기간인 2013년부터 2020년까지 참여국의 배출량은 전 세계 온실가스 배출량의 15%에 불과한 것으로 나타났다. 하지만 교토의정서에는 온실가스 거대 배출국인 미국과 중국이 포함되지 않아 반쪽짜리 협약이라는 평가를 받아왔다.

이러한 문제점을 극복하기 위해 2014년 12월 UN 회원국들이 페루 리마에 모여 제20차 UN기후변화회의를 열고 2020년을 목표로 온실가스 배출을 감소시키기 위해 선진국과 개발도상국의 구분 없이 지구촌 196개국이 기후변화에 공동으로 대응하는 '신기후체제'라 불리는 새로운 기후변화 대응 체제를 마련하기로 했다. 이 협약은 2011년 남아프리카공화국 더반에서 열린 제17차 UN기후변화회의를 통해 출범을 결정했고, 이후 2013년 제19차 당사국총회에서는 2020년 이후 기후변화에 대응하기 위해 전세계 온실가스 배출의 70~80%를 차지하는 미국, 중국, EU, 러시아 등 온실가스 다량 배출국을 포함해서 각국이 '국가별 온실가스 감축을 위한 자발적 기여방안(Intended Nationally Determined Contributions: INDC)'을 2015년 10월까지 UN기후변화협약 사무국에 제출하기로 했다.

이를 바탕으로 2015년 12월 프랑스 파리에서 제21차 UN기후변화협약 당사국총회가 개최되어 195개 참가국 모두의 만장일치로 파리협정이 채택되었다. 이에 따라 산업화 이전 대비 지구 평균 기온 상승폭을 2도 이내로 억제하고 탄소 감축 목표의 이행 상황을 5년마다 점검하며 선진국은 매년 최소 1000억 달러(약 120조 원)를 개발도상국에 기후변화 대처 자금으로 내놓기로 했다. 이 글에서는 파리협정의 합의 사항과 성과를 분석하고 신기후체제가 글로벌 경제와 배출권 가격에 미칠 영향에 살펴보려 한다.

2. 파리협정의 내용과 자발적 기여방안

1) 파리협정의 주요 내용

파리협정은 〈그림 2-1〉에 요약된 바와 같이, 2020년 이후의 신기후체

2020년 이후의 신기후체제 도입에 필요한 감축 의무와 방식을 제시

목표	산업화 이전 대비 평균 기온 상승을 1.5도 이하로 제한
의무	스스로 정한 방식을 채택해 5년마다 목표 제출 및 이행 점검 의무
시장	UN기구 중심의 글로벌 시장 탄생＋다양한 시장 메커니즘 개발에 합의
재원	선진국이 개도국에 최소 1000억 달러의 기금 조성(2025년 갱신)
방식	기후 피해 정량화, 감축과 적응의 균형 강조, 기술 협력 확대 및 강화

제 도입에 필요한 감축 의무와 방식을 명문화한 것이다. 파리협정에서 정한 감축 목표의 특징은 교토체제와 달리 총량적인 배출 상한을 두기보다 '산업화 이전 대비 평균 기온 상승을 1.5도 이하로 제한한다'라는 선언적 문구를 사용한 것이다. 따라서 감축 의무에서는 자발적 감축 목표를 이행하는지에 대해 강압적인 제재 수단을 동원하기 힘든 논리 구조다. 이와 관련해 신기후체제가 지속가능한 제도로 정착할 수 있는지에 대해 의문을 갖는 전문가들이 많다. 그러나 이는 자체 감축 목표를 각국이 제시했다는 점에서 자국의 국내법이 규제 수단으로 작동할 것이라는 점을 감안할 때 강제 조항이 없다고 해서 실효성이 낮을 것이라고 우려할 필요는 없다. 왜냐하면 파리협정이 존재한다는 것을 의식한 상태에서 국내법이 적용된다는 것은 조약으로서의 효력은 없지만 감축 행위에 대한 보상은 필요하다는 논리로 활용될 수 있기 때문이다. 즉, 법적인 강제 조항은 없지만 감축 행위에 대한 경제적 의미를 제공한다는 점에서 파리협정은 절반의 성공이라고 평가할 수 있다.

또한 파리협정은 UN기구 중심의 글로벌 탄소 시장을 탄생시키는 명분도 제공한다. 이로써 원유 시장과 유사한 형태의 탄소 시장이 운영되고 감축 기술에 대한 경제적 유인과 가격 시그널을 제공한다는 점은 기술 개발 차원에서 매우 고무적이다. 게다가 기금 조성을 통해 선진국이 개도국에 제공할 경제적 지원을 운영한다는 기본 체계를 마련했다. 이러한 재원이 '감축' 프로그램은 물론 '적응' 프로그램을 개발하는 데에도 적극 활용되어야 한다는 취지를 담고 있다는 점 역시 이번 합의문의 주요 성과라 할 수 있다.

2) 주요국의 자발적 기여방안

자발적 기여방안에는 기후변화 행동에 관한 범위 및 기간, 자발적 감축 목표 산정 방법, 감축 목표 정당성 등의 내용이 포함된다. EU 28개국을 포함해 총 80개 국가가 2015년 10월 UN기후변화협약 사무국에 온실가스 감축을 위한 자발적 기여방안을 제출했다(Hare, 2015). 자발적 기여방안에는 온실가스 감축을 위한 다양한 정책 및 방안이 담겨 있지만 초미의 관심사는 각국이 제시하는 2020년 이후의 온실가스 감축 목표다. 기존 교토의정서 체제하에서 제외되었던 미국, 중국 등 온실가스 주요 배출 국가의 감축 목표를 알아야만 산업화 이전 대비 지구 평균 기온의 2도 상승을 억제하려는 국제적 목표를 실제로 달성할 수 있을지 여부를 구체적으로 확인할 수 있기 때문이다.

자발적 기여방안을 제출한 EU, 미국, 중국, 멕시코, 스위스, 러시아, 캐나다, 일본 등 주요국의 감축 목표안은 크게 두 가지 특징을 보인다. 첫째, 2050년까지 지구 평균 기온 2도 이하 상승의 글로벌 사회 목표를 중요하게 인식했으며, 둘째, 자국의 현재 및 미래 산업 여건을 고려해 지속가능한 경쟁 우위를 확보하기 위한 실리형 목표 수준을 제시했다는 점이다.

한국은 2030년까지 배출전망치(business as usual: BAU) 대비 37% 감축을

〈표 2-1〉 각국의 온실가스 감축을 위한 자발적 기여방안 감축 목표

국가	감축 목표	국가	감축 목표
스위스	2030년까지 1990년 배출량 대비 50% 감축	콩고	2021~2030년에 2000년 배출량 대비 17% 감축
EU	2030년까지 1990년 배출량 대비 40% 감축	도미니카	2030년까지 2010년 배출량 대비 25% 감축
노르웨이	2030년까지 1990년 배출량 대비 최소 40% 감축	알제리	2030년까지 배출전망치 대비 7~22% 감축
멕시코	2030년까지 배출전망치 대비 40%(조건부) 또는 25%(무조건) 감축	콜롬비아	2030년까지 배출전망치 대비 20% 감축
미국	2025년까지 2005년 배출량 대비 26~28% 감축	요르단	2030년까지 배출전망치 대비 1.5~12.5% 감축
러시아	2030년까지 1990년 배출량 대비 25~30% 감축	코트디부아르	2030년까지 배출전망치 대비 28~36% 감축
가봉	2025년까지 배출전망치 대비 50% 감축	튀니지	2030년까지 2010년 배출량 대비 41% 감축
리히텐슈타인	2030년까지 1990년 배출량 대비 40% 감축	코모로	2030년까지 배출전망치 대비 84% 감축
안도라	2030년까지 배출전망치 대비 37% 감축	그레나다	2025년까지 배출전망치 대비 50% 감축
캐나다	2030년까지 2005년 배출량 대비 30% 감축	적도 기니	2030년까지 2010년 배출량 대비 20% 감축
모로코	2030년까지 배출전망치 대비 32%(조건부) 또는 13%(무조건) 감축	몬테네그로	2030년까지 1990년 배출량 대비 30% 감축
에티오피아	2030년까지 배출전망치 대비 64% 감축	모리타니	2030년까지 2010년 배출량 대비 22.3% 감축
세르비아	2030년까지 1990년 배출량 대비 9.8% 감축	가나	2030년까지 배출전망치 대비 15% 감축
아이슬란드	2030년까지 1990년 배출량 대비 40% 감축	알바니아	2030년까지 배출전망치 대비 11.5% 감축
중국	2030년까지 2005년 에너지원 단위 대비 60~65% 감축	마다가스카르	2030년까지 배출전망치 대비 14% 감축
한국	2030년까지 배출전망치 대비 37% 감축	인도네시아	2030년까지 배출전망치 대비 29% 감축
싱가포르	2030년까지 2005년 에너지원 단위 대비 36% 감축	몽골	2030년까지 배출전망치 대비 14% 감축
뉴질랜드	2030년까지 2005년 배출량 대비 30% 감축	에리트레아	2030년까지 배출전망치 대비 39.2~80.6% 감축
일본	2030년까지 2013년 배출량 대비 26% 감축	방글라데시	2030년까지 배출전망치 대비 5~15% 감축
마셜제도	2025년까지 2010년 배출량 대비 32% 감축	세이셸	2030년까지 배출밍치 대비 29% 감축
케냐	2030년까지 배출전망치 대비 30% 감축	조지아	2030년까지 배출전망치 대비 15~25% 감축
모나코	2030년까지 1990년 배출량 대비 50% 감축	벨라루스	2030년까지 1990년 배출량 대비 28% 감축
마케도니아	2030년까지 배출전망치 대비 30~36% 감축	남아프리카공화국	감축 수치 불분명
트리니다드토바고	2030년까지 배출전망치 대비 15% 감축	몰도바	2030년까지 1990년 배출량 대비 64~67% 감축
베냉	2030년까지 배출전망치 대비 21.4% 감축	키리바시	2030년까지 배출전망치 대비 49~61.8% 감축
호주	2030년까지 2005년 배출량 대비 26~28% 감축	세네갈	감축 수치 불분명
지부티	2030년까지 배출전망치 대비 40~60% 감축		

자료: UN기후변화협약.

목표로 제출했다. 미국은 온실가스 배출을 2025년까지 2005년 대비 26~28% 감축하겠다는 목표를 제시했으며, EU는 2030년까지 1990년 배출량 대비 40% 감축을 목표로 했다. 일본의 경우 2013년 대비 2030년 26% 감축을 목표로 했다. 이와 같이 주요 다량 배출국은 온실가스 배출 정점을 기준으로 감축 목표를 제시했다. 반면 중국은 기존 배출량 대비 감축이 아닌 2030년까지 2005년의 에너지원 단위 대비 60~65% 감축을 목표로 했다. 이는 과거와 비교할 때 전향적인 감축 목표이긴 하지만 실제 배출 정점은 2030년 또는 그 이후가 될 전망이다. 러시아는 2008년 이후 경기 침체로 이미 2012년 온실가스 배출량이 1990년 대비 50% 수준으로 떨어졌으므로 러시아의 감축 목표안은 사실상 글로벌 온실가스 감축에 전혀 기여하지 못할 것으로 판단된다. 각국이 제시한 자발적 기여방안의 감축 목표로 볼 때 기준연도 대비 20~40년의 잔여 기간으로 각국의 목표 수준을 산술 평균할 경우 매년 1.1~1.4% 수준만 감축하면 목표 달성이 가능할 것으로 보인다.

(1) EU

2014년부터 EU는 자체적으로 여러 가지 새로운 정책 개발에 착수했다. 새로운 정책에는 신차와 함대에 대해 구속력을 갖는 배출 목표가 포함될 뿐만 아니라, 불소가스에 대한 새로운 규제 및 보일러와 온수기에 대한 에코디자인 법안의 추가 이행(IEA, 2014a)도 포함한다. EU는 이러한 정책과 더불어 세계적으로 가장 포괄적인 기후변화 정책을 가지고 있다. 2020년 EU의 프레임워크는 '2020 기후와 에너지 패키지'로, 20-20-20으로 표현되는 목표치를 내세웠다. 이는 재생가능한 에너지원의 비중을 20%로 증가시키고, 에너지 효율을 20% 향상시키며, 온실가스 배출량을 20% 감소시키는 것을 의미한다.

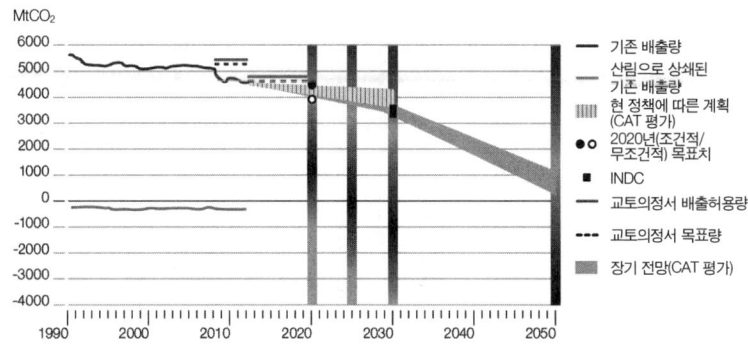

〈그림 2-2〉 EU의 온실가스 배출전망치

자료: Climate Action Tracker.

(2) 미국

미국이 실행 중인 청정발전계획(Clean Power Plan: CPP)은 2025년에 이르면 $6290 \sim 6470MtCO_2$ 수준에 이를 것으로 예상된다(2005년의 10~13% 수준, 1990년의 1~4% 수준). 이는 오바마 정부가 미래의 기후 정책으로 예상한 배출 수준 예상치보다 훨씬 낮으므로 추가적인 환경 정책을 실행 중이다. 이를 위해 강화된 CPP가 2014년 처음 제안되어 2015년 8월에 최종 규정이 발표되었다. 강화된 CPP에서는 전력 부문에서의 배출량을 2030년까지 2005년의 32% 수준으로 감축하는 것을 목표로 정했으며, 각 주는 개별적으로 목표를 설정하도록 했다. 이에 각 주는 저탄소발전소를 늘리거나 발전의 효율을 증가시켜서 감축 목표를 달성하려 했다.

그 결과 2030년 예상치로 $530MtCO_2$를 줄일 수 있고 약 10%의 온실가스 감소 효과를 얻을 수 있을 것으로 예측된다. 또한 CPP를 강화하기 위해 오바마 정부는 비수력 재생에너지 비율을 2030년까지 20%로 증가시켜서 8%의 수력에너지와 함께 2030년에는 28%의 재생에너지 비율 달성 및 $200MtCO_2$의 추가적인 감축이 가능할 것으로 계산된다. 그럼에도 2020

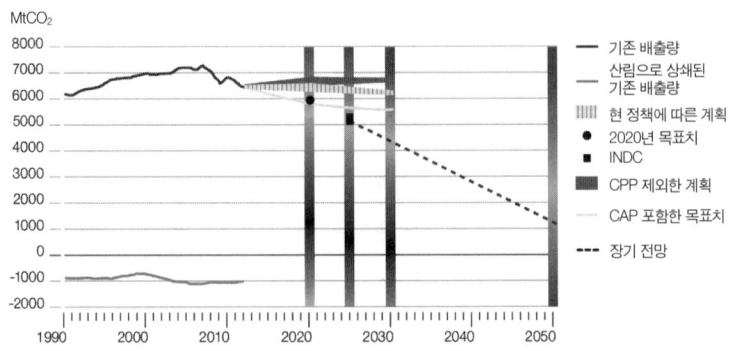

〈그림 2-3〉 미국의 온실가스 배출전망치

MtCO₂

기존 배출량
산림으로 상쇄된 기존 배출량
현 정책에 따른 계획
2020년 목표치
INDC
CPP 제외한 계획
CAP 포함한 목표치
장기 전망

자료: Climate Action Tracker.

년의 서약 목표와 자발적 기여방안을 충족시키기 위해서는 추가 정책이 필요했다. 이에 미국정부는 기후행동계획(Climate Action Plan: CAP)을 발표했다. 이는 2020년까지 614~898MtCO₂의 온실가스 흡수를 목표로 배출 기준을 완화시키는 것을 최종 목표로 한다. 또한 CAP는 수요 효율 증가에 중점을 두고서 가전제품 및 정부 건물에 대한 에너지 효율 등급제, 차별적 금융 지원 및 에너지 효율 측정 등의 정책을 시행했다.

이로써 2030년에는 2010년 대비 2배의 에너지 생산성을 달성할 예정이다. 또한 CAP는 메탄가스 배출을 2025년에 40~45% 수준으로 줄여서 2012년 수준에 도달하도록 목표했는데, CAP를 통해 2020년에 목표를 달성한 후 2025년에는 자발적 기여방안에 근접한 결과를 달성할 수 있을 것으로 예측된다.

CAP를 달성하기 위한 몇 가지 활동을 살펴보면, 공공장소에 재생에너지 시스템 설치 허용, 재생에너지 프로젝트의 경매화, 다양한 에너지 효율 표준 발표, 농림 부문에서의 스마트한 변화(향상된 비료 사용, 가축의 메탄가스 저감, 삼림 축소 금지 등) 등이 있다. 이러한 활동들은 대부분 아직 계획만 세

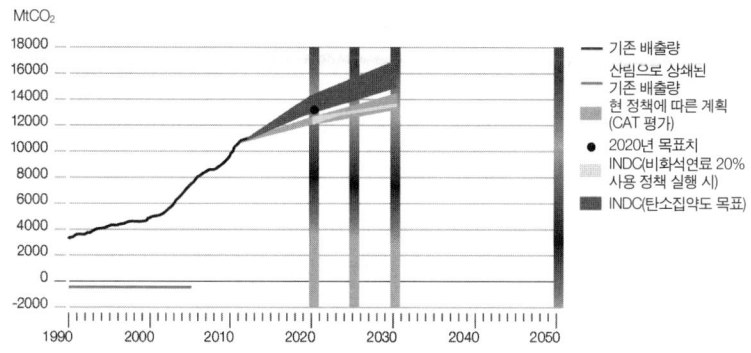

〈그림 2-4〉 중국의 온실가스 배출전망치

MtCO₂

기존 배출량
산림으로 상쇄된 기존 배출량
현 정책에 따른 계획 (CAT 평가)
2020년 목표치
INDC(비화석연료 20% 사용 정책 실행 시)
INDC(탄소집약도 목표)

자료: Climate Action Tracker.

운 상태이고 실행되지는 않고 있다.

(3) 중국

중국은 현재 적용 중인 정책을 통해 2020년과 2030년 각각 온실가스 배출량이 $12.2\sim12.6GtCO_2$와 $13.8\sim14.4GtCO_2$에 도달하는 것을 목표로 하고 있다. 여기서 대부분의 온실가스는 에너지 생산에서 배출되는 이산화탄소(CO_2)다. 이에 중국 중앙정부는 재생에너지와 저탄소에너지를 강력히 증가시키려 한다. 2014년에는 2005년에 비해 태양광발전이 400% 증가했고, 2015년에는 총 17.8GW의 전력을 태양광에서 보충하고자 계획했다. 또한 2020년까지 석탄에너지의 사용을 42억 톤으로 제한하는 '에너지 발전전략 행동계획 2014~2020'을 발표했다. 이 계획은 효율적인 석탄 사용 및 감소를 목표로 하며, 대기오염을 줄이기 위해 석탄 화력발전을 가스발전소로 대체할 것을 제안했다. 2014년에서 2015년까지 중국은 비이산화탄소 온실가스(non-CO₂) 배출에 대해서도 규제를 시작했는데, 특히 프레온가스 대체물질로 알려진 수소불화탄소(Hydrofluorocarbons: HFC) 배출에 대한 내용이 주를 이룬다. 이 계획은 HFC22를 2010년 배출 수준 대비 2020년 35%, 2025년 67.5%까지 감축하며, 발생 부산물인 HFC23 역시 2020년 230MtCO$_2$, 2025년 300MtCO$_2$ 수준까지 감축하는 것을 목표로 하고 있다.

(4) 인도

인도는 현재 적용 중인 정책을 통해 자발적 기여방안에서 밝힌 온실가스 감축 목표에 충분히 도달할 수 있다. 다만 경제성장률과 인구 증가에 따라 목표 달성에 어려움이 발생할 수 있다. 인도의 전력 부문은 2010년 총 배출량의 32%를 차지했는데, 이 중 71%는 화력발전에 의지했다. 반면 인구 증가와 전기 설비의 확충으로 더 많은 사람들이 전기를 공급받는다면 더 많은 전력 공급이 필요할 것이다. 2008년 설립된 기후변화 문제에 대한 국가행동계획(National Action Plan on Climate Change: NAPCC)은 국가적으로 지속가능한 에너지를 여덟 가지로 규정했다. 또한 정부 수준에서 '신재생에너지에 대한 전략적 계획(Strategic Plan for New and Renewable Energy)'을 통해 넓은 의미의 에너지 정책과 '국가 태양열발전계획(National Solar Mission)'을 통해 100GW급 태양열발전을 2022년까지 구축하기로 했다 (2015년 현재는 4GW 수준임).

이 외에도 60GW의 풍력, 10GW의 바이오매스, 5GW의 소규모 수력발전을 포함한다. 또한 2015년 새로운 화력발전소는 10% 전력을 재생에너지에서 충당하도록 규정했다. 반면 정부는 기존의 화력발전에도 지속적으로 투자해 인구 증가에 따른 전기 부족분을 보충할 계획이다. 또한 '초대형 태양광 전력(Ultra Mega Solar Power)' 프로젝트를 통해 전기 생산을, '국가 스마트그리드 계획(National Smart Grid Mission)'을 통해 전기의 효율적인 공급을 가능하게 하려 한다.

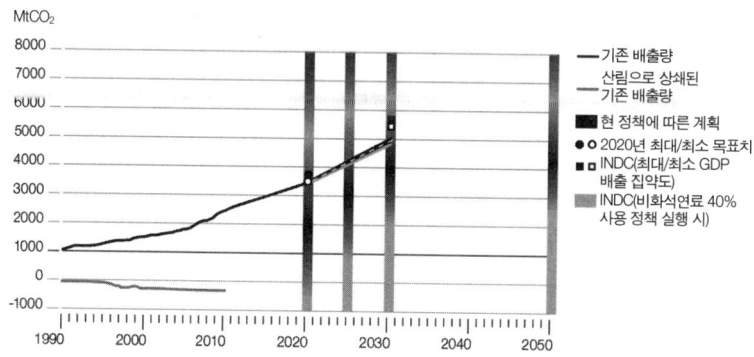

〈그림 2-5〉인도의 온실가스 배출전망치

MtCO$_2$

```
8000
7000
6000
5000
4000
3000
2000
1000
   0
-1000
     1990    2000    2010    2020    2030    2040    2050
```

― 기존 배출량
― 산림으로 상쇄된 기존 배출량
■ 현 정책에 따른 계획
●○ 2020년 최대/최소 목표치
■□ INDC(최대/최소 GDP 배출 집약도)
■ INDC(비화석연료 40% 사용 정책 실행 시)

자료: Climate Action Tracker.

(5) 일본

현재 시행 중인 정책을 유지할 경우 2020년 이산화탄소 배출량은 1232~1330MtCO$_2$(1990년 대비 0~8%), 2030년 배출량은 1145~1272MtCO$_2$(1990년 대비 -0.8~3%) 수준이 될 것으로 예상된다. 매년 배출량은 일본이 신재생에너지 전략을 구현하는지 여부에 따라 달라질 것이다.

2011년 대지진 이후 일본정부는 에너지 정책을 개정하기로 합의하고 원자력발전 에너지 의존도를 줄이기 위해 최선을 다하고 있다. 2013년 정부는 원자력에너지를 단계적으로 폐지하는 목표를 포함한 '에너지와 환경의 혁신적인 전략(Innovative Strategy on Energy and Environment)'을 마련했다. 2014년 일본 경제산업성은 안전 기준이 더욱 엄격한 새로운 원자력에너지를 재도입하기 위해서 '2014 기초 에너지 계획(Basic Energy Plan of 2014)'을 발표했다. 2014년 에너지 계획의 주요한 목표는 원자력발전부터 신재생에너지에 이르는 에너지의 다양화다. 그러나 일본정부는 이러한 변화된 전력 수급 정책을 적용하기 전 이미 수송·산업 및 건설 분야에서 에너지 효율을 향상시키기 위한 효과적인 정책을 도입했으며, 최근 지구온난

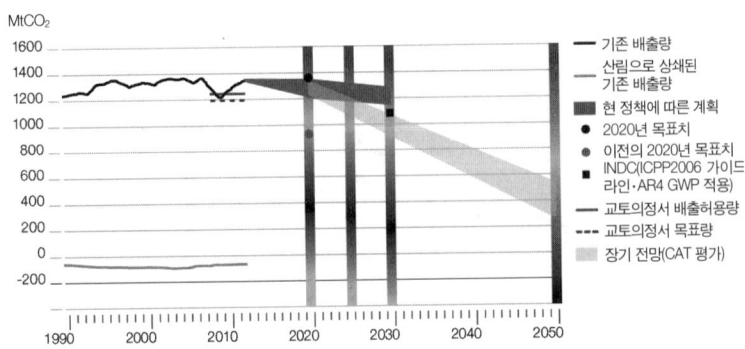

〈그림 2-6〉 일본의 온실가스 배출전망치

MtCO₂

기존 배출량
산림으로 상쇄된
기존 배출량
현 정책에 따른 계획
2020년 목표치
이전의 2020년 목표치
INDC(ICPP2006 가이드
라인·AR4 GWP 적용)
교토의정서 배출허용량
교토의정서 목표량
장기 전망(CAT 평가)

자료: Climate Action Tracker.

화 부담금(Global Warming Tax)과 건축 자재에 관한 건설 분야에서 추가적인 정책을 보완했다.

그러나 현재 자발적 기여방안의 목표와 함께 개발된 에너지 정책은 일본의 에너지 산업이 저탄소경제로 전환하는 데 필요한 방향과는 차이가 있다. 한 예로, 정책 내에서 석탄화력발전소가 점점 더 중요한 역할을 하도록 설정되어 있다. 또한 2030년까지 에너지 공급에서 저탄소 발전이 차지하는 비율의 목표가 42~46%로, 후쿠시마 사태 이전의 37.5%와 비교해 소폭 증가하는 데 그쳤다.

(6) 인도네시아

인도네시아에서는 지난 10년간 국가 온실가스 배출의 60%에 해당하는 가장 큰 배출원이 산림 벌채 및 이탄 습지 파괴였다. 인도네시아는 산림 파괴에 따른 온실가스 증가가 전 세계에서 가장 높은 나라로서, 이러한 추세가 지속될 경우 2030년 산림 파괴에 따른 배출이 더욱 증가할 것이다. 하지만 현재 추세를 바탕으로 예측된 배출추정치는 자발적 기여방안의

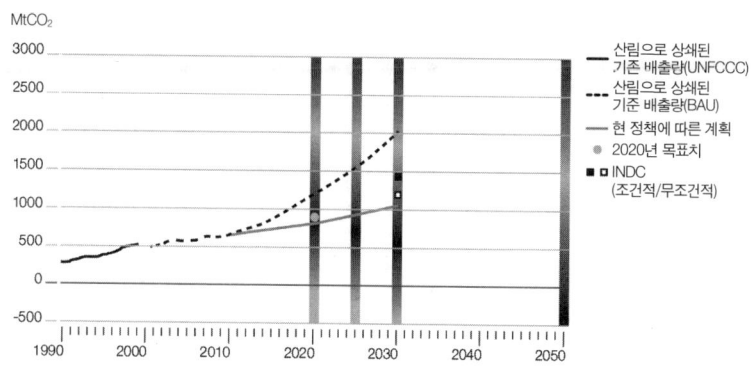

〈그림 2-7〉 인도네시아의 온실가스 배출전망치

MtCO₂

- 산림으로 상쇄된 기존 배출량(UNFCCC)
- 산림으로 상쇄된 기준 배출량(BAU)
- 현 정책에 따른 계획
- 2020년 목표치
- INDC (조건적/무조건적)

자료: Climate Action Tracker.

목표를 달성할 수 있을 것으로 판단된다.

인도네시아의 현재 정책 지침에 포함된 대부분의 정책은 미래의 에너지 공급 계획에 대한 국가 에너지 정책이다. 2014년 이 법안은 2025년까지 공급 에너지의 23%를 신재생에너지로 대체하기로 개정했다. 이와 동시에 인도네시아의 급증하는 전력 수요를 충족시키고 국내 석탄자원을 활용하기 위해 새로운 석탄화력발전소 건설을 추진하고 있다. 이를 통해 20GW의 전기 생산량을 충족시켜 2019년까지 총 전기발전 용량이 35GW까지 증가할 것으로 예상된다. 새로 건설된 20GW 용량의 석탄화력발전소는 약 160Mt의 이산화탄소를 방출해 인도네시아의 총 이산화탄소 배출량 증가에 큰 부분을 차지할 것이다. 석탄화력발전소가 해체되기 전까지는 향후 50년간 매년 동일한 이산화탄소를 배출할 것이다. 인도네시아는 석탄화력발전소에서 사용할 석탄을 공급하는 방안으로 자국에 매장되어 있는 석탄 활용을 목표로 하고 있다. 이에 따른 화석연료 추출은 토지 이용 변화(land use change)에 따른 배출량에 영향을 줄 뿐 아니라 인도네시아 산림에도 부정적인 영향을 미친다. 따라서 지구 평균 기온의 2도 이하 증

〈그림 2-8〉 한국의 온실가스 배출전망치

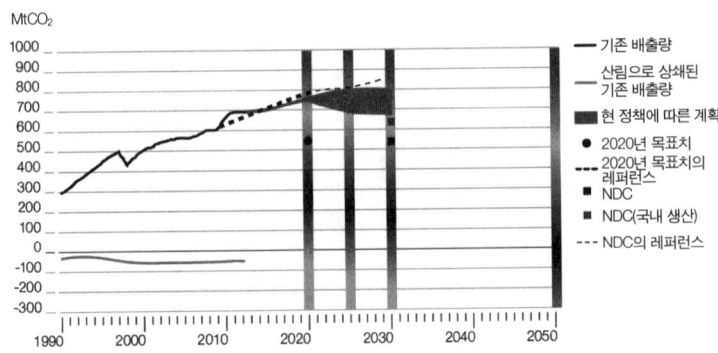

자료: Climate Action Tracker.

가라는 지구적 목표를 이루기 위해서는 2050년까지 탈탄소 발전이 필요하다.

3) 한국의 자발적 기여방안

한국은 자발적 기여방안에서 경제 전반에 걸쳐 온실가스 배출전망치를 2030년 37%까지 저감하겠다고 제출했다. 배출전망치 감축량의 25.7%는 국내에서, 나머지 11.3%는 국제 시장 메커니즘을 통해 달성하려 한다. 한국의 온실가스 배출량은 1990~2012년 사이 두 배 이상 증가해서 한국은 OECD 국가 중 온실가스 배출량이 가장 빠르게 성장한 배출국 중 하나다. 한국의 높은 제조 산업 수출 비율은 한국의 온실가스 배출량 증가에 주요한 역할을 했다(Kim, Yoo and Oh, 2015).

한국은 2012년 전체 배출량의 60%에 달하는 온실가스에 대해 목표관리제(Target Management System: TMS)를 도입했으며, 최근 3년간 온실가스 배출량 연평균 총량이 12만 5000tCO$_2$-eq 이상인 업체들, 최근 3년간 온실가스 배출량 연평균 총량이 2만 5000tCO₂-eq 이상인 사업장의 해당 업체들을 대상으로 하는 배출거래제(Emissions Trading Scheme: ETS)를 실시했다. 또한 2012년 도입된 재생에너지의무할당제(Renewable Energy Portfolio Standard: RPS)에 따라 신재생에너지를 통한 발전을 연간 2%로 의무화했으며 2022년 까지 이를 10%로 확대할 예정이다. 한국은 신재생에너지 기술을 구현하기 시작했으나 여전히 석탄발전 의존도가 크다.

3. 파리협정이 에너지 시장과 배출권 시장에 주는 시사점

파리협정의 채택은 앞으로 에너지 시장과 탄소 배출권 시장에 큰 영향력을 미칠 것으로 예상된다. 파리협정 채택의 효과를 가늠해볼 수 있는 지표 중 하나는 에너지 시장이 약세인데도 유럽의 배출권 가격이 작년 대비 상승했다는 데 있다(〈표 2-2〉 참조). 배출권 가격은 주로 선물거래 비중이 높을 경우 시장 참여자들이 연료 대체를 온실가스 감축 수단의 하나로 간주할 때 기회비용으로 작용한다. 즉, 석탄 대비 가스 가격이 경쟁력을 확보할 경우 배출권 수요는 감소한다. 역으로 배출권 가격이 지나치게 저평가되면 석탄에서 천연가스로의 연료 대체는 유인력을 상실한다. 그러나 일반적으로 에너지 수요가 증가하면서 에너지 가격이 상승하면 배출권 가격 또한 상승하고, 에너지 공급 과잉으로 에너지 가격이 약세로 돌아서면 배출권 가격 또한 동반 하락한다. 즉, 〈표 2-2〉의 배출권 가격 상승세는 현재의 에너지 수급과 무관하다. 이는 바로 파리협정 채택에 따른 신기후체제가 유럽 배출권 시장의 연속성을 제공할 것이라는 기대 심리로 해석될 수 있다.

또한 파리협정 채택 직후 미국 연방준비위원회는 금리 인상을 발표했

〈표 2-2〉 에너지 시장의 가격 변화와 배출권 가격

주요 거래 상품	2014년 11월	2015년 11월
브렌트유	91.75달러/bbl	50.30달러/bbl
미국 서부텍사스중질유(WTI)	88.58달러/bbl	47.72달러/bbl
미국 헨리허브 가스	3.93달러/MMBTU	2.27달러/MMBTU
중국 석탄	65.95달러/톤	41.88달러/톤
ICE 유럽배출권(EUA)	5.74유로/tCO$_2$	8.45유로/tCO$_2$
ICE 청정개발체제 감축 크레디트(CER)	0.11유로/tCO$_2$	0.63유로/tCO$_2$

자료: 블룸버그 ICE 거래가격(2015.11.4).

다. 대외 경제 환경을 고려할 때 신기후체제의 채택 여부는 글로벌 정책의 변수 중 하나다. 파리협정 채택으로 신기후체제에 대한 정책 불확실성이 제거되었다는 확신이 섰다고 추정되는 상황 속에서 미국이 금리를 인상하면 이는 달러를 더욱 강하게 만드는 효과를 가져와 신흥국들의 자국 통화 가치를 하락시킬 것으로 우려된다(〈그림 2-9〉 참조).

미국의 금리 인상은 신기후체제 도입과 함께 글로벌 경제에 미치는 영향이 크다. 무엇보다도 미국의 지배력이 글로벌 에너지 시장에서 크게 작용할 것이라는 전망이 가능하다. 달러가 강해지면 에너지자원을 가진 신흥국들의 성장 속도가 조절되는 효과가 발생하는 것은 물론, 석유수출국 기구(OPEC)를 비롯한 에너지자원국들의 정치력 또한 무기력화할 수 있기 때문이다. 이렇게 미국이 달러를 무기화하는 이유는 터키와 중동 지역에서 중국과 러시아가 연대해 미국을 압박하는 수위가 점차 위협적으로 변화하고 있기 때문이다. 러시아가 지분 확보로 에너지자원 경쟁을 주도한다면, 미국은 에너지 가격을 움직이는 주도권을 공고히 하겠다는 전략을 취하고 있다. 이러한 관점에서 볼 때 미국은 금리의 추가 인상폭이 아니라 추가 인상 시기에 더 관심을 집중하고 있음을 알 수 있다. 즉, 파리협정의 경제사회적 의미는 거시경제의 큰 틀 속에 탄소 배출권이 글로벌 경제 변수로 작용했다는 것으로 요약된다.

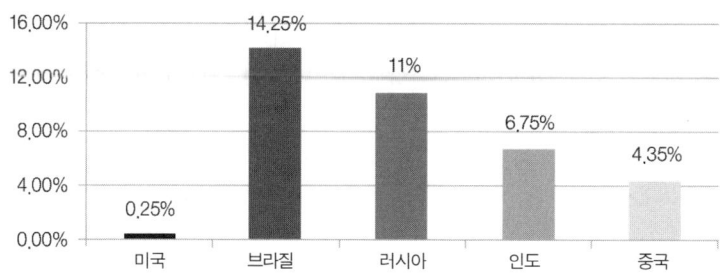

〈그림 2-9〉 미국 연방준비위원회의 금리 인상 이후 신흥국의 자국 통화 가치 변화

자료: 블룸버그.

  파리협정이 국내 배출권 거래에 미치는 영향은 더욱 직접적이다. 파리
협정 채택은 2015년 시작된 한국의 배출권 거래가 제도로서 연속적으로
힘을 발휘하는 데 결정적인 역할을 할 것이다. 제도의 연속성은 정책 불확
실성에 대한 우려를 잠재울 수 있다. 즉, 그동안 제도가 시장 기능을 발휘
하는 역량이 부족해서 저감 기술을 발굴할 충분한 유인이 되지 못했다면
이제 파리협정 채택을 계기로 잠재된 저감 기술에 대한 상용화가 탄력을
받을 것으로 전망된다. 이는 탄소 시장이 국제 규모로 전개될 경우 국내
단일 시장으로 존재할 때보다 기술 개발의 수요처가 다양해지기 때문이
다. 특히 국내 산업구조와 같이 대외 무역 환경에 민감한 산업구조일수록
기술 개발의 여지는 커진다.
  더불어 파리협정 채택은 국내 배출권 거래의 개선 방안을 강구하는 데
더욱 보편적인 룰을 따르도록 유도할 것이다. 국내 배출권 거래는 현재 직
접 배출량과 간접 배출량을 모두 포함한 배출권 거래라는 특이한 구조를
가지고 있다. 이는 국내 전력 가격이 시장이 아닌 규제에 의해 움직인다는
것을 과도하게 의식하기 때문이다. 시장은 시장 참여자가 가격을 예측할
수 있을 때 제대로 기능한다. 간접 배출량은 전력 생산량에 따라 결정된
다. 즉, 배출권 거래 당사자는 발전원 구성을 제어할 능력도 없고 발전원

구성을 예측할 수도 없다.

이러한 구조는 시장을 왜곡시키는 장애다. 따라서 이번 파리협정 채택으로 글로벌 탄소 시장이 탄생하면 국내 배출권 거래가 제도적으로 성장하는 데 큰 역할을 할 것으로 기대된다.

제 2 부

에너지 믹스와 산업

신기후체제와
독일의 재생에너지 정책

박상철

1. 배경

21세기에는 환경 및 에너지 문제가 글로벌 쟁점으로 부각되면서 인류 최대의 글로벌 관심사로 자리 잡았다. 따라서 에너지와 지구 환경, 이산화탄소 배출 문제는 에너지·경제·환경 부문에 종사하는 모든 전문가를 막론하고 지구의 지속가능한 성장과 미래의 지구 환경 보존, 인류의 생존을 위해 반드시 해결해야 할 보편적이고도 필수적인 관심사가 되었다. 그러나 불행하게도 전 인류적인 관심을 받고 있음에도 일정 기간 내에 이산화탄소 배출 삭감 대책이 마련될 가능성은 적다. 동시에 에너지 부문의 획기적인 전환을 의미하는 화석연료 중심에서 재생에너지 부문으로의 이전에 필요한 경제적 비용은 증가되었다.

이 글은 재생에너지 정책을 추진함으로써 재생에너지 사용을 실질적으로 증가시키고 경제성장을 달성하는 한편, 기후변화가 환경에 미치는 부정적 영향을 최소화하면서도 지속가능한 발전이 현실적으로 가능한지를 조사 및 분석한 것이다.

전통적인 경제학에서는 경제가 성장하면 에너지 소비도 동시에 증가해 환경에 미치는 영향이 부정적일 수밖에 없다고 주장하지만, 경제성장을 달성하면서 에너지 총 소비를 감소시킬 수 있다면 기후변화에 능동적으로 대처할 수 있을 뿐만 아니라 지속가능 발전도 현실적으로 가능해진다. 따라서 이 글의 목적은 재생에너지 정책 및 환경 정책을 1980년대 중반부터 시작한 기술 선진국 독일의 사례를 통해 기후변화 정책의 수행 및 지속가능 발전이 전략적으로 가능한지를 실증적으로 분석하는 것이다.

이 글이 접근하는 방법은 기존의 계량경제학에서 사용하는 것처럼 모형을 선택해서 가설을 설정하고 통계 자료를 조사 및 수집해 가설의 정과 부를 검증하는 방식이 아니라, 경제성장과 에너지 소비의 상관관계를 실증적으로 분석한 아페르기스·페인(Apergis and Payne, 2009a) 논문의 논리적 배경, 즉 경제성장과 에너지 소비는 비례적으로 작용한다는 논거를 근거로 한다.

경제성장과 에너지 소비의 상관관계에서 가장 많이 인용되고 있는 아페르기스·페인의 논문에 따르면, 경제성장을 달성하는 과정에서는 에너지 소비가 필수적으로 증가해 환경문제를 발생시킬 가능성이 높아진다. 그러나 경제성장을 위해 증가하는 에너지 소비를 재생에너지로 대체하거나 경제성장을 달성하면서도 에너지 소비가 증가하지 않는다면 환경에 부정적인 영향을 미치지 않고도 지속가능한 성장을 달성할 수 있을 것이다. 이러한 전제 조건이 충족된다면 신기후체제가 추구하는 지구온난화 현상을 극복하고 기후변화로 인한 글로벌 환경의 부정적인 현상을 최소화시킬 수 있다. 그러한 사례가 독일의 에너지 정책과 지속가능 발전 전략이다. 따라서 이를 정책과 전략으로서 논리적으로 증명하는 것이 이 글의 접근 방법이다.

2. 글로벌 재생에너지 현황

2012년 재생에너지는 글로벌 총 에너지 소비 중 19%에 이르고 있으며 지속적인 성장세를 보이고 있다. 이 중 9%는 바이오매스로 개발도상국의 농어촌 지역에서 난방 및 취사용으로 소비되고 있으며, 10%는 수력, 태양광, 풍력 등의 현대적 재생에너지자원이다. 현대적 재생에너지가 빠르게 성장하고 있는 부문은 전력 생산, 난방 및 온방, 운송, 농어촌 지역 전력 수송 서비스 등이다(〈그림 3-1〉 참조).

글로벌 재생에너지 생산 부문 중 가장 빠른 신장세를 보이는 것은 전력 생산 부문이다. 2013년 글로벌 전력 생산 중 재생에너지를 사용한 전력 생산량은 1560GW에 달했는데 이는 2012년 대비 8%가 증가한 규모다. 재생에너지별로 증가한 비율을 살펴보면 수력발전이 4% 증가해 1000GW 이고 이 외의 재생에너지 사용 발전은 17% 증가한 560GW다. 이 중 발전설비 시설 증가는 수력발전과 태양광발전이 전체 증가분의 1/3을 차지하며, 풍력발전설비 증가는 29%를 차지한다. 이로써 2013년은 태양광발전설비 증가가 풍력발전설비 증가를 최초로 넘어선 해로 기록되었다(REN21, 2014).

이 외에도 글로벌 전력 생산을 위한 발전설비 능력은 지속적으로 증가할 것으로 예상되어 2012년 5579GW에서 2030년 1만 569GW로 증가할 것으로 전망된다. 이 기간 동안 연간 발전설비 증가 추이는, 화석발전 비중은 빠르게 감소하는 반면 재생에너지 중 태양광발전 및 풍력발전 비중은 빠르게 증가하는 추이를 보일 것으로 예상되며, 특히 풍력발전과 태양광발전이 크게 증가할 것으로 보인다(Bloomberg New Energy Finance, 2013) (〈그림 3-2〉 참조).

글로벌 전력 생산량 증가의 지역별 추이를 보면 아시아 태평양 지역은

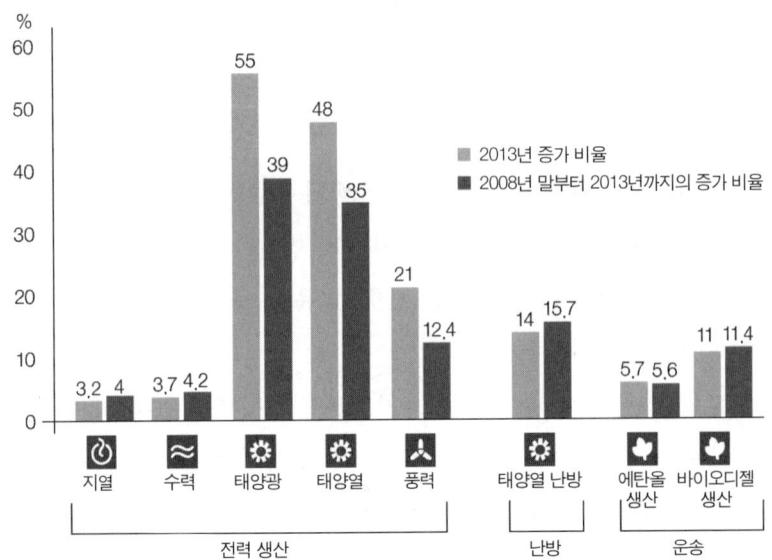

〈그림 3-1〉 글로벌 재생에너지 사용의 증가 비율

자료: REN21(2014).

〈그림 3-2〉 글로벌 전력 생산 발전설비의 증가 추이(2012~2030년)

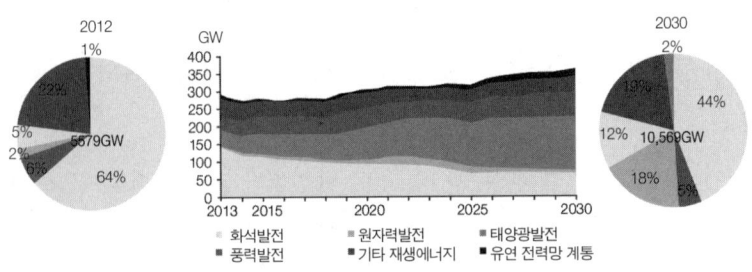

자료: Bloomberg New Energy Finance(2013).

재생에너지 추가 생산 용량이 2030년 1743GW에 이를 예정이며 총 투자
액도 2조 5000억 달러에 이르러 세계 최대 재생에너지 생산 지역으로 탈
바꿈할 것으로 예상된다. 아시아 태평양 지역은 2030년까지 2794GW의
추가 전력 생산 용량을 달성해 이 외의 지역에서 생산되는 전력 생산 용량

<그림 3-3> 지역별 및 기술별 총 추가 발전 용량(2013~2030년)(단위: GW)

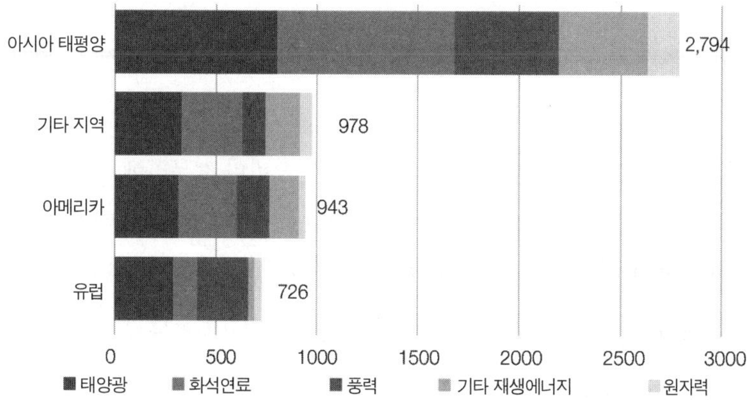

자료: Bloomberg New Energy Finance(2013).

인 2647GW를 초과하게 될 것이다. 특히 재생에너지 생산량은 약 4배 증가할 전망인데 이 중 약 50%가 태양광발전으로 이뤄질 것으로 예상된다. 특히 중국의 재생에너지 전력 생산 용량이 1000GW 증가할 것으로 예상되어 중국은 역내는 물론 전 세계적으로도 최대 재생에너지 전력 생산국이 될 것이다.

북미 및 중남미에서는 2030년까지 629GW의 재생에너지 발전 용량이 추가로 건설될 것으로 예상되며, 유럽에서는 579GW의 재생에너지 발전 용량이 추가로 건설될 것으로 예상된다. 이를 위해 북미 및 중남미는 약 8260억 달러를 투자할 예정이고 유럽은 9670억 달러를 투자할 예정이다. 유럽의 재생에너지 추가 발전 용량 비용이 북미 및 중남미보다 높은 이유는 비용이 상대적으로 높은 해상풍력발전에 투자하기 때문이다(Bloomberg New Energy Finance, 2013)(〈그림 3-3〉 참조).

3. 주요국의 재생에너지 정책

1) 미국

미국의 재생에너지 정책을 살펴보면 특히 오바마 정부하에서 국가 에너지 전략이 모든 전략 중에서 최상위 전략으로 채택되면서 강력한 정책적 지원을 받게 되었다. 그 결과 재생에너지는 2013년 미국 전체 에너지 소비의 9.4%를 차지하고 전체 전력 생산 중 12.9%를 차지하는 중요한 에너지원으로 자리 잡았다. 재생에너지는 바이오연료 48%, 수력 35%, 풍력 13%, 지열 2.5%, 태양에너지 2.0% 순이다. 특히 지열이 차지하는 비중은 2008년 대비 5%에서 2.5%로 감소한 반면, 풍력이 차지하는 비중은 5%에서 13%로 두 배 이상 증가했다. 2030년까지 미국 총 에너지 소비에서는 화석연료의 비중이 2005년 대비 낮아질 전망이며, 재생에너지는 2010년 7.5%에서 2030년 27%로 3배 이상 큰 폭으로 증가할 전망이다(IRENA, 2015).

2012년 3월 미국 의회를 통과한 '클린에너지기준법(Clean Energy Standard Act)'에 따르면 미국 내 전력 소매판매업자는 2015년부터 판매 전력 중 일정 비율을 재생에너지로 생산한 전력을 판매해야 한다. 또한 재생에너지 최소 판매 비율을 2015년 24%에서 2035년 84%까지 매년 높일 예정이다. 이 법안이 시행된 이후 천연가스, 재생에너지, 원자력발전의 비중은 증가하고 석탄발전의 비중은 크게 감소했다(The White House, 2013).

2011년 5월에는 에너지부에서 국가의 미래 청정에너지인 재생에너지의 경쟁력을 확보하기 위한 6대 전략으로 청정전력 생산, 전력망 현대화, 건물 및 산업 에너지 효율 향상, 대체연료 생산, 수송용 배터리 연구, 수송수단 효율 향상 등을 설정했으며, 이에 대한 기술 개발 및 보급 계획으로 전략 계획(Strategic Plan)을 공표했다. 이를 통해 2020년까지 온실가스 배출량을 2008년 대비 28% 감축하는 것을 목표로 하고 있다. 또한 수소연료전지, 태양광, 풍력, 지열, 수송 기술, 빌딩 기술, 제조 기술 등 주요 재생에너지 분야에 대한 연구 개발을 지속적으로 추진하기 위해 예산을 29.1% 증가시키도록 요청했다.

재생에너지 산업 중 특히 바이오연료 생산을 촉진하기 위해 2005년 에너지법 정책에 재생연료기준(Renewable Fuel Standard: RFS)을 처음 도입했으며, 2007년 제정된 '에너지독립보안법'에서는 2022년까지 360억 갤런 생산을 의무화했다. 그 결과 에너지부는 바이오연료를 2022년에 300억 갤런, 2030년에 400억 갤런 생산할 것으로 전망하고 있다.

재생에너지의무할당제는 현재 29개 주정부, 워싱턴DC 등 지자체에서 이미 시행 중이며 연방 차원에서 도입을 검토 중이다. 각 주는 2009~2025년까지 전체 발전량에서 재생에너지가 차지하는 의무적 목표치와 연도를 설정하고 있는데, 목표치는 현재 전체 발전 수급 상황과 재생에너지산업 발전 수준 등을 고려해 각 주 의회에서 심의해 결정하며 재생에너지인증(Renewable Energy Certificate: REC)제도를 통해 달성 여부를 검증한다. 29개 주의 목표 달성 비율은 평균 94%로 매우 높은 편이다.

세금 지원 제도로는 재생에너지에 의해 발전된 단위 전력 생산량당 일정 금액의 법인세를 공제해주는 생산세액공제(Production Tax Credit: PTC)제도를 1992년 제정된 에너지법 정책에 의거해 시행하고 있으며, 재생에너지 생산 설비에 의해 생산되어 판매되는 전력에 대해서 일정 금액을 생산 시작 시점부터 10년간 인센티브로 지급하는 재생에너지 생산 인센티브(Renewable Energy Production Incentive: REPI)제도도 시행 중이다. 최근 미국은 2030년까지 재생에너지 발전 비중을 총 에너지 소비 중 2010년 11.5%에서 4.5% 상향 조정해 16%로 높이기로 계획했다(IRENA, 2015)(〈그림 3-4〉 참조).

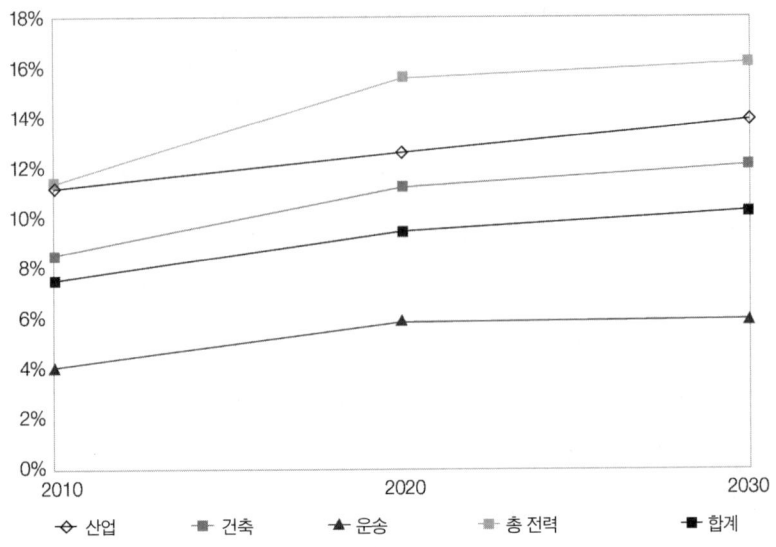

〈그림 3-4〉 미국 총 에너지 소비 중 재생에너지 사용 비율(2010~2030년)

◇ 산업　 ■ 건축　 ▲ 운송　 ■ 총 전력　 ■ 합계

자료: IRENA(2015).

2) 중국

중국의 재생에너지 정책은 2004년 중국정부가 재생에너지법을 제정하고 재생에너지개발기금을 확보하면서 시작되었다. 이후 소형 수력발전 및 태양광발전이 핵심 육성 부문으로 설정되고 지역을 중심으로 개발되는 프로젝트를 진행했다(IRENA, 2015).

화석연료의 최대 소비국인 중국은 최근 재생에너지 분야에서 적극적인 에너지 정책을 펼치고 있다. 중국은 이미 재생에너지의 발전, 수력, 풍력, 태양열 온수 및 난방, 지열 등의 분야에서 누적 용량 기준으로 세계 1위다. 중국 국가에너지국은 2012년 8월 재생에너지 발전 제12차 5개년 계획을 발표하고 이 분야에 대한 대규모 개발 계획을 제시했다. 중국정부는 2010년 7.1%인 재생에너지 소비 비중을 2015년 9.5%에 도달시키고 2030

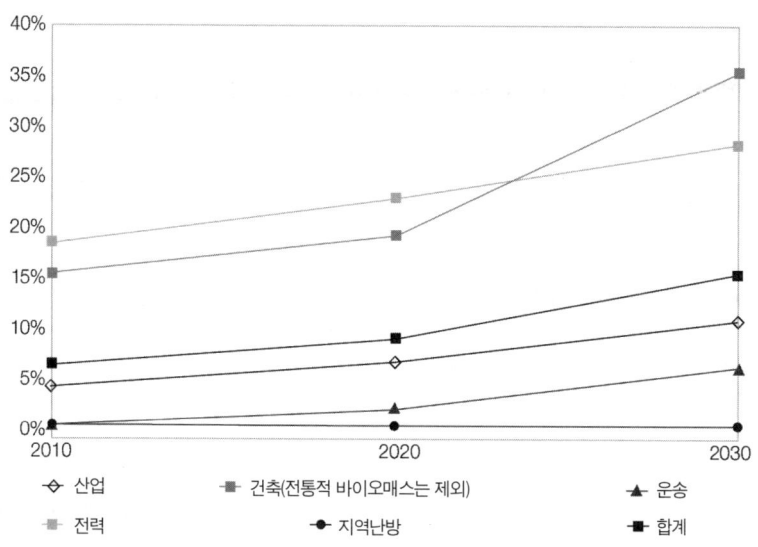

〈그림 3-5〉 중국 총 에너지 소비 중 재생에너지 사용 비율(2010~2030년)

자료: IRENA(2015).

년 총 에너지 소비 가운데 비화석에너지 비중을 15.8%까지 늘리겠다는 목표를 발표했다. 특히 재생에너지를 사용한 전력 생산은 2030년 27%까지 증가시킬 것을 목표로 하고 있다(IRENA, 2015)(그림 3-5) 참조).

특히 풍력발전을 2015년 100GW, 2020년 200GW로 확대할 예정이다. 이 중 해상풍력발전설비 용량은 2020년 30GW 수준으로 육성할 계획이다. 태양광발전은 2015년까지 2500억 위안(약 45조 원)을 투자해 전체 발전설비 용량의 1.5% 수준인 21GW로 증가시킬 계획이다. 수력발전의 경우 수자원이 풍부하고 개발 여건이 좋은 하천을 우선 개발해 2020년 설비 용량 420GW를 구축한다는 계획이다. 이와 함께 재생에너지 시범 도시 100곳을 선정하고 녹색에너지 시범 현을 200곳 조성할 계획이다. 수력발전 분야는 풍부한 수자원과 개발 여건을 갖춘 하천을 우선 개발한다는 방침으로 2011~2015년 기간 동안 수력발전 분야가 대규모 확대될 것으로 보이며, 수력발전설비 목표는 2015년 290GW와 2020년 420GW로 각각 설정했다(CNREC, 2012).

이 외에도 태양광 분야에 대해서 중국 국가에너지국은 제12차 5개년 계획의 일환으로 태양에너지 발전개발계획을 2012년 9월 발표했다. 이 계획 기간에 총 2500억 위안을 투자해 태양에너지 발전설비 용량을 2015년에는 전체 발전설비 용량의 1.5%인 50GW까지 증가시키고 2020년에는 100GW로 확대할 계획이다(산업통상자원부, 2015a; CNREC, 2012).

3) EU

EU의 재생에너지 정책은 EU위원회(EU Commission)가 2009년 제정한 EU재생에너지지침에 따라 실행되고 있다. 이 지침에 따르면 EU 회원국은 2020년까지 역내 총 에너지 소비 중 재생에너지 사용 비율을 20%까지 증가시키는 목표치를 달성해야 한다. 이 목표치를 달성하기 위해 28개 회원국은 자국 경제 사정에 맞게 목표치를 설정해 재생에너지 정책을 수행해야 한다(Directive, 2009).

EU재생에너지지침은 각 회원국이 자국 사정에 적합한 재생에너지 부문을 개발하고 생산할 의무 목표치를 요구하고 있으며, 이 목표치는 EU 차원에서 역내 총 에너지 소비 중 재생에너지 사용 비중을 2020년 20%에 도달시키는 데 주력하고 있다. 최종 재생에너지 소비는 전력 생산 외에도 난방 및 온방, 운송, 바이오연료 등을 포함한 전 에너지 소비를 의미한다.

각 회원국은 재생에너지 생산 및 소비 의무 목표치를 설정한 후 회원국별로 목표치를 달성하기 위한 구체적인 방법을 담은 국가재생에너지행동계획(National Renewable Energy Action Plan: NREAPs)을 EU위원회에 제출해야 한다. 동시에 EU위원회는 각 회원국에 재생에너지 의무 목표치를 달성하기 위한 방법에 대해 전적으로 회원국의 국내 사정에 맞게끔 자율적으로 선택해 운영할 수 있도록 정책의 유연성을 제공하고 있다. 또한 각 회원국이 재생에너지 의무 목표치를 달성하는 과정을 검증하기 위해 자국의 국가재생에너지행동계획 실행에 관한 보고서를 2년마다 제출하도록 의무화하고 있다. 따라서 EU는 검증 작업을 통해 체계적인 재생에너지 정책을 수행하고 있으며 이는 EU재생에너지 정책의 핵심 거버넌스 체제다 (Wyns, Khatchadourian and Oberthur, 2014).

EU위원회는 각 회원국 국가재생에너지행동계획에 관한 정보를 공유할 수 있는 공식 문서를 제정하는 한편 각 회원국이 자율적으로 제정한 의무 목표치를 달성할 수 있는 가이드라인을 제정해 회원국에 제공하고 있으며, 28개 전 회원국이 서로 조화롭게 정책 목표를 달성할 수 있도록 실행 보고서를 주의 깊게 관찰하고 있다. 이를 위해서 국가재생에너지행동계획 보고서를 제출할 때에는 정책 목표, 성과, 달성 방법, 재생에너지 개발 관련 행정상의 문제 등을 구체적으로 제시하도록 각 회원국에 요구하고 있다(Directive, 2009).

그 결과 EU 28개 회원국이 2012년 총 에너지 소비에서 재생에너지를 사용한 비율은 14.1%에 달했다. 이는 2004년 8.3%에서 약 70% 증가한 수치로, EU재생에너지지침이 시작된 2009년의 11.9%와 비교해서도 18.5% 증가한 것이다. 따라서 2020년 총 에너지 소비 중 재생에너지의 사용 목표치인 20%는 무난하게 달성할 것으로 예상된다. 이에 따라 EU정상회의 (European Council)는 2014년 10월 EU의 총 에너지 소비 중 재생에너지의 사용 비율 및 에너지 효율성을 2030년에 각 27%로 증가시키기로 결정했다(European Council, 2014b)(〈그림 3-6〉, 〈그림 3-7〉 참조).

〈그림 3-6〉 EU 28개 회원국 총 에너지 소비 중 재생에너지 사용 비율(2004~2012년)(단위: %)

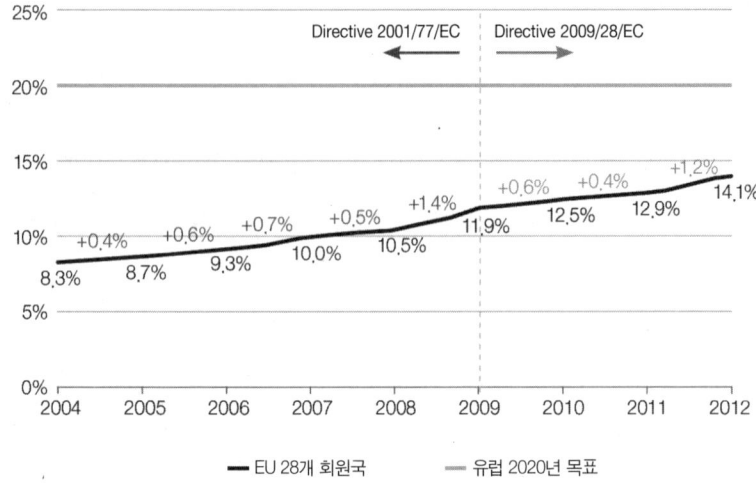

자료: European Council(2014b).

〈그림 3-7〉 EU 2030년 에너지 및 기후변화 기본계획

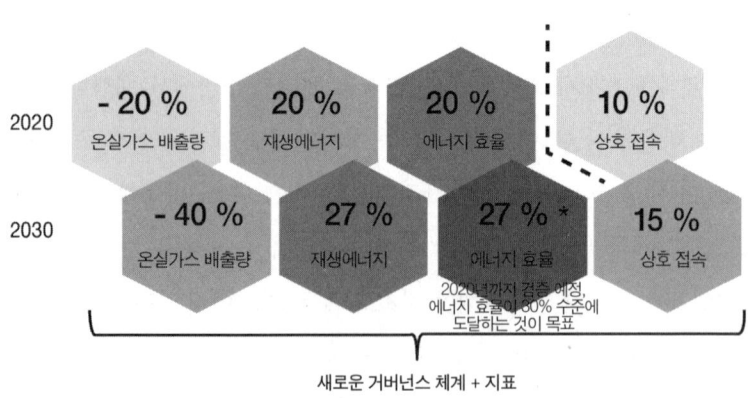

자료: Eurostat.

4. 독일 에너지 정책

1) 에너지 정책과 지속 성장

에너지 정책과 지속 성장은 서로 상이한 부문으로 이해할 수도 있으나 글로벌 경제체제에서는 매우 긴밀하게 연계되어 있다. 1970년대 두 차례 발생한 석유 위기와 2014년 중반 이후 글로벌 수요 및 공급의 격차에서 발생한 석유 가격 하락이 글로벌 경제에 미친 영향에서 이해할 수 있듯이 에너지자원이 글로벌 경제에 미치는 영향은 매우 크다. 따라서 에너지 의존도에 관계없이 합리적이며 효율적인 에너지 정책을 추진하는 국가가 경제적으로 지속 성장을 달성할 가능성이 높아진다.

에너지 정책과 지속 성장이 상호 밀접하게 연계되어 있으며 글로벌 환경문제와도 관련이 깊은 이유는 다음과 같다.

(1) 과다한 온실가스 배출로 인한 지구온난화 현상 해소

21세기는 환경 및 에너지에 관한 쟁점이 인류의 최대 화두로 인식되고 있으며 이를 해결하기 위한 다양한 방법론이 글로벌 차원에서 제기되고 있는 실정이다. 또한 지난 20세기는 18세기 서유럽에서 시작된 지역적 산업화와는 달리 전 세계적으로 산업화가 실시된 세기로, 모든 국가에서 경제 및 산업의 발전을 위해 화석연료를 무차별적으로 사용해서 온실가스를 과다하게 배출했고, 그 결과 지구온난화 현상이 발생했다.

이로 인해 1997년에 발효된 교토의정서를 준수하고자 각 국가가 노력하고 있으며 이는 각 국가의 에너지 정책에 중요한 역할을 하기 시작했다. 이후 오랜 준비 작업을 거쳤으나 2009년 12월 열린 덴마크 코펜하겐 기후회의에서는 선진국 및 개발도상국 간 합의점을 찾지 못했다. 하지만 2010

년 11월 멕시코 칸쿤 기후변화정상회의에서는 당사국 간의 의견 조율이 상당히 진전되었다. 그 결과 2014년 12월 페루 리마에서 개최된 제20차 UN기후변화협약 당사국총회에서는 2020년 이후 국가별 온실가스 감축 목표 제출 지침을 확정지었다. 따라서 각 회원국은 스스로 2020년 이후의 온실가스 감축 목표를 결정해 2015년 12월 프랑스 파리에서 개최되는 제21차 UN기후변화협약 당사국총회에 제출해야 했다.

(2) 에너지 정책이 지속 성장의 핵심

21세기 에너지 정책은 화석연료 사용 중심의 20세기 에너지 정책과는 근본적으로 상이한 형태로 진행되고 있다. 즉, 화석연료 사용 중심의 20세기 에너지 정책은 공급자 위주의 에너지 정책이었으나 친환경 중심의 21세기 에너지 정책은 수요자 위주로 정책의 핵심이 전환되었다.

친환경 에너지 정책을 수행하기 위해 독일정부는 1980년대부터 수요자 중심 에너지자원인 태양광 및 태양열, 풍력, 바이오 등과 같은 재생에너지 자원을 개발하는 데 정책적인 관심과 시행, 자본 및 기술 축적 등에 힘써 국가 경쟁력을 강화했다. 그 결과 에너지 정책과 기후변화 정책은 지속 성장을 견인하는 가장 중요한 정책 요소로 자리매김하기 시작했다. 이는 새로운 성장 산업의 진입을 가능하게 만들어 국가의 신성장 동력으로서의 역할을 수행하고 있으며 환경 친화적인 국가 이미지 향상에도 크게 기여하고 있다.

(3) 지속가능한 경제 발전 전략

에너지 정책을 기초로 지속적인 경제성장을 달성하기 위한 방안으로 핀란드, 스웨덴, 덴마크, 노르웨이, 네덜란드 등 5개 북유럽 국가와 독일, 영국 등 EU 회원국은 이미 1990년대에 탄소세를 도입했다.[1] 탄소세 도입 및 운영을 10년 이상 실시한 후 이를 기초로 이산화탄소 배출 감소를 극대화하기 위해 2005년부터 EU 차원에서 이산화탄소 배출권 시장을 운영하고 있다. 따라서 탄소세 도입과 이산화탄소 배출권 시장은 환경 친화적인 에너지 정책을 수행하는 데 가장 중요한 정책 수단 중 하나로 인식되고 있으며, 이 정책의 수행을 통해 에너지 및 환경 부문의 첨단 기술혁신 창출 및 고용 창출의 성과가 나타나고 있다.

실제로 독일의 경우 생태적 에너지세(일명 탄소세) 시행 및 이산화탄소 배출권 시장 도입이 재생에너지자원 개발에 박차를 가하는 결과로 작용해 재생에너지자원의 핵심 부문인 태양광 및 태양열, 풍력, 바이오산업 부문에서 2009년까지 약 30만 명의 신규 노동 인력을 창출함으로써 국가 경제에 기여했다(Federal Ministry of Economics and Technology, 2010). 그뿐 아니라 이산화탄소 배출량을 감축하는 데에도 핵심적인 역할을 수행하고 있다. 따라서 독일은 제조업 중심의 산업 국가이자 세계 4위의 경제 국가인데도 이산화탄소 배출 감축을 성실하게 수행해 2013년 이산화탄소 총 배출량이 세계 6위에 그쳤다(〈그림 3-8〉 참조).

(4) 기후변화 정책에 대비

에너지 정책과 기후변화 정책은 매우 밀접하게 연관되어 있다. 에너지 정책은 에너지 수요와 공급에 관한 전반적인 사항을 취급하는 반면, 기후변화 정책은 지구온난화 현상에 대비해서 이를 유발시키는 주요 원인인 이산화탄소, 메탄, 이산화질소 등의 배출을 감축하는 사항에 정책적인 초점을 맞추고 있다(Federal Ministry of Economics and Technology and Federal

---

1   독일은 설명한 것처럼 탄소세가 아닌 '생태적 에너지세'라는 명칭으로 제도를 도입해 에너지세뿐 아니라 환경세의 역할도 수행하고 있다.

〈그림 3-8〉 2013년 주요 국가별 이산화탄소 배출량(단위: 백만 톤)

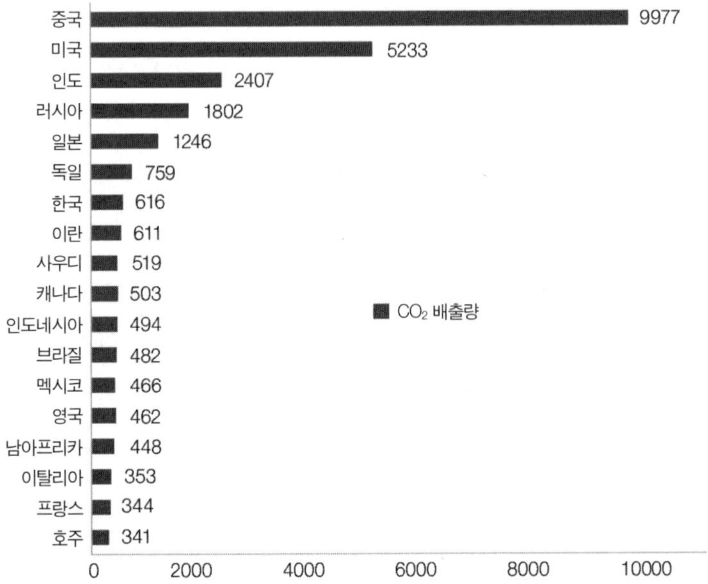

중국 9977
미국 5233
인도 2407
러시아 1802
일본 1246
독일 759
한국 616
이란 611
사우디 519
캐나다 503
인도네시아 494
브라질 482
멕시코 466
영국 462
남아프리카 448
이탈리아 353
프랑스 344
호주 341
0
2000
4000
6000
8000
10000
CO2 배출량

Ministry for the Environment, Nature Conservation and Nuclear Safety, 2010).[2]

2) 에너지 정책 추진 배경

독일은 2014년 기준 세계 제5위의 에너지 시장 국가다. 그럼에도 재생에너지를 제외한 대부분의 에너지 소비 자원을 수입에 의존하고 있다. 2012년 말 독일의 주요 에너지 소비 구조를 살펴보면 석유 36%, 석탄 25%, 천연가스 22%, 재생에너지 10%, 원자력 7% 등이었다. 1970년대 초까지는

2 지구온난화 현상을 발생시키는 온실가스(Green House Gas: GHG)는 이산화탄소, 메탄, 이산화질소 등으로 이뤄져 있다. 이 중 메탄의 위험성이 가장 높으나 배출량은 대량이 아니다. 이산화탄소가 전체의 약 90% 이상을 차지하고 있기 때문에 편의상 이산화탄소 배출 감축을 가장 중요하게 간주한다.

〈그림 3-9〉 2012년 독일의 전력 생산용 주요 에너지자원 비율

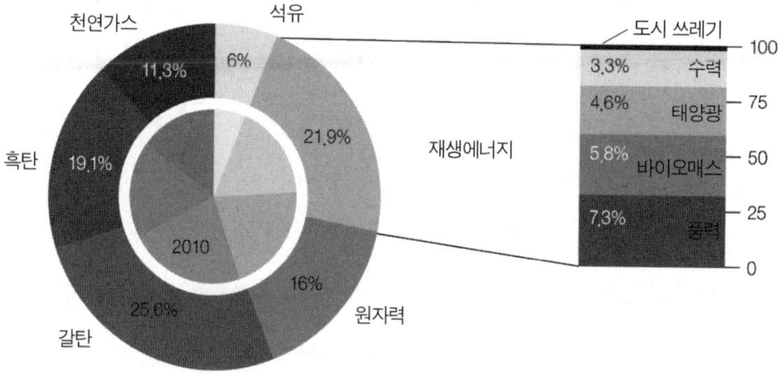

자료: Federal Ministry of Economics and Technology(2013).

석유가 주요 에너지자원 소비 중 가장 많은 부분을 차지했으나 1973년과 1979년 1차 및 2차 석유 위기를 겪은 후 과도한 석유 수입 의존도를 대체하기 위해 원자력발전과 천연가스 수입의 비중을 높였다.

석탄은 독일이 자국에 보유하고 있는 유일한 에너지자원으로, 1950년대 및 1960년대에 고도 경제성장하는 데 원동력 역할을 수행했으나 환경 및 경제적 측면에서 다른 에너지자원으로 대체되는 경향을 보이고 있다. 그러나 2002년 이후 석유 가격이 400%, 천연가스 가격이 300% 이상 급등하면서 발전용 석탄 소비가 증가하는 경향을 나타내고 있다. 이로 인해 2012년에는 전력 생산용 주요 에너지자원의 비율이 석탄 44.7%, 재생에너지 21.9%, 원자력 16%, 천연가스 11.3%, 석유 6% 등으로 조정되었다 (〈그림 3-9〉 참조).

또한 독일의 경우 에너지 의존도가 지속적으로 증가하는 경향을 보이고 있다. 2012년 독일 내 에너지자원 소비 구성은 산업 부문 31%, 수송 부문 28%, 일반 가정 22%, 서비스 부문 19%였다. 산업 부문의 에너지 소비 비중이 OECD 평균인 31%이지만, 독일이 다른 OECD 회원국에 비해 제

조업 비중이 상대적으로 높다는 사실을 감안하면 주요 에너지의 소비 구조가 고도로 발전된 지식 기반 경제체제가 구축되어 있음을 알 수 있다.

하지만 자국이 보유한 주요 에너지자원이 석탄 외에는 전무한 실정이기 때문에 주요 에너지자원의 수입 의존도는 1990년 56.8%에서 2008년 74.6%, 2010년 77%로 지속적으로 증가했다. 이후로는 에너지자원 수입 의존도가 감소하는 추세다. 2010년 기준 수입한 에너지자원을 자세히 살펴보면 석유 98%, 천연가스 87%, 석탄 77%, 갈탄 100%를 수입에 의존해 총 에너지자원 수입 의존도가 77%에 달했다. 이처럼 높았던 총 에너지자원 수입 의존도는 2013년 71%로 감소했다(Van de Graaf and Westphal, 2011; AGEB, 2014).[3]

2012년 말 주요 에너지자원 수입 국가를 살펴보면 석유의 경우 러시아가 최대 수입 국가여서 37%, OPEC 16%, 영국 14%, 노르웨이 10%, 기타 23% 등이었다. 천연가스의 경우 러시아 36%, 네덜란드 26%, 노르웨이 25%, 기타 13%였으며, 석탄의 경우 독립국가연합(CIS) 31%, 미국 23%, 콜롬비아 14%, 남아프리카공화국 9%, 폴란드 8%, 기타 15%였다(〈표 3-1〉참조).

EU 회원국 중 독일은 에너지 수입 의존도가 가장 높은 국가 중 하나다. 특히 EU 내 가장 규모가 큰 경제 회원국인 독일의 에너지 수입 의존도가 이처럼 높기 때문에 에너지의 안정적인 수급에 위험이 상존한다. 러시아는 독일에서 수입하는 주요 에너지자원의 약 40%를 차지해 독일에 가장 중요한 에너지자원 공급 국가다. 특히 천연가스의 경우 수입 국가의 수가 상대적으로 적고 러시아에 의존하는 비율이 매우 높은 것이 구조적인 문

---

3 총 에너지자원의 수입 의존도 비율은 측정 기관에 따라 차이를 나타내고 있다. 독일 통계청의 자료에 따르면 2012년 독일의 총 에너지자원 수입 의존도는 61.1%를 기록했으나, 이는 원자력에너지를 국내용 에너지로 계산한 것이다. 반면 에너지 전문 기관인 AGEB는 원자력에너지를 수입용 에너지로 계산하고 있다.

〈표 3-1〉 2012년 독일이 주요 에너지자원을 수입하는 국가

에너지자원	국가 명	비중
석유	러시아	37%
	OPEC	16%
	영국	14%
	노르웨이	10%
	기타	23%
천연가스	러시아	36%
	네덜란드	26%
	노르웨이	25%
	기타	13%
석탄	독립국가연합(CIS)	31%
	미국	23%
	콜롬비아	14%
	남아프리카공화국	9%
	폴란드	8%
	기타	15%

자료: IEA(2014a); www.coalspot.com.

제점으로 지적되고 있다. 천연가스 외에 석유 및 석탄은 주요 수입원이 상대적으로 다원화되어 있어 에너지 공급의 위험성에 상대적으로 적게 노출되어 있다.

그러나 전반적으로 주요 에너지자원의 수입 의존도가 매우 높기 때문에 에너지 공급 안정을 장기적이고 지속적으로 유지하는 것이 에너지 정책 수행에 가장 중요한 요소다. 또한 1970년대에 두 차례에 걸친 세계 석유 위기를 경험하고 2006년 및 2009년 우크라이나에서 발생한 천연가스 공급 중단 문제 등을 경험하면서 에너지자원을 안정적이고 지속적으로 공급하는 것이 국가 경제 발전에 필수적이라고 판단해 독일은 국가적 차원에서 에너지 정책을 수행하고 있다(박상철, 2015).

3) 에너지 정책 방향 및 전략

에너지 정책의 기본 방향은 주요 에너지자원의 절대적인 부족으로 인해 주요 에너지 수입 의존도가 매우 높은 상태를 장기적인 차원에서 지속적으로 감소시켜나가면서 대외 의존도를 극소화시키는 것이다. 이를 위해서는 단순히 에너지 공급 안정에 정책적 초점을 맞추는 것이 아니라 장기적인 차원에서 주요 에너지자원의 수입 의존도를 감소시키고 주요 에너지 소비 구성을 변화시켜 환경 친화적인 에너지 소비 구조를 정착시켜야 한다.

이러한 에너지 정책의 기본 방향을 실천하기 위해 독일정부는 2010년 '에너지개념(Energiekonzept)'을 발표했으며 2011년 3월 일본 후쿠시마 원자력발전소 폭발 사고 이후에는 '에너지전환(Energiewende)'이라는 명칭을 사용해 환경 친화적이고 지속가능하며 안정적인 에너지를 공급하기 위한 가이드라인을 제시했다. 이로써 독일은 재생에너지 시대를 위한 로드맵을 최초로 작성했다. 독일정부가 발표한 에너지개념은 2050년까지 장기적인 전략을 디자인하고 이를 시행하는 것이다(Federal Ministry of Economics and Technology and Federal Ministry for the Environment, Nature Conservation and Nuclear Safety, 2010; Federal Ministry for the Environment, Nature Conservation and Nuclear Safety, 2011).

독일은 에너지 정책에서 독립국가로서 독자적으로 수행하는 부분도 있지만, EU의 회원국으로서 EU 28개 회원국이 전체적으로 합의한 에너지 정책 가이드라인을 준수해야 할 의무도 동시에 지니고 있다. 실제로 EU 차원의 공통적인 에너지 정책은 2007년에 시작되었으므로 역사가 매우 짧다. 이유는 각 회원국 차원에서 자체적으로 에너지 정책을 수행했으며 지금도 수행하고 있기 때문이다. 그러나 EU는 각 회원국이 에너지 시장을 형성하는 데 실질적으로 막대한 영향을 미치고 있다. EU는 EU 차원의 내부 시장과 관련된 법률 제정, 경쟁, 환경 정책 등을 통해서 각 회원국의 에너지 시장 형성에 직접적인 영향력을 행사할 수 있기 때문이다(European Commission, 2010d; Van de Graaf and Westphal, 2011).

독일 내에 독자적인 에너지부는 존재하지 않지만 에너지 정책을 주관하는 부서인 경제기술부(Federal Ministry for Economy and Technology)가 에너지 정책 방향을 설정하면 재무부(Federal Ministry of Finance), 환경·자연보존 및 원자력안전부(Federal Ministry for the Environment, Nature Conservation and Nuclear Safety) 외 총 14개 에너지 관련 부서가 공고한 협력 체제를 구축해 긴밀하게 에너지 정책을 시행한다. 이러한 정책적 협력을 기초로 독일 에너지 정책은 EU 20/20 전략적 종합 계획을 채택해 적극적인 이산화탄소 배출 감소, 에너지 효율 향상, 재생에너지 사용 비율 증대 등의 방향으로 운영되고 있다(Park and Eissel, 2010).

독일은 에너지 정책을 수행하는 전략으로 EU 회원국 차원에서 에너지 정책 및 기후 정책의 통합을 강화하고 있으며 국제 에너지 관계에서도 EU의 에너지 정책 목표를 공유하고 있다. 이를 위해 다자간 협력 체제 구축에 적극적으로 동참하고 있으며 국가 간 에너지 교역에서 세계무역기구 (WTO) 규칙을 적용시키는 핵심적인 역할을 수행하고 있다.

또한 EU의 에너지 시장 연합체를 구축하기 위해 독일은 자국 내 에너지 시장 자유화 및 규제 완화를 단행해 경쟁 체제를 유도했다. 이로써 과거에는 국가, 지방정부, 국가기관 소유였던 석유, 가스, 전력 등 주요 에너지자원이 사유화 과정을 거쳤으며, 1990년대 중반부터 국내 에너지 시장 구조 개혁을 추진해 에너지 시장에 경쟁 체제를 도입했다. 특히 에너지 시장의 자유화 및 규제 완화로 기존의 지역적 에너지 시장 영토를 소멸시키고 소유권을 재구성했으며, 전력 시장에 전력을 공급할 때 재생에너지 사용에 우선권을 부여하는 전략을 추진함으로써 재생에너지 사용 비율을 획기적으로 향상시켰다(Van de Graaf and Westphal, 2011).

4) 에너지 정책의 목적, 수행 방법 및 정책 수단

(1) 목적

독일 에너지 정책의 일차적인 목적은 주요 에너지자원의 수입 의존도를 감축시키는 것이다. 이미 설명한 것처럼 2010년 주요 에너지자원 수입 의존도를 보면 석유 98%, 천연가스 87%, 석탄 77%로 매우 높다. 따라서 독일정부가 에너지 정책을 수행하는 목적 가운데 하나는 에너지 수입 의존도를 낮춰 에너지 안보를 우선적으로 관리할 수 있는 상황을 유지하는 것이다. 이 외에 국내 에너지자원이 절대적으로 부족한 상황이므로 에너지 공급 안정을 지속적으로 확보하는 것 역시 에너지 정책 수행의 주요 목적이라 할 수 있다.

독일은 에너지 정책을 수행하면서 3대 주요 목표를 설정하고 있다. 독일정부가 설정한 3대 목표 중 첫째는 경제적 효율성을 극대화시키는 것으로, 이를 달성하기 위해 시장경제 구조 및 효율적 경쟁을 강조하고 있다. 이로써 에너지 수요와 공급에서 경제적 효율성을 향상시키는 것이다. 즉, 지금도 진행 중인 EU 내 전력 및 천연가스 시장의 자유화로 인해 경쟁이 치열해지고 있기 때문에 이 부문에서 효율성을 강화해 가격 경쟁력을 확보하는 것이 주요 목표다. 이를 통해 독일 내 가정 및 산업계로 경제적 이익이 환원되며 동시에 독일의 에너지 관련 산업이 EU 에너지 시장에 원활하게 진입할 수 있는 가능성이 높아질 것으로 기대하고 있다.

둘째 목표는 주요 에너지자원 공급의 안정성 확보다. 이는 세계 에너지 시장의 수요와 공급 상황에 영향을 받지 않고 수요를 충족시킬 만큼 에너지를 항시 공급하도록 하는 것이다. 독일 내 에너지자원이 절대적으로 부족한 상황하에서 에너지 공급의 안정성을 확보하기 위해서는 주요 에너지자원을 확보하는 일도 중요하지만 보유 자원을 적절히 배합해야 하며 (Energy Mix) 에너지 공급원도 다양화해야 한다. 또한 원자력에너지 사용이 시기적으로 제한되고 있는 상황이기 때문에 에너지 절약, 에너지 사용 효율성 및 합리화를 극대화시키고 총 에너지 소비를 감소시켜야 한다.

셋째 목표는 환경과의 호환성(Environmental Compatibility)이다. 현재 진행 중인 전 지구 차원의 기후변화는 인류와 에너지 정책이 직면한 가장 커다란 문제 중 하나다. 따라서 에너지 소비를 감소시키는 것은 물론 재생에너지 사용이 총 에너지 수요에서 차지하는 비중을 높이기 위해서도 노력하고 있다. 또한 기후변화에 대처하기 위해 이산화탄소 배출을 감축하는데 주력하고 있으며, 그 결과가 산업계에 미치는 영향을 최소화하도록 노력하고 있다. 이러한 활동을 국내뿐 아니라 EU, 그리고 전 세계 차원에서 지속적으로 수행하고 있다(www.bmwi.de).

(2) 수행 방법

에너지 정책을 수립하고 목표를 설정 및 실행하기 위해 다양한 접근 방법이 활용되고 있다. 특히 21세기에는 주요 에너지자원을 지속적이며 안정적으로 확보해야 할 뿐만 아니라 이를 통한 경제활동의 활성화에도 충분히 기여해야 하며, 동시에 환경에 부정적인 영향을 미치지 않아야 한다. 에너지 정책은 이 같은 복잡한 전제 조건을 충족시켜야 하므로 특정 중앙부서가 단독으로 에너지 정책을 수립하고 목표를 설정해 수행하는 것은 적절하지 않다. 그 이유는 에너지와 관련된 쟁점이 단순히 개인 소비 또는 산업계에만 영향을 미치는 것이 아니라 국가 경제활동에 전반적으로 영향을 미치고 있기 때문이다.

따라서 독일에서는 이미 설명한 바처럼 에너지 정책을 수립하는 경제 기술부와 기후변화에 대응하고 환경보호를 주관하는 환경·자연보존 및 원자력안전부 등 총 14개 정부 기관이 협력해 공동으로 정책을 수행하는 방식을 채택하고 있다. 이처럼 환경 친화적이며 산업계의 경쟁력을 지속적으로 유지하기 위한 에너지 정책을 수행하기 위해 가장 중요한 요소는 미래 에너지 수급 체계를 위한 중추적인 정책 목표를 설정하는 것이다. 이를 위해 독일정부는 에너지개념을 수립해서 시행하기로 결정했다(Federal Ministry of Economics and Technology, 2010; Federal Ministry for the Environment, Nature Conservation, Building and Nuclear Safety, 2014).

에너지 정책을 수행하는 기본 방법은 에너지 시장의 경쟁력 강화와 시장 중심의 접근 방법을 통해 지속적인 경제성장을 달성하고 고용 창출, 에너지 기술혁신 등을 유도하는 것이다. 독일은 에너지 수입 의존도가 EU 회원국 중 가장 높은 국가 중 하나이며 전체 소비되는 에너지 중 80%가 기후변화의 주범인 지구온난화를 유발시키는 이산화탄소를 배출하고 있다. 따라서 현재의 에너지 공급 구조를 중장기 차원에서 획기적으로 변화시켜 에너지 안정을 달성하기 위해서는 기후 정책과도 긴밀하게 협력해 운영해야 한다.

이를 위해 에너지 관련 장기 로드맵을 작성해 각 주요 과정마다 에너지 기술혁신 창출, 신규 고용 창출 등을 달성하려 하고 있다. 독일정부가 작성한 에너지개념은 친환경적 에너지 정책을 수행하기 위한 가이드라인으로서, 지속적이고도 안정적인 에너지 공급뿐만 아니라 재생에너지 시대로의 진입에 관한 장기적 로드맵까지 담고 있다. 즉, 에너지개념은 2050년까지의 장기 전망하에서 에너지 관련 쟁점에 대한 전반적인 디자인을 설정하고 이를 실행하는 방안을 설정하고 있다. 이를 수행하기 위해 우선 장기적 안목에서 에너지 쟁점에 전반적으로 접근하는 한편, 기술 개발과 경제성장을 동시에 달성할 수 있도록 유연성을 도입해 정책을 운영하고 있다.

또한 장기 에너지 정책에서는 재생에너지 사용 비율을 획기적으로 향상시키는 것을 가장 중요한 수행 과제로 삼고 있는데, 특히 기존 에너지자원과 비교할 때 에너지 믹스 부문이 가장 높은 비율을 차지하도록 하는 데 초점을 두고 있다. 이로써 화석연료인 기존 주요 에너지자원 사용을 점진적으로 감소시켜나가면서 그 부족분을 2020년까지 사용할 수 있는 원자력에너지로 대체하는 방법을 채택한 에너지개념을 수립해 시행하기로 결정했다(Federal Ministry of Economics and Technology, 2010; Federal Ministry for the Environment, Nature Conservation and Nuclear Safety, 2011).

이를 수행하는 방법론은 설명한 것처럼 시장 중심의 에너지 정책을 채택하는 것이며, 이는 전력, 운송, 난방 등 에너지를 사용하는 전 분야와 과정에 현존하는 모든 기술 부문을 개방하는 에너지 자유 경쟁 시장을 도입함을 의미한다.

(3) 정책 수단

독일이 에너지 정책을 수행하는 데에는 중앙정부와 지방정부 간의 분명한 역할 분담이 설정되어 있다. 우선 관련 중앙정부 부서는 에너지 정책을 기획해 수립하고 지방정부는 이를 전반적으로 수행한다. 그리고 중앙정부 기관은 중앙정부 부서가 에너지 정책을 수립하는 데 필요한 싱크탱크의 기능을 수행하며 동시에 지방정부와 협력해 에너지 정책이 충실하게 수행될 수 있도록 지원하는 역할을 수행한다(Park and Eissel, 2010).

에너지 정책을 수립하는 주요 중앙정부 부서로는 전반적인 에너지 정책을 수립하는 경제기술부, 재생에너지 부문의 시장 진입 방안을 연구하고 연구 개발 부문의 정책을 수립하는 환경·자연보존 및 원자력안전부,

주택 및 건물 등의 에너지 사용 효율화에 관한 정책을 수립하는 운송주택도시부(Federal Ministry for Transportation, Building and Urban Affairs), 바이오연료와 관련된 모든 정책을 담당하는 산림농업문화부(Federal Ministry of Forest, Agriculture and Culture), 에너지 관련 세금 정책을 담당하는 재무부(Federal Ministry of Finance) 등이다.

독일 중앙정부 상원(Bundesrat)에서 에너지 정책과 관련해 결정된 최종 에너지 정책을 지역 차원에서 직접 수행하는 지방정부 기관으로는 각 지방정부, 지방정부 위원회, 정책 수행 실무 그룹, 에너지 산업의 사업 수행을 감시하는 연방 카르텔국(Federal Cartel Office) 등이 있다.

중앙정부의 에너지 정책 수립을 기획하고 지방정부의 에너지 정책 수행을 지원하는 중앙정부 기관으로는 독자적인 규정을 확보하고 있는 연방네트워크청(Federal Network Agency), 오염 규제를 담당하는 연방환경청(Federal Environment Agency), 에너지 사용 효율성을 담당하는 연방에너지청(Federal Energy Agency) 등이 있다(〈그림 3-10〉 참조).

재생에너지 사용 비율을 증대시키기 위해 독일정부는 2000년 '재생에너지자원법(Renewable Energy Sources Act: EEG)'을 제정했으며 이를 2004년 개정했다. 이 법률 제정으로 2007년 EU위원회가 결정한 2020년 주요 총 에너지자원 공급에서 재생에너지 사용이 차지하는 비율의 목표를 10%로 확정할 수 있었으며 이 법률 조항은 가장 중요한 정책 수단으로 활용되고 있다. '재생에너지자원법'은 2014년에 재개정되었다.

이 외에도 정책 수단으로 난방 및 교통 부문에 재정적 인센티브를 적용하고 있다. 특히 교통 부문에서의 바이오연료 사용을 증대시키기 위해 이를 적극적으로 장려하고 있다. 그 결과 2000년 바이오연료의 사용 비율이 0.5%에서 2005년 4.5%로 증가되었다. 독일정부는 EU가 제정한 2020년 바이오연료 사용 비율 10%를 달성하기 위해 2007년 바이오연료 일정비율

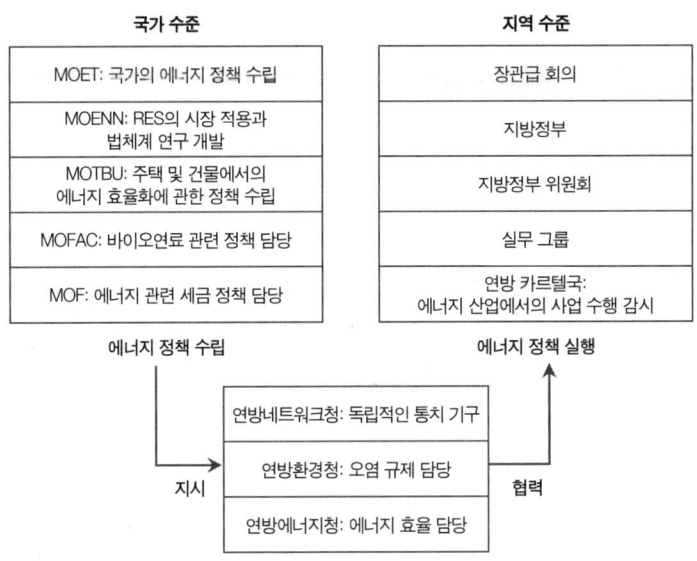

〈그림 3-10〉 독일에서 에너지 정책을 수행하는 주체

국가 수준	지역 수준
MOET: 국가의 에너지 정책 수립	장관급 회의
MOENN: RES의 시장 적용과 법체계 연구 개발	지방정부
MOTBU: 주택 및 건물에서의 에너지 효율화에 관한 정책 수립	지방정부 위원회
MOFAC: 바이오연료 관련 정책 담당	실무 그룹
MOF: 에너지 관련 세금 정책 담당	연방 카르텔국: 에너지 산업에서의 사업 수행 감시

에너지 정책 수립   에너지 정책 실행

연방네트워크청: 독립적인 통치 기구

지시   연방환경청: 오염 규제 담당   협력

연방에너지청: 에너지 효율 담당

자료: Park and Eissel(2010).

의무사용제도(A Bio Fuels Quota)를 도입했다.

또한 전력 부문에는 1990년에 제정된 법령에 따라 발전차액지원제 (Feed-In Tariff: FIT)를 적용하고 있다. 발전차액지원제란 재생에너지자원으로 생산한 전력 공급자에게 의무적으로 재정을 지원하는 것으로, '발전차액 지원법'에서는 전력 회사가 이들에게 전력 소매가격의 65~85%를 지불하도록 규정했다. 이로부터 10년 후인 2000년 '재생에너지자원지원법(EEG)'이 채택되면서 재생에너지자원, 지역, 자원 기술 설치 규모 등에 따라 전력 생산량에 대한 보장을 발전차액으로 지원해주고 있다.

'재생에너지자원지원법'은 세 단계를 거치면서 발전해왔다. 1단계인 2000~2009년에는 재생에너지로 자국 내 전력 생산량을 증가시키는 데 정책적 초점을 맞추었다. 특히 첨단기술 부문과 밀접하게 연관된 태양광 전력 생산 비용이 기존의 화석연료를 이용한 전력 생산 비용보다 월등하게 높은 관계로 발전차액지원 정책을 통해 투자자들에게 투명성, 지속성, 확실성 등을 제공하는 데 치중했다. 2단계인 2009~2011년에는 지속적인 연구 개발의 결과로 태양광 전력 생산 비용이 급격하게 낮아짐에 따라 발전차액지원제를 통해 태양광 전력 생산을 극대화시키는 데 초점을 맞추었다. 3단계인 2012년 이후에는 태양광, 풍력, 바이오매스 등 재생에너지 전력 생산 비용을 지속적으로 감소시켜 화석연료를 사용한 전력 생산 비용과의 격차를 현격하게 줄임으로써 발전차액지원 비율을 낮추는 데 정책적 초점을 맞추고 있다(Fulton and Capalino, 2012).

5. 경제성장과 에너지 정책

1) 경제성장과 에너지 간 상관관계

그동안 경제성장과 에너지 소비 간 상관관계에 대한 학문적 연구가 다양하게 진행되어 왔으나 아직까지는 다수의 가정이 존재하는 상황이다. 이 중 가장 많이 인용되는 주장은, 경제성장과 에너지 소비는 상호 비례하는 방향으로 움직인다는 것이다. 즉, 에너지 소비가 생산을 위한 하나의 투입 요소로 작용해서 에너지 소비가 증가하면 경제성장도 증가한다는 주장으로, 이는 가장 일반적으로 인정되고 있다(Apergis and Payne, 2009a, 2009b).

실제로 글로벌 경제에서 1980년부터 2030년까지 전 세계 에너지 소비량과 예측치, 그리고 같은 기간의 전 세계 경제성장률을 비교해보면 2005년까지 에너지 소비량이 지속적으로 증가하면서 글로벌 경제성장률도 증가한 것으로 나타났다. 또한 향후 2010년 이후에도 중국, 인도, 브라질 등

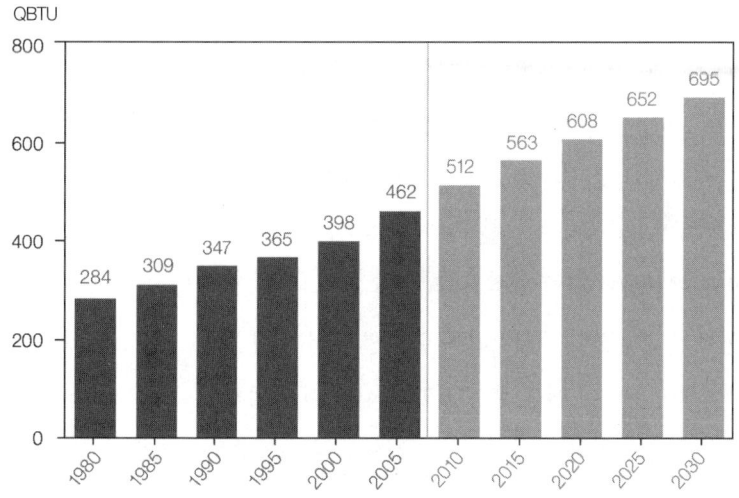

〈그림 3-11〉세계 에너지 소비량 추이(1980~2030년)

신흥국의 높은 경제성장률로 인해 에너지 소비량과 경제성장률이 동시에 증가할 것으로 예측되고 있다. 2008년 글로벌 금융 위기, 2011년 EU 재정 위기, 주요 선진국들의 비전통적인 금융 정책인 양적 완화(Quantity Easing: QE) 등을 거치면서 선진국의 경기가 예상했던 것만큼 성장하지 못하고 신흥국인 중국의 경제 정책마저 내수 중심으로 전환한 관계로 글로벌 에너지는 예상만큼 수요가 충분하지 못했다. 따라서 주요 에너지자원인 석유의 공급 과잉으로 인해 2014년 하반기부터 석유 가격이 급격하게 하락하는 상황에 직면했다(IEA, 2007; EIA, 2016; *Financial Times*, 2014; *The Economist*, 2015)(〈그림 3-11〉참조).

따라서 글로벌 경제체제에서 경제성장, 에너지 소비, 에너지 가격 간의 상관관계는 분명하게 존재하는 것으로 이해된다. 1981년부터 2007년까지 OECD 회원국 25개국의 경제성장과 에너지 소비를 비교 분석한 결과를 보면 경제성장, 에너지 소비, 에너지 가격은 회원국 간에 매우 밀접한 관계를 갖고 있다는 사실이 증명되었다. 즉, 각 회원국의 경제성장이 높으면 에너지 소비도 증가하기 때문에 에너지 정책 담당자는 이를 에너지 정책 수립에 반드시 반영해야 한다(Belke, Dreger and de Haan, 2011).

이 외에도 에너지를 생산하는 기업은 높은 경제성장을 달성하는 시기에는 에너지 소비 증대로 인한 미래의 에너지 생산 증대에 대비해야 하며, 가격탄력성이 상대적으로 매우 낮다는 것이 에너지 소비의 특성 중 하나임을 명심해서 사업 계획을 추진해야 한다. 에너지 소비 균형은 한 국가내 에너지의 소비 충격보다는 글로벌 에너지 시장의 소비 충격 이후에 재형성되는 경향이 매우 강하다. 따라서 에너지 정책이 한 국가 내에서의 에너지 소비에 미치는 영향은 상대적으로 적은 것으로 평가되고 있다. 이는한 국가의 에너지 보존 정책(Energy Conservation Policy)이 경제성장에 미치는 영향이 상대적으로 크지 않음을 의미한다.

2) 경제성장과 재생에너지 정책

일반적으로 에너지 소비가 증가할 때는 경제도 더불어 성장하고 에너지 소비가 감소할 때는 경제도 더불어 위축되는 데서 알 수 있듯, 에너지 소비와 경제성장은 종속 관계를 명확하게 유지하고 있다. 따라서 에너지 소비는 경제성장에 직접적인 영향을 미쳐 직접적으로 발생되는 지구적 문제이며 동시에 지구온난화로 인한 기후변화 문제이기 때문에 이를 해결하기 위해서는 다른 방법을 도입해야 한다(Lee and Lee, 2010). 즉, 일방적으로 에너지 소비 감소를 추구하면 궁극적으로 경제성장이 저하되므로 경제성장을 지속화하는 동시에 기후변화 문제를 해결하기 위해서는 이산화탄소 배출 감축에 직접적으로 기여하는 재생에너지 소비를 증가시켜야한다. 이것이 에너지 소비와 경제성장의 상관관계에 존재하는 구조적인 문제를 해결하고 기후변화 문제도 해결할 수 있는 유일한 대안으로 인정받고 있다(Costantini and Martini, 2010).

재생에너지 소비를 증가시키기 위해 독일정부는 재생에너지사원으로 2025년까지 40~45%의 전력을 생산하고, 2035년에는 55~60%까지 이 비율을 높이려고 하고 있다. 재생에너지 전력 생산은 2050년 총 전력 생산의 80%에 이르도록 정책적 목표를 설정하고 있다. 이를 위해 독일정부는 2014년 '재생에너지지원법'을 재개정했다.

이 외에도 지속적인 경제성장이 가능한 에너지 정책을 추진하는 독일정부는 여타의 기술 선진국과 차별적인 정책을 시도하고 있다. 바로 재생에너지 소비 증가와 에너지 소비 효율화를 병행해 추진하는 것이다. 이를 위해 정부는 에너지 효율화 행동계획을 추진하고 있다. 독일정부는 최적의 에너지 효율화를 달성하기 위해 에너지기후기금(Energy Climate Fund)의 재정 지원하에 이 계획을 실시 중이며, 건축물의 에너지 절약 강화, 비효율적인 투자에 대한 자문 수행, 에너지 사용 효율화를 위한 저소득층 무료 상담, 에너지 효율 인증제도 실시 등을 추진하고 있다. 이 외에 독일정부는 자국 내에서뿐 아니라 EU 차원에서도 에너지 효율이 높은 제품에 대한 표준화를 추진하고 있다(Federal Ministry for the Environment, Nature Conservation, Building and Nuclear Safety, 2014).

6. 산업구조와 재생에너지 정책 분석

1) 산업구조

독일의 산업구조를 보면 OECD 국가 중에서도 상대적으로 제조업의 비중이 높다. 또한 제조업이 창출하는 부가가치의 비율도 타 선진국에 비해 매우 높은 것으로 나타나고 있다. 이는 독일이 전문화된 첨단기술 산업 분야인 제조업에서 세계적인 경쟁력을 보유하고 있음을 의미한다.

구체적으로 설명하면 2008년에 독일 제조업이 창출한 부가가치는 전체의 23.1%를 차지했는데, 이는 중국 34.4%, 한국 27.9%보다는 낮지만 일본 20.6%, 미국 13.3%, 영국 12.3%, 프랑스 11.9%보다는 월등하게 높은 수치다. 최근 통계인 2012년을 기준으로 보면 각국 제조업이 창출한 부가가치는 독일 23%, 중국 32%, 한국 31%, 일본 18%, 미국 13%, 프랑스 11%, 영국 10%로, 독일의 경우 제조업의 부가가치 창출에는 거의 변화가 없는 반면, 한국을 제외한 세계 주요 국가에서는 제조업의 부가가치가 하락하는 경향이 나타나고 있다(www.worldbank.org). 이는 독일산업의 글로벌 경쟁력이 첨단 제조업에서 창출되고 있음을 보여주는데, 이는 지식 기반 사회를 구축하는 데 필요한 첨단 기술을 확보하고 있는 독일 산업이 미래에도 더욱 강력한 경쟁력을 지속해나갈 수 있다는 가능성을 의미한다(Federal Ministry of Economics and Technology, 2010).

다른 기술 선진국과 달리 제조업 중심 산업을 유지하고 있는 독일의 산업구조는 매우 특색 있다. 1990년대 미국, 영국, 프랑스 등 구미 선진국은 서비스업 중심으로 산업구조를 조정하면서 자국이 국제적으로 비교 우위에 있는 특정 부문만 전략 산업화하는 방식으로 제조업 전략을 세웠는데, 이 과정을 거치면서 제조업 부문에서 창출된 부가가치의 절대 비율이 감소되었다. 그러나 독일의 경우 1990년대 이후 산업구조를 조정하는 과정에서 구미 선진국처럼 비교 우위를 확보한 제조업의 특정 부문에만 집중한 것이 아니라 보유 제조업의 전문화를 통해 제조업의 부가가치 창출을 지속시켰다. 이로 인해 부가가치 창출 비율은 1991년 27.3%에서 2008년 23.1% 소폭 감소하는 데 그쳤으며 이는 2012년에도 거의 변화가 없는 상

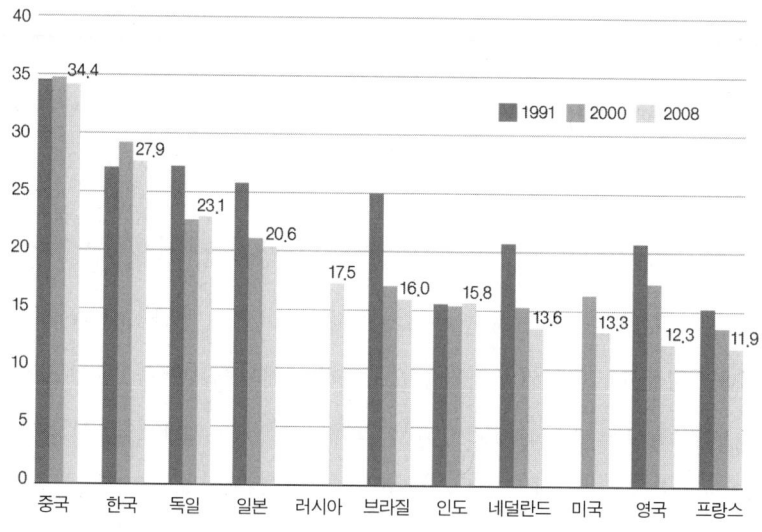

〈그림 3-12〉 주요 국가의 제조업 부가가치 창출 비율(1991~2008년)(단위: %)

자료: Federal Ministry of Economics and Technology(2010).

태다(〈그림 3-12〉 참조).

독일이 제조업에서 창출하는 부가가치는 전체 산업 대비 비중뿐만 아니라 창출 액수 측면에서도 다른 선진국에 비해서 압도적으로 높다. 우선 EU 28개 회원국과 2007년 산업별 부가가치 창출액을 비교해보면 독일이 4600억 유로(약 690조 원)에 이르러 이탈리아 2190억 유로, 영국 2180억 유로, 프랑스 2160억 유로 등과 월등한 차이를 보이고 있다(Eurostat, 2010).

독일은 다른 EU 회원국과 비교할 때 제조업의 비중이 상대적으로 높기도 하지만 부가가치 창출 측면에서의 효율성도 매우 높아서 기술 능력뿐만 아니라 장기적 차원의 국가 경쟁력에서도 비교 우위를 보이고 있다. 제조업의 높은 부가가치 창출 능력은 안정적인 고용 창출 및 유지 등 지속발전 가능성도 뒷받침해주고 있다.

2) 에너지 소비 패턴과 지속가능 성장

제조업을 포함한 전 산업 부문을 기준으로 살펴보면 1990년 이후 산업 부문의 부가가치가 1990년대에는 하락하는 추세를 보이다가 2000년대 중반 이후 급격하게 상승하는 패턴을 나타내고 있다. 동시에 2009년에는 글로벌 금융위기로 인해 전 산업 부문의 부가가치가 하락 추세를 면치 못하다가 2010년 이후 빠르게 회복하는 추세를 보이고 있다. 이로 인해 독일 경제는 1990년부터 2011년까지 총 에너지 소비는 지속적으로 감소했으나 국가 경제는 성장하고 산업의 부가가치도 증가하는 매우 독특한 특성을 보였다. 즉, 독일의 총 에너지 소비는 1990년 226MTOE[4]에서 2011년 208MTOE로 약 8% 감소했으나 GDP는 1990년 1조 7650억 달러에서 2011년 3조 7520억 달러로 213% 증가했으며, 1991년 가격 기준으로는 31% 증가했다. 전 산업의 부가가치도 1990년 대비 2007년에는 약 12% 증가했고 2011년에는 약 8%가 증가했다(Schlomann and Eichhammer, 2012; www.worldbank.org)(〈그림 3-13〉, 〈그림 3-14〉 참조).

그러나 제조업 전체를 분석해보면 에너지 집중도가 1995년 이후 2002년까지 지속적으로 낮아졌다. 2003년에는 예외적으로 증가하는 현상을 보였으나 이는 일시적인 현상으로 2004년 이후에는 다시 낮아졌다. 이는 제조업이 전반적으로 에너지 소비를 감소시키면서 제품의 경쟁력을 확보하려 한 노력의 결과라고 판단된다.

이 외에 이산화탄소의 배출 집중도 역시 1995년 이후 감소하는 현상을 나타내고 있다. 특히 이산화탄소 배출 집중도는 1998년 이후 에너지 집중도보다 감소 비율이 더욱 낮은 상태로 지속적으로 감소되고 있는데, 이는

---

4   Million Tonne of Oil Equivalent의 약자로, 백만 석유환산톤을 의미한다.

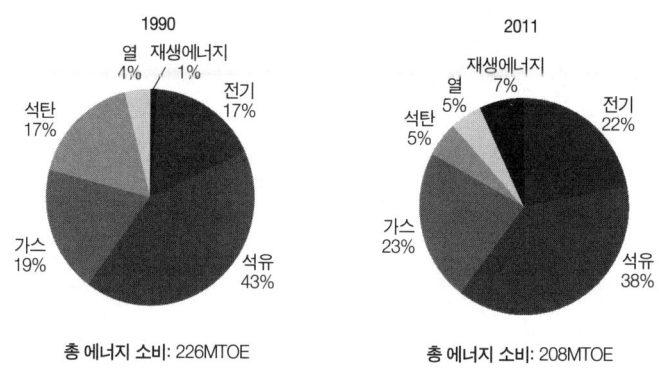

〈그림 3-14〉 1990년과 2011년 독일 내 총 에너지 소비량 비교

자료: AGEB(2012).

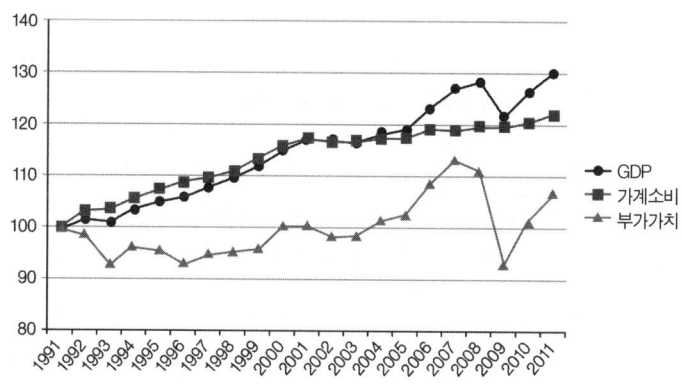

〈그림 3-13〉 독일 거시경제 및 산업 부가가치의 발전 추이(1991~2011년)

주: 1991년을 100으로 잡았을 때의 수치임.

제조업 부문에서 에너지 소비가 감소한 데다 이산화탄소 배출을 감소시키는 기술 개발 부문에 대한 자본 투자와 기술혁신 활동이 지속된 결과라고 판단된다(〈그림 3-15〉 참조).

독일 제조업의 에너지 집중도를 1991년부터 2011년까지 20년간 분석해보면 에너지 집중도가 가장 높은 산업 부문은 에너지 사용 비율이 가장 높

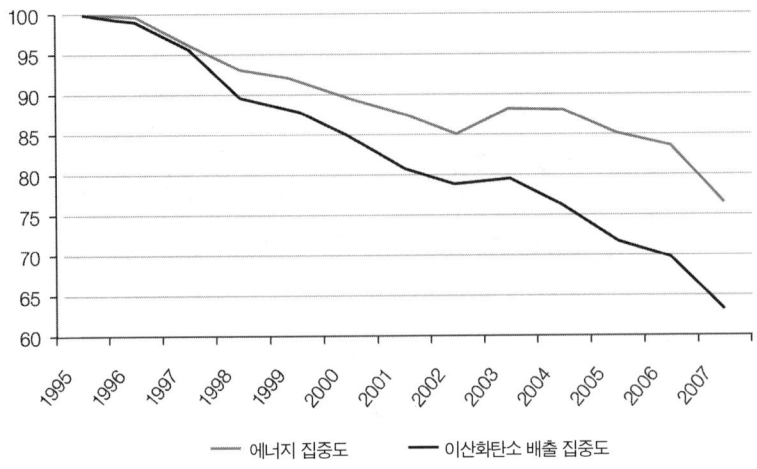

〈그림 3-15〉 제조업의 에너지 집중도 및 이산화탄소 배출 집중도 추이(1995~2007년)

―― 에너지 집중도 ―― 이산화탄소 배출 집중도

주: 1995년을 100으로 잡았을 때의 수치임.

은 철강 산업이다. 철강 산업은 에너지 사용 비율이 가장 높은데도 1991년 이후 에너지 집중도가 지속적으로 감소했다. 이 외에도 모든 산업 부문에서 에너지 집중도가 감소하는 경향을 보였다. 앞에서 설명한 것처럼 2003년과 2004년에는 에너지 집중도가 다시 증가하는 현상이 나타났는데, 이는 화학 및 비금속 산업의 에너지 집중도 증가로 인한 결과로 분석된다. 그러나 전통적으로 에너지 집중도가 낮은 산업 부문인 식품 산업, 기계 및 부품 산업, 섬유 산업 등은 에너지 집중도가 상대적으로 균형을 지속했다(Schlomann and Eichhammer, 2012)(〈그림 3-16〉 참조).

재생에너지자원을 개발하고 소비하기 위해 독일은 다양한 재생에너지 관련법을 제정했으며, 독일의 재생에너지 관련법은 EU 차원에서 재생에너지를 개발하고 육성하는 벤치마킹으로 활용되고 있다. 독일의 재생에너지 정책은 짧은 시간 내에 괄목할 만한 성과를 내고 있다. 우선 총 주요 에너지 공급에서 재생에너지 부문이 차지하는 비율이 1995년 1.9%에서

〈그림 3-16〉 제조업의 에너지 집중도 변화 추이(1991~2011년)

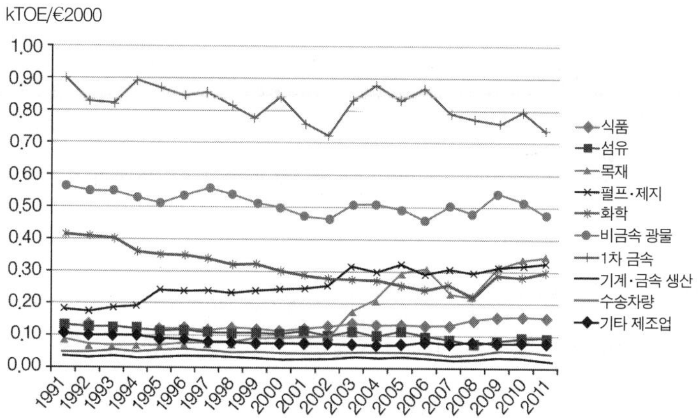

자료: Schlomann and Eichhammer(2012).

2008년 8.0%, 2010년 9.9%로, 1995년 대비 약 5배 넘게 증가했으며, 전력 소비 부문에서는 같은 기간 4.8%에서 15.2%, 17%로 대폭 증가되었다. 이로써 이산화탄소 배출은 1990년을 기준으로 했을 때 2010년 20%, 2012년 20.6%가 감소하는 성과를 나타내고 있다. 따라서 독일의 재생에너지 정책은 타 국가에 모범 사례로 인용되고 있다(Oliver et al., 2013).

7. 독일 모델의 정책적 시사점

1) 한국의 재생에너지 정책과 지속가능 발전 전략

한국의 재생에너지 정책은 기술 선진국이 선정한 7개의 재생에너지 부문과 3개의 신에너지, 즉 연료전지, 석탄액화가스, 수소를 포함시켜 신재생에너지 정책으로 명명하고 있다. 신재생에너지 소비 확대를 통해 화석연료 소비를 감소시키고 그 결과 이산화탄소 배출량을 감축해 글로벌 기후 변화에 능동적으로 대응하는 것이 정책의 주요 목적이다.

이를 위해 한국도 독일에서 시행되어온 재생에너지 발전 및 소비 증대를 위한 재생에너지 발전차액지원제를 2002년부터 시행했다. 그러나 이 제도는 풍력 및 태양광발전설비가 단기간에 과도하게 집중되는 탓에 예산 부족으로 인해 2011년 정책 시행이 중단되었다. 그 결과 재생에너지자원 개발을 위한 기반 여건이 성숙되지 못했다. 2012년부터는 발전사업자에게 총 발전량에서 일정 비율을 신재생에너지로 의무적으로 공급하도록 하는 재생에너지의무할당제를 실시하고 있다. 그러나 문제는 발전사업자에게 재생에너지로 생산된 전력이 아닌 신에너지 부문에서 생산된 전력이 판매되므로 경제적 효용성이 매우 낮다는 점이다.

지속가능 발전 전략은 UN, OECD, 세계은행(World Bank) 등 국제기구에서 선정한 경제 발전 전략의 최상위 개념이다. 따라서 독일의 경우 정권이 교체되었어도 지속가능 발전 전략을 국가 발전 전략의 최상위 개념으로 지속적으로 채택하고 있다. 그러나 한국에서는 정권이 교체되면 최상위 발전 전략이 지속되지 못해 한시적으로 추진될 뿐이다. 따라서 정책의 일관성 및 지속성이 매우 취약한 것이 큰 단점으로 지적되고 있다.

2) 독일 모델의 시사점

독일 에너지 정책과 지속가능 발전 전략이 주는 시사점은 에너지 정책과 지속가능 발전 전략이 긴밀하게 연계되어 있다는 점이다. 또한 에너지 정책은 기후변화 정책의 연장선상에서 추진되고 있으며 에너지 정책의 최종 목적이 지속가능 발전 전략으로 활용되고 있는 점도 시사하는 바가 크다. 독일의 에너지 정책은 에너지 의존도가 매우 높은 독일의 에너지 안보를 확립하는 데 크게 기여하고 있다. 동시에 재생에너지 개발을 통해 에너지 수입 의존도를 획기적으로 감소시키고 에너지 총 소비를 감소시키며 경제성상을 달성할 수 있는 지속가능 발전 전략의 핵심적인 역할도 수행하고 있다.

또한 에너지 정책의 거버넌스가 14개 정부 기관의 협업을 통해 추진되는데도 합리적으로 의사결정이 진행되고 중앙정부와 지방정부 간의 역할 분담이 분명하고도 효율적으로 작동하고 있다. 한국이 간과하고 있는 에너지 소비 효율화에 정책적 관심을 집중시켜 총 에너지 소비를 지속적으로 감소시키고 있으며 이를 기초로 지속가능 발전 전략을 실행하고 있다는 점도 눈여겨봐야 할 대목이다.

8. 결론

1997년 교토의정서가 채택되면서 지속가능 발전 전략은 기후변화에 능동적으로 대처하기 위한 각 국가의 환경 및 에너지 정책에도 많은 영향을 미쳤다. 즉, 에너지 정책 및 기후 정책을 강력하게 추진해야 환경문제를 해결할 수 있고 이를 기초로 한 국가의 경제가 지속가능하게 발전할 수 있다는 논리가 형성되었다.

에너지 정책을 환경 정책과 긴밀하게 연계해 추진한 국가는 북유럽 5개 국가다. 핀란드, 스웨덴, 덴마크, 노르웨이, 네덜란드 5개 국가는 1990년대 초부터 에너지 정책의 일환으로 탄소세를 도입해서 지구온난화 현상의 주범인 자국 내 이산화탄소 배출을 감축시키기 위해 노력했다. 독일은 1990년대 후반부터 '생태적 에너지세'라는 명칭으로 탄소세를 채택해 현재까지 운영하고 있다. 독일이 북유럽 5개 국가보다 탄소세를 조금 늦게 도입한 가장 커다란 이유는 독일이 EU 최대 경제 국가이자 제조업 중심의 산업 국가인 관계로 에너지 소비 산업의 비중이 타 유럽 국가보다 상대적으로 높아서 에너지 부문에 새로운 명목의 세금을 부과하면 산업 경쟁력에 미치는 영향이 매우 크기 때문이다.

그러나 독일이 EU의 주요 회원국이자 EU의 미래를 이끌고 있는 선두 국가로서 지구온난화 현상으로 인한 기후변화에 무관심할 수 없는 상황이었다. 따라서 1997년 교토의정서가 채택되면서 EU 중 특히 독일은 기후변화문제에 관해서는 글로벌 선도 국가가 되어야 한다는 전략적 측면에서 에너지 정책의 방향을 설정했다. 이처럼 독일이 에너지 정책 및 기후 정책에서 전략적으로 방향을 전환하기로 결정한 이유는 다른 EU 회원국보다 에너지 수입 의존도가 매우 높아서 에너지 안보에 민감하기 때문이다. 또한 제조업 중심의 산업구조이므로 에너지 수급 문제를 EU 차원에서 근본적으로 해결해야 했기 때문이다. 동시에 이를 기초로 자국 산업의 글로벌 경쟁력을 향상시키는 것이 가장 커다란 목적이었다.

따라서 독일은 생태적 에너지세를 도입하면서 기후변화에 적극적으로 대처하고 산업에 부정적인 영향을 최소화시키기 위해 장기간 산업계와 대화·양보·설득하는 과정을 진행하면서 에너지 정책을 수행했다. 동시에 자국의 최대 약점인 에너지 자립도를 향상시키고 이산화탄소 배출을 획기적으로 감축시키기 위해 재생에너지 개발에 주력했다. 이 외에도 에너지 소비 효율화도 추진해 총 에너지 소비를 감소시키면서 경제성장을 달성하는 세계 유일의 국가가 되었다. 즉, 지속 성장 가능성을 최초로 제시한 모범적인 사례가 된 것이다. 이처럼 독일의 기후 및 에너지 정책은 생태적 에너지세 실시, 재생에너지 개발, 에너지 소비 효율 극대화로 요약할 수 있다.

독일은 2011년 채택한 장기 에너지 정책인 에너지전환을 확정지으면서

2050년까지의 전반적인 에너지 전략을 설정했다. 즉, 에너지전환은 두 가지의 정책 방향으로 구성되었는데, 첫째, 에너지 효율 향상을 통해 총 에너지 소비를 감소시키고, 둘째, 총 에너지 소비에 재생에너지 부문을 확대하는 것이 주요 내용이다. 따라서 독일은 재생에너지 정책을 추진하기 위해 '재생에너지자원법'을 재개정해 정책적인 지원을 지속했다. '재생에너지자원법'은 재생에너지자원 소비를 장려하고 동시에 에너지 소비의 효율화를 증진하는 데 크게 기여했다.

이처럼 장기적인 안목에서 국가 발전 전략의 일환으로 재생에너지 정책을 추진한 결과 독일은 재생에너지로 생산한 전력 비율이 2014년 총 전력 생산량의 31%에 달했다. 독일은 재생에너지로 생산한 전력 비율을 2025년까지 40~45%, 2035년에는 55~60%까지 높이려 하고 있다. 2050년에는 재생에너지 전력 생산 비율이 총 전력 생산의 80%에 이르도록 정책적 목표를 설정하고 있다.

04 | 신기후체제와
원자력에너지

안상욱

1. 서론

원자력에너지는 발전 단가나 효율성의 측면에서 다른 에너지원에 비할
수 없을 정도로 저렴한 에너지원이며, 소량의 에너지자원으로도 대량의
전력 생산이 가능하므로 에너지자원 수입국의 안정적인 전력 수급을 가
능하게 한다는 면에서 큰 장점을 가지고 있다. 〈그림 4-1〉에서 볼 수 있듯
1kWh당 발전 단가는 태양광 237.29원, 천연가스 156.13원, 석유 221.32
원, 수력 168.66원, 무연탄 91.19원, 유연탄 65.79원, 원자력 54.96원이었
다. 이는 원자력에너지의 발전 단가가 다른 에너지원보다 압도적으로 낮
음을 의미한다.

물론 석탄의 경우 원자력처럼 발전 단가는 낮지만 온실가스 배출량이
가장 많은 에너지원인 점을 고려할 때 석탄 사용을 확대하는 데에는 어려
움이 있다.

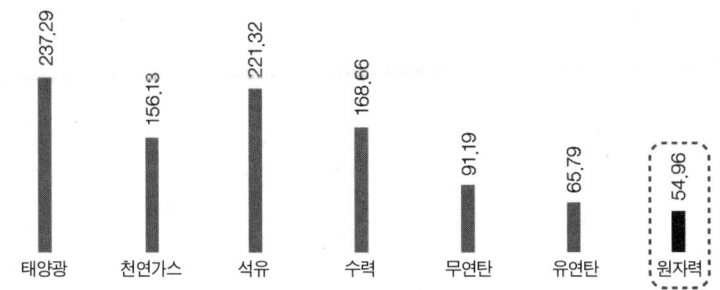

〈그림 4-1〉 2014년 에너지원별 발전 단가(단위: 원/kWh)

자료: 한국수력원자력(2015a).

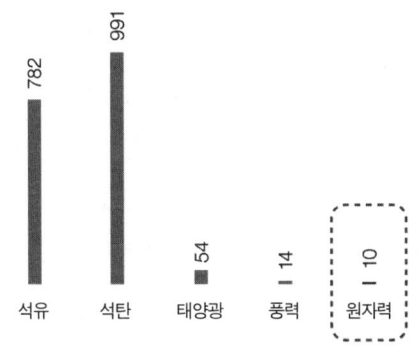

〈그림 4-2〉 2014년 에너지원별 이산화탄소 배출량(단위: g/kWh)

자료: 한국수력원자력(2015b).

〈그림 4-2〉에서 볼 수 있듯이, 석탄의 이산화탄소 배출량은 원자력발전의 99배에 이른다. 지구온난화 문제로 세계 각국이 온실가스 배출을 감축해야 하는 상황에서 석탄 사용을 증대시킬 수는 없다. 이와 같이 경제성과 이산화탄소 배출 억제라는 점에서 원자력발전은 매력적인 대체에너지원이다.

그러나 원자력에너지는 다른 에너지와는 차원이 다른 치명적인 약점을 가지고 있다. 바로 안전성의 문제다. 1979년 미국의 스리마일 섬 원자력발전소 방사능 누출 사고, 1986년 소련의 체르노빌 원자력발전소 방사능 누출 사고, 2011년 후쿠시마 원자력발전소 방사능 누출 사고에서 볼 수 있듯 문제가 발생했을 경우 심각한 재앙으로 발전할 수 있다. 원자력발전의 장점과 단점이 극명하게 대비되는 상황에서 대부분의 국가에서는 원자력발전이 정치적 판단에 따라 결정되는 경우가 많았다.

그러나 지구온난화 문제로 인해 온실가스 감축에 전 세계적인 관심이 증대됨에 따라 원자력에너지는 다시 크게 주목을 받고 있다. 특히 미국과 같은 선진국에서는 정책이 변화하고 있으며, 중국, 인도, 중동, 동남아시아, 라틴아메리카 등의 개발도상국에서는 원자력에너지 발전 시장의 규모가 커지고 있다.

이를 가늠할 수 있는 실례가 2015년 6월 1일부터 6월 3일까지 러시아 모스크바에서 열린 '아톰엑스포 2015(ATOMEXPO 2015) 총회'였다. 아톰엑스포 2015에서는 원자력에너지 발전에 관한 다양한 주제와 세계 원자력에너지 산업 발전 동향에 대한 견해 및 경험을 교환하는 장이 마련되었다. 아톰엑스포 2015에 참석한 에너지 전문가들에 따르면, 원자력에너지는 기후변화와 온실가스 감축, 경제성, 에너지 안보 등 다양한 환경 변화에 능동적으로 대응할 수 있는 에너지자원이다. 안전성이 확보된다면 온실가스 감축이라는 목표를 달성하는 데 가장 효율적인 전력 생산원이 원자력이다.[1] 포럼에 참석한 전문가들에 따르면, 최근에는 원자력에너지의 이용이 선진국에서 개발도상국으로 확산되는 추세라고 한다. 현재 원자력에너지의 성장을 주도하는 시장은 중국, 인도, 방글라데시, 동남아시아(인도네시아, 베트남, 말레이시아), 한국, 라틴아메리카, 중동, 아프리카(이집트, 요

---

1 "아톰엑스포 2015", http://ep-bd.com/online/details.php?cid=31&id=18597(2015년 12월 1일 검색).

르단, 튀니지, 남아프리카공화국, 나이지리아)다.

프랑스 파리에서 열린 제21차 UN기후변화협약 당사국총회가 2015년 12월 13일에 폐막하면서 신기후체제 합의문인 파리협정을 채택함에 따라 2020년 만료 예정인 기존 교토의정서 체제가 파리협정으로 대체되었다. 협정이 발효되면 선진국과 개발도상국의 구분 없이 195개 협약당사국 모두 기후변화문제를 해결하기 위한 대응에 동참할 예정이다. 신기후체제 에는 온실가스 배출량의 90% 이상을 차지하는 전 세계 195개 국가가 참여했다. 파리협정은 2005년 2월에 발효되어 2012년 만료될 예정이었다가 2020년까지 적용 기간이 연장된 교토의정서를 대체하게 되었다.

파리협정의 중심 내용은 '장기 목표', '감축', '시장 메커니즘', '적응', '이행 점검', '재원', '기술' 등이며, 이를 위해 각국은 온실가스 감축 목표를 스스로 이행하고 점검해야 한다. 국제사회는 장기 목표로 산업화 이전 대비 지구의 평균 기온 상승을 '2도보다 상당히 낮은 수준으로 유지'하기로 하고 '1.5도 이하로 제한하기 위한 노력을 추구'하기로 했다. 또한 온실가스 감축과 관련해 국가별 목표, 즉 자발적 기여방안을 스스로 정하기로 했다. 기여방안 제출은 의무로 하되, 이행에는 국제법적 구속력을 두지 않는다. 목표를 실천하기 위해 각국은 국내적으로 노력하되, 기여방안 내용은 협정에 담지 않고 별도의 등록부로 관리한다. 파리협정은 '55개국 이상', '글로벌 배출량의 총합 비중이 55% 이상에 해당하는 국가가 비준'이라는 두가지 기준을 충족하면 발효된다.

신기후체제의 출범과 함께 산업 생산에 큰 충격을 주지 않고 온실가스 배출을 감축할 수 있게 되었지만 각국마다 운용 환경 및 여론이 다르기 때문에 이 글에서는 세계 주요국들의 원자력에너지 정책에 대해 살펴보려 한다.

2. 세계 주요국의 원자력에너지 정책

1) 미국

군사용 또는 민간용으로 최초로 원자력에너지를 운영한 국가는 미국이었다. 1945년 핵폭탄을 제조하려는 맨해튼 프로젝트의 일환으로 원자력에너지 개발이 미국정부 차원에서 개시되었다. 1951년 12월 아이다호에 있는 국립원자로시험장(National Reactor Testing Station: NRTS)에서 원자력발전기를 통한 전력 생산이 이뤄졌다. 1953년에는 아이젠하워 대통령이 '원자력의 평화적 이용(Atoms for Peace)'을 언급하면서, 민간 원자력 이용의 물꼬를 열었다. 1954년에는 민간이 원자로를 소유하고 운전할 수 있도록 원자력법이 개정되었다. 1957년 12월에는 미국 최초의 상업용 원자력발전소인 시핑포트(Shipping Port)가 상업 발전을 개시했다. 이와 같은 미국정부의 조치에 힘입어 현재 미국에 있는 상업용 원자로는 대부분 민간 기업이 소유하고 있다.

원자력발전 강화를 강력하게 추진할 목적으로 1962년 미국 원자력위원회(Atomic Energy Commission: AEC)는 케네디 대통령에게 「민간 원자력에너지에 대한 대통령 보고서(Report to the President on Civilian Nuclear Power)」를 제출했다. 이에 따라 미국 내 전력 회사들은 원자력발전을 유망 사업으로 인식했다. 1964년에는 존슨 대통령이 특수 핵물질 보유에 대한 법률에 서명함으로써 원자력발전 회사가 핵연료를 보유하는 것을 허락했다.

1973년 1차 석유 위기가 발생하자 미국에서는 연간 최고 기록인 무려 41기의 신규 원전이 발주되었다. 1974년 포드 대통령은 원자력위원회를 에너지연구개발청(Energy Research Development Administration: ERDA)과 원자력규제위원회(Nuclear Regulatory Commission: NRC)로 개편했다. 그 후 에너지연구개발청은 연방에너지청과 합병해 지금의 에너지부(Department of Energy: DOE)로 발전했다. 그러나 석유 위기의 여파로 1970년대 말과 1980년대 초에는 미국 경기가 후퇴했으며, 에너지 소비 감소와 에너지 절약으로 전력 수요가 감소했다. 그리고 경제적으로 급격한 인플레이션 현상이 일어나 거액을 투자해야 하는 대규모 프로젝트가 위축되었다. 특히 1979년 스리마일 섬에서 미국 원자력 사상 초유의 사고가 발생함으로써 원자력발전에 대한 국민의 우려가 깊어졌다.

스리마일 발전소의 방사성 물질 유출 사고는 미국 원자력 정책의 방향을 크게 전환시켰다. 1979년 3월 28일 펜실베이니아의 스리마일 섬에 있는 원자력발전소에서 원자로의 냉각수 장치가 고장 나면서 방사성 물질이 대거 외부로 유출되기 직전까지 사태가 진행되었고, 이후 미국에서는 신규 원전 건설 사업에 대한 허가가 중단되었다. 이후 자국 내에서 원자력발전소를 건설할 수 없게 된 미국 원자력 기업 웨스팅하우스 일렉트릭 컴퍼니(Westinghouse Electric Company: WEC)는 원자력발전의 원천 기술을 프랑스로 수출했다. 그리고 이를 바탕으로 프랑스정부는 프랑스의 원자력발전을 가속화시킬 수 있었고, 프랑스의 원자력 기업인 아레바(AREVA)는 세계 최대의 원자력 기업이 되었다.

2001년 5월 부시 대통령이 국가에너지정책개발(National Energy Policy Development: NEPD) 그룹이 만든 보고서인 '신(新)국가 에너지 정책'을 채택함에 따라 미국 내에서 원자력발전이 다시금 각광을 받게 되었다. 부시 대통령이 채택한 '신국가 에너지 정책'에는 원자력 이용 확대를 지원하는 정책을 포함해 전체 에너지 분야에 대한 권고 사항도 포함되어 있었다. 입법화 과정을 거쳐 2005년 8월 '에너지정책법'이 발효되었다. 이 법은 미국 에너지원의 다양화, 에너지 효율성의 증대, 새로운 에너지 생산 기술 개발, 에너지 인프라 보강 등에 초점을 맞추고 있다. 2005년 발효된 '에너지정책법'이 담고 있는 원자력과 관련된 주요 내용은 다음과 같다.

- 원자력 손해배상법인 '프라이스 앤더슨법'의 효력을 2025년 말까지 연장한다.[2]
- 원전 인허가 지연으로 인한 산업체의 재정적 손실을 보상한다.
- 차세대 원전에 대해서는 가동 후 8년 동안 1kWh당 1.8센트의 세금을 감면한다.
- 에너지부의 원자력 핵심 프로그램으로 원자력에너지 연구 이니셔티브(Nuclear Energy Research Initiative: NERI)와 원자력 2010(Nuclear Power 2010) 프로그램, 젠IV(Gen-IV, 제4세대 원자로)를 개발한다.

후쿠시마 원전 사태가 발생한 지 8개월 뒤인 2011년 12월 22일 미국의 원자력규제위원회가 신규 원전 허가를 만장일치로 결정하면서 미국의 원자력발전은 스리마일 섬 사고 이후 다시금 크게 방향이 전환되었다.[3] 2011년의 신규 원전 건설 허가는 스리마일 섬 원전 사고가 터지기 1년 전인 1978년에 원자력발전소 건설을 승인한 이후 미국에서 33년 만에 원자력발전소 신규 건설[4]을 허가한 조치였다. 미국 원자력규제위원회는 만장일

---

2 '프라이스 앤더슨법(Price-Anderson Act)'은 1957년 미국에서 제정된 세계 최초의 원자력 손해배상법으로, 원전 공급자의 손해배상 책임 면제와 원전 운영자의 유한 책임을 규정하고 있다. 따라서 이 법은 전력 회사와 원전 공급자의 원전 건설 리스크를 줄여주는 구실을 해왔다. 이 법은 2006년 만료될 예정이었는데 이 법이 만료되면 원전 사업자들의 원전 건설 의지가 저하될 것이라는 지적이 제기되었다.

3 "Approval of Reactor Design Clears Path for New Plants," *The New York Times*, December 22, 2012, http://www.nytimes.com/2011/12/23/business/energy-environment/nrc-clears -way-for-new-nuclear-plant-construction.html?_r=0(2015년 12월 1일 검색).

4 "한번에 40년씩 허가… 신규원전에 손 뻗는 미국", 연합뉴스, 2012년 9월 16일, http://www. yonhapnews.co.kr/bulletin/2012/09/15/0200000000AKR20120915058100003.HTML (2015년 12월 1일 검색).

〈그림 4-3〉 미국 내 원전 100기의 위치(2015년 11월 13일 기준)

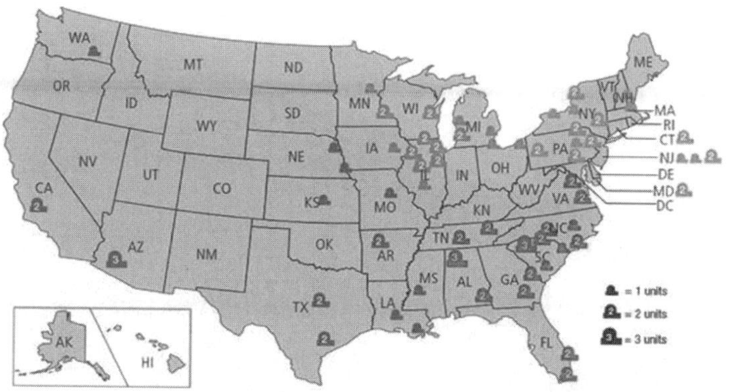

자료: NRC(2015).

치로 미국 남부 조지아 주와 캘리포니아 남부에 각각 2기씩 총 4기의 신규 원자력발전소 건설을 허가했다. 미국정부에 의해 승인된 원전의 운영 기간은 40년이며, 20년간 연장이 가능한 조건이었다. 그리고 미국 의회는 신규 원전 건설을 위해 185억 달러의 대출 보증을 승인하기까지 했다. 미국 정부가 기후변화에 적극적으로 대응함에 따라 향후 미국 내에서는 원자력 발전이 더 강화될 것으로 예상된다.

비록 스리마일 사고 이후 오랫동안 미국 내에서 원자력발전소 건설이 제한되었지만 미국은 현재 100여 기의 원자력발전소를 가동하고 있는 세계 최대의 원자력발전 운영국이다. 2013년 말 원자력규제위원회는 원전 건설 및 운영에 관련된 아홉 건의 신청을 검토했다. 2014년 회계연도에는 100여 기의 미국 내 원전에 대한 점검 예산으로 10억 5500만 달러를 배정했다.

〈그림 4-3〉은 미국 내 원자력발전의 배치도다. 미국 내 원전은 미국의 동부 지역에 집중 배치되어 있다. 이는 지진 등의 자연재해 문제와 1976년에 제정된 캘리포니아 내 '신규원전건설금지법' 때문이다. 캘리포니아

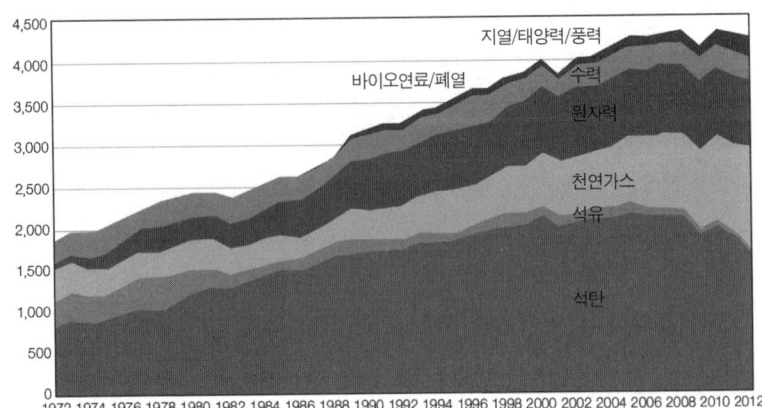

〈그림 4-4〉 미국 전력 생산의 에너지원별 구성 비율(단위: GWh)

자료: IEA, https://www.iea.org/stats/WebGraphs/USA5.pdf(2015년 12월 1일 검색).

의 '신규원전건설금지법'에서는 캘리포니아 주 에너지자원 보전 및 개발 위원회가 인정하는 고준위 방사성 폐기물 해결책이 마련될 때까지 신규 원전 건설을 금지하고 있다. 이와 같은 제약에도 최근까지 석탄에 이은 미 국 내 제2의 에너지원은 원자력발전이었다. 이는 〈그림 4-4〉에 잘 나타나 있다.

2) 벨기에

벨기에에서도 원자력에너지 정책의 연속성에 문제가 있었다. 후쿠시마 원전 사고 이후 벨기에에서는 노후한 3개 원자로를 2015년까지 폐기하고 나머지 원자로 4곳도 대체에너지원을 찾을 경우 2025년까지 폐기하기로 벨기에 주요 6개 정당이 합의했다.[5] 전국적으로 7기의 원전을 운영하고

---

5 "La Belgique va sortir du nucléaire," *Le Monde*, October 31, 2011, http://www.

있으며, OECD의 원자력기구(Nuclear Energy Agency: NEA) 회원국 중 프랑스, 슬로바키아 다음으로 전력 생산에서 원자력발전에 대한 의존이 높은 벨기에에서는 이미 2003년 녹색당 주도로 벨기에 연방의회에서 원자력발전소를 2015년부터 2025년까지 단계적으로 폐쇄하는 방안을 의결했다. 그러나 2009년 헤르만 반롬푀이(Herman Van Rompuy) 총리 정부 시절에 대체 전력 공급원의 문제로 30년 된 노후 원전 3기의 가동 시한을 10년 연장하기로 함에 따라 2003년의 원자력발전소 폐기 정책이 전환되었다. 이런 상황에서 후쿠시마 원전 사태는 벨기에의 원자력 정책을 2003년의 상황으로 다시 되돌려놓는 역할을 담당했다.

3) 이탈리아

이탈리아는 1986년 체르노빌 원전 사고 이후 원자력발전을 전면 중단했다. 그러나 2000년대 후반 유가가 가파르게 상승하자 이탈리아 정부는 2008년 5월 22일 급격한 유가 상승으로 인해 원자력발전을 재개한다고 밝혔다.[6] 클라우디오 스카욜라(Claudio Scajola) 경제개발부 장관은 법률 제정 등을 거쳐 2013년 원자력발전소 건설을 재개할 계획이라고 공표했다.[7] 그러나 원자력발전소 건설 재개 여부를 다른 국내 정치적 쟁점과 연계해서 국민투표에 맡겼고, 국민투표에서 정부안이 부결됨에 따라 정부의 원

---

lemonde.fr/europe/article/2011/10/31/la-belgique-va-sortir-du-nucleaire_1596364_3214. html(2015년 12월 1일 검색).

6 "중국·인도 원전 확대… 2020년까지 아시아서만 100기 추가 건설", ≪한국경제≫, 2013년 3월 8일 자, http://www.hankyung.com/news/app/newsview.php?aid=2013030861801& sid=01068&nid=008&type=1(2015년 12월 1일 검색).

7 "이탈리아도 20년 만에 "원전 재가동"", ≪한겨레≫, 2008년 5월 23일 자, http://www.hani. co.kr/arti/international/europe/289277.html(2015년 12월 1일 검색).

자력에너지 정책은 다시 급격하게 수정될 수밖에 없었다. 내막을 자세히 살펴보면 1986년 체르노빌 원전 사고 이후 원자력발전을 전면 중단했던 이탈리아는 1987년 6월 12일부터 6월 13일 양일간 국민투표를 실시해 '원전 재도입 정책', '총리직 수행과 재판 출석 양립 불가', '공공수도사업의 민영화', '수도사업의 수익성에 기초한 수도요금 책정' 등 정부 주도로 추진한 4개 법령의 폐기 여부를 유권자들의 선택에 맡겼다. 투표 결과 총 투표자의 95%가 압도적으로 찬성함에 따라 이러한 법령들을 폐기하기로 결정했다. 이탈리아정부는 2013년부터 원자력발전소 건설에 착수하고 2020년까지 총 400억 유로를 투자해 신형 원자로 4기를 건설하고 2030년까지 전체 전력 생산량에서 원자력발전의 비중을 25%로 높인다는 계획을 갖고 있었다. 하지만 이탈리아는 1987년 우크라이나 체르노빌 원자력발전소 사고 때 국민투표를 거쳐 원자력발전을 폐기한 이후 다시 한 번 국민투표를 통해 원자력발전 재도입 정책을 폐기했고, 이로 인해 이탈리아 정부는 에너지 정책을 재수정할 수밖에 없었다.[8]

4) 독일

독일 역시 벨기에와 같이 에너지 정책에서 연속성이 없어 문제가 발생하고 있다. 단적인 사례가 정권 교체 및 여론에 대한 인기영합주의에 따라서 독일의 원자력 정책이 뒤죽박죽된 사실이다. 독일 연방정부는 1998년 사민당 – 녹색당이 연정해 출범한 이후 원자력발전에 부정적인 견해를 갖고 있는 녹색당의 이해를 반영해 장기적으로 독일 내에 있는 원자력발전

---

8   주이탈리아 대한민국 대사관, http://ita.mofat.go.kr/webmodule/htsboard/template/read
    /korboardread.jsp?typeID=15&boardid=10993&seqno=814790&c=&t=&pagenum=1&tabl
    eName=TYPE_LEGATION&pc=&dc=&wc=&lu=&vu=&iu=&du=(2015년 12월 1일 검색).

소를 폐쇄하기로 결정했다. 한 걸음 더 나아가 사민당 – 녹색당 연립정부는 2002년 4월 원자력법을 개정해 독일에서 신규 원전 건설을 중단하고 전력 생산이 만료된 원자력발전소는 2021년까지 단계적으로 폐쇄하기로 결정했다. 이는 전력 생산에서 석탄에 대한 의존도가 지나치게 높은 독일의 사정을 전혀 고려하지 않은 정치적인 결정이었다.

그러나 2009년 9월 치러진 총선에서 기민당 – 기사당 연합과 친기업 성향의 자민당 연립정부가 출범함에 따라 양당은 재생에너지로 전환하는 과정에서 원전 가동 기한을 연장해야 한다는 데 합의했다. 또한 기민당 – 기사당 연합과 자민당 연립정부는 노후 원전의 수명을 12년 연장하고 독일 내에서의 원전 가동도 사민당 – 녹색당 정권에서 결정된 기한보다 1년 뒤인 2022년에 중단하기로 결정했다. 하지만 독일 우파 연립정부가 내린 원자력발전에 대한 결정 역시 후쿠시마 사태 이후 독일 내부에서 원자력 발전에 대한 부정적인 시각이 증대함에 따라 변화하게 되었다. 후쿠시마 원전 사고 직후인 2011년 3월 15일, 독일정부는 건설된 원전 17기 중 노후 원전 7기와 크뤼멜 발전소의 가동을 중단한다고 선언했다. 이는 2011년에 예정되어 있던 7개의 지방선거에서 기민당 – 기사당 연합이 승리하기 위한 전략 가운데 하나였다. 그러나 기민당 – 기사당 연합은 지방선거에서 참패했고, 독일 에너지 정책의 안정성도 심각한 손상을 입었다. 2011년 9월 19일에는 독일 최대 기업이자 세계 선두의 원전 기업인 지멘스가 모든 원전 사업에서 철수하기로 결정한다고 발표했다. 이는 오락가락하는 독일정부의 에너지 정책에 대한 독일 기업의 응답이었다.

독일정부는 비일관적인 에너지 정책으로 에너지 기업으로부터 줄소송을 당하고 있다. 단적인 사례가 스웨덴 에너지 기업인 바텐팔(Vattenfall)이 독일정부의 원전 중단 정책으로 피해를 입은 데 대해 10억 유로 상당의 소송을 제기한 것이다. 바텐팔은 2011년 독일정부의 조치로 폐쇄된 브룬스

뷔텔 원전에 대한 66.7%의 지분과 크뤼멜 원전에 대한 50%의 지분을 보유하고 있다.[9] 독일의 원자력 기업인 RWE는 독일정부의 원전 취소를 중단시키기 위해 2011년 4월 1일 소송을 제기했고,[10] 독일의 원자력 기업인 에온(E.ON) 역시 2011년 11월 14일 원전 폐지를 요구하는 독일정부의 원자력법 개정이 위헌임을 주장하며 독일 최고법원인 연방헌법재판소에 독일정부를 상대로 소송을 제기했다. 이와 같이 독일정부의 섣부르고 인기영합주의인 에너지 정책은 국내 에너지 산업 및 국외 에너지 기업으로부터 큰 반발을 샀다.

5) 프랑스

프랑스는 1956년 수에즈 위기 이후 중동으로부터의 석유 수급 등 에너지 안보에 대해 정부 차원에서 관심을 기울였다. 이로 인해 드골 정권 이후 프랑스 정권은 원자력에너지 개발에 지속적인 관심을 보였다.

〈그림 4-5〉에서 볼 수 있듯이, 프랑스는 OECD의 NEA 회원국 중에서 전력 생산에서 최고 수준의 원자력발전 의존성을 보이고 있다. 2011년 후쿠시마 원자력발전소의 방사능 유출 사고 이후 한국에서는 원자력에너지 운용이 감소했으나 프랑스에서는 여전히 안정적으로 운용된 것만 보더라도 이러한 사실을 알 수 있다.

OECD의 NEA 2012년 보고서에 따르면, 프랑스의 전력 소비는 2012년

---

9 "Vattenfall vs. Germany: Nuclear Phase-Out Faces Billion-Euro Lawsuit," *spiegel*, November 2, 2011, http://www.spiegel.de/international/germany/vattenfall-vs-germany -nuclear-phase-out-faces-billion-euro-lawsuit-a-795466.html(2015년 12월 1일 검색).

10 "독일 RWE, 원전가동 중단 취소 소송", 연합뉴스, 2011년 4월 1일, http://www.yonhap news.co.kr/international/2011/04/01/0606000000AKR20110401208300082.HTML(2015년 12월 1일 검색).

〈그림 4-5〉 OECD 회원국의 전력 생산에서 원자력발전이 차지하는 비중(단위: %)

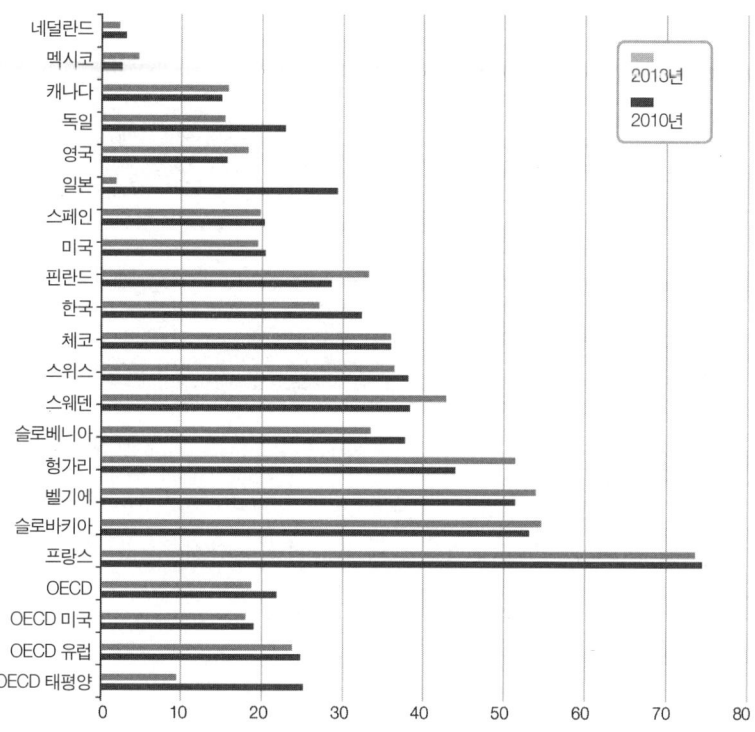

보고서의 기준연도인 2011년에 전년 대비 6.5% 감소했고, 전체 전력 생산 역시 1.5% 감소했는데, 특히 화력발전에 의한 전력 생산이 14% 감소했다. 그 결과 원자력에너지를 이용한 전력 생산이 증가한 것으로 분석되었다.

2015년 기준 프랑스에서는 58개의 원자력발전소가 가동 중이다. 원자력발전소의 수적인 측면에서 프랑스는 OECD 회원국 중 104개의 원자력발전소를 운영하고 있는 미국 다음으로 많은 원자로를 보유한 국가다.

프랑스는 1970년대 이후 전력 생산에서 석유가 차지하는 비중을 급격하게 줄여나갔다(〈그림 4-6〉 참조). 1973년 석유 위기 직전에는 프랑스의 전력 생산에서 가장 큰 비중을 차지하는 에너지원이 석유였다. 그러나 1980

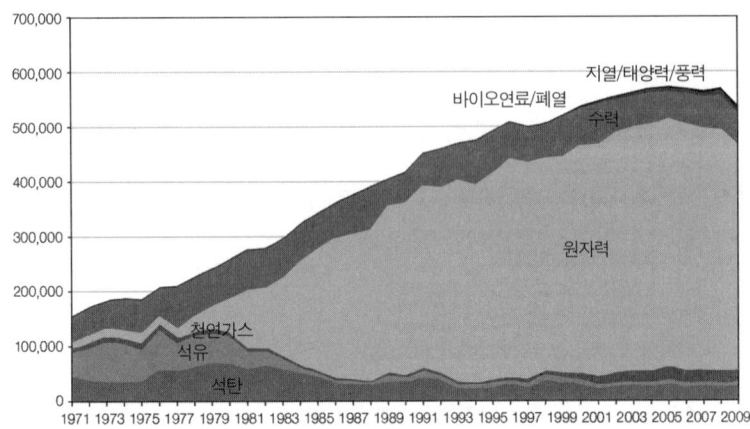

〈그림 4-6〉 프랑스 전력 생산의 에너지원별 구성 비율(단위: GWh)

자료: IEA, https://www.iea.org/stats/WebGraphs/FRANCE5.pdf(2015년 12월 1일 검색).

년 이후로는 원자력발전에 의한 전력 생산이 급격하게 증가한 반면, 석유를 이용한 화력발전의 비중은 급격하게 감소했다.

그 결과 프랑스 원자력청(Commissariat à l'énergie atomique: CEA)의 자료에 따르면 독일은 프랑스보다 1인당 온실가스 배출량이 1.8배 더 많으며, 미국은 프랑스보다 2.9배 더 많다고 한다. 실제로 CEA는 프랑스가 원자력발전을 중지할 경우 온실가스 배출이 12% 증가할 것으로 예측하고 있다.[11]

프랑스는 현재 OECD 회원국 중 미국 다음으로 많은 원자로를 운영하고 있으며, 전력 생산에서 원자력발전에 대한 의존도가 가장 높은 국가다. 사민당 – 녹색당 좌파 정권이 원자력발전을 감축한 데 이어 기민당 – 자민당 우파 연정이 원자력발전소를 감축할 계획이었던 독일과 달리 프랑스의 원자력 정책은 드골 정권 이후 정권 교체의 변화와 관련 없이 지속되

11 CEA, http://www.cea.fr/jeunes/themes/l_energie_nucleaire/questions_sur_le_nucleaire
/l_energie_nucleaire_en_france(2015년 12월 1일 검색).

〈표 4-1〉 OECD NEA 회원국의 원자력발전 의존도

국가	전력망에 연결된 원자력발전소(개)	2013년 원자력에너지 이용 전력 생산(net TWh)	전체 전력 생산 대비 원자력발전 비율(%)
호주	0	0.0	0.0
오스트리아	0	0.0	0.0
벨기에	7	42.5	53.7
캐나다	19	97.0*	15.9
칠레	0	0.0	0.0
체코	6	29.0**	35.8
덴마크	0	0.0	0.0
에스토니아	0	0.0**	0.0
핀란드	4	22.6	33.1
프랑스	58	403.7	73.3
독일	9	91.8	15.4
그리스	0	0.0**	0.0
헝가리	4	14.4	51.2
아이슬란드	0	0.0	0.0
아일랜드	0	0.0	0.0
이스라엘	0	0.0**	0.0
이탈리아	0	0.0	0.0
일본	48	13.9**	1.7
룩셈부르크	0	0.0	0.0
멕시코	2	11.4*	4.6
네덜란드	1	2.6*	2.3
뉴질랜드	0	0.0	0.0
노르웨이	0	0.0	0.0
폴란드	0	0.0	0.0
포르투갈	0	0.0	0.0
한국	23	138.8*	27.0
슬로바키아	4	14.7	54.4
슬로베니아	1	5.0	33.3
스페인	8	54.3*	19.7
스웨덴	10	63.6*	42.6
스위스	5	24.8	36.3
터키	0	0.0	0.0
영국	16	64.1	18.3
미국	100	789.0*	19.4

주: *는 임시통계, **는 OECD NEA 추정치임.
자료: OECD NEA(2013).

⟨표 4-2⟩ 프랑스의 원자력발전소 현황

발전소명	노형	위치	출력 (MWe)	설비 용량 (MWe)	가동 시기
BELLEVILLE-1	PWR	CHER	1,310	1,363	1987/10/14
BELLEVILLE-2	PWR	CHER	1,310	1,363	1988/07/06
BLAYAIS-1	PWR	GIRONDE	910	951	1981/06/12
BLAYAIS-2	PWR	GIRONDE	910	951	1982/07/17
BLAYAIS-3	PWR	GIRONDE	910	951	1983/08/17
BLAYAIS-4	PWR	GIRONDE	910	951	1983/05/16
BUGEY-2	PWR	AIN	910	945	1978/05/10
BUGEY-3	PWR	AIN	910	945	1978/09/21
BUGEY-4	PWR	AIN	880	917	1979/03/08
BUGEY-5	PWR	AIN	880	917	1979/07/31
CATTENOM-1	PWR	MOSELLE	1,300	1,362	1986/11/13
CATTENOM-2	PWR	MOSELLE	1,300	1,362	1987/09/17
CATTENOM-3	PWR	MOSELLE	1,300	1,362	1990/07/06
CATTENOM-4	PWR	MOSELLE	1,300	1,362	1991/05/27
CHINON-B-1	PWR	INDRE-ET-LOIRE	905	954	1982/11/30
CHINON-B-2	PWR	INDRE-ET-LOIRE	905	954	1983/11/29
CHINON-B-3	PWR	INDRE-ET-LOIRE	905	954	1986/10/20
CHINON-B-4	PWR	INDRE-ET-LOIRE	905	954	1987/11/14
CHOOZ-B-1	PWR	ARDENNES	1,500	1,560	1996/08/30
CHOOZ-B-2	PWR	ARDENNES	1,500	1,560	1997/04/10
CIVAUX-1	PWR	VIENNE	1,495	1,561	1997/12/24
CIVAUX-2	PWR	VIENNE	1,495	1,561	1999/12/24
CRUAS-1	PWR	ARDECHE	915	956	1983/04/29
CRUAS-2	PWR	ARDECHE	915	956	1984/09/06
CRUAS-3	PWR	ARDECHE	915	956	1984/05/14
CRUAS-4	PWR	ARDECHE	915	956	1984/10/27
DAMPIERRE-1	PWR	LOIRET	890	937	1980/03/23
DAMPIERRE-2	PWR	LOIRET	890	937	1980/12/10
DAMPIERRE-3	PWR	LOIRET	890	937	1981/01/30
DAMPIERRE-4	PWR	LOIRET	890	937	1981/08/18
FESSENHEIM-1	PWR	HAUT-RHIN	880	920	1977/04/06
FESSENHEIM-2	PWR	HAUT-RHIN	880	920	1977/10/07
FLAMANVILLE-1	PWR	MANCHE	1,330	1,382	1985/12/04
FLAMANVILLE-2	PWR	MANCHE	1,330	1,382	1986/07/18
GOLFECH-1	PWR	TARN-ET-GARONNE	1,310	1,363	1990/06/07
GOLFECH-2	PWR	TARN-ET-GARONNE	1,310	1,363	1993/06/18
GRAVELINES-1	PWR	NORD	910	951	1980/03/13
GRAVELINES-2	PWR	NORD	910	951	1980/08/26
GRAVELINES-3	PWR	NORD	910	951	1980/12/12
GRAVELINES-4	PWR	NORD	910	951	1981/06/14
GRAVELINES-5	PWR	NORD	910	951	1984/08/28
GRAVELINES-6	PWR	NORD	910	951	1985/08/01
NOGENT-1	PWR	AUBE	1,310	1,363	1987/10/21
NOGENT-2	PWR	AUBE	1,310	1,363	1988/12/14
PALUEL-1	PWR	SEINE-MARITIME	1,330	1,382	1984/06/22
PALUEL-2	PWR	SEINE-MARITIME	1,330	1,382	1984/09/14
PALUEL-3	PWR	SEINE-MARITIME	1,330	1,382	1985/09/30

어왔다. 프랑스에서 운영되는 원자로는 대부분 미테랑 대통령의 임기 (1981~1995년) 중에 가동되기 시작했다.

좌파 정권인 미테랑 정권 시기에 원자력발전소 건설 및 운용에 박차를 가했고, 우파 정권인 시라크 정권 당시에는 민간 분야의 원자력에너지 운영에서 세계 최대의 원자력 기업인 프랑스 국영 기업 아레바를 설립했다. 전 세계에서 유일하게 아레바만 원자력에너지 운용에 필수적인 우라늄 광산 개발부터 시작해 원자력 터빈 제작, 원자력발전소 건설 및 전력 공급 등 원자력에너지에 관련된 모든 사업을 하나의 기업에서 관장하고 있다.

이와 같은 거대 원자력 기업의 탄생은 프랑스정부의 정책에 따른 것이다. 프랑스정부의 정책에 따라 2001년 9월 원자로 제작사인 프라마톰 (Franco-Américaine de Constructions Atomiques: Framatom), 프랑스핵연료공사인 코제마(Compagnie générale des matières nucléaires: Cogema), 그리고 원자력발전소 설계 및 제작사인 테크니카톰(Société Technique pour l'Energie Atomique: Technicatome)의 합병으로 아레바가 설립되었다.

이와 같이 프랑스에서 거대 원자력 기업이 탄생할 수 있었던 이유는 프랑스정부가 1974년 이후 원자력에너지 개발에 에너지 정책의 초점을 맞추고 이를 일관성 있게 발전시켰기 때문이다. 특히 프랑스의 국영 원자로 제작사인 프라마톰과 미국 원자로 제작사인 WEC 간에 1981년 맺은 '원자력 기술협력 협정(Nuclear Technical Agreement)'을 통해 아레바 NP의 전신인 프라마톰은 원자로 제작의 원천 기술을 확보할 수 있었다. 이 협약에 따라 WEC에서 프라마톰으로 이전된 기술에 대해서는 프라마톰이 모든 권한을 갖게 되었다.[12]

---

12 Areva NP, http://www.areva-np.com/common/liblocal/images/historique/Ffa_en.htm (2015년 12월 1일 검색).

<표 4-3> 전 세계 수요 원자로 제작업체

원자로 형태	개발 국가 및 업체		원천기술 보유	기술 개발
가압경수로	미국	WEC	○	독자 개발
	프랑스	아레바 NP	○	WEC로부터 기술사용권 구입
	한국	한국수력원자력	×	미국 GE 기술 지원, WEC와 아레바로부터 기술 도입
	일본	미쓰비시	×	WEC로부터 기술 이전
	러시아	AEP	○	독자 개발
비등경수로	미국	GE-히타치	○	독자 개발
	일본	도시바	×	GE로부터 기술 이전
가압중수로	캐나다	AECL	○	독자 개발

자료: 해외경제연구소 산업투자조사실(2010: 1).

이미 1972년에 프랑스의 프라마톰은 프랑스정부의 주도로 1972년 미국의 WEC 기술을 도입해 원전을 건설했다. 당시 프랑스정부는 기술 자립을 목표로 WEC의 한 기종만 6기를 연속으로 건설해 원전 건설에서 경험을 축적했다. 프라마톰이 WEC의 기술을 도입해 원전 건설을 시작한 초기에는 WEC가 프랑스 내 원전 건설에 국한해서 프라마톰에 기술을 이전했다.

그러나 1979년 스리마일 원전 사고로 미국 내에서 신규 원전 건설이 금지됨에 따라 원전 시장이 침체되고 향후 원전 시장의 발전 가능성이 낮을 것으로 판단한 WEC가 1981년 프랑스에 원천기술 사용권을 판매해 프라마톰은 원천 기술을 확보하게 되었다. 다시 말해 1979년 미국의 스리마일 원전 사고 이후 미국 내에서 원자로 건설이 힘들어지자 WEC가 관련 분야의 사업을 축소하기로 결정한 것을 프라마톰이 적절하게 활용한 것이다.

이와 같은 원자력에너지 발전에 대한 프랑스의 정책적 연속성 덕분에 <그림 4-7>과 같이 프랑스의 원자력 기업인 아레바는 전 세계 주요 원자로 제작업체로 성장할 수 있었다. 아레바는 현재 원자로 제작에서 WEC에 이은 전 세계 2위의 시장 점유율을 확보하고 있다.

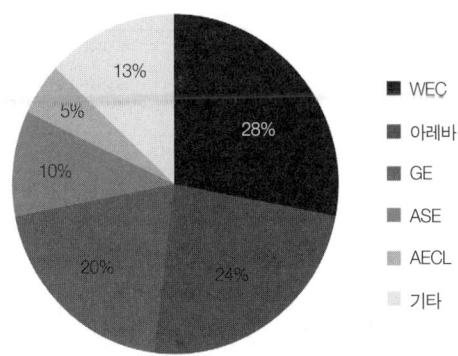

〈그림 4-7〉 세계 주요 원자로 제작업체

- WEC 28%
- 아레바 24%
- GE 20%
- ASE 10%
- AECL 5%
- 기타 13%

자료: 해외경제연구소 산업투자조사실(2010: 15).

또한 미국의 원자로 제작사인 GE, 독일의 원자로 제작사인 지멘스가 민간 기업인 것과 달리 프랑스의 원자로 제작사인 아레바는 지분의 대부분을 정부 또는 정부 기관이 소유한 국영 기업이다(〈표 4-4〉 참조). 아레바의 최대 주주는 프랑스정부 기관인 CEA다. 프랑스정부 기관인 CEA와 프랑스정부의 지분이 83.20%에 달하기 때문에 아레바의 경영에는 프랑스정부의 정책이 결정적인 영향을 미칠 수밖에 없다. 따라서 프랑스정부의 원자력 정책에 대한 의지가 현재와 같이 지속되는 한 아레바의 원자력 사업 운영도 안정적으로 지속될 것이다.

물론 이와 같은 프랑스 에너지 정책의 연속성이 위협을 받은 적도 있었다. 대표적인 사례가 2012년 프랑스 대선 당시 프랑스 사회당이 후쿠시마 사태 이후 확산된 원자력발전에 대한 불안감을 이용하고 원자력발전에 부정적인 프랑스 녹색당과 연대하기 위해 1977년에 가동된 페센하임 같은 낡은 원자력발전소를 당장 폐쇄하고 2025년까지 프랑스 전력 생산에서 원자력이 차지하는 비중을 75%에서 50%로 낮추겠다는 공약을 발표한 것이다.[13] 사회당이 녹색당과의 연대를 모색하는 과정에서 마르틴 오브리

〈표 4-4〉 프랑스 원자력 기업 아레바의 지분 구조 변화(단위: %)

아레바 대주주	2011		2009		2001~2008	
	지분	투표권	지분	투표권	지분	투표권
CEA	73.03	73.03	78.96	83.16	78.96	82.99
프랑스정부	10.17	10.17	8.39	8.41	5.19	5.19
KIA	4.82	4.82	-	-	-	-
CDC	3.32	3.32	3.59	3.59	3.59	3.59
EDF	2.24	2.24	2.42	2.42	2.42	2.42
Framépargne	0.26	0.26	0.42	0.42	0.62	0.62
CALYON	0.89	0.89	0.96	0.96	0.96	-
합계	0.95	0.95	1.02	1.02	1.02	1.02
아레바 자체 보유	0.31	0.31	0.20	-	-	-

자료: Areva, http://www.areva.com/EN/finance-402/shareholding-structure-of-the-world-leader-in-th
e-nuclear-industry-and-major-player-in-bioenergies.html(2015년 12월 1일 검색).

(Martine Aubry) 사회당 당수는 원자력발전소의 전면 폐쇄를 주장하는 녹색당 노선에 동조해 2025년까지 프랑스에서 원자력발전소를 24개 폐쇄하겠다는 공약을 발표했다.

사회당과 녹색당 간의 합의에 대해 세실 뒤플로(Cécile Duflot) 녹색당 대표는 "프랑스 내에서의 원자력발전에 대한 사고의 혁명적 전환"이라고 언급하면서 좌파와 환경주의자들이 대선에서 승리할 경우 프랑스 에너지 정책의 전환점이 될 것이라고 공언했다. 그러나 2012년 대통령 선거 이전에는 원자력발전 문제가 대통령 선거에서 한 번도 주요 현안이 되지 않았을뿐더러, 원자력발전에 대한 의존도가 지나치게 높은 프랑스에서 이와 같은 정책은 대단히 과격하고 위험한 것으로 간주되었다.

우파 진영은 사회당의 공약을 대대적으로 비판했다. 우선 사르코지 대

---

13 "Hollande s'engage à ne fermer que la centrale de Fessenheim," *Le Monde*, January 18, 2012, http://www.lemonde.fr/election-presidentielle-2012/article/2012/01/18/hollande-s-engage-a-ne-fermer-que-la-centrale-de-fessenheim_1630990_1471069.html(2015년 12월 1일 검색).

통령은 사회당과 녹색당의 합의로 인해 에너지 안보와 수십만 명의 일자리가 위협받게 되었다며 우려를 표명했다. 또한 올랑드가 폐쇄하기로 한 페센하임 원전을 방문해서 프랑스에서 원자력발전의 중요성을 역설하면서 원자력발전에 대한 지속적 지지를 표명했다.[14] 발레리 페크레스(Valérie Pécresse) 예산장관은 사회당의 주장대로 원자력발전이 축소되면 전기 요금이 50% 오르고 결국 그 부담이 프랑스 국민들에게 돌아갈 것이라고 비난했다.[15]

결국 사회당의 원자력발전 축소 공약으로 인해 여론의 지지가 올라가기는커녕 오히려 궁지에 몰린 올랑드 당시 대통령 후보는 24기의 원전 폐쇄 결정은 자신이 동의한 사항이 아니라 사회당 당수인 오브리가 단독으로 결정한 것이고 자신의 입장은 다르다며 기존의 입장에서 뒤로 물러섰다. 그리고 올랑드는 대통령이 되더라도 노후된 페센하임 원전만 폐쇄할 것이라고 공약했다. 이로써 프랑스에서는 원자력발전 축소라는 담론이 2012년에 등장하자마자 효과를 발휘하지도 못하고 후퇴했다. 이는 프랑스의 전력 생산이 거의 전적으로 원자력발전에 의존하고 있고 독일에 비해 원자력발전에 대한 국민의 반감이 적은 상황이라서 원자력발전 축소 공약이 현실성이 없어 보였기 때문이다. 이러한 공약은 오히려 프랑스 국민에게 미래에 대한 불안감만 증대시켰다. 이와 같은 사회 분위기 아래서 사회당의 원전 축소 공약은 후퇴할 수밖에 없었다. 올랑드 후보가 원자력발전 축소 공약을 부인함에 따라 프랑스에서는 원자력발전의 연속성이

---

14 "Nucléaire: l'accord PS-Verts est-il "irresponsable"?" *Lexpansion*, http://lexpansion. lexpress.fr/election-presidentielle-2012/nucleaire-l-accord-ps-verts-est-il-irresponsable_2 71260.html(2015년 12월 1일 검색).

15 "Des ministres tirent à vue sur l'accord PS-EELV sur le nucléaire," *lexpress*, http://www. lexpress.fr/actualites/2/actualite/des-ministres-tirent-a-vue-sur-l-accord-ps-eelv-sur-le-nu cleaire_1051859.html(2015년 12월 1일 검색).

〈표 4-5〉 주요국의 산업용 전기 요금(단위: USD/TOE)

	1978	1980	1990	2000	2009	2010	2011	2012	2013	2014
호주	311.8	357.9	534.3	525.3	-	-	-	-	-	-
오스트리아	459.2	588.8	760.2	444.8	-	-	-	1605.3	1641.4	1571.1
벨기에	518.1	673.6	814.9	555.1	1613.8	1447.7	1609.5	1472.2	1491.1	1489.6
캐나다	177.4	227.7	436.4	447.1	711.1	848.8	941.7	990.3	1120.9	-
칠레	-	-	-	553.3	1830.9	1762.2	1794.7	1473.2	1372.3	1207.4
체코	-	-	343.3	499.6	1717.2	1673.1	1857.9	1684.6	1730.7	1428.4
덴마크	569.5	580.8	723.6	670.8	1286.6	1330	1374	1291.3	1390.9	1183.8
에스토니아	-	-	-	-	981.6	1083.3	1173.8	1174	1451.8	1370.8
핀란드	543.5	633.4	734.2	449	1133	1102.9	1320.5	1208	1239.7	1215.3
프랑스	376.9	557.9	655.6	415.8	1240.7	1243.6	1412.2	1351.4	1465.3	1464.6
독일	551.4	669.6	1061.4	471.5	1622.7	1579.4	1827	1729.2	1968.9	2084.3
그리스	312.2	493	756.8	491.7	1324.7	1324.5	1459.1	1555.1	1650.1	1660
헝가리	-	-	864.6	566.5	1857.4	1542.7	1594.6	1529.8	1543.2	1433.6
아일랜드	437.4	592.7	785.8	569.1	1964.8	1595.6	1770.8	1804.6	2015.4	1934.6
이스라엘	-	-	-	745.2	1122.3	1009.9	1128.4	1254.7	1411.2	-
이탈리아	501.8	757.7	1134.6	1034.2	3211	3001.1	3245.5	3392.9	3740.6	3811.4
일본	723.8	1005.3	1421.4	1665	1926.3	1885.1	2189.4	2371.9	2127.2	2187.5
한국	497.8	943.7	813	599.6	672.1	-	-	-	-	-
룩셈부르크	406.5	546.9	-	-	1586.4	1347.6	1371	1298.8	1239.5	1149.4
멕시코	256.1	355.4	465.0	591.4	1002.5	1209.8	1341.0	1334.2	1413.1	1412.3
네덜란드	362.3	688.4	608.1	663.4	1612.2	1349.9	1376.7	1273.4	1312.1	1373.1
뉴질랜드	235.5	345	396.9	328.6	744.6	819.2	946.8	993.8	1090.7	-
노르웨이	135.3	212	408.8	226	682.3	857.6	826.6	669.3	798.9	634.8
폴란드	-	-	295	428.9	1392.3	1399.8	1413.8	1332.4	1273	1162
포르투갈	313.3	527.7	1141.5	779.1	1481.3	1432.3	1618	1712.8	1768.2	1813.5
슬로바키아	241.3	284.1	339.3	491.3	2264.8	1966.7	2073.9	1973.8	2082.2	1825.1
슬로베니아	-	-	-	-	1563.3	1411.5	1468.5	1369.4	1462	1338.5
스페인	325.4	515.3	1132.4	495.1	1199.5	1533.5	1728.7	-	-	-
스웨덴	334.7	467.4	579.6	-	961.8	1119.7	1210.3	1037.1	1051.6	950.3
스위스	596.3	654.9	1036.5	803.3	1087.7	1304.8	1533.4	1514.4	1541.3	1497.0
터키	715.1	704.9	954	929.7	1600.5	1754.9	1609.5	1723.5	1705	1521.1
영국	441.6	729.8	822	644.2	1561.5	1407.7	1506.6	1560.4	1616.8	1828.3
미국	324.4	429.1	552.3	534.9	792	789.4	793.1	775.8	795.1	815.6
OECD	423.3	579.1	772.5	681.6	1248.2	1308	1403	1388.4	1427.4	-

〈표 4-6〉 주요국의 가정용 전기 요금(단위: USD/TOE)

	1978	1980	1990	2000	2009	2010	2011	2012	2013	2014
호주	450.4	503.8	833.7	734.8	-	-	-	-	-	-
오스트리아	928.3	1177.6	1810.3	1366.4	2973	2995.7	3170.5	2952.6	3161.6	3103.8
벨기에	1335.5	1639.1	1937	1537.9	2704.2	2693.7	3071.9	2906.2	3067.1	2835.6
캐나다	280.3	330.1	617.7	615.4	964.7	1084.7	1220.3	1216.1	1209	-
칠레	-	-	479.4	993.3	2478.9	2428.2	2451.1	2155.6	2003.6	1760.9
체코	399.7	448.2	310.9	632	2234	2157.4	2447.7	2313.3	2390.4	2028.4
덴마크	789.5	1181.2	1912.5	2295.8	4241.6	4142.9	4758	4458.4	4580.5	4687.4
에스토니아	-	-	-	-	1439.1	1477.8	1587.7	1615.7	2032.1	1964
핀란드	671.4	806.2	1195.3	904.5	2020.1	2039.4	2482.2	2265.9	2352	2341.3
프랑스	936.3	1327.1	1745.6	1182.1	1851.3	1921.8	2174	2036.5	2248.4	2408.4
독일	993	1169	1904.7	1402.9	3696.1	3706.3	4089.7	3939	4507.3	4593.6
그리스	732.1	865.1	1378.3	823.4	1765.7	1842	2011.3	2099.2	2516.1	2740
헝가리	-	369.2	450.7	759.4	2398	2542.2	2541	2373.9	2116.4	1839.7
아일랜드	655.2	891.8	1526.2	1178.9	2965.3	2704.5	3015	3143.3	3403	3549.7
이스라엘	-	-	-	1081.8	1590.3	1626	1729.7	1763	1994.1	-
이탈리아	581.4	894.5	1822.1	1575.4	3304.9	3060.1	3240.5	3353.5	3553.1	3567.6
일본	1083	1364.4	2055.8	2488.8	2779.3	2834.5	3191	3379	2956.4	2944.9
한국	773.6	1140.9	1118.4	974.1	894.4	967.1	1031.2	1082.3	1179.3	1274.5
룩셈부르크	796.5	994.4	1439.1	1154.2	2743	2504.2	2569.1	2433.2	2404.9	2539.4
멕시코	409.8	609.3	532.9	794	928.8	1042.7	1106.6	1048.8	1056.4	1047.4
네덜란드	957.9	1331.7	1362.7	1524	3000.3	2571.6	2764.3	2770.2	2990.7	2935.2
뉴질랜드	292.5	418.1	639.2	699.4	1668.8	2037.9	2361.4	2517.6	2630	2744.8
노르웨이	330.5	412.2	852.8	672.3	1541.9	2045.4	1982.8	1581.2	1726.9	1478
폴란드	-	263.1	120	761.2	1947.5	2082.8	2304.8	2219.5	2282.5	2234.3
포르투갈	541.6	826.6	1713.1	1390	2505.5	2502.7	2857.7	3031	3250.8	3390.3
슬로바키아	399.7	447.9	321.9	582.8	2684.9	2476.5	2808.8	2670.2	2768	2488.1
슬로베니아	-	-	-	-	2128.5	2156.6	2345.5	2249.3	2473.9	2473.5
스페인	665.9	930.8	2206.1	1362.1	2469	2868.8	3431.5	-	-	-
스웨덴	540.6	687.4	1021.7	-	2256.3	2534.8	2882.7	2604.2	2716.9	2493.6
스위스	767.3	843.6	1287.6	1294.4	1906	2092.9	2589.8	2374	2368.5	2433.6
터키	895.3	728.2	588.8	981.6	1919.7	2141.2	1966	2148.3	2208.8	1972
영국	606.6	1013.6	1377.6	1240.9	2223.3	2138.8	2433.4	2532.2	2673.8	2972.8
미국	501.2	623.3	912.8	953.5	1338	1346.1	1362.4	1381.2	1409.7	1453.8
OECD	641.8	793.3	1190.9	1173.7	1821	1855.1	1984.4	1963.1	1995.3	

<표 4-7> 독일과 프랑스의 원자력에너지 운용에 대한 여론조사 결과

	축소해야 함	유지해야 함	증가해야 함	의견 없음
프랑스	37%	45%	12%	6%
독일	52%	37%	7%	4%

다시 유지될 수 있었다.

이와 같은 원자력발전에 기반을 둔 에너지 정책의 연속성에 힘입어 〈표 4-5〉와 〈표 4-6〉에서 보는 바와 같이 프랑스의 전기세는 다른 국가에 비해 비교적 낮은 수준으로 유지되었다. 〈표 4-5〉는 주요국의 산업용 전기 요금을 비교한 OECD 통계인데, 프랑스는 비슷한 소득 수준의 선진국인 오스트리아, 독일, 영국, 이탈리아, 아일랜드, 일본, 스페인에 비해 산업용 전기 요금이 매우 저렴하다. 심지어 터키, 슬로바키아 등의 신흥국에 비해서도 산업용 전기 요금이 저렴한 편이다. 가정용 전기 요금도 오스트리아, 독일, 영국, 이탈리아, 아일랜드, 일본, 스페인 등 다른 선진국에 비해 저렴한 편이다. 〈표 4-6〉은 주요국의 가정용 전기 요금을 비교한 OECD 통계 자료다. 프랑스는 1인당 GDP가 비슷한 일본, 이탈리아, 영국, 독일에 비해 가정용 전기 요금이 압도적으로 저렴하다. 유럽 내 신흥국인 슬로바키아, 슬로베니아, 아일랜드에 비해서도 저렴한 상황이다. 물론 프랑스정부의 원자력에너지 정책이 이와 같이 연속성을 가질 수 있는 이유는 여론이 원자력 정책에 대해 비교적 호의적이기 때문이다(〈표 4-7〉 참조).

6) 중국

중국 역시 후쿠시마 원전 사고 이후 원자력발전소 신규 건설을 1년 동안 중지했다. 후쿠시마 원자력발전소 사고가 발생한 5일 뒤인 2011년 3월 16일 중국 국무원은 원자바오(溫家寶) 총리 주재로 상무회의를 열어 일본 후쿠시마 원전 사고와 관련한 대응책을 논의했다. 그 결과 중국 내에서 가동 중이거나 건설 중인 원자력발전 시설에 대해 전면 안전 검사를 실시하고 핵안전계획을 제정할 때까지 신규 건설 허가를 일시 중단하기로 결정했다.[16] 그러나 2012년 10월 24일 원자바오 총리가 "중국은 정상적인 건설로 되돌아가 '질서정연하게' 신규 원자력발전소의 건설을 계속한다"라고 발표하면서 원자력발전소 건설을 재개했고, 2013년 2월 17일 랴오닝(遼寧) 성에서 신규 원전인 홍옌허(紅沿河) 1호기를 통해 발전을 시작했다.[17]

국제원자력에너지기구(International Atomic Energy Agency: IAEA) 통계에 따르면, 중국의 전체 전력 생산에서 원자력발전이 차지하는 비중은 2011년 기준 1.9%로 미미한 편이지만, 중국은 원자력발전을 의욕적으로 추진하고 있다(대외경제정책연구원, 2010: 4). 그 이유는 중국은 현재 에너지 운용에서 석탄에 대해 매우 높은 의존도를 보이고 있으며, 온실가스 배출 감축이나 대기오염 억제를 위해서도 다른 에너지원으로 대체해야 하는 상황이기 때문이다.

〈그림 4-8〉에서 볼 수 있듯이, 현재 중국의 전력 생산에서 석탄과 수력을 제외한 다른 에너지원이 차지하는 비중은 지극히 낮은 편이다. 특히 중국의 전력 생산에서 석탄이 차지하는 비중은 다른 에너지원과 비교가 안될 정도로 압도적이다.

---

16 "중, 신규 핵시설 허가 일시중단 및 가동시설 전면검사", ≪파이낸셜뉴스≫, 2011년 3월 17일자, http://www.fnnews.com/view?ra=Sent1101m_View&corp=fnnews&arcid=0000092 2254913&cDateYear=2011&cDateMonth=03&cDateDay=17(2015년 12월 1일 검색).
17 한국원자력산업회의, http://www.kaif.or.kr/know/01_2.asp?mode=view&pidx=1229400 0&schk=&skey=&nP=(2015년 12월 1일 검색); "中, 일본 후쿠시마 사고 후 신규 원전 첫 운행 돌입", ≪아주경제≫, 2013년 2월 18일 자, http://www.ajunews.com/kor/view.jsp?ne wsId=20130218000698(2015년 12월 1일 검색); "중국, 일본 원전 사고 이후 첫 신규 원전 가동", 연합뉴스, 2013년 2월 18일, http://www.yonhapnews.co.kr/international/2013/02 /18/0601050100AKR20130218169000074.HTML(2015년 12월 1일 검색).

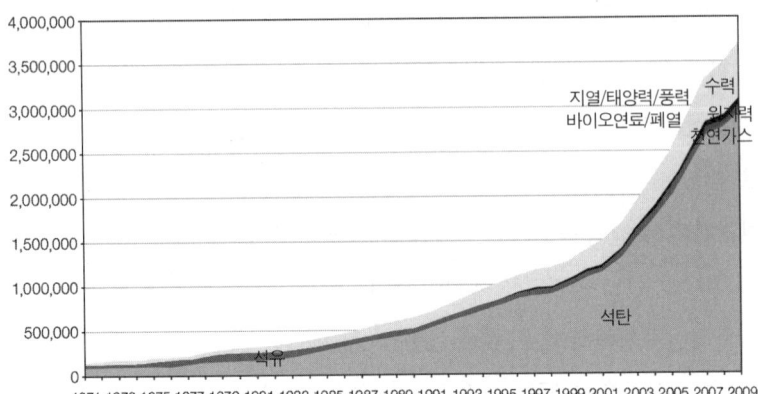

〈그림 4-8〉 중국 전력 생산의 에너지원별 구성 비율(단위: GWh)

자료: IEA, https://www.iea.org/stats/WebGraphs/china5.pdf(2013년 6월 1일 검색).

〈표 4-8〉의 UN통계국 통계는 주요국의 탄소 배출량 및 각국 정부의 탄소 배출량 감축 의지를 알아보기 위한 것으로, 1990년 이후 탄소 배출량 변화와, 각국 시민 개개인이 지구온난화에 미치는 영향을 측정하기 위한 1인당 탄소 배출량을 제시하고 있다. 독일은 1990년 이후 온실가스 배출을 22.2% 축소해 프랑스에 비해 큰 감소폭을 보였지만 아직도 독일의 1인당 온실가스 배출은 프랑스에 비해 높은 편이다. 중국의 경우는 UN통계국의 자료가 1994년 통계여서 비교에 어려움이 있다.

UN통계국 자료에서는 중국의 탄소 배출량에 대한 최신 정보가 제공되지 않은 관계로 중국의 탄소 배출량에 대한 최신 정보를 분석하기 위해 〈표 4-9〉에서는 미국 에너지정보청(U.S. Energy Information Administration: EIA)의 자료를 활용했다. 미국 에너지부 산하기관인 미국 에너지정보청은 각국의 통계 자료를 수집해 탄소 배출량 변화를 분석했다.

〈표 4-9〉의 미국 에너지정보청 자료에 따르면, 미국에서의 탄소 배출은 최근 들어 감소하는 추세다. 그리고 독일에서는 1990년대 초반 이후, 프

〈표 4-8〉 주요국의 탄소 배출량 비교

	기준연도	탄소 배출량 (백만 입방톤)	1990년 이후 변화(%)	1인당 탄소 배출량 (입방톤)
프랑스	2008년	531.80	-6.1	8.57
독일	2008년	958.06	-22.2	11.65
중국	1994년	4057.62	자료 없음	3.39
미국	2008년	6924.56	13.3	22.22
한국	2001년	542.89	87.6	11.62

자료: UNSTAT, http://unstats.un.org/unsd/ENVIRONMENT/air_greenhouse_emissions.htm(2013년 2월 25일 검색).

〈표 4-9〉 주요국의 탄소 배출량 변화 추이(단위: 백만 입방톤)

	1991	1993	2009	2010	2011
미국	4997.43	5093.41	5,435.28	5,636.74	5,490.63
한국	269.67	330.64	524.43	581.10	610.95
독일	928.95	892.93	772.42	793.30	748.48
중국	2295.67	2498.76	7,573.38	7,997.04	8,715.31
프랑스	392.79	368.56	386.15	388.66	374.32

자료: EIA, http://www.eia.gov/cfapps/ipdbproject/IEDIndex3.cfm?tid=93&pid=44&aid=33(2013년 2월 25일 검색).

랑스에서는 2010년 이후 탄소 배출이 감소하고 있는 추세다. 반면에 한국과 중국에서는 탄소 배출이 크게 증가해왔다. 중국은 2006년 이후 과거 세계 최대 탄소 배출국이던 미국을 훨씬 앞지르게 되었다.

하지만 중국의 인구 규모는 미국의 3.6배, 프랑스의 17.4배, 독일의 13.9배에 이른다. 이를 토대로 각국의 1인당 탄소 배출량을 계산하면 2011년 중국의 1인당 탄소 배출량은 7.66입방톤으로, 〈표 4-8〉에서 선진국 중 가장 낮은 1인당 탄소 배출량을 보인 프랑스보다도 훨씬 낮은 수치라는 것을 알 수 있다. 이는 중국의 산업화가 더 진행될 경우 인구 1인당 에너지 소비가 더욱 증가해 중국에서 탄소 배출이 더욱 큰 폭으로 확대될 여지가 있음을 보여주는 것이다.

따라서 중국정부는 이에 대한 정책적 대안을 만들 필요가 있는데, 이러

<표 4-10> 2011년 각국의 인구(단위: 백만 명)

미국	중국	한국	프랑스	독일
311,592	1,136,718	48,755	65,296	81,472

자료: EIA, http://www.eia.gov/cfapps/ipdbproject/iedindex3.cfm?tid=90&pid=44&aid=8(2013년 2월 25일 검색).

<표 4-11> 중국의 전력 생산에서 원자력발전이 차지하는 비율(2010년)

원자력에너지를 이용한 전력 생산량	전체 전력 생산에서 원자력발전의 비율
70TWh	2%

자료: EIA, http://www.eia.gov/countries/cab.cfm?fips=CH(2013년 2월 25일 검색).

한 대안 중 하나가 중국의 전력 생산에서 높은 비중을 차지하는 석탄을 다른 에너지원으로 대체하는 것이고, 다른 에너지원 가운데 하나가 바로 원자력발전이다.

실제로 2011년 3월 개최된 전국인민대표대회(전인대)에서 제12차 5개년 규획(12·5규획)이 승인되면서 12·5규획의 7대 전략 신흥 사업[18]을 확정했는데, 7대 전략 신흥 산업의 하나인 '신에너지산업' 분야에서 원자력에너지의 중요성이 크게 부각되었다(정보통신산업진흥원 정책연구팀, 2011).

현재 중국은 2013년 2월 17일 랴오닝 성에서 신규 원전인 홍옌허 1호기를 가동한 것을 시작으로 17기의 원전을 가동 중이고 28기의 원전을 건설 중이다. 미국 에너지정보청의 자료에 따르면, 중국은 2010년에 원자력발전을 통해 70TWh의 전력을 생산했으며, 전체 전력 생산에서 원자력발전이 차지하는 비율은 2%였다(<표 4-11> 참조).

<표 4-12>에 제시된 OECD의 NEA 자료에 따르면, 중국의 원자력발전량은 현재 한국의 절반 수준, 프랑스의 1/6 수준, 미국의 1/10 수준이며,

---

18 에너지 절약과 환경보호, 신에너지, 신에너지 자동차, 바이오, 차세대 정보기술, 첨단장비 제조업, 신소재.

〈표 4-12〉 2011년과 2012년 OECD NEA 회원국의 원자력발전 의존도 변화 비교

국가	전력망에 연결된 원자력발전소(개)		원자력에너지 이용 전력 생산(net TWh)		전체 전력 생산 대비 원자력발전 비율(%)	
	2012년	2011년	2012년	2011년	2012년	2011년
그리스	0	0	0.0	0	0.0	0
네덜란드	1	1	3.9	4	3.6	3.2
노르웨이	0	0	0.0	0	0.0	0
뉴질랜드	0	0	0.0	0	0.0	0
덴마크	0	0	0.0	0	0.0	0
독일	9	17	102.0	133	17.6	22.8
룩셈부르크	0	0	0.0	0	0.0	0
멕시코	2	2	9.7	5.6	4.2	2.6
미국	104	104	786.0	803	19.7	20.3
벨기에	7	7	45.9	45.7	50.5	51.2
스웨덴	10	10	58.0	55.1	39.6	38.1
스위스	5	5	26.0	25.2	39.4	38
스페인	8	8	54.9	59.2	19.5	20.1
슬로바키아	4	4	14.3	13.5	55.2	52.9
슬로베니아	1	1	5.9	5.4	41.8	37.5
아이슬란드	0	0	0.0	0	0.0	0
아일랜드	0	0	0.0	0	0.0	0
에스토니아	0	0	0.0	0	0.0	0
영국	18	19	62.7	56.4	17.8	15.7
오스트리아	0	0	0.0	0	0.0	0
이스라엘	0	0	0.0	0	0.0	0
이탈리아	0	0	0.0	0	0.0	0
일본	50	0	156.2	0	18.1	0
체코	6	54	26.7	279.3	33.0	29.2
칠레	0	6	0.0	26.4	0.0	35.9
캐나다	17	0	90.0	0	17.0	0
터키	0	17	0.0	85.3	0.0	15
포르투갈	0	0	0.0	0	0.0	0
폴란드	0	0	0.0	0	0.0	0
프랑스	58	0	421.1	0	77.7	0
핀란드	4	58	22.3	407.9	31.6	74.1
한국	21	4	149.2	21.9	32.7	28.4
헝가리	4	21	14.7	142	43.2	32.2
호주	0	4	0.0	14.8	0.0	43.8

자료: OECD NEA(2013); OECD NEA 2011년 자료. 안상욱(2013)에서 재인용.

최근 원자력발전을 축소하고 있는 독일에 비해서도 현저하게 낮은 편이다. 이는 중국이 1964년 첫 핵실험을 통해 군사 분야에서 핵 강국으로 부상했지만 민간 분야에서의 원자력을 통한 전력 생산에는 그동안 큰 관심을 기울이지 않았음을 의미한다고 볼 수 있다.

중국이 전력 생산에서 석탄에 지나치게 크게 의존하는 것은 중국 내에서의 대기오염 및 지구온난화를 초래하는 탄소 배출의 주요 원인 중 하나다. 중국정부도 이를 의식해 석탄 등 화석에너지 사용을 다른 에너지원으로 대체하려 하고 있다.

이와 같은 중국정부의 노력은 중국 국무원 보도판공실이 2012년 10월 24일 발표한 '2012 중국 에너지 정책 백서'를 통해 알 수 있다.[19] '2012 중국 에너지 정책 백서'에 따르면, 중국은 기존 화석에너지 이용의 효율성을 증진해 화석에너지 사용을 억제하고 지나치게 석탄에 의존하는 에너지자원의 이용을 원자력·신재생에너지의 이용으로 다원화하려 하고 있다.

예를 들어 중국정부는 8000만kW 이하의 발전설비를 갖춘 효율성이 낮은 소규모 화력발전소를 정리해 연간 6000만 톤의 석탄 사용을 절감할 수 있었다. 그 결과 1kWh를 생산하는 데 필요한 석탄이 37g에 불과하게 되었다. 이는 2006년과 비교하면 10%가 절감된 수치다. 중국은 수력에너지 개발에도 박차를 가해 2011년에 수력발전 장비의 용량이 2억 3000만kW에 달해 수력에너지가 전력 생산 규모에서 전 세계 1위로 부상했다. 개발 가능한 수력발전량이 5억 4200만kW임을 감안하면 중국의 수력에너지 개발의 잠재력은 주목할 만하다.

또한 '2012 중국 에너지 정책 백서'에 따르면, 중국정부는 제12차 5개년

---

19 "2012 중국 에너지 정책 백서", http://www.gov.cn/english/official/2012-10/24/content_2
250497.htm(2015년 9월 12일 검색).

계획 기간에 1차 에너지 소비 중 비화석에너지 비중을 11.4%로, 비화석에너지 발전 장비 용량의 비중을 30%로 제고시킬 계획이다. 이를 통해 2020년까지 비화석에너지의 소비 비중을 15%까지 향상시키려 하고 있다. 중국정부는 이와 같이 비화석에너지 다변화 차원에서 원자력에너지에 접근하고 있다.

'2012 중국 에너지 정책 백서'에서 중국정부는 원자력에너지를 "양질이고 청정하며 높은 효율성의 현대 에너지자원(high-quality, clean and efficient modern energy source)"이라고 정의했다. 이는 중국정부의 원자력에너지에 대한 시각을 잘 보여주는 표현이다. 이 백서에서 중국정부는 전력 생산에서 1.8%에 불과한 원자력에너지의 비중을 높이려는 의지를 피력했다.

다만 중국정부는 '2012 중국 에너지 정책 백서'에서 원자력에너지가 전력 생산에서 차지하는 비중의 평균이 전 세계적으로 14%라고 언급했는데, 전 세계 대부분의 국가에서 아직 원자력발전이 이뤄지지 않고 있는 상황에서 근거 자료와 부연 설명 없이 이러한 문구를 삽입한 것으로 볼 때 에너지 정책에 대한 중국정부의 전문성이 아직은 다른 에너지 강국에 비해 뒤떨어지는 것으로 파악할 수 있다.

이는 중국이 1964년에 최초의 핵실험을 실시했지만 원자력에너지를 민간 부문에서 활용하는 데에는 그동안 관심을 기울지 않았음을 보여주는 사례다. '2012 중국 에너지 정책 백서'에서는 후쿠시마 원전 사태 이후 중요한 쟁점이 된 원자력에너지의 안전성에 대해서도 언급하고 있다. 중국정부는 후쿠시마 원전 사태 직후 중국정부가 중국 내에서 가동 중이거나 건설 중인 원자력발전 시설에 대해 전면적인 안전 검사를 실시한 사례를 들면서, 중국정부의 원자력발전 안정성 관리 측면에서의 우수성에 대해 설명했다.

그리고 중국이 원자력발전소를 운영한 지난 20년간 큰 원자력발전 사고가 일어나지 않았던 사실과 원자력발전소의 안전 상태가 세계 평균 이상이라는 점을 강조하고 있다. 후쿠시마 원전 사태 이후 중국이 원자력발전에 대한 전면적인 안전 검사를 실시했을 당시 중국정부의 원자력 정책에 변화가 있을 것이라는 많은 사람들의 예상과 달리 중국은 현재 꾸준히 원자력발전을 확대하고 있다.

3. 시사점

후쿠시마 원전 사고 이후 독일정부는 원자력발전에 대한 재검토를 진행하고 독일 내에서 8기의 원전을 폐쇄했다. 그전에도 독일정부의 원자력발전 정책은 정권 교체에 따라 뒤죽박죽으로 진행되었다. 반면 프랑스의 원자력에너지 정책은 드골 정부 이후 정권 교체에 관계없이 안정적으로 추진되었다. 좌파 정권인 미테랑 정권 당시에는 프랑스에서 가장 많은 원자력발전소가 가동되었고, 우파 정권인 시라크 정권 아래서는 세계 최대의 원자력 기업인 프랑스 국영 기업 아레바가 탄생했다.

에너지 정책은 다른 산업 분야에 비해 대규모의 투자가 필요한 장치 산업이기 때문에 장기적인 국가 차원의 전략이 필요하다. 그러나 탈원전이라는 인기영합식의 방법을 사용한 독일정부의 정책 때문에 독일의 원자력 기업은 막대한 손실을 입었다. 또한 신재생에너지 기업 역시 장기적인 관점이 결여된 독일정부의 신재생에너지 보조금 정책 때문에 경영 문제에 직면해 있는 경우가 많다. 또한 신재생에너지를 확대하려고 사용했던 강력한 보조금 정책은 정부가 보조금 정책을 유지할 수 없을 정도로 시장이 확대되자 결국 축소할 수밖에 없었다. 또한 신재생에너지는 원자력에너지 분야에 비해 개발도상국이 기술적으로 추격하기가 훨씬 수월하기 때문에 중국 기업이 급부상하자 결국 독일의 큐셀은 심각한 적자를 내고 파산했다. 현재 전 세계적으로 풍력 및 태양력에서의 선두 기업은 모두 중국 기업이 되었다. 원자력에너지에서의 기술 추격보다 풍력 및 대양력 관련 분야에서의 기술 추격이 훨씬 수월하기 때문이다.

따라서 한 국가의 에너지 정책을 더욱 효율적이고 안정적으로 운영하기 위해서는 프랑스와 같이 정부가 좀 더 장기적인 안목으로 에너지 정책을 운용하고, 학계 차원에서도 원자력에너지와 신재생에너지에 대해 더욱 입체적인 연구를 수행할 필요가 있다. 그리고 이를 위해서는 정치권 역시 인기영합식의 에너지 정책을 지양하고 더 장기적인 안목으로 최적의 에너지 정책을 실현하기 위해 힘써야 한다.

중국정부는 중국에서 운영 중인 원전 및 신규 원전 건설을 전면적으로 재검토했다. 이는 독일정부가 원자력발전에 대한 재검토를 진행하고 독일 내에서 8기 원전에 대한 폐쇄를 단행한 것과 일면 유사성을 갖고 있다. 그러나 독일정부의 원자력에너지 정책이 사민당 – 녹색당의 좌파 연정에서 기민당 – 자민당의 우파 연정으로 정권이 교체됨에 따라 일관성 없이 진행된 반면, 중국의 원자력에너지 정책은 프랑스와 같이 일관성을 가지고 추진되었다.

또한 원자력발전이 민간 기업 주도로 진행된 독일, 미국 등의 사례와 달리 중국은 프랑스처럼 국영 원자력 기업이 원자력발전을 주도해나가고 있다. 이는 정부의 강력한 지지 아래 국영 원자력 기업을 중심으로 세계 최대의 원자력 기업을 창출해나간 프랑스의 사례와 유사성을 가진다.

또한 미국의 스리마일 원전 사고 이후 원자력발전 시장이 축소될 것을 우려한 WEC로부터 원자력발전 원천 기술을 매입한 프랑스의 사례에서처럼, 중국은 현재 미국과 프랑스 기업이 개발하는 최신 원자력발전 기술의 각축장이 되고 있다. 이를 통해 중국이 원자력발전 기술을 습득한다면 향후 중국의 원자력 기업들은 전 세계를 주도하는 원자력 기업으로 거듭날 것으로 예상된다.

그리고 이와 같은 원자력발전의 확대와 신재생에너지 이용의 확대는 장기적으로 중국의 석탄 의존도를 낮춰 현재 전 세계 탄소 배출 1위를 차지하고 있는 중국의 탄소 배출을 경감시키고 지구온난화를 완화하는 데 기여할 것으로 예상된다.

05

신기후체제와
천연가스

김진수

1. 글로벌 에너지 믹스와 천연가스

1) 천연가스 개요

과거 천연가스는 물과 함께 원유 생산 과정에서 함께 나오는 골칫거리 중 하나였다. 소량의 가스는 펌프나 보일러의 연료로 사용하기도 했지만 대부분의 경우 현장에서 방출하거나 태워버렸다.[1] 심지어는 20세기 중반 까지도 생산된 가스의 약 20%가 버려졌다(레이먼드·레플러, 2013). 이는 천 연가스 생산 지역과 소비 지역이 너무 멀었으며, 운송 또한 쉽지 않았기 때문이다. 그러나 사용 인프라가 확대되고 운송 기술이 발달하면서 이제 천연가스도 원유, 석탄과 함께 대표적인 화석연료로서 경제활동에 필수 적인 주에너지원이 되었다.

---

[1] 방출하는 것은 venting, 태우는 것은 flaring이라고 한다.

메탄(CH_4)을 주성분으로 하는 천연가스는 크게 가정용(냉난방, 취사 등), 산업용(보일러, 수송, C_1 화학 등), 발전용으로 사용된다. 2014년 기준 한국에 공급된 1차 에너지[2] 273.2MTOE 중 천연가스 소비량은 43MTOE로 약 15.7%를 담당하고 있다. 이는 전 세계 소비량 대비 1.4% 수준으로 이집트에 이어 18위[3]를 기록하고 있다(BP, 2015).

앞서 언급한 대로 천연가스는 메탄이 주성분이기 때문에 상온 상압에서 기체 상태다. 따라서 천연가스를 운송하려면 파이프라인을 사용하거나 액화시켜 운반해야 한다. 전자를 파이프라인 천연가스(Pipeline Natural Gas: Piped NG 또는 PNG)라고 하고 후자를 액화 천연가스(Liquified Natural Gas: LNG)라고 한다. 교역 규모는 PNG가 663.9bcm[4]으로 333.3bcm인 LNG의 약 2배에 이른다. 그러나 한국은 3면이 바다로 둘러싸여 있고 북한의 존재로 인해 PNG로 수입하는 물량이 없다. 그 결과 일본에 이어 세계에서 두 번째로 LNG를 많이 수입하고 있는 국가다.

이와 같은 운송 특성으로 인해 천연가스를 수입하기 위해서는 LNG를 재기화(re-gasification)시키기 위한 시설[5]이나 파이프라인 시설이 필요하다. 그런데 이러한 시설을 건설하기 위해서는 대규모 투자가 필요하고, 저장 또한 용이하지 않다. 이 때문에 천연가스는 원유와 다르게 그동안 현물 시장(spot market)보다는 대부분 장기 계약으로 거래되어왔다.

---

2 자연으로부터 얻을 수 있는 에너지로, 석탄, 원유, 천연가스, 지열, 풍력, 수력 등의 에너지원을 일컫는다. 1차 에너지를 우리가 사용할 수 있는 형태로 전환해 소비하는 것을 2차(최종) 에너지라고 한다.
3 원유(9위)에 비하면 낮은 순위다.
4 billion cubic metres의 약자로, 십억m^3를 의미한다.
5 천연가스를 저장·기화·송출하는 시설을 생산기지라고 하는데, 한국에는 한국가스공사가 운영하고 있는 평택, 인천, 통영, 삼척의 4개 생산기지와 민간 직도입 사업자가 운영하는 LNG 터미널들이 있다.

한국은 1980년에 천연가스 도입에 대한 기본 방침을 세운 이래 1983년 한국가스공사가 설립되고 1986년 발전용 천연가스가 처음으로 공급되었으며, 1987년에 도시가스가 처음으로 공급되었다. 이후 지속적으로 공급이 확대되어 2014년에는 LNG 도입 물량이 3768만 톤[6]에 이르렀다. 그런데 최근에는 정부의 전력 및 천연가스 수급 계획과 최근의 국제 시장 환경 변화, 상대적으로 따뜻했던 겨울 날씨로 인해 천연가스 수요가 다소 정체되고 있다. 그러나 천연가스가 다른 화석연료에 비해 상대적으로 이산화탄소 배출이 적은 만큼 기후변화에 대응하기 위한 일종의 가교(bridge) 에너지원으로서의 천연가스의 역할을 재조명해볼 필요가 있다. 이에 이 글에서는 파리협정 이후의 시장 변화를 고려해 천연가스의 역할과 한국의 대응 전략에 대해 살펴보려 한다.

2) 글로벌 에너지 믹스에서의 천연가스

에너지 믹스는 여러 종류의 에너지원 구성을 의미하는 용어로 '한국 1차 에너지 믹스'는 한국에 공급되는 1차 에너지원의 구성 비율을, '전력 믹스'는 발전에 사용된 에너지원의 구성 비율을 의미한다. 전 세계 에너지 믹스의 변화는 〈그림 5-1〉과 같다.

2014년을 기준으로 원유가 32.6%로 가장 높은 비중을 차지했으며, 석탄(30.0%)과 천연가스(23.7%)가 그 뒤를 이었다. 이들 화석연료의 비중은 무려 86.3%에 이른다. 천연가스는 본격적인 생산이 시작된 이후 지속적으로 소비 비중이 높아져왔으며 최근 10년 동안 3% 내외의 성장률을 보여

---

6 한국가스공사가 도입하는 물량인 3633만 톤과 자가소비용으로 직수입하는 135만 톤을 합한 양이다.

〈그림 5-1〉전 세계 에너지 믹스(단위: MTOE)

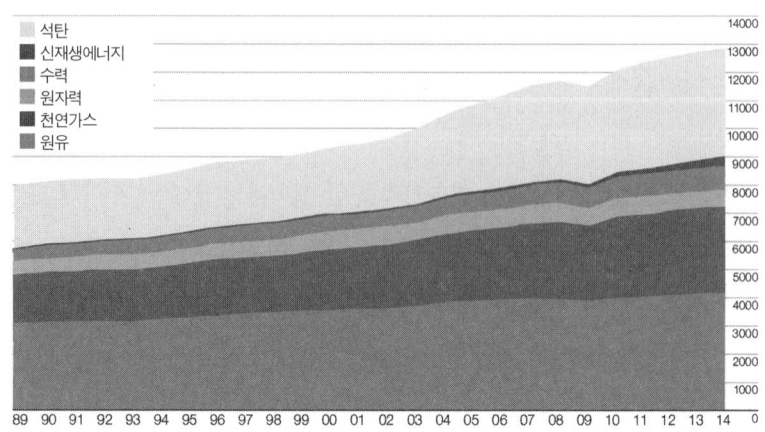

자료: BP(2015: 42).

왔다.

IEA가 발표한『세계 에너지 전망 2015(World Energy Outlook 2015)』에 따르면 천연가스는 2040년까지 화석연료 중 가장 빠르게 소비가 늘어날 것으로 전망된다. 그러나 가장 빠르다고 해도 연간 1.4% 정도의 성장률로 매우 안정된 모습을 보여 2040년에 이르면 수요가 5조 2000억m³에 도달, 다른 두 화석연료와 에너지 믹스에서 어깨를 나란히 할 것으로 예상된다. 중국과 중동이 천연가스의 수요 증가를 안정적으로 견인할 것으로 보이며, EU 지역의 수요는 2010년에 이미 정점에 도달한 것으로 판단된다. 북미는 비전통 가스의 생산 증가로 OECD 국가 중 유일하게 수요가 증가할 것으로 전망되며, 발전과 전 세계 산업용 천연가스 수요도 상당히 증가할 것으로 보인다(〈그림 5-2〉참조).

천연가스 공급에서 특징적인 사실은 주요 천연가스 생산 지역이 전 세계로 확대될 것이라는 점이다. 전통적인 공급처인 중동, 러시아와 함께 북미와 카스피 해 지역, 호주가 주요 생산국 대열에 동참할 것으로 예상되

〈그림 5-2〉 2013~2040년 부문별 천연가스 수요 변동(단위: bcm)

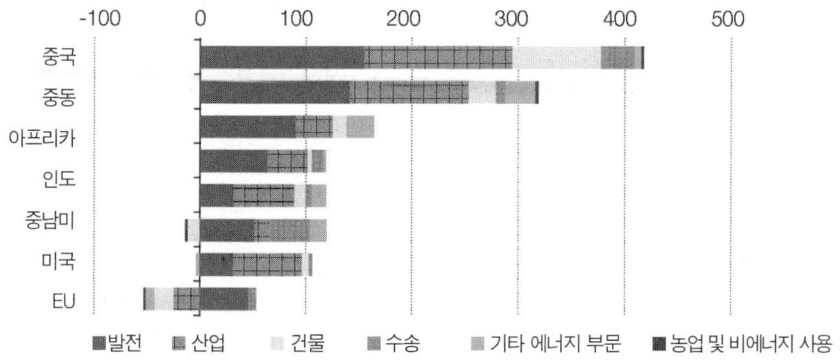

■발전　■산업　■건물　■수송　■기타 에너지 부문　■농업 및 비에너지 사용

자료: IEA(2015b: 199).

며, 대형 가스전이 발견된 아프리카, 남미도 새로이 공급량이 늘어날 것으로 전망된다.

3) 포스트 2020 체제와 천연가스

2015년 12월 프랑스 파리에서는 제21차 UN기후변화협약 당사국총회가 개최되었다. 제21차 UN기후변화협약 당사국총회에서는 더반에서 열린 제17차 UN기후변화회의에서 논의가 시작된, 신기후체제로 불리는 '포스트 2020(Post-2020)' 체제가 담긴 파리협정이 채택되었다. 이 협정에서는 지구의 평균 기온 상승폭을 1.5도로 제한하기 위해 노력하고 각국이 제출한 자발적 기여방안에 대해 5년마다 이행 여부를 확인하기로 했다. 이에 따라 2030년에 배출전망치 대비 37%를 감축하기로 한 한국에서도 기후변화는 이제 실질적인 문제가 되었다. 그렇다면 이러한 파리협정체제로 인해 앞으로 천연가스의 미래는 어떻게 될까?

파리협정체제가 성공적으로 이행되기 위해서는 화석연료의 소비가 현재와 같은 증가 추세를 보여서는 안 된다. 이에 따라 석탄이 가장 많은 영향을 받을 것으로 보인다. 현재 글로벌 에너지 믹스에서 29.0%를 차지하고 3929MTOE까지 사용량이 확대된 석탄은 2040년경에는 에너지 믹스에서 차지하는 비중이 24.6% 정도로 감소할 것으로 전망되는데, 중국과 인도, 동남아시아 이외의 지역에서는 수요가 감소할 것으로 예상되고 있다.

파리협정은 당초 기대보다 많은 195개국이 자발적 기여방안을 제출해 전 세계 온실가스 배출량의 94% 이상을 관리하게 되었으며, 기온 상승폭에 대한 목표도 당초 2도에서 한 발 나아가 1.5도로 제한하기 위해 노력하기로 한 매우 의미 있는 협정이다. 그러나 이러한 결과를 도출하기까지의 과정이 순탄하지만은 않았으며, 협정 이행을 위한 구체적인 협상을 남겨두고 있어 아직 갈 길이 멀다고 할 수 있다. 특히 개도국은 NDC[7] 이행의 선제 조건으로 선진국의 재정과 기술 지원을 내세우고 있기 때문에 앞으로의 협상 결과를 주의 깊게 살펴봐야 하는 상황이다.

이번 파리협정의 성공은 향후 기후변화와 관련된 쟁점의 주도권을 가지고 싶었던 미국 오바마 행정부의 적극적인 리더십과 중국의 전향적인 태도, 그리고 기후변화로 인한 부정적인 증거들이 늘어나고 있는 상황에서 전 세계 각 나라의 기후변화 대책을 더 이상 미룰 수 없다는 인식이 복합적으로 작용한 결과물이라고 할 수 있다. 하지만 앞에서도 언급한 바와 같이 선진국과 개도국, 미국과 중국, 유럽, 신흥국, 그리고 한국과 같이 중간자적 위치에 있는 국가들의 이해관계가 서로 다르기 때문에 한국에 최선인 결과를 이끌어내기 위해서는 앞으로 정치, 외교, 경제, 기술의 모든 측면에서 대응 전략을 고심할 필요가 있다.

앞에서 설명한 대로 화석연료 소비를 관리하는 것이 기후변화 대응의

---

7 파리협정문에 따르면 자발적 기여방안은 'Intended Nationally Determined Contribution (INDC)'로 표기되며 비준된 후 공식적으로 계획이 제출되면 'Intended'를 빼고 'Nationally Determined Contribution(NDC)'이라고 표기한다.

핵심 방안이다. 그런데 『세계 에너지 전망 2015』에서도 설명하고 있듯이, 앞으로의 에너지 시장 전망과 제21차 UN기후변화협약 당사국총회를 종합적으로 고려해서 수립한 '신정책(New Policies)' 시나리오를 따르더라도 2040년까지 석탄 소비량은 4414MTOE, 원유 소비량은 4735MTOE, 천연가스 소비량은 4239MTOE로 각각 전체 에너지 믹스에서 24.6%, 26.4%, 23.6%를 차지해 화석연료가 74.6%에 달할 것으로 예상된다. 따라서 파리협정에서 목표로 한 1.5도를 달성하기 위해서는 더욱 적극적인 대응이 필요한 상황이다. 이에 화석연료 중에서 이산화탄소 배출량이 가장 적은 천연가스와 이산화탄소 포집·저장(Carbon Capture and Storage: CCS) 기술[8]이 가교 에너지원과 기술로 주목받고 있다.

2. 천연가스 시장과 공급 여건 변화

1) 천연가스의 시장 특성

천연가스를 개발한 역사는 오래되었지만 관련 산업과 시장이 발달한 것은 30년 정도밖에 되지 않았다. 천연가스 시장은 환경에 대한 관심 고조, 저장 및 수송 기술의 발달로 인한 경제성 확보, 정치적인 역학관계 등이 맞물려 1980년대 후반 이후 급격하게 성장했다. 흔히 천연가스와 원유는 비슷한 특징을 지니고 있다고 생각하지만 두 재화의 특성은 완전히 다르며, 따라서 별개의 시장으로 보고 접근해야 한다. 천연가스는 지질학적

---

8 최근에는 탄소자원화 개념을 포함해 CCUS(Carbon Capture, Utilization and Storage)라는 표현을 많이 사용한다.

으로 원유보다 생성 조건이 까다롭지 않아 지역적인 편재가 비교적 덜하다. 즉, 원유보다 풍부하게 그리고 넓은 지역에 상대적으로 고르게 매장되어 있다(Bhattacharyya, 2011).

앞서 설명한 대로 천연가스는 상온 상압에서 기체 상태이기 때문에 파이프라인으로 운송하거나 액화해서 운반해야 한다. 그런데 파이프라인 운송 또는 액화 운송을 하기 위해서는 파이프라인 설비나 액화 설비에 대한 투자가 필요하다. 이들 설비에 대한 비용이 막대하기 때문에 천연가스는 일반적으로 원유에 비해 초기에 더 큰 자본 투자가 필요하다. 이러한 특성으로 인해 경쟁적인 현물 시장이 형성되기보다는 자원 보유국 – 개발자 – 수요자 사이에 수급에 대한 장기 계약을 미리 맺은 뒤에 가스전의 개발을 진행하는 경우가 많다.

일반적으로 다른 시장에서 참조할 만한 시장이 되기 위해서는 충분히 경쟁적인 환경이 보장되어야 한다. 이를 위해서는 시장의 참여자가 많고 (충분한 공급과 수요), 정보의 비대칭성이 매우 작아야 한다. 그러나 천연가스는 앞에서 설명한 개발 특성 및 장기 계약으로 인해 원유 시장에 비해 현물 시장의 규모가 상대적으로 작을 수밖에 없다. 더욱이 천연가스 장기 계약의 경우 의무 인수 조건(take or pay)이나 도착지 제한(destination clause), 연중 균등 도입 같은 경직적인 조건을 설정하는 경우도 많다.

대표적인 천연가스 지표 가격으로는 미국의 루이지애나 주에 위치한 천연가스 분배 허브의 가격인 헨리허브(Henry Hub) 가격, 유럽의 NBP (National Balancing Point)나 TTF(Title Transfer Facility) 가격을 들 수 있다. 아시아의 경우 참조할 만한 대표적인 시장은 존재하지 않는데, 에너지 재화의 평균 가격을 조사해서 발표하는 대표적인 기관 중 하나인 플래츠(Platts)에서 발표하는 JKM(Japan Korea Marker)이 있다. JKM은 실제로 한국과 일본으로 들어오는 LNG 카고(cargo)의 가격을 바탕으로 추정되는 가격이다.

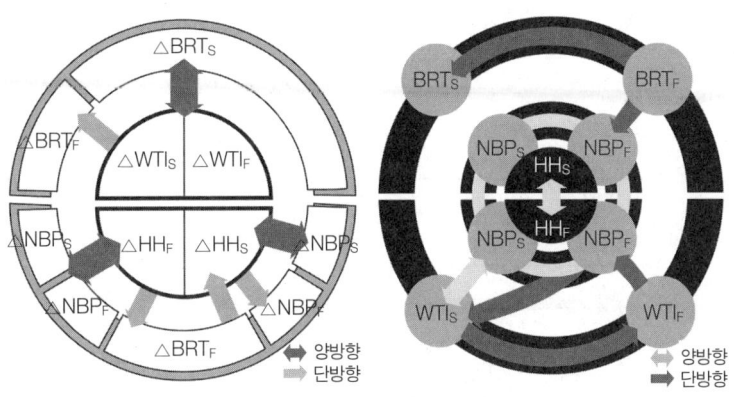

〈그림 5-3〉 원유 및 천연가스의 선물 가격 및 현물 가격 간 관계

주: WTI: 미국 서부텍사스중질유, BRT: 브렌트유, HH: 헨리허브, NBP: National Balancing Point 천연가스 가격, F: 선물 가격, S: 현물 가격이며, 화살표 방향은 가격 간 인과 관계를 뜻함.
자료: 오서연·김진수(2016: 75).

천연가스의 가격 결정 방식은 크게 두 가지로 나눌 수 있다. 하나는 허브를 중심으로 수요·공급에 따라 경쟁적으로 결정되는 허브 가격이고 다른 하나는 원유 가격에 연결해 가격을 결정하는 방식이다. 사실 그동안 대부분의 천연가스 공급 계약은 원유 가격을 기반으로 이뤄져왔다. 그러나 비전통 가스의 공급이 확대되고 천연가스 공급국이 많아지면서 점차 천연가스 고유의 가격 체계로 공급 계약을 맺으려는 움직임이 늘어나고 있다. 이는 원유 가격과 천연가스 가격 사이의 탈동조화 현상으로 나타나고 있다(황광수 외, 2012). 〈그림 5-3〉은 원유와 천연가스의 선물 가격 및 현물 가격 간 관계를 제시한 바 있다.

2) 천연가스 수송

개발 지역과 방식에 따라 다르겠지만, 천연가스 운송 비용은 경우에 따라 전체 도입 비용의 70%[9]를 차지하는 경우도 있다. 즉, 천연가스의 수급

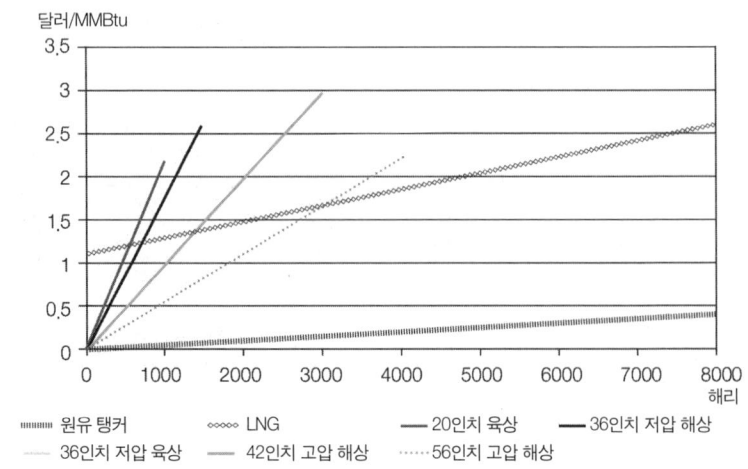

〈그림 5-4〉 거리에 따른 LNG와 PNG 비용 비교

달러/MMBtu

일일일일 원유 탱커 　ㅇㅇㅇㅇ LNG 　━━ 20인치 육상 　━━ 36인치 저압 해상
ㅡㅡ 36인치 저압 육상 　ㅡ 42인치 고압 해상 　‥‥‥56인치 고압 해상

자료: Bhattacharyya(2011: 372).

에서는 운송이 매우 중요한 문제다. PNG와 LNG의 선택에서 우선적으로
고려되는 것은 비용이다. 일반적으로 수송 거리가 4000km 이상이면 LNG
가 육상 PNG보다 경제적이고, 2000km 이상이면 LNG가 해상 PNG보다
경제적이라고 알려져 있다. 거리에 따른 LNG와 PNG의 경제성 비교 결과
는 〈그림 5-4〉와 같다.

이러한 수송 특성으로 인해 천연가스는 에너지 거버넌스 측면에서 다
른 에너지원과는 다른 상황에 놓일 수밖에 없다. 우선 PNG는 천연가스
생산지와 소비지가 물리적으로 고정되고, LNG는 PNG에 비해 물리적인
제약은 적으나 액화 설비와 재기화 설비에 막대한 투자비가 들어가기 때
문에 마찬가지로 생산지와 소비지가 장기 계약으로 묶인다. 따라서 천연
가스는 국제 협력에서 외교적인 협상 수단으로 사용되기도 하며, 전략적

9　액화 및 재기화 설비를 포함한 비율이다.

〈그림 5-5〉 2014년 주요 천연가스 교역 상황(단위: bcm)

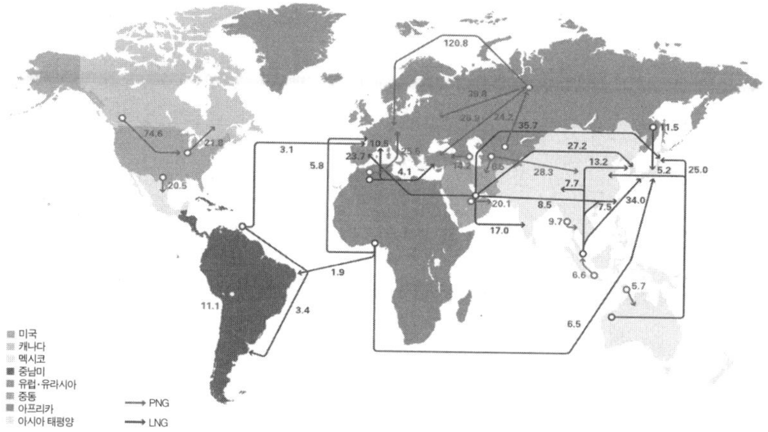

■ 미국
■ 캐나다
■ 멕시코
■ 중남미
■ 유럽·유라시아
■ 중동
■ 아프리카
░ 아시아 태평양

→ PNG
→ LNG

자료: BP(2015: 29).

으로 대체 수단을 찾으려 할 때 매몰 비용이 크고 시간이 많이 걸린다. 지역적으로 봤을 때 북미, 유럽, 중동 등 주요 천연가스 소비 지역은 PNG를 사용하고 있으며, 동북아를 중심으로 한 아시아와 서유럽은 LNG를 주로 사용한다. 이러한 교역 형태는 〈그림 5-5〉에서 확인할 수 있다.

3) 비전통 가스의 대두

비교적 안정적으로 성장해온 천연가스 시장에 큰 변화가 일어난 것은 2000년대 후반 북미 지역에서 비전통 가스의 공급이 폭발적으로 증가한 뒤다. 셰일가스(shale gas), 타이트가스(tight gas), 석탄층메탄가스(coalbed methane)로 대표되는 비전통 가스(unconventional gas)는 전통적인 가스전과는 다른 기술적 방법론을 적용해서 생산하는 가스로, 일반적으로 전통 가스전에 비해 하나의 가스정(gas well)당 생산량이 매우 적기 때문에 상대적으로 단위당 생산 비용이 높은 편이다. 그러나 2003년 이후 에너지 가격이 상승하고 수평시추(horizontal drilling), 수압 파쇄(hydraulic fracturing) 기술이 적용되며 운영 기술이 발달[10]함에 따라 북미를 중심으로 공급량이 급격하게 확대되었다. 그에 따라 최근까지 경제·사회 분야 연구자들의 관심은 비전통 가스와 비전통 원유[11]의 공급 확대에 따른 시장 변화와 글로벌 에너지 거버넌스의 변화였다.

그런데 2010년대 들어 비전통 자원의 공급 확대로 원유 및 가스 공급이 획기적으로 늘어났으나 화석연료에 대한 수요는 크게 늘어나지 않았다. 오히려 기후변화에 대한 우려로 OECD 회원국에서는 점차 수요가 줄어들고 있으며, 에너지와 광물자원의 블랙홀로 불렸던 중국의 경제성장이 둔화되면서 원유와 가스에 대한 수요는 정체되었다. 이러한 수급 여건의 변화로 원유와 가스 모두 가격이 급락해 상대적으로 생산 단가가 높은 비전통 원유 및 가스 자원 개발 사업이 큰 타격을 받고 있다. 이에 따라 파리협정체제하에서는 상대적으로 가격 경쟁력이 떨어지는 비전통 자원의 위상이 크게 위축되는 것이 아닌지에 대한 우려가 커지고 있는 상황이다.

그러나 『세계 에너지 전망 2015』에 따르면, 비전통 가스는 여전히 미래의 주요 천연가스 공급원이 될 전망이다. 2040년까지 증가하는 수요의 60%를 비전통 가스가 담당할 것이며, 비록 북미 지역 이외의 지역에 대한 자원량을 추정하기는 어렵지만 상대적으로 전 세계에 고르게 분포되어 있는 만큼 적절한 규제 체계와 호의적인 시장 여건, 사회적 수용성이 뒷받침된다면 공급량이 크게 증가할 것이다. 현재 활황인 북미의 비전통 가스 생산은 비전통 원유와 마찬가지로 이른바 최상 목표 지점, 즉 '스위트 스폿(sweet spot)'이 점차 줄어들어 2020년대 중후반이면 정점에 도달할 것으

---

10 방향성 시추 자체는 1920년대부터 사용해오던 기술이다.
11 오일셰일, 타이트오일 등이 비전통 원유에 속하며, 타이트오일은 비전통 가스와 생산 방식이 유사하다.

로 예상되는데, 전 세계적으로는 중국의 불확실성이 향후 비전통 가스 공급량 증가의 열쇠가 될 것이다. 널리 알려진 대로 중국은 세계 최대의 셰일가스 부존 지역이지만 자원의 질(생산성), 원활한 물 공급 문제와 부존지역의 인구 밀도가 주요 불확실성이다.

3. 천연가스 시장 전망

1) 천연가스 교역 추이

〈그림 5-6〉에서 확인할 수 있듯이 그동안 전 세계 천연가스 교역량은 견고한 증가세를 보여왔다. 2014년 기준 LNG 교역량은 2억 4110만 톤으로 후쿠시마 사태로 교역량이 급증했던 2011년의 2억 4150만 톤 이후 가장 높은 수준의 교역량을 기록했다. LNG 수출국은 19개국으로 증가했으며, 수입국 또한 이스라엘, 리투아니아, 말레이시아, 싱가포르가 새롭게 가세해 총 29개국으로 사상 최고치를 기록했다. 2015년에는 요르단, 이집트, 파키스탄, 폴란드가 새롭게 수입국 대열에 합류해 LNG 수입국 수가 총 33개국에 이르렀다. 이처럼 천연가스 교역량이 확대된 데에는 나이지리아, 알제리의 수출 증가와 리투아니아의 수입국 합세가 주요한 역할을 했다(IGU, 2015).

역사적으로 보면 본래 아시아 태평양 지역이 주요 LNG 생산지였다. 그런데 1990년대 후반부터 카타르가 본격적으로 천연가스 생산 및 수출 설비를 건설하기 시작했고, 그 결과 2010년에는 중동이 최대 LNG 수출 지역이 되었다. 2014년 기준으로 아시아 태평양 지역의 전 세계 LNG 공급 비중은 31%인 반면 중동은 41%에 이른다. 그중에서 카타르가 담당하고

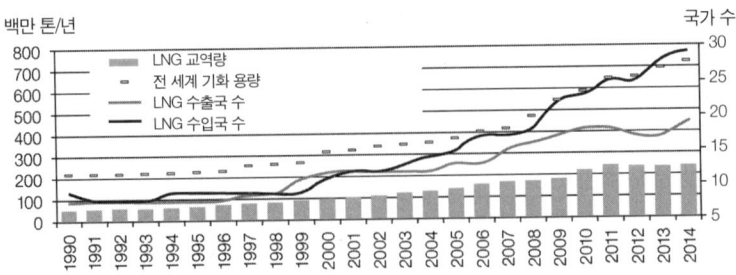

〈그림 5-6〉 1990~2014년 천연가스 교역 추이

백만 톤/년 ... 국가 수

- LNG 교역량
- 전 세계 기화 용량
- LNG 수출국 수
- LNG 수입국 수

자료: IGU(2015: 7).

있는 물량은 약 7700만 톤으로 전 세계 LNG 교역량의 1/3 수준이다.

2014년 전 세계 LNG 수입량 중 아시아 및 아시아 태평양 시장의 비중은 75%에 달했다(〈표 5-1〉 참조). 아시아 태평양 지역의 연간 수입량은 1억 4550만 톤으로 예년 수준과 비슷했는데, 이는 한국의 수입이 감소했으나 일본과 싱가포르, 대만의 수입량이 증가해 균형을 이루었기 때문이다. 아시아 지역의 수입량은 인도와 중국의 수입 증가로 인해 전년 대비 310만 톤가량 증가했다.

유럽의 수입이 감소한 주된 이유는 프랑스와 이탈리아, 스페인의 수요가 감소했기 때문이다. 그러나 터키와 영국의 수입량이 증가해 절대적인 감소량 자체는 80만 톤으로 이전 두 해보다 훨씬 완화되었다. 미주 지역에서는 브라질의 수입량 증가가 두드러졌으나 여전히 멕시코가 가장 큰 LNG 수입국이며, 라틴아메리카의 수요는 1540만 톤으로 북미의 거의 2배에 달했다. 2014년에 증가한 천연가스 공급량의 75%는 태평양 분지에서 생산한 물량으로, 호주와 말레이시아의 PNG와 LNG 공급량 증가가 브루나이와 인도네시아의 생산량 감소를 상쇄해 공급량이 총 320만 톤 증가했다(IGU, 2015).

유가가 낮은 현재 상황에서도 이러한 수요 형태는 거의 변화가 없을 것

〈표 5-1〉 2014년 지역(분지) 간 LNG 교역(단위: 백만 톤)

수입국 \ 수출국	아프리카	아시아 태평양	유럽	구소련	라틴 아메리카	중동	북미	재수출 흡수	재수출 선적	총합
아시아	3.2	9.7	0.2	0.1	0.2	20.5	-	0.6	-	34.5
아시아 태평양	13	63.8	0.4	10.5	0.9	54.4	0.3	2.4	(0.2)	145.5
유럽	15.3	-	1.9	-	3.5	17.7	-	0.6	(6)	33
라틴아메리카	2.7	-	0.9	-	8.4	1.2	-	2.1	(0.1)	15.2
중동	0.5	0.3	-	-	0.9	2.2	-	0.4	-	4.3
북미	1.8	0.2	0.2	-	4.9	1.2	-	0.2	(0.1)	8.4
총합	36.6	74	3.6	10.6	18.8	97.2	0.3	6.4	(6.4)	241.1

자료: IGU(2015: 11).

으로 보인다. 그러나 교역 형태는 태평양 분지, 특히 호주의 공급 물량이 새롭게 시장에 진입하며 변화가 시작될 것으로 전망된다. 호주는 아시아 와 아시아 태평양 지역의 좋은 공급원이 될 수 있다. 이러한 변화는 LNG 가격의 하락 압력과 더불어 중동과 태평양, 대서양 – 태평양 교역의 성장 을 멈추게 하는 요인이 될 것이다.

앞서 언급한 대로 천연가스 교역은 도착지 제약이 있는 장기 계약이 대 부분을 차지해왔다. 그러나 지난 몇 년 사이에 만료된 장기 계약을 중심으 로 계약이 새롭게 체결 또는 갱신되는 과정에서 제약이 적은 자유로운 형 태의 계약이 늘어나기 시작했다.[12] 이러한 변화와 함께 앞으로 천연가스 의 재수출이 시장 전망을 위한 중요한 요인이 될 것이다. 경쟁적인 시장이 점차 발달하면 가격 결정에 영향을 미치고, 결과적으로 이는 현물 시장을 발달시키는 동인이 된다. 〈그림 5-7〉에서 확인할 수 있듯이 아직은 장기 계약이 대다수이지만 천연가스 현물 시장에서 거래되는 물량 또한 상당 하다.

2000년 이전에는 불과 5%의 천연가스 물량이 현물 시장에서 거래되었

---

12 이는 주로 포트폴리오 전략을 구사하는 회사(portfolio player)에 의해 이뤄졌다.

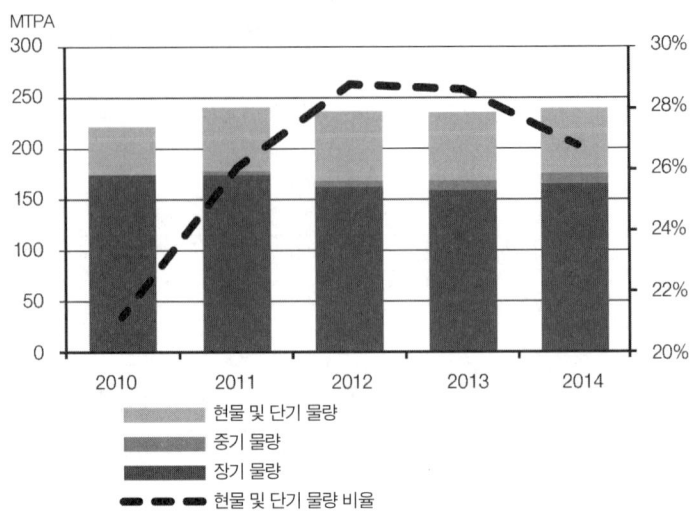

〈그림 5-7〉 천연가스 계약 형태별 교역 물량

범례:
- 현물 및 단기 물량
- 중기 물량
- 장기 물량
- ━ ━ 현물 및 단기 물량 비율

자료: IGU(2015: 15).

으나 2011년 6000만 톤을 돌파한 뒤 현재까지 지속적으로 6000만~7000만 톤 사이의 물량이 거래되고 있다. 천연가스 현물 시장은 가파른 성장을 보여왔으나 2014년에는 다소 주춤해 총 6470만 톤, 전체 거래 물량의 약 27%가 현물 시장에서 거래되었다.

2013년에는 벨기에, 브라질, 프랑스, 네덜란드, 포르투갈, 스페인, 한국, 미국 등 8개국이 LNG를 재수출했다. 지난 5년간 LNG 재수출은 급격한 성장을 기록해왔으며, 2014년에는 재수출 물량이 640만 톤에 도달해 연간 성장률이 44%에 이르렀다. 앞으로 재수출 시장에는 싱가포르, 인도, 캐나다가 합류할 예정이다. 이렇게 재수출 규모가 커지는 것은 차익 거래 (arbitrage trading)를 시도하는 유인이 존재하기 때문인데, 그동안에는 유럽 시장이 이러한 재수출 거래가 일어나는 주요 시장이었다. 스페인의 재수출 물량은 2014년 기준 370만 톤으로 전 세계 물량의 약 60%를 차지하는데(〈그림 5-8〉 참조), 이는 스페인 국내의 석탄 가격 하락과 재생에너지의 공

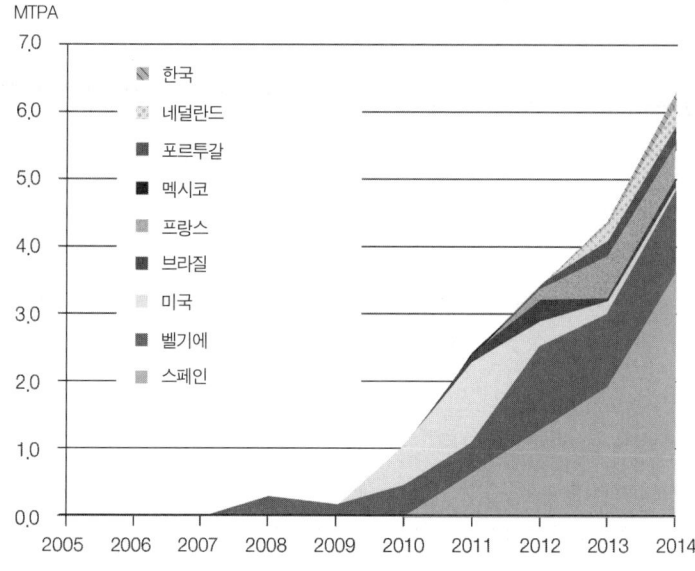

〈그림 5-8〉 2005~2014년 천연가스 재수출량

MTPA

범례:
- 한국
- 네덜란드
- 포르투갈
- 멕시코
- 프랑스
- 브라질
- 미국
- 벨기에
- 스페인

자료: IGU(2015: 10).

급 확대, 경기 하락에 따른 것이다. 스페인의 재수출 물량은 2014년에 바르셀로나와 빌바오의 재기화 터미널 설비가 완공되면서 더욱 본격화될 것으로 전망된다. 그러나 이러한 재수출은 앞서 소개한 대로 천연가스 시장에 호주와 같은 신규 LNG 공급자가 등장하면서 차익 거래 기회를 찾기가 어려워져 성장이 제한적일 것으로 예상된다.

최근의 천연가스 시장은 글로벌 변동보다는 지역적인 요인의 영향을 더 많이 받는 지역화(regionalization)[13] 또는 분절된 시장의 형태를 보이고 있다. 이러한 지역 간 가스 가격 차이는 2011년 이후 안정세를 보여왔으나 2014년 하반기부터 유가 하락과 LNG 이용 가능성의 증대로 인해 가격

---

13 지역화에 대한 정의와 논의는 김진수·허은녕·김연배(2007) 참조.

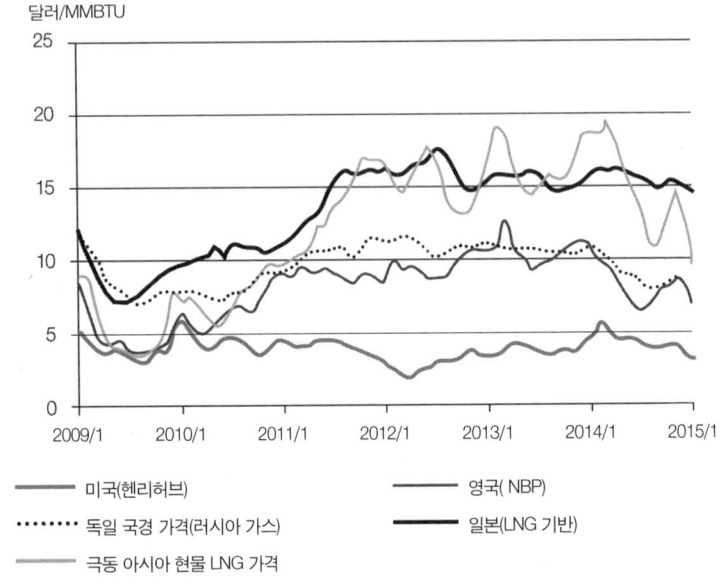

〈그림 5-9〉 지역별 가스 가격 추이

달러/MMBTU

미국(헨리허브) 영국(NBP)
독일 국경 가격(러시아 가스) 일본(LNG 기반)
극동 아시아 현물 LNG 가격

자료: IGU(2015: 17).

변화 동인의 근간이 변하는 것이 아닌가라는 의견이 조심스럽게 대두되고 있다(〈그림 5-9〉 참조).

북미의 천연가스 가격은 셰일가스의 영향으로 2009년 이후 지속적으로 약세를 보여왔다. 그러나 아시아의 도입 가격은 대부분 유가 연동 장기 계약이었기 때문에 유가가 본격적으로 하락하기 시작한 2014년 이전에는 매우 높은 수준을 유지했다. 더욱이 후쿠시마 사태 이후 원자력을 대체하기 위한 일본의 수요가 급증해 현물 가격이 대폭 상승했으며, 이후 상당 기간 수요는 견고했으나 공급처가 제한적이었기 때문에 높은 가격이 유지되었다.

그런데 2014년 중반 이후 가격에 구조적인 영향을 미칠 수 있는 두 가지 요인이 발생했다. 하나는 천연가스 수요 자체가 하락한 것이다. 아시아 태평양 지역의 날씨가 상대적으로 따뜻하고 중국의 경기가 하강하자 천연가스 수요가 감소했다. 이렇게 수요가 감소한 상황에서 이 지역 PNG 와 LNG 공급이 새롭게 늘어나게 된 것이다. 그 결과 2011년 후쿠시마 사태 이후 볼 수 없었던 MMBTU당 10달러대의 천연가스 가격이 형성되었으며, 일본의 일부 현물 도입량은 4달러를 기록하기도 했다.

게다가 원유 가격도 2014년 9월 이후 빠르게 하락하기 시작해 3~6개월의 시차를 두고 결정되는 유가 연동 방식에 따라 2015년에는 본격적으로 유가 하락의 영향을 받았다. 이러한 시장 상황의 변화로 인해 이른바 구매자 시장이 형성되어 아시아의 많은 구매자들이 천연가스 도입 계약을 도착지 제약이나 장기 계약, 유가 연동 방식이 아닌 계약으로 수정하기 위해 노력을 기울이고 있다.

2) 가교 에너지원으로서의 천연가스 전망

천연가스의 탄소 배출계수는 0.630tC/TOE로 단위 에너지 소비량 기준 원유(0.829tC/TOE)보다 24.0%, 연료탄(1.059tC/TOE)보다 40.5% 배출량이 적다(IPCC, 2006). 사실 온실가스 배출량을 정확하게 측정하기 위해서는 국가별 고유 배출계수를 사용해야 하며, 우리나라 천연가스와 도시가스의 국가고유 배출계수는 15.3tC/TJ[14]로 유연탄(연료탄) 26.0tC/TJ보다 41.2% 낮다. 원유의 경우 국가고유 배출계수가 없으며, 천연가스 배출계수는 IPCC 2006 가이드라인의 수치인 20.0tC/TJ보다는 23.5% 낮다.

이처럼 낮은 배출계수로 인해 천연가스는 국가 에너지 체계의 점진적

---

14 이는 탈루배출(fugitive)을 정확하게 감안하지 않은 수치로 탈루배출의 정확한 집계에 따라 달라질 수 있다.

〈표 5-2〉 지역별 천연가스 중기 수요 전망(단위: bcm)

지역 및 국가	2014	2016	2018	2020	CAAGR
OECD 유럽	458	489	493	500	1.5%
OECD 아메리카	945	968	991	1,006	1%
OECD 아시아 오세아니아	237	242	243	245	0.6%
아프리카	123	131	139	147	3%
아시아의 OECD 비회원국(중국 제외)	298	315	335	355	2.9%
중국	178	219	270	314	10%
구소련과 유럽의 OECD 비회원국	674	668	673	679	0.1%
라틴아메리카	168	169	177	186	1.7%
중동	414	435	464	493	3%
총합	3,495	3,635	3,785	3,926	2%

자료: IEA(2015a: 20).

탈탄소화에 매우 적합한 일종의 가교 에너지원으로서 주목받고 있다. 『세계 에너지 전망 2015』에 따르면 이러한 특성으로 인해 천연가스 소비는 2040년까지 현재의 약 50% 수준이 더 증가해 화석연료 중 가장 빠른 증가율을 보일 것으로 전망된다. 특히 중국과 중동의 수요가 빠르게 증가할 것으로 예상되며, 이미 풍부한 매장량을 가지고 있는 중동은 자체적으로 수요를 충당하겠지만 중국의 수요 증가와 그에 따른 공급 전략은 우리에게도 영향을 미칠 것으로 판단된다. 다만, 북미 지역의 초과 수요를 비롯해 당분간 국제 시장에서 천연가스가 충분히 공급될 것으로 보이며, 저유가로 인해 유가 연동 방식으로 계약한 천연가스 물량도 비교적 저렴하게 공급이 가능해 현재는 가격 경쟁력을 갖춘 자원이 많이 대기하고 있는 상황이다. 지역별 천연가스의 중기 수요 전망은 〈표 5-2〉와 같다.

장기적 관점에서 천연가스 수요는 건물 부문에서의 효율 향상, 발전 부문에서의 재생에너지와의 경쟁, 그리고 일부 개도국에서의 유연탄과의 경쟁으로 인해 성장에 제약을 받을 것으로 전망된다. 앞서 설명한 대로 천연가스 수요는 2040년까지 연평균 약 1.4%의 성장률을 보일 것으로 예상

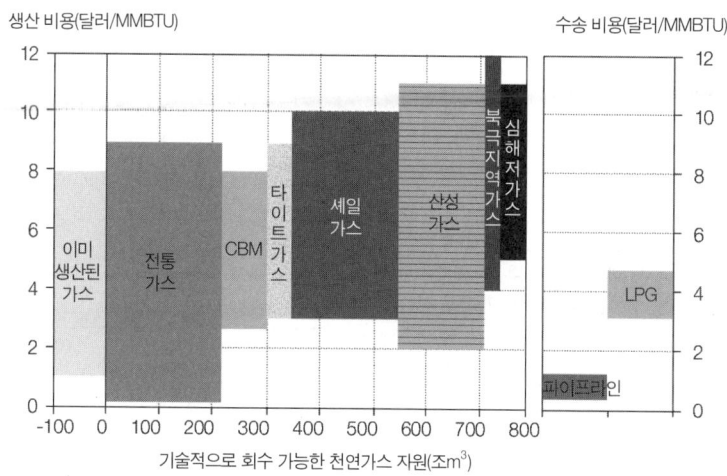

〈그림 5-10〉 천연가스 생산 비용

생산 비용(달러/MMBTU)

수송 비용(달러/MMBTU)

기술적으로 회수 가능한 천연가스 자원(조m³)

자료: IEA(2013a: 231).

되는데(IEA, 2015b), 만역 현재의 낮은 천연가스 가격과 원유 가격이 유지 된다면 수송 부문의 대규모 투자가 연기되어 소비 증가가 더욱 제한될 수 있다. 이는 현재 전망에 따른 장거리 수송이 글로벌 가스 수요 증가분의 약 20%에 달할 것으로 예상되기 때문이다.

수요는 매우 천천히 점진적으로 증가할 것으로 전망되는 반면, 공급은 대기 물량이 상당히 많을 것으로 예상된다. 높은 생산성을 보이는 '스위트 스폿'이 줄어든다는 문제가 있지만 비전통 가스는 여전히 상당 기간 천연 가스 신규 공급을 주도할 것으로 보이며, 전통적인 러시아, 북미, 카스피 해 지역 이외에 호주와 아프리카, 남미가 새로운 공급처로서 천연가스 수 출 확대를 준비 중이다. 물론 이러한 공급량은 천연가스 가격이 하락할 경 우 대기 물량으로 남을 가능성이 높다. 이는 천연가스의 생산 비용에 대한 자료를 보면 더욱 쉽게 이해할 수 있다(〈그림 5-10〉 참조).

대표적인 장기 유가 전망 기관인 미국 에너지정보청은 〈그림 5-11〉과

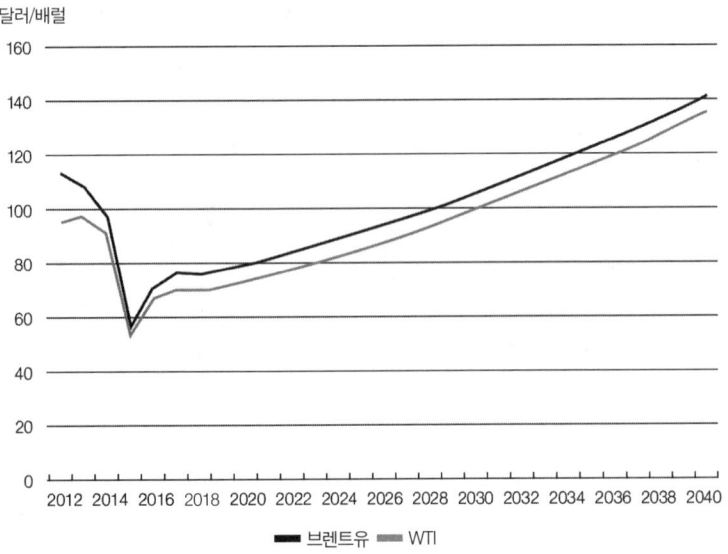

〈그림 5-11〉 미국 에너지정보청의 유가 전망(2013년 불변 가격)

자료: EIA(2015)의 자료를 재구성.

같이 유가를 전망하고 있다. 전망 결과에서 확인할 수 있는 것은 지금을 유가가 가장 낮은 시점으로 예상하고 있다는 점과 장기적으로 실질 유가가 상승할 것이라는 점이다.

〈그림 5-11〉의 유가는 2013년 불변 가격이기 때문에 실질 유가가 상승한다는 것은 장기적으로 공급보다 수요가 우위에 있다는 것을 의미한다. 명목 가격으로는 브렌트유는 배럴당 229.01달러, WTI는 219.93달러로 전망했다.

이러한 전망 방식에서도 확인할 수 있듯 가격 전망은 기본적으로 해당 재화의 수요와 공급에 대한 예측에 기반을 두어야 한다. 가격 전망에서 또하나 중요한 고려 사항은 대체재의 유무다. 에너지로서의 원유와 천연가스는 대체 가능하다. 국내 발전 여건에 부합하는 그리드 패리티(grid parity)

에 도달하고 수송용 연료 또한 전력, 수소와 같은 에너지원으로 대체되는 순간 원유 가격은 대체재 가격 이상으로 상승하기 어려울 것이다. 하지만 석유화학 제품의 원료로 사용되는 원유와 천연가스는 대량 생산이 가능한 새로운 재료를 개발하기가 쉽지 않기 때문에 상당 기간 대체되기가 어려울 것으로 판단된다.

4. 신기후체제와 천연가스

지금까지 천연가스의 일반적인 개요와 글로벌 에너지 믹스에서의 위치, 수송 및 시장, 거래 특성을 알아보고 비전통 가스의 대두와 파리협정 이후 신기후체제를 반영한 천연가스 전망을 살펴보았다. 이러한 상황에서 우리나라는 천연가스와 관련해 어떠한 전략을 취해야 할까? 이 절에서는 파리협정체제하에서의 우리나라의 천연가스 대응 전략을 논의해보려 한다.

1) 천연가스의 전략적 지위 활용

먼저, 앞서 살펴본 자료에 근거해 에너지원으로서의 천연가스에 대한 전망을 다음과 같이 정리할 수 있다.

- 천연가스의 전략적 위치(중요성)는 높아질 것이다.
- 낮은 천연가스 가격은 하방 경직성이 강화되어 가격이 점진적으로 상승할 것이나.
- 불확실성이 상존하긴 하지만, 즉 기후변화의 영향으로 수요가 폭발적

〈그림 5-12〉 북미 지역의 LNG 수출입 터미널 건설 계획

수입 터미널

승인 후 공사 중(미국 연방 에너지규제위원회)
1. Corpus Christi, TX: 0.4 Bcfd (Cheniere – Corpus Christi LNG) (CP12-507)

승인 후 대기 중(미국 해사청/해양경비대)
2. Gulf of Mexico: 1.0 Bcfd (Main Pass McMoRan Exp.)
3. Offshore Florida: 1.2 Bcfd (Hoëgh LNG – Port Dolphin Energy)
4. Gulf of Mexico: 1.4 Bcfd (TORP Technology–Bienville LNG)

수출 터미널

승인 후 공사 중(미국 연방 에너지규제위원회)
5. Sabine, LA: 2.76 Bcfd (Cheniere/Sabine Pass LNG) (CP11-72 & CP14-12)
6. Hackberry, LA: 1.7 Bcfd (Sempra – Cameron LNG) (CP13-25)
7. Freeport, TX: 1.8 Bcfd (Freeport LNG Dev/Freeport LNG Expansion/FLNG Liquefaction) (CP12-509)
8. Cove Point, MD: 0?82 Bcfd (Dominion – Cove Point LNG) (CP13-113)
9. Corpus Christi, TX: 2.14 Bcfd (Cheniere – Corpus Christi LNG) (CP12-507)

승인 후 대기 중(미국 연방 에너지규제위원회)
10. Sabine Pass, LA: 1.40 Bcfd (Sabine Pass Liquefaction) (CP13-552)

승인 후 대기 중(캐나다)
11. Port Hawkesbury, NS: 0.5 Bcfd (Bear Head LNG)
12. Kitimat, BC: 3.23 Bcfd (LNG Canada)

U.S Jurisdiction
● FERC
◎ MARAD/USCG

As of June 18, 2015

자료: Boersma, Ebinger and Greenley(2015: 7).

으로 증가하지는 않겠지만 비전통 가스의 개발은 지속될 것이다.

• 최근 대형 가스전이 계속 발견되고 있는데, 실질적인 공급 증가의 관 건은 액화 플랜트의 지속적인 개발이다.

• 구매자 시장은 당분간 지속될 것이다.

3절에서 정리했듯이 천연가스는 연료탄보다 40.5%, 원유보다 23.5% 탄소 배출량이 적어 상대적으로 깨끗한 에너지원이다. 게다가 당분간 구 매자에게 유리한 시장 상황이 지속될 것으로 보이며, 호주, 북미 등 새로 운 LNG 공급처도 대기하고 있다. 〈그림 5-12〉에서 확인할 수 있듯이 호 주뿐만 아니라 북미도 LNG 수출을 위한 설비 확충에 박차를 가하고 있다. 게다가 FLNG[15] 사업이 성공적으로 진행될 경우 개발 가능한 가스전은 더

---

15 Floating LNG를 의미한다. 해상에서 생산한 천연가스를 처리·액화·저장 및 하역할 수 있는 선박 형태의 구조물로, 원유를 대상으로 한 FPSO(Floating Production Storage Offloading) 선박과 같은 역할을 수행한다.

욱 늘어날 전망이다.

따라서 우리나라도 재생에너지로 에너지를 충분히 공급하기 전까지 우호적인 천연가스 시장 환경을 충분히 활용할 필요가 있다. 더욱이 우리나라는 한국가스공사가 보유한 4개의 생산기지와 주배관망, 민간 사업자의 LNG 터미널과 배관망 등 천연가스를 활용할 수 있는 훌륭한 인프라를 갖추고 있다.

2) 한국의 거버넌스 점검

현재 우리나라는 발전과 같은 대형 민간 사업자가 일부 직도입하고 있는 물량을 제외하면 전량 한국가스공사를 통해 천연가스를 공급하고 있다. 천연가스의 공급은 막대한 초기 투자가 필요한 자본 집약적인 특성과 배관망으로 공급자와 소비자를 연결해야 하는 망 산업의 특성으로 인해 자연 독점 구조를 지닐 수밖에 없기 때문에 공사를 설립해 천연가스를 공급하는 정책은 필요불가결한 선택이었다. 그런데 2000년대 들어 산업이 성숙되고 배관망도 충분히 확충되자 천연가스 수급에 대한 국내 거버넌스를 민간 중심으로 변경해야 한다는 문제가 제기되기 시작했다.

파리협정 이후의 새로운 에너지 국제 질서와 최근의 시장 상황 변화에 따라 천연가스의 역할에 대한 논의가 활발한 현 시점에서 국내 거버넌스에 대한 문제 또한 심도 있는 연구를 통해 이를 면밀하게 검토해야 할 것이다. 전 세계 최대의 LNG 수입 사업자인 한국가스공사의 협상력과 해외 자원개발을 고려한 수직 통합 체제의 장점과 더불어 공기업 독점 구조로 인해 발생할 수 있는 단점을 충분히 검토해 장기적인 천연가스 공급 및 활용 전략을 수립할 필요가 있다.

3) 기술 역량 및 사업 역량 확보

사용하는 에너지의 95% 이상을 해외에서 수입하고 있는 우리나라의 여건상 그동안 많은 부분이 '에너지 공급'에 초점을 맞춰 진행되어왔다. 그러나 이제는 그동안 국내에 에너지를 공급하면서 축적한 기술 및 인프라를 활용하는 방안과 해외에 진출해 새로운 수요를 창출하는 방안 또한 고민해야 할 시점이다. 파리협정체제가 체결된 이유는 기후변화에 대한 경각심이 고조되었기 때문이기도 하지만 미국과 중국을 중심으로 기후변화 대응 수단이 일종의 신산업이 될 수 있다는 인식이 확산되었기 때문이기도 하다.

따라서 우리나라도 LNG 허브, LNG 벙커링, FLNG 선박 건조, LNG 관련 해외 사업 진출 등 새로운 수요를 창출할 수 있는 기회를 발굴함과 동시에 천연가스 개발·운송·저장·활용에 대한 기술 역량 및 사업 역량을 확보하는 데 많은 노력을 기울일 필요가 있다. 화석연료의 사용을 최대한 억제해서 기후변화에 대응할 것이 아니라 앞으로 수십 년 동안 글로벌 에너지 믹스에서 70% 이상을 담당해야 하는 화석연료의 현실에 대해 인지하고 이를 적극 활용해 새로운 수요를 창출할 수 있는 방안을 고민해야 한다(김진수, 2015).

4) LNG 발전 및 수급 계획에 대한 심도 있는 검토

제12차 장기 천연가스 수급계획(산업통상자원부, 2015b)에 따르면, 2029년 우리나라 천연가스 수요 전망은 3465만 톤으로 2014년 3649만 톤의 약 95% 수준에 머무를 것으로 예상하고 있다. 이는 발전용 수요가 급감할 것으로 전망했기 때문인데, 도시가스용 수요는 1853만 톤에서 2517만 톤으

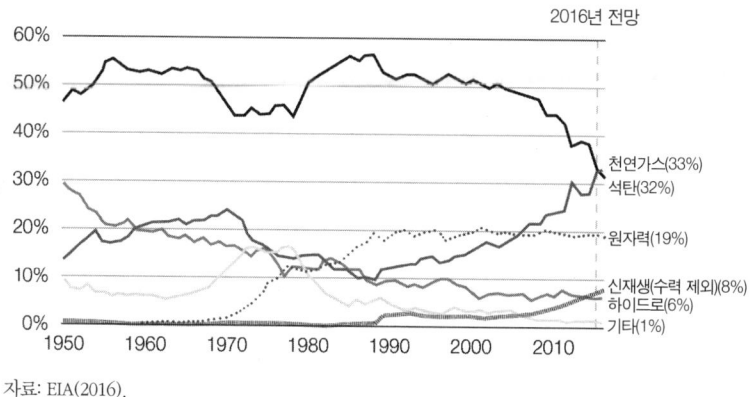

〈그림 5-13〉미국의 에너지원별 발전 점유율(1950~2016년)

2016년 전망

천연가스(33%)
석탄(32%)
원자력(19%)
신재생(수력 제외)(8%)
하이드로(6%)
기타(1%)

자료: EIA(2016).

로 664만 톤이 증가해 36%가량 늘어날 것으로 전망한 반면 발전용 수요
는 2014년 1796만 톤에서 2029년 948만 톤으로 약 47%가 줄어들 것으로
예상했다.

이러한 전망 결과는 상대적으로 비싼 천연가스발전 비용을 감안했을
때 어쩔 수 없는 선택이었을 것으로 판단되지만, 앞서 살펴본 바와 같이
전략적으로 앞으로 상당 기간 동안 천연가스 사용을 확대하는 방안을 고
민해볼 필요가 있다. 〈그림 5-13〉에서 확인할 수 있듯이 미국은 지난 10
여 년 동안 천연가스발전이 지속적으로 늘어나 2016년에는 천연가스발전
이 석탄발전을 제치고 제1의 발전원으로 부상할 전망이다(EIA, 2016). 이는
미국 내의 저렴한 천연가스 가격을 감안하더라도 매우 의미 있는 변화라
고 할 수 있다.

5) 지정학적 쟁점에 대한 사전 대응 방안 마련

천연가스가 원유에 비해 상대적으로 넓은 지역에 부존되어 있기는 하

지만 편재성이 없는 것은 아니며, 지역별 생산 여건의 차이를 의미하는 자원 지대(mineral rent)를 생각하면 원유와 마찬가지로 천연가스도 지정학적 문제가 존재한다. 최근 논의되고 있는 주요 지정학적 쟁점은 두 가지다. 하나는 러시아와 유럽 사이의 갈등이며, 다른 하나는 동북아의 LNG 가격과 그에 대한 대응이다.

최근 유럽의 가스 시장은 지정학적인 도전에 직면하고 있다. 이는 유럽의 가장 큰 천연가스 공급처인 러시아와의 갈등이 고조되고 있기 때문인데, 이에 대응하는 차원에서 EC는 2015년 초 '에너지연합 프레임워크 전략(The Energy Union Framework Strategy)'을 발표하기도 했다. 또한 대형 PNG 프로젝트인 사우스 스트림(South Stream)을 갑작스레 취소하고 터키 스트림(Turkish Stream)을 새로 제안하자 러시아의 가스프롬(Gazprom)이 대유럽 전략을 수정하고 있는 것으로 알려져 있다. 이러한 변화에도 유럽의 천연가스 수요는 점진적으로 증가해 수입 의존도는 지속적으로 높아질 것으로 예상된다.

동북아 지역은 그동안 에너지 공급 문제에서 협력보다는 경쟁과 갈등이 지배적이었다. 앞서 살펴본 바와 같이 세계 최대의 LNG 수요처인 동북아 지역은 앞으로도 LNG 수요가 꾸준하게 증가할 것으로 전망되고 있다. 〈그림 5-9〉에서도 확인할 수 있는 이른바 '아시아 프리미엄' 문제를 해결하기 위해서는 단기적으로는 현재의 구매자 중심 시장 상황을 적극 활용해 계약 조건을 개선해나가고 장기적으로는 아시아 지역에 지표가 될 수 있는 경쟁적인 시장 가격을 형성해야 한다. 경쟁적인 시장 가격을 형성하기 위한 가장 확실한 수단은 역내에 가스 트레이딩 허브를 설립하는 것이다.

최근 일본은 LNG 선물 거래 시장을 설립하고 싱가포르는 600만 톤을 저장할 수 있는 LNG 기지 건설을 추진하는 등 각국은 가스 트레이딩 허브 구축에서 주도권을 확보하기 위한 움직임을 보이고 있다. 따라서 한국도 역내 허브를 구축하기 위해 주변국과의 협력을 강화할 필요가 있다. 2015년 11월 한·중·일 3국 정상은 LNG 협력 추진에 합의하고 ① LNG 수급 위기 공동 대응, ② 동북아 LNG 허브 구축, ③ 인프라 공동 활용 등 3개 안에 대한 합의를 발표했다. 앞으로 이러한 협력을 지속석으로 추신·확내하고 동북아 천연가스 거래에서 한국의 역할을 강화할 수 있는 전략을 마련해야 할 것이다.

06

파리협정에 따른 한국 석탄발전 산업의 추진 방향 및 전략

박희원

1. 신기후체제에서의 석탄 산업 동향

1) 세계 주요 에너지 믹스 동향

전 세계 에너지 수요가 증가한 주된 요인은 인구 증가와 함께 인구당 수입이 증가했기 때문이다. 『BP 에너지 전망 2035(BP Energy Outlook 2035)』 (Dale, 2015)에 따르면 2035년까지 세계 인구는 87억 명에 달할 것인데, 이는 늘어나는 16억 명의 인구만큼 에너지 수요가 증가할 것임을 의미한다. 또한 GDP는 2035년에 이르면 현재 GDP 대비 75% 이상 증가할 것이며 특히 OECD 비회원국의 증가분이 전체의 60% 가까이 차지할 것으로 예상된다. OECD 비회원국 성장의 주된 요인은 중국과 인도로, 2013~2035년 사이 매년 평균 5.5%의 경제 성장이 기대된다. 그에 따라 2035년 중국과 인도는 각각 세계에서 첫 번째와 세 번째로 큰 경제 대국이 될 것이며, 전 세계 인구와 전체 GDP의 1/3을 차지할 것으로 예상된다.

2013~2035년 사이 1차 에너지 소비량은 연평균 1.4%씩 증가해 2035년 약 37%까지 증가할 것이다. 사실 1차 에너지 소비량 증가의 대부분(96%)은 OECD 비회원국에서의 에너지 소비 증가로 발생한다. 이와 대조적으로 OECD 국가의 에너지 소비는 전체 기간 동안 연간 0.1%의 증가율을 보이며 2030년 이후에는 사실상 감소하는 양상을 보일 것으로 예상된다. 이는 2000~2013년 세계 에너지 소비 성장률(연간 2.4%)과 비교할 때 훨씬 느린 성장세로, 이러한 에너지 소비 성장의 둔화는 OECD 비회원국인 아시아 국가에서 그 원인을 찾을 수 있다. 특히 아시아 에너지 소비 성장의 중심에 있는 중국이 현재 산업화와 전력화에 따른 에너지 수요가 급격히 성장하는 마지막 단계에 있기 때문이다. 또한 향후 느린 경제성장과 에너지 집약 산업 감소의 가속화도 에너지 성장의 둔화를 초래할 것이다. 세계적으로 각 분야별 1차 에너지 소비량 변화를 보면 산업화 감소 경향이 분명하게 드러난다. 2000년 이후로 가장 빠른 성장세를 보인 산업 분야는 연평균 2.7%의 성장률을 보였으나 2013년 이후 연평균 1.4% 수준으로 감소할 전망이다. 특히 석탄은 2000년 이후 화석연료 중 가장 빠른 성장세(연평균 3.8%)를 보인 연료였으나 2013~2035년 사이 가장 느린 성장률(연평균 0.8%)을 보이게 될 연료로 급격한 변화를 맞고 있다. 이는 셰일가스 혁명으로 인한 천연가스의 낮은 공급 가격 및 환경 규제에 따른 영향과 함께 아시아에서 석탄 기반 산업화의 둔화를 반영한 결과다. 천연가스는 화석연료 중 가장 빠른 증가세를 보이고 있으며, 신재생에너지(연평균 6.3%)와 원자력에너지(연평균 1.8%) 및 수력발전(연평균 1.7%) 역시 전체 에너지 산업의 성장률 대비 빠른 성장을 보이고 있다.

산업혁명 이래로 에너지 산업에서 지배적인 역할을 하던 화석연료는 점유율이 2013년 86%에서 2035년 81%로 감소하겠지만, 여전히 가장 우세한 에너지 형태일 것이다(McCollum et al., 2014). 그중 석탄과 석유의 점유

〈그림 6-1〉 전 세계 에너지 수요 전망

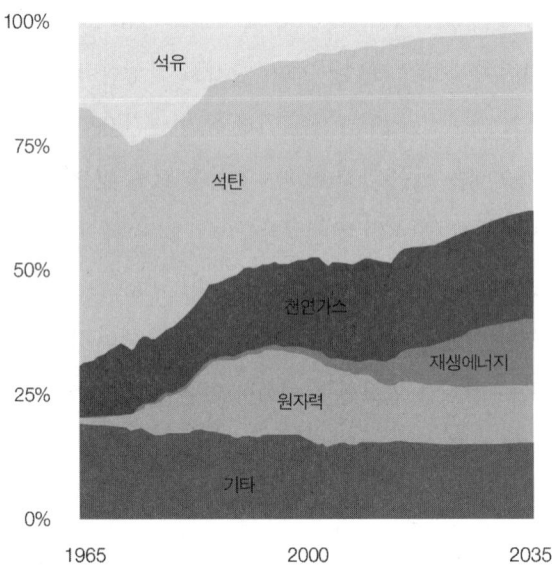

100%

석유

75%

석탄

50%

천연가스

재생에너지

25%

원자력

기타

0%

1965   2000   2035

자료: Dale(2015).

율은 감소하는 양상을 보이는 반면 천연가스는 꾸준히 그 비중이 커지고
있다. 비화석연료 가운데는 신재생에너지가 빠르게 성장해 현재 3%에서
2035년 8%까지 증가할 것이며, 2030년에는 원자력에너지와 수력발전량
을 넘어설 것으로 예상된다. OECD 국가에서 소비되는 석유와 석탄 에너
지의 감소는 유사한 양의 천연가스와 신재생에너지 증가로 상쇄될 것이
며, OECD 비회원국의 에너지 성장은 석유, 천연가스, 석탄 및 비화석연료
에서 거의 균등하게 발생할 것으로 보인다. 특히 G7(미국, 독일, 프랑스, 영국,
일본, 이탈리아, 캐나다) 정상들은 오는 2100년까지 이산화탄소 감축을 위해
화석연료 사용을 완전히 종식할 것을 제안하고, 이를 위해 사용 중인 화석
연료를 태양광이나 풍력발전 등의 신재생에너지로 점진적으로 대체하자
고 제안했다. 이는 세계경제의 64%를 차지하는 산업국들의 탈화석연료

정책이라는 점에서 의미가 크다.

2) 석탄 산업의 현황과 온실가스 감축 전망

셰일가스 혁명으로 인한 원자재 가격 급락과 신기후체제 협약의 체결에 따른 탄소 배출 감소 의무에 따라 세계의 석탄 시장은 큰 변화를 겪고 있다. 실제로 많은 나라들이 기후변화에 영향을 미치는 이산화탄소 배출에 대한 우려로 석탄발전을 단계적으로 폐지하기 위한 노력을 시작하고 있다. 미국은 오는 2035년까지 신규 발전의 60%를 가스발전으로 확충하려 하고 있으며, 중국은 2016년까지 총 6000만 톤의 석탄 생산을 줄이고 2020년까지 석탄 생산량을 5억 톤 정도 줄일 계획인데 이는 전체 생산량의 9%에 해당되는 양이다. 특히 영국정부는 2025년까지 자국 내 석탄발전소를 모두 폐쇄하겠다는 방침을 발표했다. 이에 석탄발전소가 완전히 폐쇄되기 전까지 신규의 천연가스와 원자력 및 해상풍력발전소를 추가로 건립해 대체 전력원으로 사용할 계획이다. 반면, 많은 개발도상국에서는 여전히 석탄이 가장 저렴한 연료 중 하나로, 급증하는 전력 수요를 충족하기 위한 에너지원으로 사용되고 있다(Boersma and Ebinger, 2015). 환경적 영향에 대한 우려가 증가함에도 석탄은 지난 40년간 세계 1차 에너지 공급원의 30%를 차지해왔다(Cornot-Gandolphe, 2014). 비록 2013년에 석탄을 주 에너지원으로 사용하는 나라의 수가 적었지만 그렇다 하더라도 주요 소비국(중국, 미국, 인도, EU)은 세계 전체 석탄 소비량의 78%를 소비했으며, 중국이 그중 절반을 차지했다. 특히 인도, 인도네시아, 파키스탄, 중국 등 일부 국가에서는 석탄이 단지 저렴한 연료가 아니라 석탄 산업을 통해 국가의 주요 수익원과 고용의 기회를 제공하고 있으며 화물 수송 연료의 대안이 되고 있다. 따라서 석탄을 이용한 발전은 1970년대 이후 환경적인

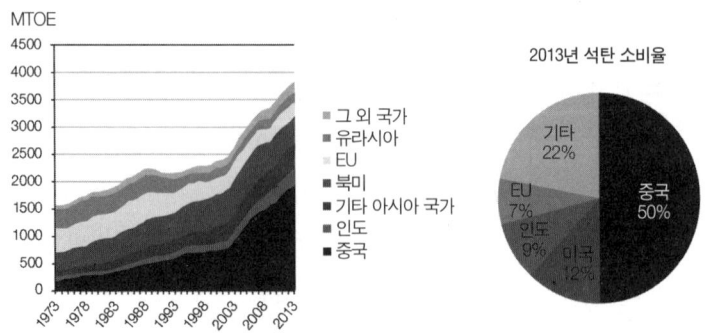

〈그림 6-2〉 주요 석탄 소비국의 세계 석탄 소비량(1973~2013년)

정책 등으로 인해 에너지원으로서의 비중이 40% 가까이 감소했지만, 사용량은 3배 이상 증가했다.

신기후체제하에서 지속가능한 발전을 하기 위해서는 풍부하면서도 안전하고 친환경적인 에너지원의 공급이 필수적이다. 앞으로는 높은 에너지 수요와 경제 개발 과정에서 급격히 증가하는 에너지 수요를 만족하면서도 세계 기후변화의 위험을 효과적으로 대응할 수 있는 에너지원을 찾는 것이 국제적으로 중요한 도전으로 인식되고 있다. 그럼에도 전 세계적인 분포와 매장량, 이용의 용이성, 발전 면에서 고도화된 기술을 통한 대규모 발전의 용이성, 다른 발전원 대비 낮은 연료 가격 등을 고려하면 석탄은 앞으로도 중요한 에너지원일 수밖에 없다(Mandil and Claude, 2005). 「SBI 리포트(SBI report)」에 따르면, 2010년 약 70억 톤에 달하는 석탄이 생산되었으며, 국제 전력의 40% 이상이 석탄발전에 의해 이뤄졌다. 발전 원가 기준으로 석탄화력발전소의 시장 가치는 4000억 달러 규모를 넘어서고 있다. 하지만 기존 석탄화력발전소는 비산재와 미립자 등을 포함한 유해 오염 물질과 이산화탄소 같은 온실가스 발생의 주범으로 지목되고 있으며, 이에 따른 규제와 디인센티브제가 강화되고 있는 추세다(문덕대,

2012). 게다가 청정·신재생에너지자원 역시 화석연료 시장의 경쟁 기술로 부상하고 있다.

따라서 세계의 미래 에너지 수요를 충족시키기 위해 석탄을 포함한 상당량의 화석연료를 어떻게 지속할 것이며 동시에 신재생에너지 산업으로 어떻게 대체해나가야 할지는 2015년 12월 파리에서 개최되는 UN기후변화협약 당사국총회의 중요한 과제다. 회의를 통해 의미 있는 합의가 도출될지 여부에 관계없이 사실상 OECD 국가 외 거의 모든 시장에서는 석탄 소비가 지속적으로 증가하고 있으며, 특히 아시아 시장에서는 에너지 수요가 꾸준히 증가할 것이다. 풍부한 에너지는 개발도상국에는 경제와 사회의 목표를 위해, 선진국에는 지속적인 성장과 에너지 안보를 위해 필수적이다. 따라서 중국, 인도 등과 같은 주요 국가의 에너지 동향을 파악하고 미래의 저탄소 사회에 대응하기 위한 석탄 기반 기술을 개발하는 것이 매우 중요하며, 이는 에너지 분야에서 중요한 장기적인 도전이자 긴 안목과 기술 집중적 접근이 필요한 일이다.

석탄화력발전소의 환경적 능력을 향상시켜주는 청정 석탄 기술(Clean Coal Technology: CCT)은 미래의 전력자원으로서 석탄의 위치를 유지시켜 줄 것으로 기대된다(배국진, 2013). 청정 석탄 기술은 석탄발전소의 효율성을 증대시킴과 동시에 유해가스 배출을 감소시키는 기술로, 저렴한 에너지의 안정적인 공급을 통해 지속적인 성장과 발전이 가능하도록 도와준다. 따라서 이러한 기술들의 적용과 발전은 증가하고 있는 추세이며 청정 석탄 기술을 이용한 전력 생산의 시장 가치는 2010년 630억 달러, 2020년까지 850억 달러에 달할 것으로 기대된다. 대표적인 청정 석탄 기술에는 가압유동층연소기술, 초초임계압 발전(Ultra-Super Critical: USC) 기술, 석탄가스화 복합발전(Integrated Gasification Combined Cycle: IGCC) 기술, 비이산화탄소(Non-CO_2) 저감 기술 및 이산화탄소 포집·저장 기술 등이 있다. 가압 유동층 연소 기술은 유럽에서 상당 기간 연구되었지만 구매 시장이 없어 포기한 상태이며, 일본이 기술을 도입해 자체 기술화하는 중이다. 초초임계압 발전 기술이나 석탄가스화 복합발전 기술은 투자 비용 대비 온실가스 감축 효과가 크지만, 신규 발전소 설계 시에만 적용할 수 있어 기존 발전소의 온실가스 감축에는 효과가 없다. 온실가스 감축 기술로 주목받고 있는 이산화탄소 포집·저장 기술은 아직 기술 개발 단계로 2020년에나 상용화가 가능할 전망이다.

(1) 석탄가스화 복합발전 기술

고온(1300도)과 고압(40~80기압) 상태에서 저가의 석탄을 기체나 액체 상태로 정제하고 이를 통해 합성석유(CTL), 합성천연가스(SNG), 전력(IGCC), 암모니아, 메탄올 등의 화학제품(CTC)을 생산해 가스 터빈과 증기 터빈을 이용해 전기를 생산하는 발전 방식이다. 이는 기존의 석탄 연소 방식에 비해 평균 3~10% 높은 발전 효율을 얻을 수 있으며, 최고 50%까지 효율을 향상시킬 수 있을 것으로 예상된다. 기존 석탄발전 방식에 비해 아황산가스와 질소산화물을 각각 95%와 90% 이상 줄일 수 있으며, 기존 석탄화력 발전소 대비 이산화탄소를 15% 저감하는 효과가 있다. 따라서 환경 규제 수치를 만족시키면서도 에너지원으로 활용할 수 있기 때문에 상업적으로 가장 실용화에 근접한 차세대 발전 방식으로 평가받고 있다.

(2) 초초임계압 발전 기술

이 발전 기술은 작동 유체인 물을 초임계 압력보다 높은 고압(246kg/cm² 이상)과 고온(593도 이상)으로 가열해 발전시키는 신기술이다. 두산중공업이 국책 과제로 실증을 위해 건설하고 있는 초초임계압 발전 기술을 적용한 석탄화력발전소인 1000MW급 신보령 1, 2호기 기준으로, 국내 석탄화력발전설비를 모두 초초임계압 발전 기술로 대체할 경우 2030년 국가 온실가스 감축 목표량의 약 4.8%를 저감하고, 발전 효율을 향상시켜 연간 200억 이상 연료비가 절감될 것으로 전망된다. 이미 독일 등 유럽 발전 선진국에서는 초초임계압 발전 기술의 압력, 온도 조건을 더욱 향상시킨 개량형 초초임계압(Advanced-USC) 기술을 개발하고 있다. 최근 한전이 중국 화능집단공사(中國華能集團公司)와 USC 화력발전 사업을 공동으로 추진하기로 합의함에 따라 고효율 초초임계압 발전 기술이 상대적으로 뛰어난 중국의 기술을 국내에 활용할 수 있게 될 것으로 전망된다.

(3) 비이산화탄소 저감 기술

비이산화탄소 온실가스란 6대 온실가스 중 이산화탄소를 제외한 메탄(CH_4), 아산화질소(N_2O), 염화불화탄수(HFCs), 과불화탄소(PFCs), 육불화황(SF_6)을 말하며, 비이산화탄소 저감기술은 비이산화탄소를 처리하거나 온실가스 효과가 적은 물질로 대체하는 기술이다. 이산화탄소가 온실가스 배출량의 대부분을 차지하고 비이산화탄소 온실가스는 이산화탄소에 비해 수치상으로 얼마 되지 않긴 하지만 지구온난화지수가 최소 21배에서 최대 2만 3900배 높다. 따라서 이를 저감시킬 경우 온실가스 저감 효과를 더 크게 기대할 수 있으며, 촉매 기술과 같은 단일 기술만으로도 적은 비용으로 단기간에 신속하게 저감 효과가 발생한다는 장점이 있다.

(4) 이산화탄소 포집·저장 기술

석탄화력발전소의 배기가스 배출구에서 액체 상태의 특정 화학 물질을 분사해 이산화탄소 분자만 선별적으로 포집해 저장하는 기술이다. 이때 분사되는 화학물질은 탄소에 대한 흡착력이 매우 강하기 때문에 배출되는 가스 가운데 탄소를 포함하고 있는 이산화탄소 분자들을 효과적으로 흡착한다. 이렇게 포집된 이산화탄소와 화학물질 결합체는 별도의 열처리 과정을 통해 화학물질과 이산화탄소로 재분리가 가능하며, 분리된 이산화탄소는 액화 과정을 거친 후 지하 깊은 곳에 영구적으로 저장되고 화학물질은 재활용된다. 이를 통해 대기 중으로 배출되는 이산화탄소를 최대 90%까지 저감할 수 있다. 그러나 이산화탄소 포집·저장 기술을 상용화하기 위해서는 설치 및 운전에 고비용이 소요되는 단점이 있다. 화학물질에서 이산화탄소를 분리하는 열처리 과정에 사용되는 에너지량은 총발전량의 20%까지 차지하며, 기존 석탄화력발전소에 이산화탄소 포집·저장 시설을 설치하기 위해서는 막대한 비용이 소요될 것으로 예상된다. 그뿐 아니라 지하에 저장된 이산화탄소가 지진 같은 특정 상황에서 지상으로 누출될 위험도 있다. 따라서 이를 관리·감독하는 데 추가 비용이 소요될 수도 있다.

3) 주요국의 석탄 배출 온실가스 감축 노력

2013~2035년 사이 전 세계의 석탄 수요는 연평균 0.8% 수준으로 증가할 것으로 예상되는데, 이는 전체 연료 중 가장 느린 성장률이다. 그럼에도 OECD 비회원국의 석탄 소비량은 꾸준히 증가할 것이며, 특히 중국에서는 현재 일본 소비량의 4배, 인도에서는 현재 일본 소비량의 2.5배에 상당하는 새로운 석탄 수요가 발생할 것으로 예측된다(Froggatt, 2013). 『세계에너지 전망 보고서(World Energy Outlook)』(Hoeven, 2015)에 따르면, 향후 25년간 인도를 포함한 동남아시아 지역에서는 석탄발전 용량 급증, 전력 보급률 상승 등의 요인으로 2040년까지 자국 내 석탄 수요가 현재의 3배 수준으로 급증할 것으로 전망된다.

(1) 중국

중국의 석탄 소비량 증가는 발전 부문(연평균 1.4%)과 산업 부문(연평균 0.4%)의 수요에 따른 것으로, 이 두 분야는 2035년 중국 석탄 소비량의 97%를 차지할 것이며 2025년까지 석탄 소비의 최대치를 기록할 것으로 예상된다. 물론 중국에서도 2013년 이후 석탄 소비 성장이 상당히 더뎌지고 있으며 2013~2035년 사이 1차 에너지원으로서의 석탄의 비중이 상당히 감소할 것으로 예상되지만, 2015년 중국의 석탄 사용량은 전체 에너지 사용량의 64%를 차지할 정도로 여전히 에너지 산업에서는 석탄이 가장 높은 점유율을 보이고 있다.

따라서 중국은 석탄화력발전소의 효율을 개선하고 온실가스 배출을 저감하기 위해 상당한 노력을 기울이고 있다. 많은 연구에 따르면, 온실가스 감축 정책하에서 중국의 이산화탄소 배출 속도는 감소하겠지만 배출 절대량은 지속적으로 증가할 것으로 예측된다. 따라서 2030년까지 이산화탄소 배출량을 지속적으로 감소시키기 위해서는 초초임계압 발전 기술 및 이산화탄소 포집·저감 기술 같은 청정 석탄 기술을 도입해야 할 필요성을 인식하고 있다(Gupta et al., 2009). 중국의 신규 석탄화력발전소에서는 초임계 보일러가 설치되고 있으며, 특히 고효율 초초임계압 발전 기술을 상당히 현지화하고 있다. 또한 중국은 저탄소 배출 집약적 청정 석탄 기술을 확립하기 위해 중장기적 전략과 함께 다양한 이산화탄소 포집·저장 기술을 개발하고 이를 활용하기 위한 시운전 단계에 있다. 현재 진행 중인 대규모 시운전을 통해 확보된 에너지 비용 절감 등에 따라 추후 이산화탄소 포집·저장 기술의 적용 여부가 달라질 수 있다. 중국과 북미를 포함한 많은 나라에서는 이산화탄소 포집·저장 기술이 적용된 대규모 석탄화력발전소의 실증 실험이 진행 중이다. 이 외에 중국은 석탄가스화 복합발전 기술 개발에도 적극적이며 여러 시범 프로젝트가 건설 중이거나 계획 중이다. 국가발전개혁위원회(NDRC)가 승인한 그린젠(GreenGen) 프로젝트의 최초 석탄가스화 복합발전소 건설이 2009년 6월 시작되었으며, 현재 15개 이상의 석탄가스화 복합발전 프로젝트가 승인을 받기 위해서 준비 중이다.

(2) 인도

인도는 세계 3위의 석탄 생산국이자 4번째로 큰 석탄 수입국으로, 풍부하고 저렴한 화석연료가 인도 국내 전기 출력의 69%를 담당할 정도로 석탄 의존도가 상당히 크다(전용길, 2015). 미래에도 석탄은 인도 전력 생산의 주요 에너지원으로 사용될 것이며, 화석연료 기반의 에너지 발전은 인도 에너지 믹스의 주요한 부분을 차지할 것이다. 2035년 인도의 석탄 소비량은 360MTOE 수준까지 증가해 중국에 이어 세계에서 두 번째로 큰 시장이 될 것으로 예측된다. 『세계 에너지 전망 보고서』(Hoeven, 2015)에 따르면 빠르게 증가하는 인구의 에너지 수요로 인해 인도는 2030년 세계 온실가스 최대 배출국 중 하나가 될 것이다. 그에 따라 인도 정부에서도 세계적인 에너지 지식 및 기술에 발맞춰 이산화탄소 포집·저장 기술과 같은 청정 석탄 기술의 연구 개발에 관심을 갖고 있지만, 이는 아직까지도 인도 정부의 최우선 과제로 다뤄지지 않고 있다. 2010년 국내에서 생산 및 수입된 석탄을 포함한 모든 석탄을 대상으로 청정에너지세가 도입되었으며, 확보된 세금을 바탕으로 국가청정에너지기금을 설립해 신재생에너지와 청정 석탄 기술의 연구·개발 및 상용화에 투자하고 있다. 2012년 인도 정부는 기존의 기후변화 문제에 대한 국가행동계획(National Action Plan on Climate Change: NAPCC)에 석탄화력발전소의 이산화탄소 배출 저감을 위한 청정 석탄 기술 및 청정 탄소 기술 등의 새로운 계획을 추가했다(Hribernik et al., 2013). 세부적으로는 석탄화력발전소 내 초초임계압 발전 기술 보일러 및 석탄가스화 복합발전 기술을 적용한 차세대 석탄화력발전소 개발 등이 포함되었다. 그러나 인도 석탄의 경우 회분 함유량이 높아 석탄가스화 복합발전 기술을 적용하는 데 한계가 있다. 따라서 인도 정부는 제12차 5개년 계획(2012~2017)에서 초임계 발전설비에 대한 연구 개발의 필요성을 강조하고 있다. IEA에 따르면, 석탄발전소는 초임계 조건하에서 운전될 때 에너지 효율을 46%까지 올릴 수 있다. 따라서 인도정부는 울트라메가파워프로젝트(UMPP)를 통해 전국 16개 지역에 건설되는 4000MW급 규모의 석탄화력발전소에 이산화탄소를 감축하고 발전 효율을 높이기 위해 초임계 발전 시스템 사용을 의무화하고 있다.

(3) 호주

호주에서 석탄은 안정적으로 공급 가능한 가장 경쟁력 있는 에너지원이다. 특히 흑탄과 갈탄은 주요 에너지원으로서 1차 에너지의 34%, 전기 부문의 75%를 차지한다. 초임계 기술을 적용한 석탄발전소는 기존 대비 30%까지 이산화탄소 배출을 절감하고 있다. 또한 호주에서 세운 중기 에너지 정책의 핵심 요소는 이산화탄소 포집·저장 기술을 개발하고 구축하는 데 있다. 이산화탄소 포집·저장 기술을 통해 배출되는 이산화탄소를 제거할 수 있을 뿐만 아니라 에너지 비용의 경쟁력도 확보할 수 있기 때문이다(Michelmore, 2015). 호주의 석탄 산업은 온실가스 배출을 완화하기 위한 세계적인 노력에 동참하기 위해 최선을 다하고 있다. 2006년 세계 최초로 온실가스 감축을 지원하기 위해 10억 달러의 COAL21 기금을 설립했으며, COAL21 기금은 이산화탄소 포집·저장 기술과 같은 저탄소 석탄 기술의 시범 사업을 지원하고 있다. 현재 기금의 1/4 이상이 시범 사업에 사용되고 있으며, 일부 사업은 정부나 국내외 업계가 공동 지원하고 있다. 호주 정부는 라트로브 밸리 화력발전소 부근의 깁스랜드 분지에 대규모

이산화탄소 포집·저장 기술 네트워크를 형성하기 위해 조사를 진행 중이다. 현재 이산화탄소 저장 가능성을 지닌 지역에 모델링 등을 포함한 광범위한 조사를 실시하고 있으며, 공학적·경제적 차원에서의 연구도 진행 중이다. 또한 호주의 흑탄 산업은 석탄 생산 과정에서 발생되는 비산재 문제 해결을 우선 사항으로 놓고 있다. 사실 석탄의 생산 과정에서 발생하는 비산재의 배출량은 석탄 사용에 의해 발생하는 것보다 훨씬 적지만, 다른 석탄 수출국과는 달리 비산재 배출에 따라 세금을 부과하는 호주의 탄소세 때문에 석탄 산업이 크게 영향을 받고 있다.

호주는 전체 탄광에서 생산되는 석탄의 80%를 수출하는 수출 주도적 석탄 산업 체계를 가지고 있으며, 2020년이면 호주가 인도네시아를 제치고 세계 1위의 석탄 수출국이 될 것으로 전망된다. 호주 석탄의 경우 에너지 함량이 높고 황 함유량이 낮은 고품질 석탄으로 고효율 화력발전이 가능하며, 이는 전통적인 화력발전에 비해 이산화탄소 배출량을 최대 1/3 수준까지 줄일 수 있을 것으로 평가받는다. 따라서 호주의 석탄 산업은 중국과 인도 같은 주수입국들이 설정한 2035년까지의 이산화탄소 배출 목표 수준에 따라 심각한 타격을 받을 수도 있다. 호주의 석탄 산업은 사실상 자국의 온실가스 배출 목표가 아닌, 세계적인 기후변화에 대한 합의에 따라 좌우될 수 있다.

(4) 북미

석탄은 미국 전기 공급의 절반 이상을 담당하고 있으며, 미국은 향후 200년 동안 전기 수요를 충당할 만큼 충분한 석탄을 보유하고 있다. 따라서 미국은 신기후체제에 대비해 향후 10년간 20억 달러를 투자해 낮은 비용으로 청정 석탄 기술을 통해 전기로 전환하는 연구를 지원하고 있다. 특히 석탄 에너지를 청정 석탄발전 방식으로 사용하는 데 대한 세제 지원은 미국이 가장 적극적인데, 2001년 7월에 제정된 '2001년 미국 미래 에너지 안보 법안(Securing America Future Energy Act of 2001)'과 2002년 4월에 제정된 '2002년 에너지정책 법안(Energy Policy Act of 2002)'에는 청정 석탄 기술 도입 활성화를 위한 기술 방향과 인센티브 지원 방안 등이 명시되어 있다. 특히 미국은 2017년까지 이산화탄소 포집·저장 기술을 상용화하겠다는 목표를 설정하고 에너지부 산하 '국립탄소포집센터(NCCC)'를 설립해 청정 석탄 기술 개발과 연계한 이산화탄소 포집·저장 기술 투자를 본격화하고 있다(이준승, 2010). 화석에너지 기술 개발 프로그램을 통해 이산화탄소 포집·저장 기술 분야 6개 세부 사업에 10년간 총 34억 달러를 지원하고 있다. 또한 미국은 석탄가스화 복합발전을 통한 전기 생산을 목적으로 한 최초의 프로젝트인 쿨 워터 프로젝트(Cool Water Project)를 1984년부터 1988년까지 추진했다. 이후 GE에너지사와 코노코필립스(Conoco-Phillips)사에서 미국정부의 자금 지원을 받아 300MW급 석탄가스화 복합발전소를 실증 설비로 건설해 10여 년 동안 운전 중이다.

　미국 등 다른 국가들과 마찬가지로 캐나다의 주요 에너지원은 화석연료이며, 이 중 석유, 천연가스, 석탄은 캐나다 전체 1차 에너지의 77%를 차지하고 있다. 캐나다는 화석연료가 풍부하고 이를 이용한 산업이 발전했기 때문에 화석연료를 더욱 안정적으로 사용하기 위한 이산화탄소 포집·저장 기술이 주요 전략적 기술 자원으로 인식되고 있다(고희채 외, 2011). 캐나다 정부는 탄소 감소 정책을 지구온난화 정책 중에서도 가장 중요한 정책으로 인식하고 있으며, 특히 이산화탄소 포집·저장 기술은 캐나다 내 온실가스 감소 정책에서 중요한 역할을 담당하고 있다. 이에 캐나다는 유럽과 더불어 이산화탄소 포집·저장 기술 상용화를 온실가스 감축의 핵심 대책으로 인식하고 막대한 예산을 투입해 기술 개발 및 실증 프로젝트를 추진하고 있다. 2011년 4월에는 전 세계에서 가장 큰 규모의 이산화탄소 포집·저장 기술 실증 프로젝트 추진 계획을 발표했다. 특히 이 시설은 세계에서 처음으로 석탄화력발전설비와 이산화탄소 포집·저장 설비가 완전히 연계된 시설로 주목받았다.

2. 온실가스 감축을 위한 한국의 석탄 정책과 전망

우리나라는 2030년 국가 온실가스 감축 목표를 배출전망치(8억 5100만 톤) 대비 37% 감축으로 UN기후변화협약 사무국에 제출했다. 이는 2009년 이명박 정부의 저탄소 녹색 성장 정책하에서 제시한 2020년 배출전망치 대비 30% 감축안과 비교했을 때 상향된 수치로, 현재 한국이 세계 7위의 이산화탄소 배출국에 해당하는 만큼 목표를 상향 조정한 것이다(Chung, 2015). 이를 두고 산업계에서는 국내 경제성장을 고려해서 유연한 설정을 마련해야 한다고 주장하는 반면, 환경단체 및 기후변화 전문가들은 2009년 코펜하겐에서 열린 제15차 UN기후변화협약 당사국총회에서 2020년 온실가스 감축 목표를 자발적으로 제출했고 2012년 녹색기후기금(Green Climate Fund: GCF) 사무국을 유치한 우리나라에 대해 세계에서 요구하는 기대가 큰 데다 기후정상회의와 G20에서 영향력 있는 외교를 펼치기 위해서는 더욱 적극적인 감축 목표를 세워야 한다고 주장하고 있다(살레, 2015). 이에 정부는 양측의 주장을 수렴해 25.7%는 국내 신재생에너지 공급 등의 감축을 통해 달성하고 11.3%는 국제 탄소 시장 메커니즘을 통해 배출권을 사들여 추가 감축 잠재량을 확보하는 방안으로 감축 목표를 37%로 확정했다. 특히 국제 경쟁력을 고려해 산업 부문에서는 12% 감축을 목표로 하고 그 외 발전 부문, 건물 부문 등에서는 30% 이상의 감축을 목표로 설정했다. 목표를 달성하기 위해서는 에너지신산업 육성특별법 제정을 추진

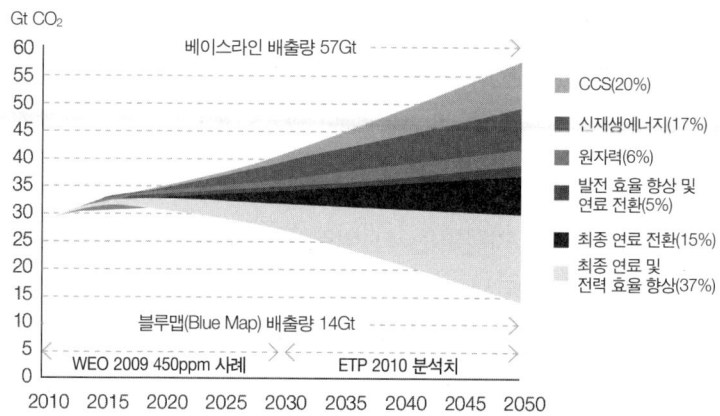

〈그림 6-3〉 이산화탄소 감축 시나리오

Gt CO$_2$

- CCS(20%)
- 신재생에너지(17%)
- 원자력(6%)
- 발전 효율 향상 및 연료 전환(5%)
- 최종 연료 전환(15%)
- 최종 연료 및 전력 효율 향상(37%)

베이스라인 배출량 57Gt

블루맵(Blue Map) 배출량 14Gt

WEO 2009 450ppm 사례   ETP 2010 분석치

자료: SK에너지.

하고, 시장과 기술을 통해 산업계가 온실가스를 감축하기 위해 노력할 수 있도록 규제를 완화한다는 계획이다. 또한 신기후체제를 새로운 도약의 기회로 삼기 위해 미래창조과학부는 외교부, 환경부 등 7개 부처와 합동으로 '기후변화 대응을 위한 글로벌 기술협력 전략'을 마련했다. 이 전략은 UN기후변화협약 기술 협력에서의 한국의 역할 강화, 기후변화 대응 분야에서의 기술 협력 프로젝트 활성화, 효율적인 민·관 협업 체계 구축 등을 골자로 하고 있다.

현재 우리나라의 대표적인 온실가스 감축 정책은 2015년 1월 1일부터 시행 중인 배출권거래제(Emission Trading System: ETS)다(김누리, 2015). 배출권거래제란 정부가 기업에 배출할 수 있는 온실가스 허용량을 부여하고 기업은 허용량 범위 내에서 산업 활동을 하는 제도로, 탄소배출권거래제라고도 한다. 이때 각 기업은 온실가스 감축에 따라 허용량이 남을 경우 다른 기업에 남은 허용량을 판매할 수 있으며, 반대로 온실가스 감축량이 적어 허용량의 범위보다 부족할 경우 다른 기업으로부터 부족한 허용량

<표 6-1> 제1기(2015~2017년) 온실가스 감축 총 할당량(단위: tCO_2-eq)

할당량	이행연도			총량
	2015	2016	2017	
배출권 총 수량	573,460,132	562,183,138	550,906,142	1,686,549,412
사전 할당량	543,227,433	532,575,917	521,924,398	1,597,727,748
예비분	-	-	-	88,821,664

을 구매할 수도 있다. 기업들은 교토의정서가 지정한 6대 온실가스를 줄인 실적을 UN기후변화협약에 등록하면 감축한 양만큼 탄소 배출권을 받는다. 이는 경제적 유인을 통해 온실가스 감축을 유도하는 정책으로, 향후 2년간 세계적으로 약 70조 원 규모의 배출권이 거래될 것으로 전망된다. 배출권거래제는 이미 EU 등에서 약 10년간 운영해온 제도이며, 우리나라를 포함한 전 세계 39개국에서 시행하고 있다. 현재 온실가스 배출권거래제를 통해 배출권 할당에 따른 감축 지침을 따르고 있으므로 이를 바탕으로 온실가스를 감축할 수 있는 실현 가능한 지침 마련이 요구된다.

우리나라는 2009년 감축 목표를 설정한 이후 온실가스 배출량이 예상보다 빠르게 증가해 2012년 총 배출량이 6억 8800만 톤에 이르렀다. 초기 예상했던 2020년 배출전망치는 7억 7600만 톤이었으며, 30% 감축을 고려한 목표 배출량은 5억 4300만 톤으로 설정되었다. 이는 2012년 실제 배출량 대비 21% 낮은 수준으로 현재 에너지 소비 및 온실가스 배출 추이를 고려했을 때 감축 목표를 달성하기는 어려울 것으로 여겨진다. 그러나 제1기(2015~2017년)의 배출권 할당은 이러한 감축 지침에 근거해 이뤄졌으며(<표 6-1> 참조), 제2기(2018~2020년)의 할당도 기존 지침을 따를 경우 산업계는 상당한 양의 감축 부담을 지게 될 것이다. 따라서 제2기 할당에서는 자발적 기여방안의 감축 목표에 따라 업종별 배출전망치를 면밀히 산정하고 이를 근거로 배출권 할당량을 현실적으로 배정해야 한다. 또한 온실가스 배출량은 경제 상황에 따라 유동적이므로 경제활동 변수를 고려하지 않는 할당 방식은 경기가 좋을 때는 배출권 초과 수요를 발생시키고 경기가 나쁠 때는 초과 공급을 일으킬 수 있다. 이는 온실가스가 다른 대기오염 물질과는 달리 현재 기술 수준에서 감축할 수 있는 양이 제한적이기 때문이다. 그러므로 국내 경제 상황을 고려해 배출권을 할당해야 한다. 그뿐 아니라 대외 의존도가 높은 국내 산업의 특성을 고려해 현실적이고 유연한 할당 방식을 도입하고, 온실가스 감축 기술 개발 지원, 인센티브제도 도입 등 정책을 전환할 필요가 있다.

2030년까지 자발적 기여방안을 이행하려면 전력 부문에서만 500MW급 석탄화력 10~24기를 축소하는 동시에 석탄발전량을 대폭 줄이는 제약 발전이 불가피하다. 그러나 석탄화력 대신 온실가스 배출이 적은 LNG발전소를 가동하는 대안 역시 적잖은 비용이 발생하는 데다 사회적 수용성이 낮은 원전을 증설하거나 단기간에 신재생에너지를 확충하는 방안은 현실적으로 실현되기가 어렵다. 우리나라의 전력 수요는 1990~2013년에 걸쳐 162% 증가했는데, 석탄발전(2013년 45%)과 원자력발전(2013년 26%)이 대부분을 차지했다(Hoeven, 2014). 한국정부는 2015년 6월 새로 계획된 4개의 석탄화력발전소(3740MW의 전력 생산)를 취소하고 동시에 2개의 새로운 원자로를 포함해 총 13개의 원자력발전소를 가동할 것이라고 발표했다. 제7차 전력수급기본계획 회의에서는 2029년까지 원자력에너지 18.5%, 석탄 32.2%, 천연가스 24.7%, 신재생에너지 4.6%, 열병합발전 5.8% 및 석유 4.2%로 전기 공급 목표를 발표했다. 전기 공급 목표는 현재의 전기 수급과 비교할 때 신재생에너지의 비중이 크게 증가했으나, 여전히 석탄이 주요한 에너지 수급원으로 사용될 것으로 보인다(IEEJ, 2015). 따라서 신재생에너지 발전소 건설 외에 향후 신규 석탄화력발전소 증설도 불가피할 것으로 예상된다. 이는 석탄화력발전소의 발전 단가가 상대적으로 저렴하다는 현실적 측면을 고려한 계획안이라 볼 수 있다. 이에 새로운 석탄화력발전소 건설 계획에 따른 온실가스 저감 대책의 일환으로 환경부와 지방자치단체가 업무 협약을 맺고 '환경 기초 시설 탄소 중립 프로그램 사업'을 추진해 태양광, 풍력 등 신재생에너지 발전설비를 설치·운영 중이다(조용성, 2013).

　한국정부는 신기후체제하에서 온실가스 감축 목표를 발표하면서 에너지 효율 개선 및 온실가스 감축을 위한 청정 석탄 기술 개발 등 다양한 수단을 도입할 예정이다(박년배·이상훈, 2012). 지식경제부는 2009년 9월 11일 그린에너지산업 발전 전략을 수립하고 9대 분야에 석탄가스화 복합발전(IGCC), 석탄액화(CTL) 기술을 포함시켰다(김완진, 2009). 또한 그린에너지 기술로드맵 15대 과제에 석탄가스화 복합발전과 청정연료(CTL 또는 SNG)를 포함해 추진 중이다. 이를 위해 태안 석탄가스화 복합발전이 2015년 10월 시운전에 들어갔는데, 이는 정부가 참여해 상용화를 주도한 국내의 대표적인 청정 석탄화력 실증 플랜트다(이상복, 2015). 정부와 서부발전, 두산중공업 등이 1조 4334억 원을 투자해 2011년 11월 착공했으며, 2016년 3월부터 실증 운전을 시작할 예정이다. 태안 석탄가스화 복합발전의 설비 용량은 380MW로, 2013년 준공된 618MW급 미국 애드워드포트 플랜트와 2015년 말 가동 예정인 524MW급 켐퍼 카운티 플랜트에 이어 규모 면에서 세계 3위이며, 발전 효율 면에서 세계 최고 수준(42%)을 목표로 하고 있다. 서부발전에 따르면, 기존의 석탄화력발전소인 태안 7, 8호기 대비 황산화물, 질소산화물 및 미세먼지 등 환경오염 물질을 각각 96%, 78%, 58% 수준으로 낮출 수 있으며 이산화탄소는 최대 11% 감축 가능하다. 또한 후속 호기 건설 시에는 발전 단가를 현재보다 30%가량 절감할 수 있으며, 석유화학연료나 합성천연가스, 석탄가스화 연료전지 복합발전 등 다양한 연계 파생 기술 개발로 고부가가치 산업을 창출할 수도 있다. 원천 기술 확보로 해외 진출도 계획하고 있다. 정부와 민간은 태안 석탄가스화 복합발전 실증 운전을 통해 석탄가스화 복합발전 설계 기술 자립과 한국형 표준 모델 개발을 동시에 추진한다는 계획이다. 그뿐 아니라 정부는 기존 석탄화력발전에서 발생하는 온실가스를 저감하기 위해 환경부의 차세대 에코이노베이션 사업의 일환으로 '비이산화탄소 온실가스 저감 기술 개발 사업단'을 구성해 연구 개발 사업을 추진하고 있다. 지구온난화 지수가 높은 비이산화탄소의 온실가스 저감 기술을 개발하기 위해 향후 4년간 약 2조 원을 전략적으로 집중 투자할 예정이며, 이를 통해 세계 최고 수준의 비이산화탄소 배출 저감 기술을 개발하고, 개발 기술의 조기 사용화 및 수출 사업화를 실현하며, 친환경 기업을 배출함으로써 자발적 기여방안의 온실가스 저감 목표를 달성하고자 한다.

3. 신산업 창출을 위한 거버넌스 체계 구축

신기후체제에 따른 온실가스 저감 노력에 더해 한국은 이 새로운 도전의 시대에 위기를 기회로 전환시켜 신산업 창출을 하기를 권한다. 신기후체제에 주요 이산화탄소 오염원인 석탄은 그야말로 '공공의 적'으로 취급받고 있고 각국은 석탄 사용 저감을 위한 각종 노력과 정책을 내놓고 있다. 실제로 온실가스 감축 여파와 이에 따른 각국의 규제 강화, 신재생에너지의 약진 및 중국 등 주요 소비국의 소비 둔화로 인해 미국 1위 석탄 생산 업체인 피바디에너지(Peabody Energy)가 파산 위기에 몰리고 있으며, 중국의 경우도 동북 3성 최대 국유 석탄 기업인 룽메이(龍煤)그룹이 위기설에 싸여 있다. 한국은 각국의 석탄 사용 저감 노력에도 불구하고 지금까지는 석탄화력발전소 신설을 적극적으로 추진해있다. 따라서 이 방향을 완전히 뒤집지 않는 한 신기후체제의 된서리를 맞을 위기에 봉착할 가능성이 높아졌다.

파리협정과 연계해 한국의 석탄발전 기업들에 더 큰 시련은 OECD 수출신용기관(ECA)이 석탄화력발전소 건설에 대한 금융 지원을 제한하는 가이드라인을 2015년 11월에 채택한 것이다. 아임계압 석탄화력은 일부 최빈국들 대상의 300MW 미만 발전소, 초임계압 석탄화력은 500MW 이하 발전소에만 수출 금융이 허용되므로 한국 기업들이 주력으로 수주하는 동남아 660MW 초임계압 발전소에는 앞으로 JBIC, KEXIM 등 수출신용기관의 자금이 일절 투입될 수 없게 된 것이다.

2004년부터 해외 석탄화력발전소 사업에 41억 7000만 달러를 제공해 OECD 국가 가운데 지원 규모가 가장 큰 수출입은행, 무역보험공사 등 국내 수출신용기관이 이 OECD 가이드라인에 따라 해외 석탄화력발전소 건설 사업에 수출 신용을 줄이면 국내 중공업 및 건설사가 해외 석탄발전소를 수주하는 데 많은 어려움이 따를 것으로 예상된다. 그야말로 석탄발전 산업에는 위기다. 따라서 이 위기를 잘 극복하고 역으로 새로운 시장 창출의 기회가 되도록 정부는 전략을 수립하고 실천 체계를 구축해야 한다.

앞서 이야기했듯 파리협정 체결 후의 신기후체제로 분명 석탄 산업이 후퇴하겠지만 국가의 형편과 상황에 따라 그 양상은 매우 다를 것이다. 개발도상국에서 석탄화력발전은 여전히 매력적인 기저부하이며 또한 석탄 자원은 여러 나라의 주요 수익원이므로 쉽게 사라지지 않을 것이다. 따라서 오히려 신기후체제에 걸맞은 맞춤형 석탄 산업 발전 전략을 잘 수립하면 개도국과 윈윈하는 새로운 차원의 석탄 협력 시대를 창출할 수 있다.

먼저 한국이 청정 석탄 개발 및 활용 기술을 적극 개발해야 한다. 앞서 언급했듯이 초초임계압 발전 기술과 석탄가스화 복합발전 기술, 비이산화탄소 저감 기술, 이산화탄소 포집·저장 기술이 좋은 예다. 이 기술들은 이미 건설되어 운영 중인 석탄발전소와 앞으로 건설·운용될 발전소의 이산화탄소 저감에 두루 기여할 것이며, 석탄의 국가 경제 기여도가 큰 저개발국이나 개발도상국에 기술 이전, 석탄 자원 개발과 연계한 패키지 딜, 현장 서비스 등 다양한 형태로 제공할 수 있는 중요한 핵심 기술들이다.

그러나 내부적으로 발전원 간의 경쟁 아닌 경쟁과 이기주의가 팽배해 유관 기술의 개발과 효율적이고 순발력 있는 정책 추진에 많은 어려움을 겪고 있는 것이 현실이다. 따라서 신기후체제에 대응하는 석탄 자원 청정 활용 기술의 글로벌 시장 진출과 사업화를 위한 전략을 수립하는 일이 시급하다. 석탄 자원의 확보와 친환경 개발, 청정 석탄발전, 그리고 발생된 이산화탄소 및 비이산화탄소의 저감 또는 저장은 하나의 통합 체계로 이해해야 하며, 각 분야의 유관 기관 전문가들이 한자리에 모여 통합 추진 전략을 수립해야 한다. 특히 자원 개발 기업과 발전 기업 간의 공동 진출 또는 패키지 사업화 등 융합 사업 모델은 앞으로 중요한 진출 모델이 될 것이다.

또한 중국을 위시해 인도, 인도네시아 등 동남아시아 주요 석탄 국가와 꾸준한 국제 협력과 기술 교류 등 통합 전략을 세워 신산업 창출과 진출을 도모해야 한다. 특히 이 분야는 기술에 대한 이해 없이는 현실적이고 경쟁력 있는 전략과 정책이 나올 수 없으므로 자원 개발 전문가와 청정 발전 전문가를 아우르는 민관 통합 실행 체계를 반드시 구축해야 한다.

4. 결론

세계 각국은 산업화 이전 대비 지구 평균 기온의 상승을 2도 이내로 억제하기 위해 2020년을 목표로 온실가스 배출을 감소하기 위한 신기후체제를 마련하고 기후변화에 공동으로 대응하기로 했다. 또한 전 세계 온실가스 배출의 70~80%를 차지하는 미국, 중국, EU, 러시아 등 온실가스 다량 배출국을 포함해 총 80개국이 온실가스 감축을 위한 다양한 에너지 거버넌스를 담고 있는 자발적 기여방안을 제출했다. 대부분의 OECD 국가는 이산화탄소 배출량을 고려해 석탄발전을 단계적으로 폐지하기 위한 노력을 기울이고 있는 반면, 많은 개발도상국에서는 여전히 급증하는 전력 수요를 충족하기 위한 가장 우세한 기저부하원으로 석탄발전을 사용하고 있다. 전 세계적인 분포와 매장량, 저렴한 가격 등을 고려하면 석탄은 앞으로도 많은 나라에서 중요한 에너지원일 수밖에 없다. 따라서 세계의 미래 에너지 수요를 충족하기 위해 석탄을 포함한 상당량의 화석연료를 어떻게 지속할 것이며 동시에 이를 신재생에너지 산업으로 어떻게 대체해나가야 할지는 전 세계적인 중요한 과제다.

이에 신기후체제하에서 석탄을 미래 전력 자원으로 활용할 수 있도록 석탄발전소의 효율성을 증대시킴과 동시에 유해가스 배출을 감소시키는 청정 석탄 기술(석탄가스화 복합발전, 비이산화탄소 저감 기술 및 이산화탄소 포집·저장 기술 등)의 개발 및 실증 프로젝트가 추진되고 있다. 우리나라의 경우도 2030년까지 자발적 기여방안을 이행하려면 석탄발전량을 대폭 줄이는 제약 발전이 불가피하지만, 단기간에 온실가스 배출이 적은 천연가스 및 원자력발전, 신재생에너지로 전환하기는 현실적으로 어려운 실정이다. 이에 한국정부는 석탄화력발전소 건설 및 운영 계획에 따른 온실가스 저감 대책의 일환으로 그린에너지 산업 발전 전략을 수립해 석탄가스화 복합발전, 석탄액화 기술, 초초임계압 발전 기술 등의 청정 석탄 기술 개발을 추진 중이다. 또한 비이산화탄소 온실가스 저감 기술 개발, 이산화탄소 포집·저장 기술 등 석탄화력발전에서 발생하는 온실가스 저감을 위한 연구 개발 사업을 국가적 차원에서 진행하고 있다.

신기후체제하에서 에너지 수요를 관리하고 기후변화에 대응하기 위해서는 장기적인 목표의 에너지 정책 수립이 필요하다. 특히 다른 선진국과 달리 한국의 경우 에너지기본계획에 의거해 발전 분야에서의 석탄 활용은 더 늘어나겠지만 파리협정을 고려해 효율 증가 및 탄소 배출 저감 운영 기술을 포함한 각종 친환경 기술을 개발하는 데 집중해야 할 것이다. 또한 신기후체제하에서도 석탄이 국가의 주요 경제 요소일 수밖에 없는 많은 저개발국 또는 개도국에 석탄 생산 및 발전 기술을 전수하고 그 대가로 발전용 석탄을 국내로 들여오는 새로운 차원의 윈윈 전략이 요구되며 이에 따른 거버넌스도 새롭게 구축해야 한다. 이를 위해서는 자원, 에너지, 환경 등 다양한 분야를 아우르는 전문가들로 구성된 민관 통합 실행 체계를 먼저 구축해야 한다.

07 신기후체제하 글로벌 기업의 대응과 전략

류주한

1. 서론

이 글의 목적은 신기후체제의 출범으로 인해 기후변화에 대응하는 국가 간 새로운 거버넌스가 형성되는 시점에 즈음해 글로벌 기업들이 직면할 새로운 산업 패러다임이 무엇인지 짚어보고 이러한 변화가 글로벌 기업의 비즈니스 환경에 어떤 영향을 미칠 것인지를 조명하는 것이다. 이를 바탕으로 기업은 신기후체제하에서 수동적으로 기후변화에 순응하는 것이 아니라 주도적이고 능동적으로 사업 기회를 포착하고 더 많은 이윤과 사회적 가치를 창출하기 위해 어떠한 전략적 대응을 모색해야 하는지를 제시하는 데 초점을 두려 한다. 기후변화는 더 이상 일부 환경단체나 정부 차원의 정책적 어젠다가 아닌 기업의 수익 및 성패와 직결되는 환경 요소로 인식되고 있다. 혹자는 기후변화를 기업 생태계와 경영 전략에서 정보기술(IT), 글로벌화, 디지털 혁명에 버금가는 대변혁을 일으킬 대사건으로 보고 여기에 선제적으로 대응해 경쟁 우위의 전략적 기회로 활용해야 한다고 주장한다. 이를 위해서는 기업이 기후변화에 대응하는 과정에서 사회적 책임(corporate social responsibility)을 수행하고 환경보호에 앞장섬으로써 기업 이미지를 제고하는 차원을 넘어 기후변화 대응을 수익 창출의 기회로 삼아야 한다. 신기후체제하에서의 기후변화 대응은 새로운 사업적 기회의 발견이자 전략적 패러다임의 대전환을 의미한다. 동시에 이러한 변화를 제대로 인식하고 대비하지 못한다면 다양한 형태의 리스크에 그대로 노출되어 제대로 된 기업 활동을 영위하지 못하게 된다. 글로벌 기업이 신기후체제에 얼마나 전략적으로 잘 적응하는가가 바로 지속가능 경영의 열쇠다. 그럼에도 아직 많은 글로벌 기업은 기후변화 대응에 대해 에너지 효율 향상과 탄소 배출 감소를 통해 지구온난화 속도를 늦추는 국제적 협약에 동참하는 정도로 인식하고 있다. 이에 이 글에서는 글로벌 기업들이 협소한 수준의 기후변화 대응에서 벗어나 신기후체제로 인해 재편될 산업의 흐름을 파악하고 선제적 대응책을 수립해 룰 테이커(rule taker)가 아닌 룰 메이커(rule maker) 역할을 할 수 있는 방안을 모색하려 한다.

2015년 12월 프랑스 파리에서 개최된 제21차 UN기후변화협약 당사국총회는 한마디로 기존의 교토의정서를 대체하기 위해 주요 선진국과 신흥국들이 모여 새로운 협약을 모색하는 자리였다. 전문가 집단은 이를 신기후체제라고 명명하고 있다. 그러나 신기후체제가 이날 하루아침에 이뤄진 것은 아니다. 그동안 이산화탄소와 지구온난화의 인과 관계에 대해서는 논란이 많았다. 기후변화의 위험성은 환경론자나 환경회의론자들의 과장된 음모론이며 아무런 과학적 근거가 없다는 주장이 팽배했던 것이다(Hossain and Chowdhury, 2010; Kolk and Pinkse, 2005). 그러나 1988년 IPCC(Intergovernmental Panel on Climate Change)가 설립되고 1995년 IPCC가 2차 보고서를 통해 "지구온난화는 명백한 사실이며 그 주범이 인간의 산업화"라는 주장을 과학적으로 증명해보이면서 환경보호의 움직임이 본격화되었다. 실효성은 없었으나 1997년 교토의정서가 채택된 것도 기후변화의 위험성을 일깨우는 데 일조했다. 2013년 인천 송도에 녹색기후기금 사무국이 개설되고 2015년 파리에서 당사국총회를 통해 마침내 기후협약을 타결하기까지 순탄치 않은 과정을 거쳐 신기후체제가 마련되었다. 영국 ≪가디언(The Guardian)≫이나 미국 ≪뉴욕타임스(The New York Times)≫는 제21차 UN기후변화협약 당사국총회를 기후·환경에 대한 국제 협약 중 역사상 가장 획기적인 협약이 될 것이라고 평가했다. 미국의 제프리 삭스 (Jeffrey Sachs) 교수는 이 총회를 안전하고 풍족한 세상을 다음 세대에 넘겨 줄 마지막 기회로 평가할 만큼 기대감을 피력했다.

그렇다면 신기후체제의 출범이 산업과 글로벌 기업에 미칠 파장은 무엇일까? 득실을 따지기에 앞서 글로벌 비즈니스 환경의 큰 전환점이 될 것이라는 데에는 의심의 여지가 없다. 2020년 이후 신기후체제는 기존 기후변화의 대응 체제와는 사뭇 다른 양상으로 전개될 것이기 때문이다. 일각에서는 신기후체제를 둘러싸고 기업 간에 총성 없는 전쟁이 시작되었다고 평가하고 있다(Howard-Grenville et al., 2014). 거시적 시각에서 보면 신기후체제는 개도국에 온실가스 감축 의무를 부과하고 있어 이를 둘러싼 각종 의제를 선점해야 하는 국가 간 신경전이 본격화될 것이다. 아울러 국가가 개별적으로 기후변화 대응에 치중하기보다 선진국과 개도국이 자본 제공과 기술 협력을 통해 공동으로 기후변화에 대응할 것으로 예상되기도 한다. 과거 기후변화 대응과 달리 신기후체제에서는 기후변화의 대응 주체가 정부, 기관의 개별적 노력을 넘어서 국제 공동 연구·협약·핵심 기술 이전 등 광범위한 연구 기관 및 생산 주체(기업)가 융합적으로 총망라될 것이며 이들이 국제 기후 환경의 기본적인 규범과 원칙을 설정하는 핵심 플레이어가 될 것이다. 따라서 관련 기술과 시장 지위를 지닌 기업에는 당연히 기회로 작용할 것이다.

미시적 관점에서 보면 신기후체제하에서의 기업 경영은 변화가 불가피하다. 신기후체제는 분명 기후변화에 대응해 지구 환경을 개선하자는 데 근본적인 취지가 있으나 글로벌 산업 시장의 근본적인 변화 없이는 실현 불가능하기 때문이다. 온실가스 배출을 감축해야 하고 이를 위한 설비 투자에도 적극적으로 나서야 한다. 기후변화는 소비자의 기호 패턴에도 큰 변화를 가져오고 있어 이들의 기호를 파악해 새로운 서비스와 상품을 제공해야 한다. 서비스와 상품을 제조하는 과정 및 이를 제공하는 방식도 환경을 보호하는 차원으로 변화되어야 하며 그렇지 못할 경우 윤리적 비판까지 감수해야 한다. 경쟁 시장은 이를 먼저 수용해서 우위를 점하기 위해 더욱더 동태적으로 바뀔 것이다. 신기후 체제하의 모든 기업 경영에서는 비용, 위험, 리스크, 규제, 경쟁 등 위기적 상황에서 살아남기 위한 변화가 요구된다. 그러나 한편으로 신기후체제는 기업에 신사업 진출, 신시장 개척, 기업 가치 상승이라는 엄청난 경제적 가치를 제공해주는 기회의 장이 될 수 있다. 이는 닥쳐올 위기적 상황을 빨리 파악하고 비즈니스 모델을 재설계할 때 가능하다. 신기후체제가 가져올 시장의 변화로부터 자유로울 기업은 어디에도 없다. 따라서 기업은 기후변화 대응을 환경보호 차원이 아닌 새로운 가치와 기회를 선점하는 시장의 관점에서 파악해야 한다.

　이 같은 논제를 중심으로 이 장은 다음과 같이 구성했다. 먼저 2절에서는 기업의 관점에서 본 기후변화의 의미와 신기후체제가 성립되기까지의 과정, 그리고 이들이 기업 경영에 미치는 파급 효과를 외부 환경과 시장의 변화를 중심으로 살펴보았다. 3절에서는 기후변화, 특히 신기후체제를 학계에서는 어떠한 시각으로 바라보고 있으며 실제 글로벌 기업들은 어떤 방식으로 대응하고 있는지를 관련 사례를 통해 살펴보았다. 4절에서는 기존 실증 연구와 사례를 바탕으로 신기후체제에서 기업은 어떻게 더욱 광범위한 차원에서 대응 전략을 짜고 이를 활용할 것인지, 그리고 전략 실행에 따른 결과는 무엇으로 측정할 수 있는지를 살펴보았다. 5절에서는 신기후체제에서 각 산업별로 예상되는 산업 환경의 변화를 예상해보고 실행 가능한 선제적이고 능동적인 대응 전략은 무엇이며 이를 어떻게 수립할 수 있는지 기술한 후, 6절에서 결론과 시사점을 제시했다.

2. 기후변화의 의미와 신기후체제에 따른 제도 변화

IPCC의 보고서와 교토의정서는 글로벌 기업의 기존 경영 방식을 재검토하는 계기를 마련했다. 특히 IPCC 보고서는 기후변화가 일부 발전 산업이나 농업 분야를 넘어 전 산업 환경에 일대 변혁을 일으킬 핵심 외부 요인이 될 것임을 명확히 하고 있다(Kolk and Pinkse, 2005; Pinkse and Busch, 2013). 예를 들면 중장기적으로 탄소 배출량의 감소로 인해 타격이 예상되는 화학 산업은 적절한 대비책을 마련해야 하는 상황에 직면했다. 특히 기온 변화가 지역별·국가별로 다르게 발생할 경우 투자 환경 및 패턴에 커다란 영향을 미친다는 결과가 시뮬레이션을 통해 보고되었다(Schotter and Goodsite, 2013). 무엇보다 지구온난화의 파급 효과로 새롭게 형성되거나 수혜를 입을 수 있는 산업군이 등장함으로써 기존의 경쟁 구도와는 다른 새로운 상황이 전개될 것으로 예상되므로 친환경적이며 고효율적인 글로벌 가치사슬의 설계는 물론이고 기업 수준의 경쟁 전략을 수정하는 방안을 심각히 고민할 것을 제안했다(Shrivastava and Busch, 2013). 기후변화는 단기적으로 사업부 수준의 전략 수립에도 많은 변화를 야기했다. 예를 들면 에너지의 효율적 사용, 노동력 이주에 따른 인력 공급, 근로자의 건강관리 비용 등이 우선적인 사업부 수준의 전략 수립에 쟁점 사항이 되고 있다(Michalisin and Stinchfield, 2010). 결론적으로 IPCC 보고서와 교토의정서는 기후변화의 재앙이 급진적으로 진행될 것이라고 경고함으로써 글로벌 기업들이 이로 인해 발생할 손실을 인식하고 전략적으로 대비해야 할 필요성을 느끼도록 만드는 데 큰 역할을 했다.

기후변화에 대한 기업들의 전략적 대응은 신기후체제가 출범하면서 더욱 가시화될 전망이다. 신기후체제란 2020년부터 전 세계 모든 국가(선진국, 개도국 포함)에 온실가스의 의무 감축을 강제하는 국제사회의 집단적 협약이라고 할 수 있다. 신기후체제의 지향점은 지구온난화로 야기된 기후변화와 환경 파괴를 막기 위해 세계 각 국가의 경제 주체 간 활동을 규제할 수 있는 의무 사항, 제도, 행정 규칙, 재정 지원, 기술 이전 등을 글로벌 차원에서 수립·적용·지속시켜 나갈 수 있는 국제적 관리 시스템을 만들어 이행하자는 데 있다. 2015년 12월 파리 기후회의에서 이 같은 신기후체제 수립이 참여국의 만장일치로 채택되면서 2020년부터 발효되었다. 신기후체제의 출범을 통해 마침내 온실가스 배출 감소, 기후변화 대응 재원 조성 등 환경과 경제·사회 발전이 조화를 이루는 '지속가능 발전'을 추구할 수 있는 새로운 패러다임이 구축되었다. 파리협정을 기초로 한 신기후체제의 뼈대는 크게 ① 산업화 이전과 대비해서 지구 평균 기온 상승을 1.5도 이하로 유지, ② 국가별 온실가스 감축 방안의 규모 설정(자발적 기여 방안), 5년마다 상향된 목표치 제시 및 검증, ③ 국제 탄소 시장 메커니즘 설립, ④ 기후변화에 따른 손실과 피해 문제 등에 주목하고 국가별 적응 계획 수립, ⑤ 개도국의 기후변화 대응을 위한 선진국의 재원 공급 의무 규정 적용 등 크게 다섯 가지로 나뉜다.

글로벌 기업들은 신기후체제 5개 실행 계획이 가져올 외부 환경 변화를 파악하고 이에 대응하기 위해 더욱 분주해지고 있다. 우선적으로 모든 산업의 생산과 영업에 근간이 되는 전력·자원·수송 산업에 대한 각국 정부의 정책 방향이 크게 바뀔 것이 확실시되면서 연계된 다른 산업에 미칠 여파가 예측 가능해졌다. 한국의 경우 2015년 10월 중순 산업통상자원부와 국내 주요 기업, 기후변화 관련 전문가들이 함께 신기후체제하의 산업계 대응 전략 국제 세미나인 '기후 위크 2015'를 개최한 바 있다. 이 세미나는 신기후체제가 공식화될 경우 국내 경제에 현실적인 부담이 될 것으로 보고 선제적 대응 전략과 기후변화 신산업 활성화 방안을 집중적으로 논의하기 위한 자리였다. 세미나를 통해 우리나라의 제조업 주력 업종(철강, 석유화학 등)의 에너지 효율 비중은 이미 세계 최고 수준에 달해 추가 온실가스 감축 여력이 높지 않으므로 대체에너지 개발과 관련 신산업 육성으로 대응해야 한다는 데 참석자들이 의견을 모았다. 2015년 11월에 발표한 '2030 에너지 신산업 확산 전략'에서는 신기후체제가 가져올 시장 변화의 규모를 가늠하고 대응 방안을 좀 더 구체적으로 제시했다. 내용을 살펴보면, 2030년까지 에너지 신산업 분야에 약 100조 원 규모의 투자, 5500만 톤의 온실가스 감축, 50만 개 이상의 일자리 창출을 계획하고 있다. 100만 대 이상의 전기차 보급, 누구나 전기를 생산·판매할 수 있는 에너지 프로슈머 시장 개척, 청정에너지 개발 등을 미래 에너지 사회의 핵심 과제로 선정했다.

세계 각국이 신기후체제에 적합한 제도를 통해 자발적으로 동참할 경우 모든 산업과 기업은 변화무쌍한 경험을 하게 될 것이다. 화석연료 사용을 줄이기 위한 법규 제정 및 강화가 본격화되고 에너지 비중이 화석연료에서 태양광, 풍력, 조력 등 친환경에너지로 전환될 가능성이 높아질 것이다. 연비와 가스 배출의 기준이 까다로워지고 하이브리드 자동차, 전기차 등에는 각종 보조금과 혜택이 제공될 것이다. 생산 과정에서 탄소를 많이 배출하는 플라스틱이나 금속 제품에 대한 규제가 강화될 것이고 새로운 기준이 가미된 무역 장벽이 등장할 것이다. 곡물 생산이 합리화되고 기후 상승에 대비한 신품종의 개발과 보급이 더욱 확대될 것이다. 신기후체제는 195개의 참여 국가가 자발적으로 온실가스를 감축해 지구 환경을 개선하는 안, 즉 자발적 기여방안(INDC)을 5년 단위로 제출하고 이행 여부를 점검받도록 강제하고 있다. 이는 국가별 기후변화 대응 전략과 정책이 예상에 그치지 않고 현실화될 것이 확실시된다는 뜻이다.

그렇다면 신기후체제를 전후로 우리나라를 포함한 세계의 글로벌 기업들이 직면하게 될 새로운 산업 환경은 어떠한 모습일까? 우선 온실가스 배출을 줄이기 위한 기업 비용의 증가가 불가피할 것이다. 친환경 사업 등 신사업으로 전환한다 해도 단시일 내에 수익을 기대하기 쉽지 않은 만큼 사업적 부담도 커질 것이다. 당연히 위기관리 능력과 경영 전문성이 크게 요구된다. 특히 우리나라처럼 제조업에서 벗어나 첨단 사업 중심의 신사업 구조로 전환할 경우 더 많은 투자와 생산성 감소를 감내해야 하는데 경제성장이 둔화되고 있는 상황이라 녹록치 않다. 해외 시장의 경우 이미 에너지 효율·친환경 분야에 경쟁력이 있는 유럽 등은 자국 산업 보호와 시장 진입 차단을 위한 규제들을 더욱 강화할 터인데 이는 수출 중심의 우리 산업에 악재가 될 것이 너무도 자명하다. 이렇듯 신기후체제는 분명 인류의 생존 환경을 개선하는 데 큰 역할을 하겠으나 기업의 입장에서는 생존을 보장할 수 없을 만큼 예측하기 어려운 산업 패러다임의 구조적 변화가 예상된다. 따라서 글로벌 기업은 신기후체제에서 기후변화가 해당 기업에 어떤 의미를 갖는지 제대로 파악하고 자사의 경영 활동에 어떤 영향을 미칠지 관련성을 찾아야 한다(Michalisin and Stinchfield, 2010). 기후변화를 도덕적 책임과 사회 공헌 차원에서 대응하기보다 자사의 이익에 도움이 되는 방향으로 적극적이고 선제적으로 대응하지 않으면 안 된다.

3. 기후변화와 산업구조의 재편

신기후체제는 인류의 생존 환경 건설이라는 목표를 실현할 수 있는 최고이자 마지막 기회로 여겨진다. 이에 반해 민간 부문에서의 관심사는 신기후체제가 야기할 글로벌 산업구조의 재편 방향과 기업 수준에서의 대응 전략에 모아지고 있다. 기후변화가 환경적·사회적 쟁점이라기보다는 경제적 쟁점에 가깝기 때문이다(Hoffmann, 2005; Engel, Enkvist and Henderson, 2015). 그러나 글로벌 기업에서 중소기업에 이르기까지 변화된 제도 환경, 환경보호와 대기오염 방지의 범세계적 정서에 어떻게 적응하고 동참할 것인가에 대한 구체적인 대안은 매우 미흡하다. 대응 전략보다는 오히려 기후변화에 따른 자금 흐름의 변화와 규모에 기업들의 관심이 쏠리고 있다. 신기후체제에 어떻게 적응하고 대응하며 새로운 사업적 기회를 어떻게 모색할 것인지에 대한 논의가 부족한 것이 현실이다. 따라서 이 절에서는 기존 연구자들은 기후변화에 따른 산업구조의 변화와 대응 방안을 어떤 시각으로 보고 있으며 주요 글로벌 기업들은 어떻게 대응하고 있는지 짚어 보려 한다.

최근 경영학에서 가장 권위 있는 학술지 중 하나인 ≪아카데미 오브 매니지먼트 저널(Academy of Management Journal)≫은 기후변화를 둘러싼 경영 환경의 변화가 어떠한 방식으로 전개될 것인가에 대한 학계의 전반적인 의견을 수렴한 특별호를 출간했다. 국제경영학의 대표적인 전문 학술지 ≪선더버드 인터내셔널 비즈니스 리뷰(Thunderbird International Business Review)≫ 역시 유사한 주제로 기후변화에 대응하는 바람직한 기업 전략을 모색하는 특별호를 발간했다. 이에 앞서 세계적인 경영 전문 학술지인 ≪하버드 비즈니스 리뷰(Harvard Business Review)≫는 기후변화에 기업이 선제적으로 대응하는 전략의 필요성과 이를 연계한 재무적 성과 개선을 역설했다. 이를 통해 경영학 전반에 걸쳐 기후변화가 기업 활동에 미칠 영향에 대한 관심이 얼마나 큰지를 확인할 수 있다. 이 연구들은 기후변화가 기업 경영과 관리 방식에 미치는 변화와 영향에 대한 다양한 질문과 방법론을 제시하고 후속 연구의 단초를 제공했다. 이들 연구를 종합해보면 크게 네 가지 분야에 초점을 맞추고 있는데, 이를 잘 살펴보면 신기후체제하에서 예상되는 산업구조의 재편 및 대응에 대한 실마리를 찾을 수 있다.

첫째, 이들 연구는 기후변화를 공급망, 생산 방식, 자원 공급 등의 활동을 포함하는 기업의 가치사슬을 구조적으로 재구성하는 계기로 삼아야 한다고 주장한다(Porter and Reinhardt, 2007). 기후변화와 신기후체제에 효과적으로 대응하고 동시에 기업 활동의 효율을 향상시키는 가장 기본적인 활동이 여기서 시작되어야 한다는 것이다. 그동안 다국적 기업은 세계 시장의 글로벌화로 인해 해외 진출과 현지화를 가속화하는 데 역량을 집중했다. 세계 각지에 현지 생산기지와 자회사를 설립했고 생산 원료의 원활한 확보를 위한 투자와 확장을 아끼지 않았다. 그러나 기후변화로 인해 이러한 범세계적인 공급망 설계에도 수정이 불가피하게 되었다. 일부 저개발 국가에서 제조된 부품이나 원료를 생산 거점 기지로 공급하고 여기서 생산된 완제품을 다시 세계 소비 시장으로 공급하는 방식은 수송의 비효율성이 높을 뿐 아니라 대기오염의 리스크도 크다(Carlin, 2007). 선진국 에너지 소비의 약 25%가 화석연료에 의존한 원자재, 부품 수송에 소요된다는 것도 이와 무관하지 않다(Lowitt, 2014). 최근의 움직임은 소비자와 근접한 지점에서 생산해서 바로 공급하는 맞춤식 현지 생산 방식으로 전환되고 있는 추세다(Kiron et al., 2013). 실제로 세인스버리(Sainsbury) 등과 같은 영국의 글로벌 소매업체들은 세계 각 지역의 수많은 공급업체와 머리를 맞대 수송 과정에서 발생하는 배기가스를 30%가량 절감할 수 있는 전략을 수립했다(Kiron et al., 2013). 항공 업체인 보잉과 에어버스 역시 비용을 절감하고 환경오염을 방지하기 위해 최근 물류 공급 방식을 크게 개선하고 있다(Weinhofer and Hoffmann, 2010). 이는 에너지 소비 효율을 당면 과제로 삼고 있는 신기후체제에 적합한 공급망 설계의 대표적인 사례들이라고 할 수 있다. 기업의 원료 공급 체계 변화는 기존의 기업 간 관계망 형성, 계약 방식, 공급망 관리뿐 아니라 기존 산업의 비즈니스 모델에도 영향을 미칠 것으로 예상된다. 예를 들면 자동차 산업의 경우 기존의 디젤이나 가솔린 자동차 제조 및 판매 부문이 아닌 자동차 렌털 서비스나 카 세어링같이 일찍이 주목받지 못했던 산업이 새로운 전기를 마련할 수 있으며, 지지부진했던 전기차의 보급과 상용화가 본격화되면서 자동차 업체의 제품 포트폴리오에 커다란 변화가 예상된다.

둘째, 이들 연구는 기후변화를 계기로 기존 글로벌 기업들이 환경 변화에 적응하고 차별화 전략을 통해 기후변화에 탄력적으로 대응할 것을 주장하고 있다(Kolk and Pinkse, 2004; Porter and Reinhardt, 2007). 글로벌 기업들 사이에서 회자되고 있는 청정 기술이나 정보기술을 활용한 근거리 유비쿼터스 IT(near-ubiquitous IT), 자동화(automation) 등은 모두 친환경, 에너지 절약, 에너지 재활용을 표방해서 차별화한 경쟁 전략이다. 실제로 많은 글로벌 기업이 환경 변화 대응을 통해서 차별화를 모색하는 전략을 꾀하고 있다. 코카콜라의 경우 산성화되고 있는 식수를 중성화시켜 생활용수로 공급하겠다는 전략을 내세워 사회적 책임 기업으로서의 이미지를 각인시키고 자사 제품의 안전성을 홍보하는 데 이를 적극 활용했다(Weinhofer and Hoffmann, 2010). 환경 관련 기술을 개발함으로써 적응과 탄력성을 향상시키는 전략도 크게 증가하고 있다. 인도의 환경 단체인 TERI는 저소득층 가구에 10년간 사용할 수 있는 태양열 램프를 공급함으로써 1가구당 이산화탄소 배출을 연간 1.5톤 감소시켰다(Kiron et al., 2013). 이는 신기후체제에 탄력적이고 최적화된 대응 자체가 차별화된 경쟁 전략으로 얼마든지 활용될 수 있음을 보여주는 사례들이다. 각 정부 기관 역시 이러한 친환경 전략을 적극적으로 개발하고 도입하는 기업에 다양한 인센티브를 제공하고 있으며 그 규모는 2008년에 이미 약 8조 원에 이르렀다. 연구자들은 이러한 차별화된 전략적 변화가 향후 기업 간 협력 활동, 기업의 하부구조, 기술 개발과 혁신 활동에도 변화를 줄 것으로 기대하고 있다.

셋째, 기후변화가 근로자의 업무 처리 방식, 기업의 조직 설계에 미치는 영향 역시 간과할 수 없다. 연구자들은 기후변화를 근본적으로 근로자, 거주자들의 도시화에 따른 결과물로 풀이하고 있다(Chakrabarty and Wang, 2013). 도시화의 가속화와 인구 밀도 증가는 환경오염, 에너지 사용 증가와 맞물려 기후변화의 근본 원인으로 지목되기 때문이다. 기업들은 도시 근로자들이 일하는 방식에 대한 근본적인 변화와 탄력적인 조직 운영을 통해 기후변화와 신기후체제에 대응하는 방안을 강구해야만 한다. 예를 들면 재택근무, 탄력 근무, 비수기(off-peak hour) 근무 등의 근무 형태를 도입할 경우 자연자원과 에너지의 효율화를 상승시킬 수 있다(Birnik, 2013). 많은 직원들의 활동을 분산시킴으로써 에너지를 절감하고 효율의 증가를 기대할 수 있기 때문이다. 직원들의 활동을 분산시키기 위해서는 집권화된 의사 결정 체제를 분권화하는 조직 재설계가 반드시 선행되어야 한다(Nwagbara, 2013). 한편 기후변화는 기업의 운영과 업무 처리 방식뿐 아니라 직원 개개인에게 필요한 핵심 역량에도 많은 변화를 야기할 것으로 기대된다. 시간과 공간을 초월해 물리적 접촉 없이 업무를 진행해야 하다 보니 의사소통 역량과 상호 협력 역량이 어느 때보다 요구되고 있다. 직원들의 활동 분산, 개인 역량 강화는 자연스럽게 직원들의 일과 생활의 균형에 대한 요구로 이어지고 있다(Chakrabarty and Wang, 2013; Nwagbara, 2013). 이러한 요구는 탄력적인 근무 환경이 낳은 결과라고 할 수 있다. 이같이 기후변화로 야기된 기업 운영과 업무 환경의 변화는 결국 기업의 채용 방식,

인적 자원 관리 전략 수립에 커다란 변화를 요구하게 될 것이다. 인력 이동이 증가하고 인력 간 협력과 소통이 강화되고 있는 근무 환경 속에서 기업은 근로자와 피고용인들에게 어떻게 동기를 부여하고 기업의 조직 구조를 적합화시켜 나갈 것인가가 신기후체제에서 새로이 풀어야 할 과제로 등장할 것이다.

마지막으로 기후변화는 사회적 이동을 통한 사회구조를 변화시키고 있다(Schotter and Goodsite, 2013). 사회구조가 변화하는 것은 환경 적응이나 기후변화의 피해로부터 벗어나기 위해 인력이 이동한 결과라고 할 수 있다. 사회구조의 변화는 기업의 입장에서 좌시할 사안이 아니다. 방글라데시 같은 동남아시아 국가에서는 가뭄, 홍수, 태풍 등 빈번한 피해로 인해 약 155만 명의 주민들이 더 나은 기후 지역을 찾아 대량 이주하지 않으면 안 되는 이른바 '기후 이민자'가 발생해 새로운 사회 문제로 야기되고 있다(Carlin, 2007). 2050년에 이르러서는 이처럼 기후 피해자들의 규모가 증가해 심각한 국제 문제로 부각될 전망이다. 기업에 대해 인적 자원을 효율적으로 활용하고 이를 위한 시설 및 설비를 확충하라는 요구가 커지고 있으며, 사회 구성원의 목소리가 커짐에 따라 지역사회의 관심도 커질 수밖에 없는 상황이다. 이러한 현상은 부가적으로 기존 노동 인력 풀뿐 아니라 소비 시장의 변화 또한 야기할 것이다. 특히 시장 세분화의 근간인 인구 구성의 변화로 인해 기업의 신시장 진입, 판매 전략을 재설계하지 않을 수 없게 되었다(Shrivastava and Busch, 2013). 사회구조의 변화는 문화적·제도적 구조뿐 아니라 소비자나 구매자들의 가치관까지 변화시키는 촉매가 되어왔다. 따라서 이 같은 변화를 어떻게 미리 파악하고 여기에 어떻게 대응할 것인가가 글로벌 기업이 고민해야 할 과제로 부각되고 있다.

연구에서 밝혀낸 신기후체제와 기후변화에 따른 산업구조의 변화는 적절한 예측과 대응이 미흡할 경우 해당 산업과 기업의 매출을 하락시키고 수익의 불확실성을 더욱 가중시킨다. 세계 최대 농산물 생산업체인 미국의 카길(Cargill) 사는 2010년 이후 가뭄, 홍수 등으로 최악의 실적을 보였으며 향후 실적을 예측하기에도 매우 불확실한 상황에 놓여 있다. 미국의 하드디스크 드라이버 제조업체인 웨스턴 디지털 테크놀로지(Western Digital Technologies) 역시 2011년 태국의 대홍수로 막대한 생산 차질을 경험한 바 있다. 기후변화를 예측하기가 더 어려워진 상황에서 수급 차질이 끼치는 생산·운영·조달의 어려움은 모든 기업에게 부담으로 작용하고 있다. 따라서 신기후체제하에서의 불확실성을 제거하기 위한 위기관리의 중요성은 모든 산업군에 걸쳐 더욱 부각될 전망이다(Engel, Enkvist and Henderson, 2015).

위기관리는 본래 재무적 차원의 위기관리를 뜻하지만, 기후변화 대응 측면에서는 생산 방식의 재조정, 가격 안정, 에너지, 수송, 부가 재무 비용(관련 보험 등), 신상품과 서비스 개발까지 포함하는 포괄적인 개념으로 쓰인다(Roosevelt and Llewellyn, 2007). 이케아(IKEA)는 가구 제품 생산에 소요되는 모든 에너지를 신재생에너지로 전환해 에너지 가격의 변동에 따른 제품 가격 변동을 차단했다. 유럽을 포함한 주요 자동차 제조업체들은 전기차 생산에 평균 1조 원 이상의 투자를 쏟아부으며 유가 변동과 환경오염에 대응할 뿐 아니라 기존의 자동차 생산과는 다른 생산 방식을 도입하고 있다. 독일의 지멘스는 폐기물을 줄이고 자원 재사용에 특화된 제품군을 선정해 생산에 주력하는 전략을 고수하고 있다. 건설, 사회 기반 시설 산업에서 도입되고 있는 그린 제품 역시 같은 맥락으로 해석할 수 있다. 전 산업 분야에 번지고 있는 친환경 신제품은 궁극적으로 위기관리 차원에서 기존과는 차별화된 생산 방식, 원자재 수급과 가격 안정, 기존 생산 라인의 재배열을 모두 염두에 두고 실행한 결과라 할 수 있다(Engel, Enkvist and Henderson, 2015).

글로벌 기업에게 기후변화는 도전 과제이지만 이를 통해 제품을 차별화하는 데 성공을 거둔 사례들을 심심치 않게 확인할 수 있다. 코카콜라는 상품 수요가 급변하는 시점의 기온에 따라 가격 정책을 가변적으로 활용하는 기업이다. 기온이 올라가면 가격을 올리고 기온이 내려가면 가격을 낮추는 방식으로 가격의 차별화를 꾀하고 있다(장순원, 2015). 세계적 제약 회사인 글락소스미스크라인(GSK)과 노바티스(Novartis) 같은 기업은 기후변화를 활용한 차별화된 판매 전략을 도입하고 있다. 기상 관련 데이터를 분석해 기온에 따른 전염병 피해를 미리 예측하고 이를 예방할 수 있는 의약품을 사전에 특정 지역에 집중 공급하는 것이다(장순원, 2015). 패스트패션 업체인 유니클로가 내놓은 발열 내의 히트텍 역시 날씨와 제품을 연계한 차별화 전략이 낳은 결과물이다(임현영, 2015). 이처럼 기후변화 시대의 대표적인 차별화 전략의 하나로 날씨 경영을 제품 판매에 접목한 것은 새로운 시도가 아닐 수 없다. 미국의 GE는 친환경 전략의 상징으로 대표되고 있다. GE는 이미 지난 2005년부터 환경을 비용이 아닌 이익 창출의 동력으로 삼는 친환경 전략을 공고히 추진해왔다(GE코리아 콘텐츠팀, 2015). 100년 이상 축적해온 첨단 제조 기법을 배출량을 줄이는 항공기 제조에 적용해 탄소 배출량이 획기적으로 절감된 세라믹 소재를 개발했고 발전 산업에서도 화력발전 대비 65% 이상의 효율을 보이는 가스터빈과 매립가스를 유용한 에너지로 전환한 엔바허(Jenbacher) 가스엔진 등을 개발했다. 또한 친환경 스마트 풍력 사업에도 속도를 내고 있다. 2020년까지 추가로 100억 달러를 투자하는 계획이 현실화될 경우 GE는 친환경 전략의 혁신 모델로 자리 잡을 것이다(장영석, 2015).

지금까지 기존 연구와 사례를 통해 관찰한 신기후체제와 기후변화는 사회 전반뿐 아니라 산업구조에도 커다란 변화를 일으키고 있음을 확인했다. 일부 글로벌 업체의 차별화된 대응 전략은 다른 기업들에도 시사점을 제공하고 있다. 일부 학자는 최근 공유 경제의 등장이 신기후체제하의 새로운 경제 모델이자 산업구조의 근간이 될 것으로 점치고 있다. 공유 경제란 대량 생산과 대량 소비의 폐해를 극복하기 위한 방안으로, 각종 재화와 용역을 나눠 쓰는 새로운 경제 현상이다. 공유 경제를 통해 혁신과 아이디어를 기업의 밖에서 구하는 열린 산업 생태계가 조성되면 엄청난 화석연료를 소비하고 탄소를 배출해가며 대량 생산을 할 필요성이 줄어든다. 단적인 예로 카 셰어링을 통해 배기가스를 줄이고 필요 이상의 자동차 수를 줄여 자원의 효율을 늘리려는 움직임이 확산되고 있다. 또한 앞으로는 각 가정이 자체 미니 발전소를 설립해 자유로이 에너지를 생산·판매·소비할 수 있는 에너지 프로슈머 시장이 열릴 전망이다. 이런 모습으로 사회구조와 소비 시장이 진화할 경우 앞서 살펴본 일부 글로벌 기업처럼 발빠르게 차별화 전략과 구조 개편으로 대응한 기업은 더 큰 가치창출의 기회를 잡을 수 있으나 기존 산업의 경계에서 벗어나지 못하고 현재 제품의 기술 우위에만 집착하는 기업은 고전을 면치 못할 것이다(차병석, 2016). 신기후체제에 걸맞은 전략적 대응이 기업 생존의 키워드가 되고 있다.

4. 신기후체제하 글로벌 기업의 대응 전략

3절에서 살펴본 학술적 차원에서의 신기후체제의 산업적 의미는 명확하며 일부 글로벌 기업이 보여준 대응 전략은 귀감이 될 만하다. 그러나 산업 전반에 걸쳐 체계적으로 활용할 수 있는 대응 전략과 그 효과성에 대한 언급은 부족하다. 4절에서는 기존의 실증 연구와 사례를 바탕으로 신기후체제에서 더욱 광범위한 차원에서의 기업 대응 전략은 무엇이며 이를 어떻게 활용할 수 있을지, 그리고 전략 실행에 따른 결과는 무엇으로 측정할 수 있는지를 살펴보려 한다. 경영학자들은 기후변화를 세계화, 정보통신기술과 함께 경영 환경 변화에 가장 크게 영향을 미칠 3대 요소로 규정하고 있다(Porter and Reinhardt, 2007). 미국의 경제학자 제레미 리프킨(Jeremy Rifkin)은 향후 가장 중요한 경영 쟁점을 기후변화로 못 박은 뒤 신기후체제하에서 변화될 산업 패러다임을 감지하고 이에 부합하는 대응 전략을 마련해야 한다고 역설했다(김윤종, 2016). 기존에 베스트 프랙티스(best practice)로 간주되었던 적시 생산 방식, 재고 관리 시스템, 현대화된 공급 관리 시스템 등이 신환경체제하에서는 더 이상 효율성을 보장하기 어려워졌다. 실무적 차원에서 이를 대체할 다양한 대응책을 제시하고 있으나 해당 기업은 이를 현실적으로 적용하는 데 많은 어려움을 겪고 있다(Schwartz, 2007). 기업의 전략 담당 실무자들에게 신기후체제는 분명 극복해야 할 새로운 산업 환경이다. 따라서 새로 부각될 쟁점 사항을 파악하고 장기적인 차원의 대응 전략을 마련할 수 있는 역량이 요구된다.

학계에서 제시하는 신기후체제에서의 대응 전략 수립에는 몇 가지 전제 조건이 있다. 첫째, 기후변화를 특정 산업군, 지역, 경제에 국한된 것으로만 여기지 말고 사회적 쟁점으로 규정해야 하며 학제 간 다양한 접근과 융합을 시도해야 한다. 이는 산업 생태계 속의 다양한 이해관계자 간에 탄소 배출, 환경오염, 환경 변화 적응 등의 개념이 상이할 뿐 아니라 기후변화의 부작용을 완화할 수 있는 정책을 도출하는 데에도 다양한 시각이 요구되기 때문이다(Porter and Reinhardt, 2007; Shrivastava and Busch, 2013). 둘째, 많은 기업에는 경영 활동에 제약을 받더라도 탄소 배출을 줄이는 노력을 더 이상 미룰 수 없다는 이른바 기업의 탄소 규범이 형성되어 있다(Pinkse and Busch, 2013). 그러나 이산화탄소 배출을 얼마나 감량해야 하는지에 대한 판단 기준이 모호하고 기업마다 시장에서 처한 입장이 상이하다 보니 절대적 기준을 의사 결정에 반영하고 이를 실천으로 옮기기가 쉽지 않다.

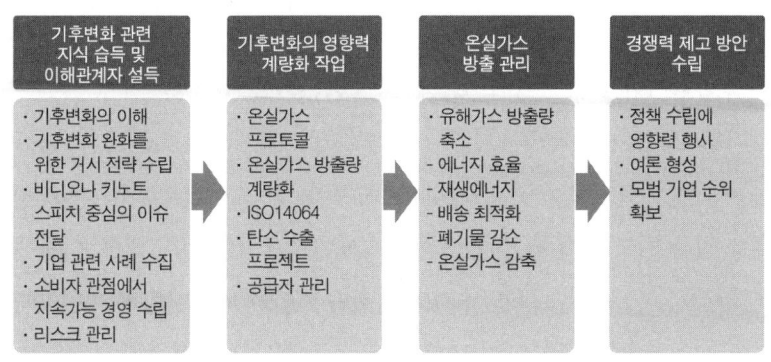

〈그림 7-1〉 기업 수준에서 기후 변화 대응 전략을 수립하는 절차

기후변화 관련 지식 습득 및 이해관계자 설득	기후변화의 영향력 계량화 작업	온실가스 방출 관리	경쟁력 제고 방안 수립
· 기후변화의 이해 · 기후변화 완화를 위한 거시 전략 수립 · 비디오나 키노트 스피치 중심의 이슈 전달 · 기업 관련 사례 수집 · 소비자 관점에서 지속가능 경영 수립 · 리스크 관리	· 온실가스 프로토콜 · 온실가스 방출량 계량화 · ISO14064 · 탄소 수출 프로젝트 · 공급자 관리	· 유해가스 방출량 축소 - 에너지 효율 - 재생에너지 - 배송 최적화 - 폐기물 감소 - 온실가스 감축	· 정책 수립에 영향력 행사 · 여론 형성 · 모범 기업 순위 확보

자료: Birnik(2013).

이에 많은 전문가들은 환경 변화에 대한 기업의 기본적인 입장과 역할, 범위와 규범을 반영해 추구하는 기업의 목적과 기업 이미지는 무엇인가, 탄소 의존도를 어느 정도로 할 것인가, 이해관계자에게 미치는 영향은 무엇인가를 우선적으로 정립해야 한다고 주장한다(Schotter and Goodsite, 2013). 이들 요소는 기후변화에 대한 기업의 전략적 대응 방안을 설정하는 시작점이 되어야 한다. 이를 바탕으로 비르닉(Birnik, 2013)은 관리자가 기후변화에 대응하기 위한 경쟁 전략을 수립하는 기본 절차와 전략적 툴을 〈그림 7-1〉과 같이 제시하고 있다.

〈그림 7-1〉의 핵심은 4개의 구성 요소를 고려해 기후변화 대응 전략을 수립해야 한다는 것이다. 먼저, 기후변화가 기업 활동에 미칠 수 있는 부정적인 효과를 완화할 수 있는 물리적 방안이 무엇인지 상정해야 한다. 이를 위해서는 문헌, 사례, 특히 소비자 리포트 등을 검토하는 작업이 선행되어야 한다. 경영 컨설팅 업체인 매킨지(McKinsey)나 프린스턴 대학교에서는 국가별 이산화탄소 추가 감축이 얼마만큼 가능하며 이로 인한 비용 절감이 어느 정도인지를 데이터화한 수치를 제공하고 있다. 이러한 거시 환경적 분석의 결과는 기업뿐 아니라 기업 안팎의 모든 이해관계자들과

공유하는 것이 중요하다. 그리고 현재 회사가 방출하고 있는 이산화탄소의 양을 수치화해야 한다. 이를 바탕으로 온실가스 배출 표준에 비춰 추가적으로 얼마나 더 감축할 수 있는지 측정하는 작업이 선행되어야 한다. 온실가스 프로토콜(The Greenhouse Gas Protocol), ISO 14064, 온실가스 리포팅에 관한 일반 규정(Climate Registry's General Reporting Protocol) 등은 이산화탄소 감축 시 기준이 될 수 있는 가이드라인 등을 제공하고 있다. 이를 통해 감축된 이산화탄소의 양이 사회 전체와 기업의 생사 활동에 어떠한 영향을 미치는지 산출할 수 있을 것이다. 이산화탄소 배출은 대부분 공급자 및 고객 업체와 거래하는 가운데 발생한다. 이들과의 거래 관계에서 발생하는 탄소 배출량을 줄이는 것이 핵심이다. 2000년 영국정부의 지원을 받아 출범한 탄소 정보 공개 프로젝트(Carbon disclosure project: CDP)는 에이서, 코카콜라, 델, 포드, 네슬레, 필립스, 존슨 앤 존슨 등 50여 개의 주요 업체들이 공급자와의 거래 활동에서 탄소 배출을 감소시킬 수 있었던 다양한 성공 사례를 소개하고 있다. 이들 사례를 각 산업의 특성에 맞게 면밀히 검토해보는 작업이 필요하다.

한편 실무자들은 4개의 구성요소를 주축으로 더욱 현실적이며 실용 가능한 온실가스 감축 방안을 마련하는 데 관심을 두고 있다. 신재생에너지의 활용, 전열 기구의 효율화, 에너지 공급 체계의 재설계, 하이브리드 차량 도입 등 경제활동에 직접적으로 투입할 수 있는 에너지 신사용 방식을 검토하고 있다. 이런 방식을 도입하면 폐기물의 양을 근본적으로 감소시키고 IT기술을 활용해 물리적 이동을 최소화하는 등 전사적으로 탄소 배출 감축이 가능해지기 때문이다. 최근에는 탄소상쇄권(carbon offsets)에 투자하는 방안도 적극 추천되고 있다(박호정, 2015). 효과성에 대해 논란의 여지가 있지만 이 상쇄권의 거래를 통해 배출된 이산화탄소의 양만큼 온실가스 감축 활동을 하거나 환경 기금에 투자하는 것이 가능해진다. 이를 통해 마련된 금액은 대체에너지 투자나 나무 심기 등에 투자되어 투자 회사가 배출한 일정 부분의 탄소를 상쇄할 수 있다는 개념이다(박호정, 2015). 또한 기후 환경 변화에 관한 제도나 규정이 형성되는 데 직접적으로 영향력을 행사하는 등 기후 전략을 수립해 경쟁 환경에 근본적으로 변화를 일으키는 방안도 모색할 수 있다. 온실가스 목록 등과 같은 기본적인 시스템을 갖추고 있다면 이러한 제도 수립에 큰 영향력을 행사할 수 있다. 한편 환경보호에 앞장선 기업들에 상응하는 국제적 인증을 제공하거나 대대적인 홍보 활동을 지원할 수 있도록 제도를 수정할 수도 있다(박호정, 2015).

많은 글로벌 기업은 신기후체제하에서의 기후변화 대응이 궁극적으로 해당 기업의 경쟁력 강화에 과연 어떠한 영향을 미칠지에도 관심을 가지고 있다. 이들 기업은 탄소 배출의 감축, 환경 보고 기금 출연 등 각종 단체와 정부 기관들로부터 엄격한 통제를 받으며 환경보호를 위한 엄격한 규정을 준수해야 하고 기존 전략까지 수정해야 한다. 따라서 이런 노력이 과연 기업 경쟁력 강화에 얼마나 도움이 될지 회의적인 시각이 있는 것도 사실이다(Schotter and Goodsite, 2013). 이에 관해서는 다양한 연구 모델과 실증 결과들이 제시되고 있는데, 기본적으로 생각해볼 수 있는 틀은 〈그림 7-2〉와 같다.

〈그림 7-2〉는 탄소가스 감축, 환경오염 방지 등과 같은 다국적 기업의 노력이 해당 기업의 경쟁력을 강화시킨다고 보고 있으며 다국적 기업의 규모가 클수록 효과가 높다는 가설을 전제로 하고 있다. 이 가설은 다국적 기업의 경쟁력을 판매 효율성, 제품 리더십, 그리고 자기자본 이익률 세 가지로 보았다. 판매 효율성은 고객 유치, 판매 프로그램 등 성공적인 마케팅 활동의 결과를 뜻한다. 연구에 따르면 다국적 기업들의 환경보호와 탄소 배출 감량, 생산활동의 효율화를 통한 온실효과 경감 등 환경보호 노력은 기업의 사회적 평판과 적법성 등에 매우 긍정적인 영향을 주어 매출

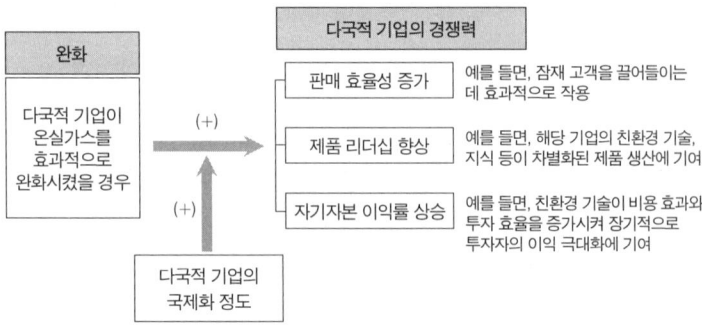

자료: Chakrabarty and Wang(2013).

을 증가시키는 데 기여한다고 한다. 판매 효율성은 기업이 직접적으로 체험할 수 있는 가장 가시적인 효과로 규정했다. 자발적 탄소 배출 규제와 환경 친화적 기업 활동은 우호적이고 긍정적인 시장 시그널로 작용해 잠재 고객의 확보와 소비자들의 구매 활동을 크게 진작시킬 뿐 아니라 차별화된 사회적 이미지의 기업으로 탈바꿈하는 계기를 마련한다. 이러한 긍정적인 효과는 세계를 무대로 기업 활동을 하는 다국적 기업들에게 더 광범위하게 영향을 미치는 것으로 나타나고 있다.

기후변화에 효과적으로 대응하는 기업은 제품 리더십 향상에도 선도적인 역할을 하는 것으로 나타나고 있다. 제품 리더십은 기업 학습 이론 관점에서 제시된 개념이다. 기업 학습 이론이란 기업의 다양한 기능 부서가 축적하고 있는 지식 역량과 자원을 상호 공유하고 학습하는 과정을 통해 더욱 효과적인 새로운 제품 개발과 생산 프로세스의 혁신이 가능하다는 이론이다(Cohen and Levinthal, 1990). 제품 리더십이란 기업의 내부 역량, 기술, 지식의 공유를 통해 제품의 질, 이미지, 혁신 측면에서 다른 기업이 쉽게 모방하기 어려운 선도적인 위치를 점하는 것을 지칭한다. 환경 변화에 대응하기 위해서는 관련 기술과 생산 과정의 재배열 작업이 요구되며 각 기능별 부서의 자원과 지식이 공유되지 않으면 안 된다. 그뿐 아니라 NGO, 정부 기관 등 외부 단체와의 유기적 관계도 요구된다. 이 같은 다양한 기업 내외부 간의 지식과 정보를 공유하는 과정을 통해 기업의 경쟁력은 배가 될 수 있으며 이는 단지 기후변화에 대응하는 차원을 넘어 더 나은 제품의 질과 서비스를 생산해내는 결과로 이어진다. 기후변화 대응은 이 같은 노력을 장기적이고 지속적으로 유지해야 하는 과정임을 감안할 때 기업 학습에 따른 제품 리더십 효과는 경쟁력 강화에 크게 기여한다는 주장이다.

마지막으로 기후변화의 효과적 대응은 궁극적으로 투자자의 수익률을 극대화하는 데 크게 기여한다. 기업은 지속적인 투자 유입을 통해 성장하지 않으면 안 된다. 투자자 역시 최소의 투자로 최대의 수익을 거두기를 기대하며 이를 실현할 수 있는 투자 대상 기업을 물색한다. 친환경적이며 기후변화에 잘 대응하는 기업은 비용 대비 높은 이익률을 달성하는 이른바 비용 효율이 높으며, 이는 투자자들의 자본 유입을 유인하는 핵심 요소로 작용한다(Roosevelt and Llewellyn, 2007). 물론 기후변화에 대응하기 위해서는 관련 기술을 개발·검증·활용하는 과정과 오염 물질의 배출을 줄이는 새로운 설비의 도입이 요구된다. 이는 단기적으로 해당 기업에 재무적 부담으로 작용한다. 예를 들면 온실효과를 방지하기 위한 탄소 제거 설비 등을 구비하는 것은 막대한 예산과 비용이 소요되는 작업이다. 그러나 많은 연구들은 이러한 재무적 부담이 장기적으로 기업의 생산 효율을 개선하고 이미지 개선으로 잠재 고객을 추가로 확보함으로써 규모의 경제를 달성할 수 있게 만들며 에너지 비용을 절감시킨다고 밝히고 있다(Roosevelt and Llewellyn, 2007; Flammer, 2013). 즉, 투자 대비 비용 효율이 더욱 증가하는 것이다. 이는 투자 효율을 증가시키는 요인이 되어 투자자들의 자본 참여를 가속화시키며 궁극적으로 투자 수익률의 증가로 연결된다.

기후변화에 대한 대응이 미흡할 경우 앞으로 글로벌 기업들은 상상하기 힘든 도전과 어려움을 겪게 될 것이다. 하지만 글로벌 기업의 기후변화 대응이 사회적 기대에 순응하고 제도적 규정을 준수하는 데에만 그치고 수익 및 경쟁력과 연계된 기후변화 대응 전략을 수립하지 못한다면 해당 기업은 더욱 어려운 경영 환경에 직면할 것이다. 모든 기업에 일괄적으로 적용할 수 있는 기후변화 대응 전략은 존재하지 않는다. 따라서 기업이 처한 상황을 토대로 기후변화에 대응하려는 기본적 입장, 목적, 이해관계자들의 입장 등 명확한 기준을 수립해야 한다. 이를 바탕으로 가능한 탄소 배출량의 규모, 효율적 에너지의 사용 가능성, 제도 규정에 대한 영향력 행사 여부 등 현실적인 방안을 고려해야 한다. 아울러 기후변화 대응에 도움을 줄 수 있는 전문가 집단(IT 기업, 보험 업체, 데이터 제공 업체 등)의 도움을 활용하는 방법도 적극 모색해야 한다. 기후변화의 대응은 전반적으로 기업의 경쟁력을 상승시키는 데 기여하는 것으로 나타나고 있으나 단기적으로는 직접적인 재무적 성과로 나타나지 않고 있다. 앞에서 언급한 대로 탄소 배출을 감소하기 위한 설비 확충이나 기존 생산 프로세스의 개선은 추가 비용을 유발해 재무적 부담을 가중시키기 때문이다. 그러나 기후변화에 동참하는 기업의 노력이 판매 효율성과 제품 리더십에 기여하고 이것이 매출 증가로 이어지기 때문에 단기적인 재무적 부담은 상쇄될 수 있다. 따라서 기업들은 기후변화 대응이 소비자나 각종 단체에 긍정적인 이미지 개선과 전사적 학습 효과로 이어질 수 있도록 노력을 지속해야 한다.

5. 신기후체제에서의 산업별 대응 전략

새롭게 전개될 신기후체제하에 지속가능한 기업이 되기 위해 글로벌 기업들은 어떤 변화와 적응을 모색해야 할까? '포춘 선정 세계 500대 기업

(Fortune global 500)'의 하나인 듀폰의 경우 기후변화의 흐름 속에서도 신사업 진출, 사업 포트폴리오 다각화 등 끊임없는 변화를 거듭하며 200년 이상의 지속가능한 경영을 이뤄냈다. 산업 환경에 내린 듀폰의 민첩한 대응 전략은 기후변화 대응에서도 유감없이 발휘되었다. 이미 1938년부터 공해와 환경 방지 예방을 위한 프로그램을 가동했고 1980년대에는 자체 개발한 프레온이 오존층 파괴와 지구온난화의 원인으로 확인되면서 생산을 전면 중단하고 대체품을 개발했다. 한걸음 더 나가 오존층 파괴 물질의 생산을 규제하는 1987년 몬트리올 의정서 체결에 중심적인 역할을 하면서 경쟁 기업에 한 발 앞선 경쟁 우위를 확보했다. 식품 생산업체인 유니레버와 네슬레 역시 기후변화로 인한 물 부족 현상이 제품 생산에 미칠 영향을 간파하고 공장 내 빗물 회수 시스템 등을 전 생산 라인으로 확대해 생산량은 증가시키고 물 소비량은 감소시키는 성과를 거두었다. 이들은 핵심 역량을 바탕으로 기후변화에 선제적으로 대응함으로써 위기를 기회로 전환한 대표적인 사례라고 할 수 있다.

환경 변화에 적절히 대응할 준비를 하지 않고 뒤늦게 적응하려 애쓰면 상당한 비용만 추가될 뿐이다. 따라서 이 절에서는 신기후체제에서 각 산업별로 예상되는 산업 환경의 변화를 예상해보고 선제적이고 능동적인 대응 전략 가운데 실행 가능한 전략은 무엇이며 이를 어떻게 수립할 것인지를 기술하려 한다.

2012년 영국의 트루코스트 사와 KPMG는 11개 산업(자동차, 항공, 음료, 화학, 식료품, 금속, 해운, 석유, 가스, 광업, 정보 통신 등)을 대상으로 기후변화에 따라 예상되는 환경 비용 증가량을 추산한 바 있다(KPMG, 2012a). 그 결과 대략 2002년 5660억 달러에서 2010년 8050억 달러로 약 50%가 증가했으며 향후 14년마다 2배씩 증가할 것으로 예상되었다. 이는 기업으로서 커다란 재무적 위험이 아닐 수 없다. 이미 식품 생산업, 전력 산업, 석유·가스 산업 등은 환경 비용이 영업 이익을 대폭 초과한 것으로 나타나고 있었다. 환경 비용에서 비교적 자유로울 것 같은 정보통신 산업도 영업 이익 대비 25%를 환경 비용에 지불하고 있었다. 문제는 지금은 환경 비용 부담이 산업별로 차이를 나타내고 있지만 향후 장부 외 비용으로 인식되는 환경 비용까지 지불할 경우 환경 비용이 전 산업에 걸쳐 1달러 수익의 41%에 이를 것으로 예측된다는 데 있다(KPMG, 2012b). 적절한 대비책을 갖추지 못할 경우 수익성 악화로 사업을 접어야만 하는 기업이 속속 등장할 것이다.

따라서 환경 비용을 줄이면서 동시에 신기후체제에 적응하는 것이 기후변화 대응 전략의 핵심이다. 그렇다면 주요 산업별로 현재 놓인 전략적 위치는 어떠할까? 먼저 자동차 산업의 경우 지난 10년간 배출가스 저감 노력과 전기차·하이브리드차 상용화에 투자를 아끼지 않은 결과 탄소 배출량을 크게 줄일 수 있었다. 자동차 산업은 최근 도입되고 있는 각국 정부의 엄격한 배기가스 규제 도입과 시행에도 기민하게 대응하고 있는 편이어서 신기후체제에 대한 적응 역시 무난할 것으로 기대된다. 그러나 기후변화가 가져오는 도시 집중화, 교통 체증을 해결할 새로운 개념의 교통 인프라, 친환경 도시 계획은 자동차에 대한 소비자의 인식을 변화시키고 있어 대비가 요구된다(셀러스, 2016). 자동차가 소유가 아닌 이동 수단으로 개념이 변하고 있는 것도 주목할 만하다. 단지 환경오염을 경감하는 데 그치지 않고 신개념의 자동차 개발에 적응하지 않으면 안 되는 시점에 와 있는 것이다.

석유·가스·화학 산업의 경우 온실가스 감축과 에너지 효율성은 많이 진보하고 개선되어 환경 비용 증가율을 낮추는 데는 진전을 보였으나 신기후체제에 적응하는 데 대해서는 다소 부정적인 시각이 많다. 이들 산업은 기본적으로 온실가스 관련 규제에 취약하기 때문이다. 이들 산업은 생산·운영에서 에너지 의존도가 크다는 특성을 지니고 있으며 수요가 급증할 경우 에너지 의존도 역시 증가할 수밖에 없기 때문이다. 최근 동남아시아, 중국, 인도 등 신흥국을 중심으로 에너지 확보 경쟁이 심화되고 있는데 이 국가들이 셰일가스 등 새로운 에너지자원 확보에 나설 경우 이들 기업의 에너지 의존도는 더욱 증가할 것이다. 문제는 신기후체제에서 더욱 강화될 에너지 사용의 규제나 세금이 에너지 의존도가 높은 이들 기업의 수익성을 더욱 악화시킬 수 있다는 데에 있다(김성우·오정열·김형찬, 2012; Lowitt, 2014). 탄소 배출량의 규제 강도에 만족할 만큼 탄소량을 감소하기가 쉽지 않기 때문이다. 특히 세계 온실가스 배출의 5%를 차지하는 화학산업의 경우 추가적인 온실가스 감축 규제 압력이 수익성에 큰 타격을 입힐 것으로 우려된다(KPMG, 2012a). 따라서 신기후체제하에서 이들 산업은 생산 공정의 혁신, 원료의 다각화, 에너지 사용의 효율성에 더욱 노력을 기울여야 한다. 에너지 포트폴리오를 다변화하고 에너지 공급 부족에 시달리는 13억 인구의 에너지 접근성을 개선하는 것이 신기술 개발과 수익 창출의 기회가 된다는 인식의 전환이 필요하다.

신기후체제에서 가장 우려되는 분야는 식품 생산업이다. 전 세계 온실가스 배출의 약 30%가 이 산업군에서 발생하고 있기 때문이다. 가축 사육에 필요한 산림 개간, 농장 면적의 증가는 탄소 저장량을 축소시키며, 가축의 장내 발효와 분뇨는 온실가스를 더욱 증가시킨다(KPMG, 2012a). 그뿐 아니라 생산 활동에 필요한 물 자원, 가축 사육 및 사료 재배를 위한 필요 자원의 규모도 방대하다. 국제식량기구는 인구 증가, 신흥국 중산층의 확대에 따라 전 세계 농산물 생산에 필요한 물 자원을 40~100%가량 추가 확보할 것을 권고하고 있다. 이뿐 아니다. 농산물은 폭염, 한파, 폭우 등의 이상 기후 등에 매우 민감하므로 농산물의 생산량이 점진적으로 감소할 것으로 예상된다. 각국 정부의 온실가스 규제가 더욱 강화될 분야 역시 식품 생산업이라고 할 수 있다. 그럼에도 유니레버나 네슬레 등 일부 글로벌 기업을 제외한 대다수의 기업은 마땅한 대응 전략이 부재한 상황이다. 따라서 식품 생산 관련 기업은 기후변화 예측에 더 많이 투자하고 공급망 관련 경쟁력을 확보하는 데 더 큰 역량을 발휘해야 한다. 수송 산업의 경우 국가 간 물류 수송에 대한 개별 규제 도입이 잠재적 비즈니스 위협으로 부각됨에 따라 정책 결정자들이 통일된 정책을 수립할 수 있도록 기업 간 긴밀한 협력과 영향력의 행사를 고려해야 한다. 산업재·소비재 산업의 경우 에너지 수급 불안정, 물 자원 부족, 정부 규제 강화 등으로 많은 어려움이 예상된다. 또한 재활용, 원가 절감 등 생산 공정의 지속적인 혁신이 요구되며 지속가능 경영이 다른 어떤 산업보다 쟁점화될 전망이다. 따라서 능동적인 리더십으로 브랜드를 강화할 수 있는 전략이 요구된다.

대략적으로 살펴본 핵심 산업의 경우 대다수의 기업은 이산화탄소 배출량을 줄이기 위한 그동안의 노력이 일정 수준 성과를 보이고 있다. 그러나 신기후체제하에서 더욱 엄격히 적용될 각종 환경 규제에 기민하게 대응하기 위한 전략 마련에는 아직 미진한 상태임을 확인할 수 있다. 기존의 에너지 사용을 줄이면서 생산량을 늘리는 전략을 마련하고 실행하는 것이 쉽지 않기 때문이다. 그럼에도 글로벌 기업의 리더들은 이러한 난관을 지속가능한 성장의 기회로 인식하고 단기 성과보다는 장기적인 관점에서 소비자의 니즈를 충족하는 방향으로 전략을 수정해야 한다.

그렇다면 신기후체제하에서 글로벌 기업의 리더가 취해야 하는 능동적인 대응 전략은 무엇인가? 첫째, 해당 기업이 직면할 리스크가 무엇인지 파악해야 한다. 신기후체제에서 기업은 제도적 리스크, 시장 리스크, 기업 이미지 훼손 같은 사회적 리스크에 직면할 개연성이 높아지므로 이에 대한 대비가 필요하다(이수열·황호송, 2008; 김종대 외, 2015). 제도적 리스크는 우선적으로 엄격한 탄소 배출 기준의 적용 및 배출권거래제도(Emissions Trading

System: ETS)의 활성화와 관련 있다. 그동안 미온적이었던 미국뿐 아니라 중국 등 최대 이산화탄소 배출국들이 잇달아 이산화탄소 배출량 제한안을 마련하고 온실가스 할당량을 부여한 뒤 초과분과 부족분을 거래하게 하는 배출권거래제도를 시행하기로 했으며, 2015년 파리에서 열린 UN기후변화협약에서는 탄소에 가격을 부과하기까지 이르렀다. 궁극적으로 온실가스 배출 권리를 사고파는 행위가 활성화된다는 것은 온실가스 감축에 대한 기업의 재량권이 더욱 커진다는 뜻이다. 따라서 이 재량권을 기민하게 활용하지 못한다면 온실가스 감축과 배출권 구매 중 더 효율적인 최선의 선택을 하지 못할 수도 있다.

시장 리스크는 기술혁신에 기인하는 경우가 많다. 기후변화로 인해 각 산업마다 에너지 효율, 신에너지 개발 등 환경 친화적인 기술 개발과 혁신에 열을 올리고 있다. 자연과 환경을 고려하지 않은 기술은 도태되고 소비자들에게도 외면받을 것이다. 도요타는 적자를 감수하면서까지 선도적으로 친환경 하이브리드 기술을 개발했고 2013년 마침내 프리우스를 시장에 선보였다. 이를 계기로 하이브리드 자동차 시장에서 압도적 1위를 달성했고 기업 이미지를 제고하는 데 크게 기여했다. 반면 이 같은 트렌드를 읽지 못한 미국의 GM은 대형차와 SUV만 고집하다가 소비자의 외면을 받고 있다. 기업의 이미지 훼손이 가져오는 사회적 리스크 역시 과거에 비해 높아지고 있다. 특히 소비재 산업 기업들은 환경오염에 대해 매우 민감한 소비자들의 반응을 항상 예의 주시해야 한다. 투자자들 역시 기후변화에 대한 기업의 대응과 성과를 투자의 주요 지표로 간주하고 있어 자칫 부적절하고 미숙한 환경 대응은 여론에 부정적인 인상을 주는 것은 물론 재무성과에도 악영향을 미칠 수 있다. 신기후체제하에서 모든 기업은 제도·시장·사회로부터 발생하는 환경적 리스크 강도가 더 커지고 심해진다는 것을 인지해야 한다. 예상되는 리스크가 명확해지면 이를 대비할 경우 어떠한 이득으로 돌아올지를 파악하고 이를 전사적으로 공유해야 한다. 성공적인 리스크 대비는 예방과 비용 절감의 차원을 넘어 혁신이나 구조 조정의 기회로도 작용한다. 또한 해당 기업의 시장 경쟁력을 강화하고 우호적인 이미지와 평판 등 비재무적 가치를 증대시키는 핵심적인 역할을 할 수도 있다. 이 같은 이점이 있으므로 리스크 대비가 전사적으로 공유될 때 비로소 리스크를 상쇄시킬 기후변화 대응 전략의 범위와 수준을 폭넓게 논의할 수 있다.

둘째, 기후변화에 적응하고 리스크를 줄여나가기 위한 대응 전략의 범위와 수준을 수립해야 한다(Schwartz, 2007). 이 부분의 핵심은 신기후체제와 기후변화로 인한 리스크가 어떤 부분(예를 들면, 제도적·시장적 또는 사회적 규범)에서 발생할지 예상 항목을 파악하고 이를 완화하기 위한 전략적 행동을 취하는 데 있다. 즉, 예상되는 리스크를 대상화해 이를 사전에 최소화하는 행동을 취하는 것이 기후변화 대응 전략인 셈이다. 기후변화 리스크를 전략적으로 최소화하는 행동 방안은 산업별로 다양하게 논의될 수 있으나 공통적으로 짚어볼 방안으로 사업 관리 개선, 기업 가치사슬 활동 재구성, 비상 시 의사 결정 체계 수립, 기술 개발 등에 주목해볼 만하다.

사업 관리 개선 방안은 기후변화로 인한 물리적 피해를 최소화하려는 계획을 뜻한다(Hoffmann and Woody, 2008). 신기후체제하에 탄소 배출 규정과 제도가 더 엄격히 시행된다 하더라도 그동안 축적되어온 지구온난화 현상은 관성적으로 한동안 지속될 것이다. 따라서 홍수, 가뭄 등의 자연재해로 인한 생산 설비의 피해에 대비하는 전략을 기본적으로 마련해야 하며, 부지 이동과 기상 이변에 대비한 금융 보장 범위의 확대 등도 모색해야한다. 기후변화로 야기된 세계 모든 지역의 요소 자원, 상품 수요의 변화, 개도국의 노동 생산성과 생산 과정에 차질이 생기므로 기업의 가치사슬 활동도 반드시 재구성해야 한다(Kolk and Pinkse, 2005; Porter and Reinhardt,

2007). 이들의 안전과 위생 보장에 필요한 비용도 증가한다. 기상 이변은 소비자의 계절별 수요 패턴에도 변화를 일으킨다. 이를 감안할 때 변화된 소비자 시장과 요소 자원 시장에 적응할 수 있는 새로운 글로벌 가치사슬 체계를 구축하지 않으면 안 된다. 특히 신기후체제하에서 교통, 에너지 공급 등 기업 활동에 관계된 대규모 인프라 공공사업이 진행될 것을 감안할 때 새로 구성될 환경에 적합한 가치사슬을 재설계하는 일은 필수적이다. 비상사태에 대비한 의사 결정 체계란 기후, 질병, 수송 등 기본적으로 경영 활동에 연관된 비상사태에 어떻게 대처할 것인가에 대한 체계를 뜻한다(Schwartz, 2007). 대응이 미흡할 경우 직원들의 업무 의욕 상실, 사기 저하, 근무 기피 등이 기업 전반의 생산성 저하로 나타날 수 있다.

마지막으로 신기후체제와 기후변화에서 생존할 수 있는 기술 개발에 힘써야 한다. 이를 위해서는 에너지 지원을 효율적으로 활용하고 기술을 개발해야 한다. 특히 식량 자원 산업, 수자원 산업 등에 기술 개발을 촉진해 취약 지역에 공급 지원을 확대하고 해당 산업의 경쟁력을 확보해야 한다. 신재생에너지 산업으로의 진출은 기업의 새로운 먹거리를 제공하는 차원에서 적극 고려되어야 한다. 기후변화에 적응할 수 있는 기술을 제공하거나 이용하는 것 역시 해당 기업과 제공 기업 모두에 이익이 되는 기술 혁신이자 신시장 창출이다. 현재 IT, 금융 보험, 기상 정보 회사 등이 리스크 관리 회사로서 다양한 기업에 기후변화 리스크 관리 서비스를 제공하고 있다. 시스코 시스템스(Cisco Systems)는 이해관계자 간의 네트워크나 플랫폼 구성을 통해 기후변화에 집단적으로 대응해 자원 보존, 물 부족, 자원 개발 및 보존을 일괄적으로 해결할 수 있는 프로그램을 개발하고 있다. 이들의 기술과 서비스를 활용하는 것도 효과적인 기후변화 대응 전략이 될 수 있다.

6. 결론

이 글은 신기후체제하에서 글로벌 기업에게 기후변화가 갖는 의미와 이에 대한 대응 방안 및 전략적 대안이 무엇인지를 제시하는 데 목적을 두었다. 이를 위해 글로벌 기업의 관점에서 기후변화와 신기후체제의 의미를 살펴보고 신기후체제가 다양한 산업 분야에 어떠한 영향을 미칠지 산업구조 변화와 대응 방안을 기존 연구와 사례를 통해 기술했다. 구체적으로는 광범위한 산업 전반에서 기후변화에 대응할 수 있는 실행 가능하고 선제적인 기업 수준의 전략을 어떻게 수립하고 활용할지, 또한 이를 통해 기대할 수 있는 효과는 무엇인지를 살펴보았다.

신기후체제하에서 기업의 대응은 단지 온실가스 배출 감소, 에너지 효율 제고 등 온난화 현상 완화에 동참하는 수준에 그쳐서는 안 된다. 오히려 신기후체제를 기존 산업 패러다임의 전환점으로 인식해 새로운 사업 기회를 모색하고 차별화를 꾀하는 기회로 삼아 적극적으로 전략적 대응을 마련해야 한다. 이것이 지속가능 경영의 핵심이 될 것이다. 아쉽게도 학문적인 연구는 여전히 온실가스 배출을 감소시키는 데 머물러 있을 뿐, 기후변화에 대응하는 전략과 이를 기업 가치 제고에 활용하는 방안에 대해서는 커다란 진전이 없다. 따라서 이 장에서는 우선적으로 산업 전반에 미칠 파급 효과와 기후변화를 효과적으로 관리해 기업 가치를 극대화할 수 있는 전략 수립 및 실행에 대한 기본적인 고려 사항을 언급했다. 이 글이 글로벌 기업들이 향후 기후변화의 위험을 효과적으로 관리하고 대응하는 데 지침이 되기를 기대한다.

신기후체제와 강대국의 에너지 안보

08 신기후체제하 미국의 기후-에너지 안보에 대한 정책 분석 및 전망

김효선

1. 서론: 유가 급락과 신기후체제 이후 도래한 새로운 글로벌 에너지 다이내믹스

국제 원유 시장은 실물 경제에 기반을 두고 있지만 금융시장의 불확실성을 흡수하는 데에는 취약한 구조를 가지고 있다. 따라서 유가의 변동성은 시장의 불확실성을 대변하는 프록시(proxy)로 활용된다. 이러한 차원에서 글로벌 경제를 주도하는 주요 에너지 상품 가격과 기후 정책과 관련한 주요 경제 지표를 비교하면, 〈표 8-1〉과 같이 2014년과 2016년이 극명한 대조를 보인다. 2014년 11월은 2015년 경제 전망을 위해 유가에 대한 관심이 고조될 시기인 데다 유가가 배럴당 100달러를 상회할 것인지 아닌지에 관심이 집중되었었다. 이와는 대조적으로 2016년 2월에는 유가가 2014년 11월의 1/3 수준인 배럴당 30달러를 기준으로 하락할 것인지 아니면 반등할 것인지가 관건이었다. 이렇게 유가를 비롯한 에너지 가격은 2014년 11월 대비 크게 하락했지만, 온실가스 규제에 대한 시장 메커니즘 중

<표 8-1> 2014년과 2016년의 에너지 인덱스 비교

주요 거래 상품	2014년 11월	2016년 2월
브렌트유	91.75달러/bbl	33.56달러/bbl
미국 서부텍사스중질유(WTI)	88.58달러/bbl	30.94달러/bbl
미국 헨리허브 가스	3.93달러/MMBTU	1.93달러/MMBTU
중국 석탄	65.95달러/톤	42.55달러/톤
ICE 유럽배출권(EUA)	5.74유로/tCO$_2$	5.81유로/tCO$_2$(8.45유로/tCO$_2$)
ICE 청정개발체제 감축 크레디트(CER)	0.11유로/tCO$_2$	0.63유로/tCO$_2$(0.63유로/tCO$_2$)

주: 괄호 안은 2015년 11월 거래가격임.
자료: 블룸버그 ICE 거래가격(2016.2.3).

하나인 배출권 가격을 보면 유럽배출권(EU Allowance: EUA)은 물론 청정개발체제 감축 크레디트(Certified Emissions Reductions: CER)[1] 또한 상승세에 있다. 물론 기후변화협약 당사국총회를 앞둔 11월보다는 하락한 가격이지만 2014년보다는 높은 가격을 유지하고 있다. 특히 CER은 2014년보다 6배 가까이 가격이 상승함으로써 배출권 시장의 연속성에 대한 지지대 역할을 하고 있다.

2016년 2월 기준, 유가는 WTI 기준 배럴당 33.56달러로, 1999년의 유가와 가장 근접한 수준을 기록했다. 즉, 현가로 계산하면 역사상 유례가 없는 저유가 시대가 도래했다는 얘기다. 그럼에도 미국이 유가를 중심으로 한 에너지 안보를 가장 중요한 정책 쟁점 중 하나로 다루는 이유는 에너지 가격의 변동성이 자국 내 경제는 물론 군사, 외교, 정치, 사회에 미치는 파급 효과가 광범위하기 때문이다.

그뿐 아니라 신기후체제는 교토체제와 달리 선진국 중심의 배출권 거래가 아닌 글로벌 탄소 시장이 탄생하는 것을 의미하므로 미국도 여기에

---

1 유럽배출권 가격과 청정개발체제 감축 크레디트 가격은 영국 상품거래소 ICE의 2016년 3월 만기 물량에 대한 선물 가격이다.

서 예외가 될 수는 없다. 물론 신기후체제에 대한 합의문 자체의 법적 형태가 불분명한 상황이라 법적 구속력에 대한 불확실성이 남아 있다.[2] 그러나 법적 구속력이 없는 합의가 될지라도 당사국총회의 결정은 국가들의 행위에 영향력을 발휘하는 등 연성법(soft law)[3] 성격을 지닐 것으로 국제법 전문가들이 전망하고 있다. 특히 신기후체제에 대해 미국은 과거 교토의정서에 대한 태도와 달리 중국과 기후변화에 관해 공동 대응하기로 전격 합의하는 등 2025년까지 2005년 배출량 대비 26~28%를 감축하겠다는 계획을 발표했다. 이는 지난 2001년 부시 정부가 미국의 사회적 비용 부담, 개도국 감축 의무 배제, 의미 있는 감축 목표 수립의 실패 등을 이유로 교토의정서에서 탈퇴한 것과는 극명한 대조를 보인다.

이렇게 미국정부가 기후체제에 대해 선회한 배경으로는 정하윤·이재승(2012)이 지적한 바와 같이 미 행정부의 기후 정책과 에너지 정책에 대한 기본적인 큰 틀의 변화를 들 수 있다(〈그림 8-1〉참조). 오바마 정부는 과거 클린턴 정부와 같은 민주당 정권에 기반을 두고 있지만 더욱 시장 중심적인 정책 기능에 역점을 두고 있다. 또한 신재생에너지 보급과 동시에 석탄 사용을 규제하는 강제적 에너지원의 다변화를 꾀하면서 에너지 가격의 안정성보다는 공급 안정성에 힘을 실어주고 있다. 그 이유는 셰일가스의 영향으로 석유를 대체하는 효과가 과거 대비 긍정적이기 때문이다. 즉,

---

2   신기후체제에 대한 합의문의 법적 형태는 기후변화협약과 교토의정서의 관계 설정에 따라 달라질 수 있다. 예를 들어 의정서 또는 법적 문서로 채택될 경우 법적 구속력이 발휘될 수 있다. 그러나 신기후체제가 UN기후변화협약을 대체할 가능성은 낮으며 대신 교토의정서와 동등한 형태를 취하거나 교토의정서를 대체할 수 있다. 가장 유력한 방안은 마라케시 합의문(2001년 제7차 당사국총회 합의문)과 같이 총회 결정으로 법적 구속력을 발휘하는 것이다.

3   준법률문서(quasi-legal instrument)를 지칭한다. 연성법이라고 해서 법직 구속력이 전혀 없는 것은 아니며 국제 입법 과정의 산물은 아니지만 준입법 과정(quasi-legislation process)에 속한다고 보는 것이 현실적인 인식이다.

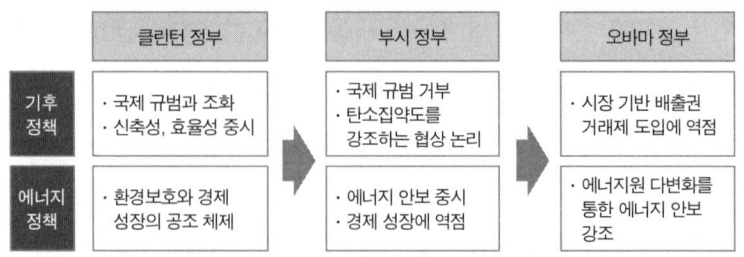

〈그림 8-1〉 미 행정부의 기후 정책과 에너지 정책의 변화

	클린턴 정부	부시 정부	오바마 정부
기후 정책	· 국제 규범과 조화 · 신축성, 효율성 중시	· 국제 규범 거부 · 탄소집약도를 강조하는 협상 논리	· 시장 기반 배출권 거래제 도입에 역점
에너지 정책	· 환경보호와 경제 성장의 공조 체제	· 에너지 안보 중시 · 경제 성장에 역점	· 에너지원 다변화를 통한 에너지 안보 강조

자료: 정하윤·이재승(2012).

에너지원 간의 상대 가격을 고려할 때 셰일가스의 등장이 연료대체를 용이하게 해줌으로써 전반적으로 감축 비용을 줄여주는 효과를 가져왔기 때문이다.

전 세계 온실가스 배출량 중 미국과 EU의 배출량이 과거 대비 감소하고 있는 것도 미국이 지난 정부 대비 기후 정책에 더욱 적극적으로 대응하는 배경으로 작용한다. 〈그림 8-2〉는 바로 이러한 현상을 보여주는 단면으로, 미국과 중국의 배출 추이가 극명한 대조를 이루고 있다. 즉, 셰일가스 수혜를 누린 미국이 온실가스 배출량이 급증하는 중국과 신기후체제에 공동 대응키로 한 것은 단지 정치적인 합의만 의미하지는 않는다는 얘기다. 중국은 셰일가스 매장량이 미국 다음으로 많다. 결국 미국은 중국으로 셰일가스 개발 관련 기술을 이전할 것을 염두에 두고 있고, 중국은 온실가스 감축을 셰일가스로 실현한다는 수혜를 기대하는 것이다.

이와 같이 미국의 에너지 정책과 기후 정책은 에너지원의 다변화와 공급원의 다변화를 통한 에너지 안보에 근간을 두고 있다. 단지 1980년대와 1990년대의 석유 위기를 경험할 때의 에너지 안보와 다른 점은 글로벌 경기 침체로 인해 달러 강세가 더욱 심화되었다는 점이다. 즉, 유가가 미시적 차원의 에너지 비용 상승 또는 감소를 뛰어넘어 주요 거시경제 지표로 자리매김함에 따라 달러화 대비 신흥국들의 환율 변동성이 글로벌 경제

〈그림 8-2〉 미국과 중국의 에너지 기반 온실가스 배출량 추이

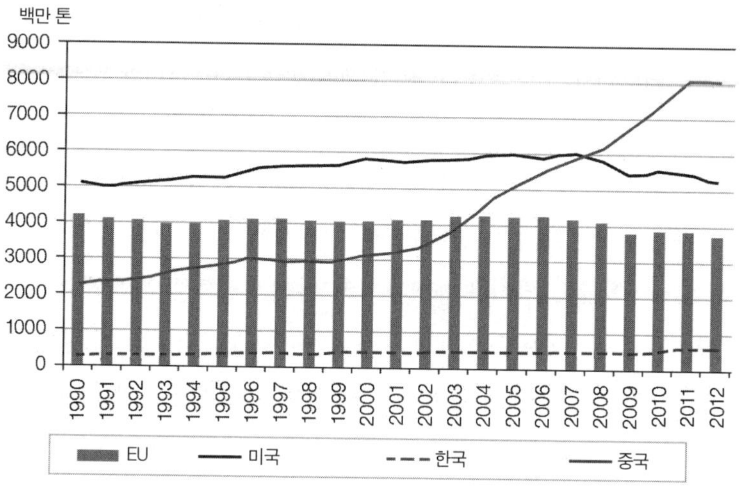

자료: IEA(2015a).

의 기초 체력을 악화시키는 요인으로 작용하고 있다. 이러한 맥락에서 오
바마 행정부는 2011년 12월 국무부 내에 에너지자원국(Bureau of Energy
Resource)을 신설하는 등 에너지 협력 외교를 추진하고 있다.

이 글에서는 미국의 기후 정책과 에너지 정책 동향을 통해 미국 에너지
안보 전략을 분석하고 국내 에너지 협력 기반을 구축하는 데 필요한 외교
적 차원에서의 시사점을 도출해보려 한다.

2. 에너지 안보의 경제사회적 의미

1) 정치·경제적 의미의 에너지 안보

에너지 안보의 정치·경제적 의미는 미시적 접근과 거시적 접근으로 나

닌다. 뵈링거와 보톨라메디(Böhringer and Bortolamedi, 2015)가 제시한 에너지 안보 지표에는 1차 에너지에 대한 의존도, 1차 에너지 수입 의존도, 에너지 수송 방식에 대한 의존도 등이 제시되어 있다. 이러한 지표는 미시적 접근에서 에너지 안보를 1차 에너지 수입 비용과 수송에 따른 리스크로 정량화했다는 데 의의가 있다. 반면 공급과 관련한 에너지 안보는 매장량 자체의 증감과 추가 공급이 탄력적인지에 따라 달라질 수 있다. 이러한 미시적인 접근 방식은 에너지 안보 위협 요인으로 인해 에너지 비용이 상승하고 궁극적으로는 생산 비용이 증가하므로 자국의 경쟁력 저하에서 그 효과가 제한된다. 그러나 에너지 안보에 대한 재해석은 달러 약세 또는 달러 강세로 이어지는 파급 효과, 즉 글로벌 경제에 미치는 영향에 더 큰 비중을 둔다. 따라서 이 글에서는 미시적 접근과 거시적 접근 방식을 통해 미국의 에너지 안보 위협 요인과 파급 효과의 인과관계를 설명하려 한다.

미시적 접근 차원에서의 미국의 에너지 안보는 공급 안정성과 가격 안정성에 주안점을 둔다. 미국은 에너지 집약적인 산업구조를 가진 세계적인 에너지 다소비 국가로서, 화석연료 의존도가 높으며, 대부분의 화석연료를 해외 수입에 의존하고 있다. 따라서 에너지 비용이 에너지 수입원에 따라 크게 좌우되는 구조를 안고 있다. 이는 에너지 안보가 자국의 경제에 미치는 영향이 직접적임을 의미한다.

미국의 공급 안정성 차원의 에너지 안보는 글로벌 에너지 시장의 매장량 추이와 더불어 자국 내 유가스전의 매장량에 따라 변화한다. 『BP 에너지 전망 2035(BP Energy Outlook 2035)』(2015)의 석유 매장량 추이에 따르면, 〈그림 8-3〉과 같이 1980년대 석유 파동 이후 유전 개발에 대한 투자가 급증한 이후 완만한 증가세에 있다. 특히 북미 지역의 유전 개발 투자 증가세는 2000년을 기점으로 크게 두드러진다. BP(2015)에 따르면, 2035년에

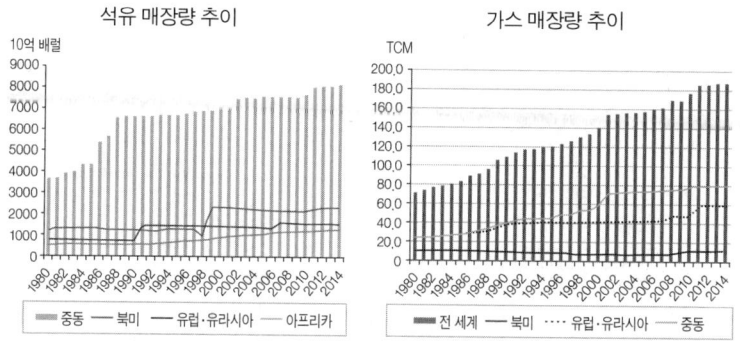

〈그림 8-3〉 세계 석유 매장량 및 가스 매장량 추이

석유 매장량 추이

가스 매장량 추이

는 세계 원유 시장의 1/3을 미국, 러시아, 사우디아라비아가 공급할 것으로 전망되고, 이러한 추세가 지속될 경우 미국은 2021년에 에너지 자급자족이 가능할 것으로 전망된다. 한편 OPEC이 원유 시장에서 차지하는 시장 점유율은 2013년과 비슷한 수준인 40%를 2035년까지 유지할 것으로 보인다.

이와 달리 천연가스 매장량은 북미에서 셰일가스 붐이 일었음에도 러시아와 중동의 매장량이 73.8%(2014년 기준)에 달한다. 특히 천연가스는 석유와 달리 배관망 및 저장 설비 등 역내 인프라가 충분히 마련되어야 공급 안정성이 보장된다. 북미 지역은 파이프라인 설치에 따른 정치적 리스크가 상대적으로 낮은 편이다. 따라서 북미 지역의 천연가스 공급 안정성은 다른 지역에 비해 양호한 편이다.

〈그림 8-4〉에 제시한 석유와 천연가스의 세계 교역량으로 미국의 공급 안정성을 살펴보면, 천연가스 공급 안정성이 석유의 공급 안정성 대비 우수한 것을 알 수 있다. 즉, 석유 교역량을 보면 미국은 아직 중동과 북아프리카로부터의 수입에 의존하고 있다. 이는 절대적인 물량 공급은 물론, 추가적인 공급 여력도 천연가스에 비해 떨어짐을 의미한다. 이로 인해 미국

<그림 8-4> 2014년 세계 석유 교역량 및 가스 교역량 비교

석유 교역량   가스 교역량

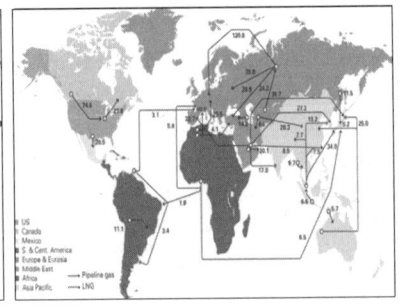

의 에너지 안보는 석유 공급원의 다변화 전략에 초점을 맞추고 있음을 유추할 수 있다.

〈그림 8-4〉가 시사하는 바는 에너지 패권이 아직도 러시아와 중동에 집중되어 있다는 점이다. 이는 미국정부가 단지 자국의 에너지 공급 안정에만 초점을 맞출 수 없는 이유이기도 하다. 사실 2009년 발생한 우크라이나 사태만 하더라도 러시아에 천연가스 매장량이 없었다면 일어나지 않았을 정치 상황이다.

물리적인 매장량과 달리 가격 변동성은 또 다른 에너지 안보의 척도다. 유가의 변동성은 다양한 원인과 경로를 통해 세계경제로 파급된다. 과거 1980년대와 1990년대에 발생한 석유 파동을 중동 지역의 정치 리스크가 주도했다면 2000년대 후반에 급격하게 유가가 상승한 것은 미국발 금융위기가 원인이었다. 이와 대조적으로 최근의 저유가 현상은 유럽의 재정위기 이후 지속되고 있는 저성장 기조가 OPEC 산유국 간의 갈등과 서방의 러시아 제재 등 국가 또는 지역 간 역학관계가 맞물려 발현되고 있다. 따라서 과거와 달리 매우 복잡한 양상을 보여주고 있다. 게다가 최근 저유가는 달러 강세가 주도한다고 해도 과언이 아니다.

가격 안정성 차원의 에너지 안보는 유가가 대부분 에너지 계약의 가격

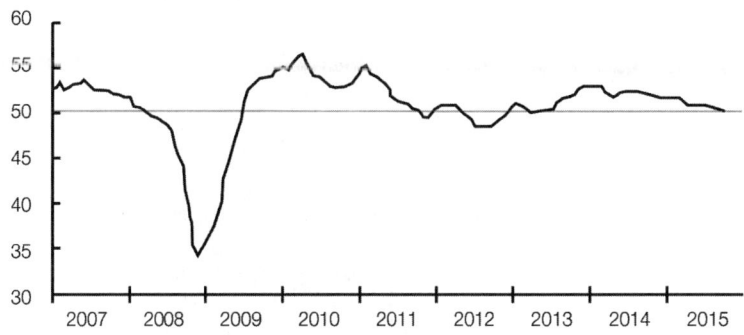

〈그림 8-5〉 글로벌 제조업 경기의 PMI 동향

자료: J. P. Morgan(2015).

공식에 포함되고 결제 시스템이 달러화라는 태생적 문제에서 출발한다. 특히 에너지원 중 가격 변동성이 가장 큰 천연가스의 경우 장기 계약을 체결할 때 가격 공식이 원유와 이자율에 연동하는 구조를 가지고 있어 거시적인 분석이 수반되어야 한다. 즉, 석유와 천연가스를 수입하는 국가는 물론 수출국 또한 유가의 변화에 민감할 수밖에 없다. 물론 천연가스 수출국 입장에서도 유가와 환율이 가장 큰 시장 리스크로 작용한다.

여기에 IEA(2015b) 등에서 미국이 사우디아라비아를 제치고 최대 원유 생산국이 될 것이라는 전망을 발표하면서 에너지 정세에 미치는 미국의 영향력은 점차 확대될 전망이다. 게다가 미국의 경우는 11월 기준으로 제조업 경기 PMI가 48.6으로 2009년 6월 이후 약 6년 만에 최저 수준을 기록하면서 글로벌 경기 회복을 기대하기 어렵게 만들고 있다(〈그림 8-5〉 참조). 그럼에도 미국 연방준비제도의 금리 인상이 기정사실화됨에 따라 금 값 등 원자재 가격 하락이 이어지고 있다.

미국이 경기가 불안한데도 금리 인상을 확정한 이유는 유럽이 추가 상적 완화를 발표함에 따라 세계 금융 시장이 통화 정책 면에서 비정상적으

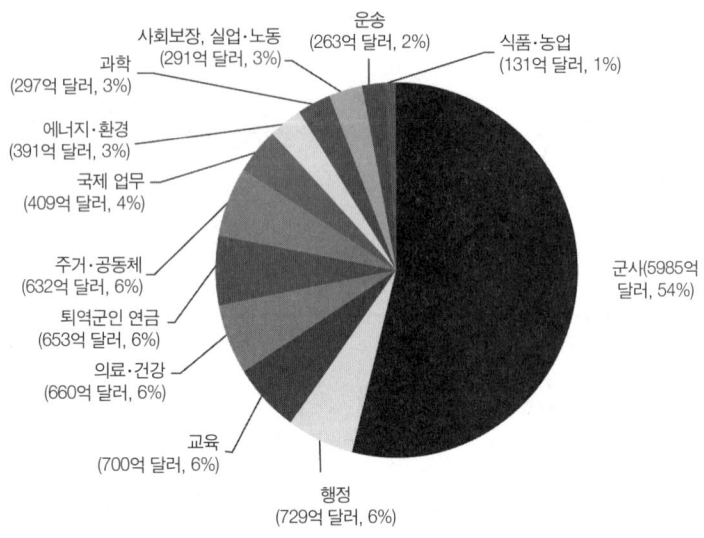

〈그림 8-6〉 2015년 미국의 공공 부문 재정 구성

운송
(263억 달러, 2%)

사회보장, 실업·노동
(291억 달러, 3%)

식품·농업
(131억 달러, 1%)

과학
(297억 달러, 3%)

에너지·환경
(391억 달러, 3%)

국제 업무
(409억 달러, 4%)

주거·공동체
(632억 달러, 6%)

퇴역군인 연금
(653억 달러, 6%)

의료·건강
(660억 달러, 6%)

군사(5985억
달러, 54%)

교육
(700억 달러, 6%)

행정
(729억 달러, 6%)

로 성장할 가능성이 우려되기 때문이다. 즉, EU와 대조적인 정책을 시도
해서라도 세계경제를 정상화하는 데서 미국의 리더십을 놓지 않겠다는
의지가 깔려 있는 것이다. 이는 에너지 안보 면에서 볼 때 미국이 달러를
무기로 에너지를 보유하고 있는 신흥국들을 제어할 폭이 확대됨을 의미
한다.

2) 군사·외교적 의미의 에너지 안보

미국의 에너지 안보는 자국 산업의 경쟁력은 물론 군사력에도 영향을
끼친다. 이러한 단면을 보여주는 통계가 바로 미국 국방부의 예산 규모와
구성이다. 〈그림 8-6〉은 2015년 미국정부의 공공부문 예산 구성을 보여
준다. 즉, 연방정부 차원에서 사용하는 예산 중 54%는 군사가 차지하며
그 규모가 6000억 달러에 이른다. 이와 같이 에너지 안보는 미국의 정치

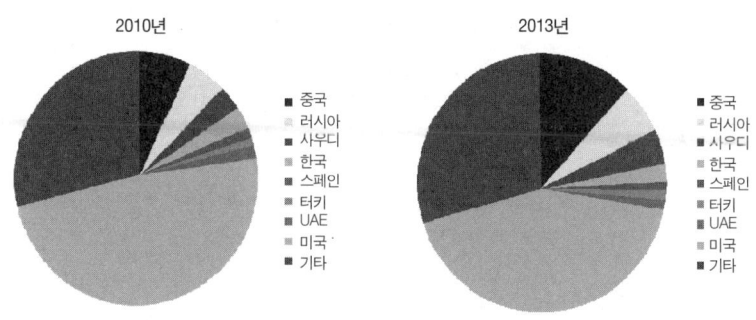

〈그림 8-7〉 전 세계 국방비 중 미국이 차지하는 비중 변화

경제적 쟁점과 군사 안보적 쟁점이 복합적으로 맞물린 국정 우선 과제라 할 수 있다.

오바마 정부의 에너지 관련 외교 정책은 앞에서 언급한 것처럼 OPEC 중심이었던 국제 원유 시장에서 미국을 비롯한 다양한 시장 참여자들의 비중이 증가함에 따라 중동과 관련한 지정학적인 쟁점의 비중을 줄이는 효과를 가져왔다. 이는 오바마 정부가 시장 중심적인 정책을 에너지 정책이나 기후 정책에 적용한 결과다. 그러나 그렇다고 해서 군사 외교 차원에서의 미국의 지배력을 포기했다는 것은 아니다. 즉, 대외 환경에 덜 의존적인 에너지 안보 정책을 강조함으로써 외교적인 부담을 줄이는 효과를 가져왔다고 평가할 수 있다.

특히 부시 정부가 선제공격론의 이데올로기적 토대를 마련했다면 오바마 정부의 외교 정책은 "우리가 제일 좋은 망치를 갖고 있다고 세계의 모든 문제를 못으로 봐서는 안 된다"라는 표현으로 함축된다. 그럼에도 현재 미국을 비롯한 전 세계가 처한 상황은 IS 테러 등 중동 지역의 정세와 분리될 수 없는 정치 외교적 문제에 직면해 있다. 이를 반증하는 것이 오바마 정부에 와서도 미국이 전 세계 국방비에서 차지하는 비중이 여전히 세계 1위 자리를 차지한다는 사실이다(〈그림 8-7〉 참조).

〈그림 8-8〉 미국과 중국·러시아가 군사 목적으로 지출한 비용 추이(1995~2015년)

지난 20년간 미국의 국제적 군사 분담비용

미국이 20년간 소비한 군사적 분담비용 경비의 중간 값(41.48%)

44.50%

38.95%

34.92%

지난 20년간 중국·러시아의 국제적 군사 분담비용

중국·러시아가 20년간 소비한 군사적 분담비용 경비의 중간 값(8.06%)

17.22%

3.53%

그러나 〈그림 8-8〉에서 보는 것과 같이 중국과 러시아의 국방비 비중이 최근 5년 사이 급격히 증가한 것과는 대조적으로 미국의 국방비는 감소 추세에 있다.

3. 미국의 지역별 기후 - 에너지 안보 차원의 외교 정책 변화 및 특징

1) 미국의 에너지 안보 리스크 지수 및 에너지 안보 차원의 전략적 포지션

미국의 에너지 외교 정책을 살펴보기 전에 미국의 에너지 안보 리스크 수준을 알아보려 한다. 〈표 8-2〉는 미국 상공회의소가 에너지 다소비 국가 25개국을 대상으로 해서 2015년에 작성한 국제 에너지 안보 리스크 지

〈표 8-2〉 에너지 다소비 국가의 에너지 안보 리스크 지수 순위

순위	국가	리스크 지수	순위	국가	리스크 지수
1	노르웨이	774	13	이탈리아	1,043
2	멕시코	802	14	터키	1,087
3	덴마크	819	15	일본	1,088
4	뉴질랜드	855	16	네덜란드	1,106
5	영국	866	17	러시아	1,115
6	미국	885	18	인도	1,164
7	캐나다	893	18	인도네시아	1,164
	OECD 평균	912	20	중국	1,172
8	프랑스	942	21	남아프리카공화국	1,175
9	독일	944	22	한국	1,306
10	호주	962	23	브라질	1,307
11	폴란드	987	24	태국	1,616
12	스페인	1,037	25	우크라이나	2,009

주: 수치가 높을수록 에너지 안보에 대한 리스크에 취약하고 수치가 낮을수록 에너지 안보 리스크가 적음을 의미함.
자료: U.S. Chamber of Commerce(2015).

수(International Index of Energy Security Risk)다. 이 자료에 따르면, 미국은 에너지 안보에 대한 리스크 지수가 국가 중 6위를 차지해 OECD 평균보다 에너지 안보 리스크가 적은 것으로 나타났다. 한국은 22위로, 에너지 안보에 대한 리스크에 취약한 것으로 나타났다.

주목할 것은 중국과 러시아가 OECD 국가 평균보다 리스크 지수가 높아 에너지 안보 리스크에 취약하다는 점이다. 이처럼 미국의 에너지 안보 성적이 양호한 이유는 자국 내 석유 수출이 북미 시장을 대다수 점유하게 됨으로써 자국 내 공급 여력이 커짐은 물론 역내 수급 균형을 위해 기여하는 바도 커졌기 때문이다.

그러나 〈표 8-2〉는 2010년 이후 급격하게 증가한 자국 내 비전통 에너지 생산에 힘입어 리스크가 감소한 상황, 즉 2013년 데이터에 의거해 작성된 것이다. 미국이 그동안 에너지 안보를 강조할 수밖에 없었던 정황은

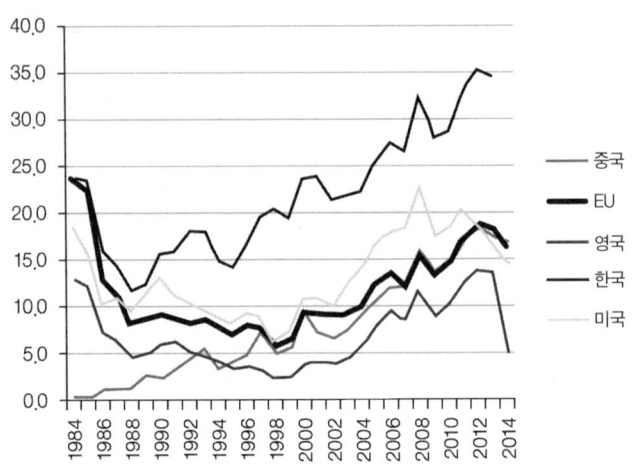

〈그림 8-9〉 전체 수입 품목 중 에너지 수입이 차지하는 비중(단위: %)

자료: World Bank(2015).

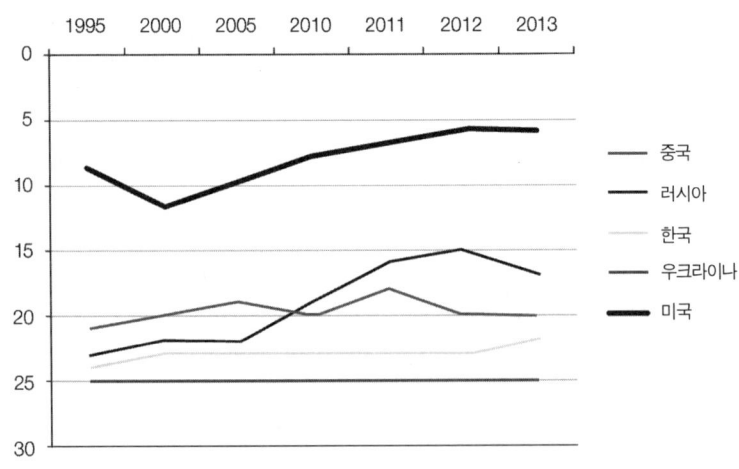

〈그림 8-10〉 주요 에너지 다소비 국가의 에너지 안보 리스크 순위

자료: World Bank(2015).

〈그림 8-9〉, 〈그림 8-10〉과 같이 경제성장에서의 에너지 비용에 대한 부담이 유로존보다 상대적으로 컸기 때문이다.

〈그림 8-9〉를 보면, 미국의 경우 2010년 이후 전체 수입 품목 중 에너지 수입 비중이 급격히 감소하고 있다. 2012년부터는 유로존보다 낮은 비중을 기록한다. 즉, 에너지 안보 리스크가 확연히 감소한 것은 〈그림 8-10〉에서와 같이 최근이며, 2000년에는 10위 밖으로 밀려나기도 했다. 빈면 러시아는 20위권에서 2010년 이후 10위권대에 진입했다.

2) 신기후체제 공조를 겨냥한 미국의 에너지 정책 변화

대외적으로 미국정부는 2009년 열린 코펜하겐 기후회의에서 2020년까지 온실가스 배출을 2005년 대비 17% 낮은 수준으로 줄이겠다고 약속했다. 2015년 열린 제21차 기후변화협약 당사국총회에서 오바마 대통령이 실질적인 감축에서 개도국도 예외가 될 수 없음을 강조한 데서 알 수 있듯 미국의 온실가스 감축 정책은 에너지 – 기후 외교 차원에서 리더십을 놓지 않겠다는 강한 의지를 반영했다고 평가된다.

2008~2012년 동안 미국은 오바마 정부의 발전 부문에 대한 강력한 청정 연료 사용 정책으로 발전 부문의 석탄 사용 비중이 49%에서 37%로 감소했다. 반면 천연가스는 21%에서 30%로 증가했다. 여기에는 석탄 가격과 가스 가격 간의 상대 가격 변화가 동인으로 작용했는데, 〈그림 8-11〉에서 보는 바와 같이, 석탄의 상대 가격은 2009년 이후 급격히 상승했다.

즉, 〈그림 8-12〉의 기존 에너지 정책(AEO로 표기) 대비 석탄 발전을 과감히 줄이기로 한 청정발전계획(Clean Power Policy: CPP)은 실질적인 정책 효과를 발휘했다고 평가된다(NERA Economic Consulting, 2014). 즉, 이런 정책 변화로 인해 CO_2 배출이 2005년 대비 11.7% 감소한 것이다.

이로 인해 〈그림 8-13〉과 같이 미국의 자국 내 석탄 생산은 감소하는 대신 2040년 가스 생산은 48% 증가할 것으로 전망된다. 특히 2014년 11

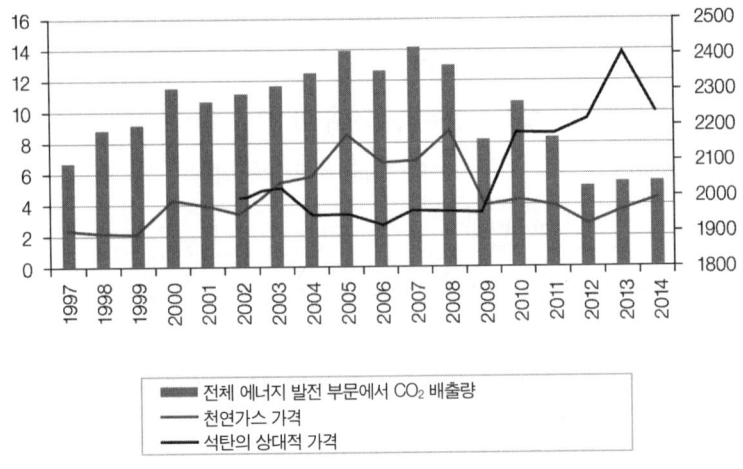

〈그림 8-11〉 미국의 셰일가스 등장에 따른 발전 부문 CO_2 배출량 추이

자료: EIA(2015).

〈그림 8-12〉 미국의 석탄발전과 가스발전의 전력 생산 변화 전망

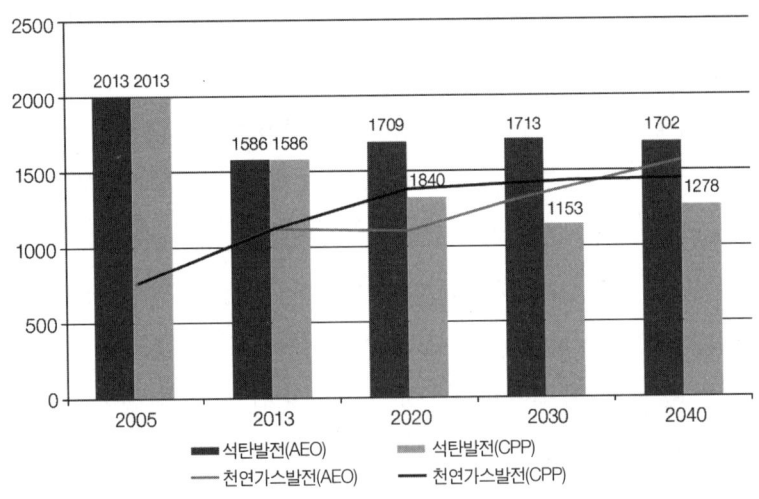

자료: EIA(2015).

월 APEC 회의에서 미국과 중국이 온실가스 감축에 공조하기로 합의한 이후 기후 정책이 강화됨에 따라 향후 3년 내 신규 전력 생산의 1/3을 신재

〈그림 8-13〉 미국의 청정발전계획(CPP)에 따른 자국 내 석탄과 가스 생산 변화 예측치

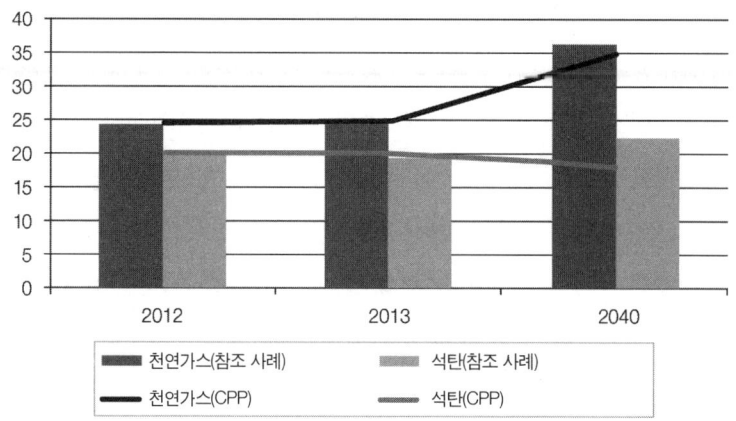

자료: EIA(2015).

생에너지로 감당할 계획이다.

3) 미국의 에너지 안보에 따른 지역별 에너지 외교 전략

미국은 전 세계적으로 경제 규모가 가장 큰 국가이자 인구가 세 번째로 많고, 에너지 소비가 두 번째로 많은 국가다. 2013년 기준 미국은 러시아와 사우디아라비아에 이어 세계에서 세 번째로 큰 원유 생산국이다. 게다가 천연가스 생산이 가장 많은 국가이면서 석탄 생산은 중국에 이어 세계 2위를 차지하고 있다.

미국의 에너지 외교 정책은 이처럼 자국이 에너지 수출국으로 돌아선 것과 최근 정세를 반영하듯, 복잡한 지정학적 쟁점을 중심으로 변화하고 있다. 특히 미국은 가장 큰 에너지 소비국인 중국에 셰일가스 기술을 이전함으로써 경제적 이익을 챙기고 싶어 한다. 또한 가스를 무기로 유럽은 물론 우크라이나 등 주변국을 압박하는 러시아를 견제할 필요가 있다. 러시

아에 대한 경제 제재가 중국 - 러시아 공조를 공고히 하는 역효과를 발휘할까 우려하기 때문이다. 즉, 미국의 에너지 외교 전략은 석유와 가스가 상이할 수밖에 없다. 즉, 석유 시장에서의 미국의 목표는 OPEC의 힘을 분산시키는 데 있는 반면, 가스시장에서의 목표는 러시아의 힘이 극동아시아까지 발휘되지 않도록 하는 데 있다. 이런 연유로 인해 미국은 아시아로 향하는 LNG 터미널 건설에 대한 승인을 서두르고 있다.

국제 에너지 시장 내에서의 이러한 미국의 입장을 고려해 미국의 에너지 외교 전략을 지역별로 나눌 수 있는데, 크게 미국과 중국의 기후 - 에너지 공조, 러시아 - 이란 - 터키 삼각구도 내 미국의 영향력 변화, 중동과 북아프리카 지역 내 미국의 영향력 변화, 아태 지역 내 에너지 시장 주도권 변화, 북극이사회 의장국으로서의 미국의 역할 등으로 구분할 수 있다. 지역별로 지역 구도 내에서 미국이 처한 입장이 다르듯이 각각의 외교 정책도 상이한 것은 사실이나, 전반적으로 미국은 군사력이나 정치력을 행사하기보다는 경제적 제재와 시장 지배력 강화 등 시장을 적극적으로 활용하는 전략을 취하고 있다. 이는 브루킹스 연구소가 지적한 바와 같이, 2014년 IS 사태가 증폭했는데도 원유 가격이 하락하는 데서 보듯 에너지 안보의 이슈 메이커가 중동 중심에서 중국, 러시아, 아태 지역으로 분산되었음을 알 수 있다.

특히 2016년 12월 초 열리는 OPEC 회의에서도 대부분의 회원국은 전반적인 생산 감축을 원하지만 이란이 원유 생산을 개시함에 따라 수급 변화가 일어나 가격 하락을 면하기 힘들 것으로 예상된다. 특히 OPEC 회원국의 원유 생산이 세계 원유 생산의 40%에 머물고 있어 미국을 위협하는 에너지 안보 위협 요인의 영향력이 줄어들고 있다는 점도 미국의 에너지 외교 정책이 변화하는 배경으로 작용하고 있다.

(1) 미국과 중국의 기후 - 에너지 공조

제21차 기후변화협약 당사국총회에서 가장 주목을 받은 국가는 바로 미국과 중국이다. 2013년 기준으로 이 두 국가의 온실가스 배출량을 합하면 1만 4096MtCO₂로 전 세계의 44%에 해당하며, 이는 OECD 국가 총 배출량(1만 2038MtCO₂)보다 17% 많다. 이는 배출권 거래라는 시장 면에서 볼 때 시장 지배력을 이 두 국가가 행사하리라는 것을 의미한다.

그럼에도 미국과 중국이 온실가스 정책에서 대립각을 세워온 이유는 바로 슈이와 해리스(Shui and Harris, 2006)가 지적한 바와 같이, 미국과 중국 간 교역 관계에서 미국 내 소비를 위해 중국의 이산화탄소 배출이 증가하고 있기 때문이다. 즉, 중국으로부터의 수입이 증가할수록 중국의 공장이 늘어나는 효과를 지적한 것이다. 이는 규제가 있는 곳에서 없는 곳으로 공장이 이전하는 현상, 즉 배출 누수를 의미한다.

그러나 구매력평가(Purchasing Power Parity: PPP) 기준 중국의 국내 총생산이 2010년에 이미 미국을 추월했다는 주장이 제기되는 것처럼, 중국은 이미 경제 규모 면에서 미국과 대등한 교역 파트너가 되었다. 게다가 중국은 자유무역협정(Free Trade Agreement: FTA)과 외국인직접투자(Foreign Direct Investment: FDI)를 통해 동남아 국가에 빠르게 침투해 아세안과의 교역을 증진시키고 있다.[4]

이렇게 빠르게 성장하는 중국을 의식해 미국은 위안화 절상 및 러시아 경제 제재와 관련해 중국과 대립각을 세워왔다. 그러나 2014년 7월 제6차 중·미 전략 경제 대화(Strategic and Economic Dialogue)에서 양국은 여러 쟁점 가운데 기후변화에 대해서는 공동 대응하자는 데 합의를 도출했다. 이

---

4   김종길(2015)의 연구에 따르면, 2007~2008년 이후 동남아와 중국 간 교역 규모는 미국보다 크다.

후 미국의 오바마 대통령과 중국의 시진핑 주석은 2014년 11월 APEC 정상회의에서 '기후변화 및 청정에너지 협력에 관한 미·중 공동선언(Joint Announcement on Climate Change and Clean Energy Cooperation)'을 발표했다. 공동선언의 내용을 보면, 미국은 2025년까지 2005년 대비 온실가스 배출량을 26~28% 감축하고, 에너지 효율 대폭 향상 및 신재생에너지 확대 등을 통해 2005~2020년 기간에는 연평균 탄소 배출량을 1.2%, 2020~2025년 기간에는 2.3~2.8%로 저감키로 약속했다. 중국은 2030년 이전에 온실가스 배출에 정점을 찍고 2030년까지 비화석연료 비중을 20%까지 확대키로 약속했다. 이러한 분위기를 타고 2015년 파리 기후회의에서 오바마 대통령은 기후변화 협상에 대한 양국의 공동 대응을 다시 상기시키면서 당사국들의 협조를 촉구했다.

이처럼 양국이 전향적인 합의를 도출한 배경에는 양국 정상이 2013년에 각각 발표한 '기후행동계획'과 '국가 기후변화 대응 전략'이 자리하고 있다. 이처럼 양국은 온실가스를 감축하기 위한 정책 도입을 적극적으로 추진하고 있는데, 그 일환으로 내세운 정책이 중국의 배출권거래제 도입과 미국의 발전용 연료 규제다. 현재 미국은 캘리포니아 및 동부 9개 주에서 배출권 거래를 시행하고 있으며, 중국에서는 2016년부터 전국 단위의 배출권 거래가 시행될 예정이다.

중국은 현재 발전용 연료의 80%를 석탄에 의존하고 있으며 15%는 수력을 사용하고 있다. 중국정부는 에너지 안보 차원에서 에너지원을 다양하게 확대할 계획이며 원자력발전을 현재 15GW[5]에서 2020년까지 58GW 규모로 확대할 전망이다. 즉, 앞으로 원자력발전이 15개 더 증설되어야 한다. 이는 미국의 기술 이전이 예상되는 분야다. 즉, 미국과 중국의 신기

---

5   원자력은 총 발전량 중 2%에 지나지 않는다.

후체제에 대한 공조는 양국 간 기술 협력을 확대하겠다는 복선이 깔려 있다고 볼 수 있다. 또한 미국은 중국이 2013년 가스프롬과 CNPC(China's National Petroleum Corporation)가 천연가스 수입을 둘러싸고 맺은 장기 계약을 의식하지 않을 수 없다. 이로써 러시아는 중국에 연간 38bcm을 공급하게 되어 중국은 현재 일본과 스페인에 이어 세 번째로 큰 가스 수입국에서 2020년에는 가장 큰 수입국으로 성장할 전망이다.

이는 에너지 안보 차원에서 중국의 리스크가 확대된다는 것을 의미한다. 따라서 중국은 자국 내 셰일오일과 가스 개발에 역점을 둘 것으로 추정된다. 현재 중국은 기술적으로 채굴 가능한 셰일오일과 가스 매장량이 각각 320억 배럴과 1100Tcf에 이른다. 즉, 미국의 셰일가스 기술을 도입하는 일이 중국으로서는 간절할 수밖에 없다. 이 같은 중국과 미국의 기후 공조에는 온실가스 감축이라는 대의명분을 통해 에너지 안보를 향상시키고 기술 이전을 통해 양국의 경제적 편익을 제고하려는 의도가 내포되어 있다고 평가된다.

(2) 러시아 - 이란 - 터키 삼각구도 내 미국의 영향력 변화

2015년 터키의 러시아 전투기 격추로 불거진 러시아 – 이란 – 터키 삼각구도는 이란에 대한 경제 제재가 내년에 풀리는 것과 맞물려 에너지와 관련된 지정학적 쟁점 중 가장 큰 관심을 끌고 있는 지역이다.

터키는 이란과 러시아로부터 천연가스는 80%를, 원유는 70% 정도를 각각 수입하고 있어 에너지 안보 면에서 양국에 의존하는 것처럼 보이지만 실상은 그 반대다. 물론 터키의 에너지 수입이 전체 에너지 소비의 74%에 이르고 있지만, 터키는 러시아, 카스피 해, 중동에서 생산되는 에너지를 이동하는 주요한 허브다. 〈표 8-3〉을 보면, 이란은 터키를 관통하는 '아나톨리아 횡단 가스관(TANAP)'을 이용하지 않으면 유럽으로 천연가스를 수

〈표 8-3〉 터키를 경유하는 주요 천연가스 파이프라인

프로젝트 명	상태	목적	길이 (마일)	최대 수송 용량(Bcf/y)
블루 스트림	운영 중	러시아 가스 수입	750	565
이란 - 터키 가스파이프라인	운영 중	이란 가스 수입	750	495
남코카서스	건설 중	터키, 그리스, 이탈리아의 가스 파이프라인 네트워크를 연결	430	700
터키 - 그리스 인터커넥터	건설 중	터키와 EU의 에너지 네트워크 연결	186	407
나부코 가스관	계획 중	불가리아, 루마니아, 헝가리를 통해 터키 가스를 오스트리아로 운송	2,050	460~1,130
아랍 천연가스 파이프라인	계획 중	요르단과 시리아를 통해 이집트 가스 수입	NA	NA
카스피안 횡단 파이프라인	계획 중	투르크메니스탄과 카자흐스탄의 가스 수입	1,050	565

출하기 어려우며, 러시아 또한 마찬가지 상황이다. 터키는 원전과 신재생 에너지 보급으로 화석연료에 대한 해외 의존도를 줄이려 하고 있다. 이러한 맥락에서 터키는 러시아와 아쿠유 지역에서의 원전 건설 계약을 체결한 바 있다.

또한 터키는 그동안 우크라이나에 의존했던 공급 루트를 러시아로 분산시키는 데 일익을 담당했다. 한편 터키는 NATO의 최전선이라서 미국 입장에서는 터키가 유럽권에서 군사적 요충지이기도 하다. 여기에 NATO 회원국인 터키는 미국이 지지하는 시리아 반군 세력 YPG[6]를 쿠르드족의 테러 단체로 간주하고 있어 앞으로 시리아 내전과 관련해 정치적 해결이 필요한 지역이다.

---

6 IS에 대항하는 세력으로 시리아 반군 중 미국이 지지하는 세력을 통칭한다. YPG는 쿠르드 어로 Yekîneyên Parastina Gel의 약자이며 쿠르드민족보호단(Kurdish People's Protection Units)을 뜻한다.

(3) 중동과 북아프리카 지역 내 미국의 영향력 변화

중동과 북아프리카(Middle East and North Africa: MENA) 지역 내에서 미국의 패권 변화가 감지된 것은 2015년 2월에 열린 제네바 2회의의 협상이 실패하면서부터다. 이는 사실상 시리아 내전사태에 대한 평화협상이 결렬되었음을 의미한다. 제네바 2회의에서는 시리아 내전 종결에 대한 논의뿐만 아니라 시리아, 이라크, 팔레스타인, 레바논, 그리고 심지어 사이프러스에까지 영향력을 줄 수 있는 레바논 지역과 지중해에 대한 지배력에 대한 문제가 미국과 러시아 간에 논의되었다.

미국은 오바마 행정부 들어 아시아를 중시하는 정책을 추진하면서 유럽과 중동 지역의 미국 병력을 아시아로 이동시킨다는 명목으로 동유럽과 중동을 안정시키려 했다. 그러나 문제는 러시아 - 중국 - 이란의 삼각동맹의 개입에 직면하면서 시리아의 아사드 정권을 전복시킬 능력은 물론 러시아 - 중국 - 이란 동맹을 해체할 능력이 부족하다는 현실을 인정해야 했다.

이러한 과정에서 미국은 중동과 북아프리카의 분할에 NATO의 영국과 프랑스를 개입시켰다. 즉, 영국은 리비아를, 프랑스는 시리아를 관할하기로 합의한 것이다. 그러나 리비아에서는 2011년 카다피 정권이 전복되었지만 시리아에서는 여전히 불씨가 남았는데, 러시아 - 이란 - 중국이 시리아 동맹으로 개입하면서 이 지역 정세는 더욱 복잡해졌다.

게다가 미국이나 유로존이 재정 위기를 겪으면서 시리아에 전력투구할 수 없었다. 여기에 제네바 1회의는 프랑스 사르코지 집권하에 열렸고 제네바 2회의는 올랑드 집권하에 열려 올랑드 정부가 프랑스 강경파들의 편을 들어주면서 문제가 복잡해졌다는 의견도 있다. 또한 미국과 러시아가 평화 협상을 추진하는 와중에 사우디아라비아와 이스라엘이 협력 관계를 구축하면서 미국의 입장이 난처해졌다.

이처럼 이 지역이 분쟁의 중심이 된 이유는 중동의 레반트 지역과 인접한 지중해에 천연가스가 매장되어 있기 때문이다. 그 규모는 카타르보다 크다는 의견도 있어 이것이 이 지역에 대한 패권 다툼이 계속되는 이유라는 해석이 지배적이다. 즉, 현재의 시리아 사태는 에너지 안보를 넘어 에너지를 쟁취하려는 패권 전쟁의 산물이라 할 수 있다. 이렇게 사태가 악화된 데는 미국이 에너지 시장에서 주도권을 가지자 러시아로서는 실리를 중시하는 외교 정책이 필요했기 때문이다. 러시아가 카스피 해와 이라크의 천연가스 채굴권을 확보하자 미국은 긴장했다. 그 이유는 러시아의 영향권이 터키를 지나 이란과 이라크에 이르면 유럽 시장을 주요 고객으로 하는 사우디아라비아와 카타르에 수송로를 차단하는 효과를 가져오기 때문이다. 즉, 이는 이 두 국가의 가스 가격이 경쟁력을 상실한다는 것을 의미한다.

앞으로 중동과 북아프리카의 지중해를 둘러싼 러시아와 미국 간 대립이 점차 첨예해질 것으로 보이므로 미국의 에너지 외교 전략은 수정을 거듭할 것으로 전망된다.

(4) 북극이사회 의장국으로서의 미국의 역할

미국 입장에서 북극은 에너지 안보 차원에서 〈표 8-4〉와 같이 북극해의 유가스전의 신규 매장량으로 인해 추가 공급원이 마련된다는 긍정적 의미도 안고 있지만, 북극에 사는 자국민의 에너지 복지를 고려해야 하는 대상이기도 하다. 즉, 미국에 북극이라는 쟁점은 세계 에너지 시장에 공급 여력을 부여하는 측면과, 에너지 안보 면에서 취약한 북극 지역의 문제를 안기는 측면을 동시에 갖고 있다. 따라서 미국은 2015년 4월부터 2년간 북극이사회 의장국을 역임하면서 북극이사회 전문가그룹인 지속가능개발 분과위(Sustainable Development Working Group: SDWG)에 분산형 전원(micro-grid)

<표 8-4> 해상 유가스전 매장량

	석유(Bbo)	가스(Tcf)	석유 비율	가스 비율
알래스카	26.61	132.06	31.0%	31.5%
애틀란틱	3.82	36.99	4.4%	8.8%
멕시코 만	44.92	232.54	52.3%	55.4%
퍼시픽	10.53	18.29	12.3%	4.4%
합계	85.88	419.88	100%	100%

보급 사업을 제안한 바 있다. 북극은 에너지 공급이 불안정한 지역이라서 전력난이 발생할 경우 이를 백업할 수단이 많지 않다. 그러다 보니 과도한 예비율로 인해 경제성이 떨어지거나 폭설 등으로 비상사태에 대한 대응 능력이 부족하다. 이는 에너지 복지 차원에서 북극이사회 회원국들이 공통으로 감내하고 있는 부분이다. 따라서 의장국을 통한 미국의 리더십은 실질적이고 가능성 있는 에너지 공급 정책을 시도하는 데 주안점을 두고 있다.

특히 오바마 정부는 추크치 해에 대한 유가스전 개발을 승인함으로써 에너지 안보가 수입 의존적인 공급 체제로 위협받기보다는 북극을 엄격한 수준으로 개발하는 것이 바람직하다는 입장을 고수했다. 물론 셸이 최근 북극 사업을 접게 된 배경이 엄격한 환경영향평가 기준에 있기는 하지만 비용이 문제이지, 규제가 문제는 아니라는 것이다.

이와는 별도로 미국이 북극을 둘러싼 이해당사국들과의 관계에서 군사 대치 등 대립각을 세우지 않는다는 점도 특이사항 중 하나다. 특히 오바마 정부 들어서 북극해를 경계로 러시아와의 관계가 악화되지 않았다는 점에서 오바마의 외교 정책은 실리 위주라는 원칙을 지키고 있는 것으로 평가된다.

4. 결론 및 시사점

미국의 에너지 안보는 양면적인 의미가 있다. 즉, 경제적 편익을 고려한 에너지 외교 전략이 필요한 반면, 지역별 역학 관계에서 패권을 쥐고 러시아와 중국을 경계해야 하는 방어적 성격도 에너지 외교에 반영해야 한다. 이러한 점에서 오바마 행정부의 에너지 외교 전략은 달러 강세의 여세를 몰아 자국 내 유전과 가스전이 경제성을 확보하면서 탄력을 받았다고 평가된다. 즉, 국제 원유 시장을 주도하는 패권을 거머쥐는 데 한편으로는 성공했다고 볼 수 있다. 그러나 지역별 역학 관계에서는 시리아를 둘러싼 헤게모니에서 중동 내에서의 미국의 영향력이 줄어든 것은 사실이다. 즉, 미국의 에너지 안보는 외교 전략 면에서 위협 요인이 사라지지 않았음을 인정해야 한다.

이상의 위협 요인을 고려할 때 미국의 에너지 외교는 시장에서의 영향력과 주변국과의 관계에서 러시아를 압박하는 전략을 지속적으로 유지할 것으로 전망된다. 특히 최근 부상하고 있는 북핵 쟁점은 미국의 영향력을 다시금 시험하는 기회가 될 것으로 사료된다.

09

신기후체제하
중국의 에너지 정책과 외교[*]

원동욱

1. 들어가는 말

에너지 안보에 대한 전통적인 관점은 충분한 에너지 공급, 안전한 수송로 확보, 합리적 가격 등을 중점 내용으로 하며, 이는 석유, 석탄 등 고탄소 경제 시대의 특징을 반영한다.[1] 이러한 전통적 에너지 안보관의 틀에서 에너지 소비국은 각자 에너지 공급이 중단되지 않고 가격 통제 불능의 리스크를 회피하기 위한 정책적 노력을 기울여왔다. 하지만 최근 기후변화에 따른 환경 부문의 규제로 인해 신재생에너지 개발 등 에너지 수급 구조에 변화가 야기되면서 기존 에너지 안보의 개념이 더욱 확장되고 있는

---

[*] 이 글은 ≪중소연구≫ 제39권 제4호(2015)에 게재된 「시진핑 시기 중국의 에너지 정책과 외교: 신기후체제와 '일대일로'를 중심으로」를 수정·보완한 것이다.

[1] 에너지 안보는 통상적으로 에너지 공급의 측면에서 "공급 붕괴 시 에너지의 물리적 가용성(availability)에 대한 보장"과 "합리적 가격에서 신뢰할 수 있는 공급의 보장"으로 정의된다(도현재, 2003: 32).

추세다. 특히 2015년 12월 12일 파리기후협약이 체결되어 선진국과 개도 국이 모두 참여하는 신기후체제, 즉 포스트 2020(Post-2020)[2]의 출범이 가시화되면서, 각국의 에너지 정책이 기후변화 대응 정책과의 연계 차원에서 변화하고 있다. 즉, 기후변화가 본질적으로 에너지 문제라는 관점에서 화석에너지의 비중을 줄이고 저탄소 에너지 기술을 사용하는 등 에너지 부문의 대변혁이 이뤄지고 있다.

중국의 경우 에너지 수요의 급속한 증가에 따라 에너지 공급 안보를 우선시하는 에너지 안보관을 줄곧 유지해왔으나, 최근 기후변화 및 국내 환경문제로 인해 저탄소 경제 시대에 접어들자 에너지 안보에 대한 새로운 개념 정립과 대응이 이뤄지고 있다. 즉, 신기후체제에 조응하는 새로운 안보관에 입각한 에너지 정책과 에너지 외교의 필요성이 제기되고 있는 것이다. 따라서 중국 에너지 안보와 에너지 외교의 기본 목표는 해외로부터 안정적으로 에너지를 공급받고 안전한 에너지 수송로를 확보하는 것 외에 에너지 효율 제고와 환경보호를 위한 기술 진보에 주안점을 두고 있다.

세계 제1의 온실가스 배출국이자 제2의 경제대국으로서 중국은 신기후체제로 전환된 이번 파리 기후회의에 대해 기존과 달리 매우 적극적인 입장과 태도를 보였다. 시진핑 국가주석이 직접 파리 기후회의에 참석했으며, 그 이전인 2015년 7월 정식으로 UN에 「기후변화대응을 위한 행동 강화: 중국의 자주 공헌」이라는 문건을 제출했다. 또한 연속적으로 중국 − 미국, 중국 − 프랑스 정상 간에 기후변화에 대한 공동 성명을 발표한 바 있다. 이렇듯 파리 기후회의 등에서 보인 중국의 적극적인 입장은 기후 문

---

2   신기후체제란 교토의정서의 후속 체제다. 이는 2020년 이후부터 선진국과 개도국 모두 온실 가스 감축 의무를 부담하는 체제로, 2011년 12월 남아프리카공화국 더반에서 출범이 결정되었으며, 2015년 12월 파리에서 개최된 제21차 UN기후변화협약 당사국총회에서 최종 결정되었다.

제에 대한 대응 차원에 국한된 것만은 아니다. 온실가스 감축을 핵심으로 하는 기후 문제에 대한 대응이 에너지 영역과 서로 밀접한 관계를 맺는다는 측면에서 중국의 기후 문제에 대한 적극적 대응은 중국 내 에너지 영역의 개혁과 밀접한 연관을 갖는다고 할 수 있다. 중국은 중고속 성장의 뉴노멀 시대로 접어들어 에너지 수요의 증가 추세가 다소 꺾이고 있으며, 기후 문제 대응을 위한 국제사회의 에너지 압력을 오히려 적극 활용해 자국 내 에너지 영역의 개혁을 더욱 심화시키려 하고 있다.

세계 에너지 및 경제 판도에서 자국이 차지하는 비중이 지속적으로 증대됨에 따라 중국은 국제 에너지 및 환경 거버넌스에서 더욱 적극적인 입장과 태도로 변모해왔다. 시진핑 시대에 접어들어 중국은 아시아인프라투자은행(AIIB)과 '일대일로(一帶一路, one belt one road)' 이니셔티브를 추진함으로써 국제 거버넌스 무대에서 '유소작위(有所作爲, 적극적으로 참여)'를 넘어서서 '주동작위(主動作爲, 주도적으로 참여)'의 모습을 드러내고 있다. 이와 함께 기후변화 협상에서 중국이 적극적인 태도로 전환함에 따라 국제사회의 요구와 기대가 더욱 높아지고 있다. 중국정부는 2009년 코펜하겐 기후회의에서 2020년까지 단위 GDP당 이산화탄소의 강도를 2005년 수준 대비 40~45% 줄이겠다고 약속한 데 이어 미국과 발표한 기후변화 공동 성명에서 2030년 이전에 중국의 이산화탄소 배출이 정점에 달할 것임을 시사했다. 2009년 시점에서는 이러한 목표가 연구 결과에 불과해 실제 이행 가능성에 대해서는 적지 않은 의문이 존재했으나, 이는 현재 중국정부의 공식적인 약속이 되었다. 시진핑 국가주석은 파리 기후회의 개막 연설에서 중국정부를 대표해 2030년까지 이산화탄소 배출을 2005년 대비 60~65% 감축하고, 비화석에너지의 비중을 20% 수준으로 끌어올리겠다고 공언한 바 있다(人民網, 2015b).

2009년 코펜하겐 기후회의 때와 달리 지금 미·중 간 경제 정세는 크게 변했다. 2009년 당시 미국은 금융위기에 따른 경제적 충격에 휩싸여 있던 반면, 중국은 4조 위안의 재정을 투입해 지속적으로 고도성장을 구가함으로써 전 세계적으로 유일하게 경제위기에서 자유로웠다. 이러한 상황에서 개최된 코펜하겐 기후회의에서는 당시 경제 회복에 부정적인 영향을 야기할 수 있다는 판단하에 미국은 EU가 제시한 엄격한 온실가스 감축 목표에 반대했고, 중국 또한 미국과 함께 '거절의 동맹(alliance of denial)'을 취했다(신범식, 2011: 140). 하지만 현재 중국은 자국 내 경제 성장세가 급격히 꺾이며 일정한 도전에 직면해 있는 반면, 쇠퇴의 조짐을 보였던 미국은 세일가스 혁명을 통해 경제적으로 다시 부흥하는 모습을 보이고 있다. 이러한 상황에서 기후변화에 대한 미국의 대응은 과거보다 적극적인 태도로 변화해왔으며, 중국 또한 국내 경제의 성장 추세 하락을 이유로 기후변화 대응에 대한 적극성을 포기하지 않을 전망이다. 물론 중국은 '공동의 그러나 차별적인 책임(Common but Differentiated Responsibilities)'을 여전히 강조하고 있기 때문에 미국과 모든 부분에서 동일한 입장을 견지할 수는 없지만, 세계 제1, 2의 온실가스 배출국으로서 기후변화에 더욱 적극적으로 대응하고 있는 것은 확실하다. 중국의 입장에서는 기후변화에 대한 국제사회의 책임 요구에 소극적으로 나서는 것보다는 이를 현재 진전이 완만한 에너지 개혁을 적극 추진하는 계기로 활용하는 것이 더 낫다고 판단한 것이다.

중국의 에너지 정책이나 외교에 대해서는 그간 많은 연구가 진행된 바 있다. 시기적으로는 중국발 '에너지위협론'이 제기되었던 2003년 이후부터 미국 등 서방 국가들을 중심으로 에너지 안보의 차원에서 연구가 진행되었으나, 우리나라에서는 주로 동북아 공동체 구상의 영역으로서 에너지 협력을 위한 필요에 따라 중국의 에너지 정책 및 외교를 탐색해왔다. 우리나라 에너지연구원의 여러 관련 보고서 외에도 주재우(2004), 원동욱

(2007, 2009) 등의 연구가 바로 이러한 협력적 차원의 접근을 시도하고 있고, 반면 전가림(2006), 남궁영(2007), 박병광(2012) 등은 에너지 안보 차원에서 중국의 파상적인 에너지 외교를 현실주의적 시각에서 접근하고 있다. 한편 이철원(2010)은 국내적 차원에서 정책 결정 기구와 정책 결정의 변천 과정을 통해 중국의 에너지 정책을 다루고 있으며, 유희문(2009), 도윤주(2013)는 녹색성장의 측면에서 중국의 신재생에너지 정책에 초점을 맞춰 한중 협력의 가능성을 모색하기도 했다.

앞선 연구와 달리 이 글의 목적은 주로 시진핑 시기에 초점을 맞춰 신기후체제의 도래와 함께 에너지 안보에 대한 새로운 인식 변화에 따른 중국의 에너지 정책과 외교를 분석하는 데 있다. 이를 위해 우선 중국 에너지 안보관의 변화를 살펴보려 한다. 그리고 이러한 변화와 함께 최근 중국 내 에너지 관련 계획을 통해 에너지 개혁의 기본 정책 방향을 살펴보려 한다. 제12차 5개년 계획(2011~2015)에 이어 여러 에너지 관련 계획이 최근 제정되었거나 제정될 예정인데, 대표적으로 시진핑 시기에 제정된 계획 문건으로서 제13차 5개년 계획의 기본 방향을 알 수 있는 '에너지 발전 전략 행동계획(2014~2020)'을 분석의 대상으로 삼으려 한다. 또한 신기후체제하의 중국 에너지 외교의 특성은 물론이고 특히 시진핑 정부 들어 추진되고 있는 일대일로의 핵심 내용이 양자 및 다자간 에너지 국제 협력과 관련되어 있다는 점에서 일대일로 추진에 따른 중국 에너지 외교의 향후 방향을 함께 다루려 한다.

2. 중국 에너지 안보관의 변화

전통적으로 에너지 안보는 지불 가능한 가격으로 충분한 에너지 공급을 확보하는 것을 가리킨다. 에너지 공급 확보 차원의 에너지 안보관은 대체로 다음과 같은 내용들로 구성된다. 첫째, 물질적 안보의 개념으로서, 에너지 자산, 기초 인프라, 공급 사슬, 수송로의 안전, 그리고 긴급 상황 시 필요한 신속한 대체 수단을 확보하는 것이다. 둘째, 일종의 시스템으로서, 국가 정책과 국제 레짐으로 구성되며, 공급 중단과 유가 폭등 등 긴급 상황에 대해 국제 협력의 방식을 통해 신속히 대응하고 에너지 공급의 안정성을 유지하는 것이다. 셋째, 투자의 안전성과 연계된 것으로서, 충분한 정책적 지원과 안정적 비즈니스 환경을 필요로 하며, 투자를 촉진해 충분하고 적시의 에너지 공급을 확보하는 것이다.

오늘날 세계는 여전히 지정학적 충돌에 따른 잦은 분쟁과 테러 등으로 몸살을 앓고 있다. 특히 산유국들이 집중되어 있는 중동 지역은 분쟁이 지속되고 있고 IS 등 국제 테러리즘의 온상지가 되고 있다. 또한 미국과 서방 국가들은 우크라이나 사태로 에너지 대국인 러시아와 충돌하고 있고, 최근 시작된 셰일가스 혁명에 따라 국제 석유 가격이 폭락하고 있다. 이러한 국제 정치경제의 새로운 변화는 일정 정도 에너지와 관련된 것으로, 이는 국제 에너지 안보에 영향을 미치고 있으며 관련 국가들의 경제 발전에도 커다란 리스크로 작용하고 있다. 이러한 가운데 세계 주요 에너지 소비국들은 공급 확보에 초점을 맞춘 전통적 에너지 안보관에 따라 에너지 개발 및 에너지 시장 확보에 경쟁적으로 뛰어들고 있다.

하지만 최근 들어 에너지 안보는 기후변화 또는 환경 안보의 문제와 긴밀하게 연결되고 있다.[3] 기후변화와 국제 환경 정치의 딜레마가 바로 기존의 에너지 생산 및 소비 방식에 있기 때문이다. 기후변화는 사회적 불안

---

3 기후변화와 에너지 안보 간의 상호 관계에 대해서는 IEA(2007), King and Gulledge(2014) 참조.

정을 가중시키고 에너지 시스템을 파괴하는 2차 효과를 낳을 수 있고 직접적으로 에너지 공급 시스템에 영향을 미칠 수도 있다. 또한 기후와 관련한 정책들의 결과를 통해 에너지 안보에 영향을 미칠 수도 있다. 따라서 에너지 절약과 온실가스 배출 감소, 저탄소 경제, 청정에너지 발전 등은 이미 에너지 안보의 주요 내용이 되었으며 에너지 기술혁명과 글로벌 에너지 거버넌스의 변화를 추동하는 주요한 요인이 되었다. 이러한 배경 아래 국제 탄소 배출 공간의 분배, 저탄소 기술과 신에너지 기술을 둘러싼 국가 간 경쟁이 심화되고 있으며, 탄소세와 저탄소 무역 장벽 등 새로운 요인들이 오늘날 국제 정치경제의 구도에 영향을 미치고 있다.

중국이 에너지 안보에 대해 최초로 인식하게 된 것은 1990년대 급속한 경제성장과 이로 인한 에너지 소비 급증에 따라 에너지원의 안정적인 확보가 필요해졌기 때문이다. 1993년 중국이 석유 순수입국으로 전환되면서 에너지 공급 확보를 위한 국가 차원의 정책적 필요성이 제기되었고, 이에 따라 1997년에 당시 총리였던 리펑(李鵬)이 '중국의 에너지 정책(中國的能源政策)'을 발표한 바 있다. 당시 중국은 에너지 문제의 심각성을 인식해 해외 에너지원을 확보하기 위한 노력을 기울이기는 했으나 풍부한 에너지자원을 보유하고 있다는 인식하에 국내 차원의 석탄, 석유, 전력, 원전 개발에 중점을 두는 정책을 추진했다. 하지만 2001년 9·11테러 이후 미국의 대아프가니스탄 보복 공세와 이라크 전쟁의 개시로 중국의 해외 유전 개발 사업에 지장이 초래되면서 중국의 에너지 안보에 대한 인식은 더욱 심화되었다. 이에 따라 중국의 에너지 안보는 전통적인 에너지 안보관에 따라 주로 공급, 가격, 수송로라는 세 가지 측면에 집중되어왔다. 더욱이 2003년 미국 다음으로 세계 2위의 에너지 소비국으로 변모한 중국은 에너지, 특히 석유 수급 체계의 불안정을 해결하기 위한 노력을 본격화하기 시작했다. 2003년 '중국 에너지종합발전전략과 정책연구과제소조(中國能源

綜合發展戰略与政策研究課題小組)' 명의를 통해 2020년까지 중국의 장기적 에너지 발전 방향을 다룬 '국가 에너지 전략 기본 구상(國家能源戰略基本構想)'을 발표했다.[4] 또한 에너지 관련 전략 부서를 설립해 해외 에너지원의 자주 개발, 에너지 수입원의 다변화, 안정적 수송 방안으로서 파이프라인의 공급 확보, 산유국과의 관계 개선 및 증진에 주력해왔다.[5]

하지만 이러한 전통적 에너지 안보관에 입각한 중국의 파상적이고 공격적인 행보는 세계 석유 시장의 물리적 수급 상황을 압박해 유가의 장기적인 상승 추세를 유지시키거나 국제 정치적 갈등을 유발하는 요인이 되기도 했다. 우선 공급 측면에서 중국은 대형 국유 기업을 통해 유전 개발과 석유 공급 확보에 공격적으로 나섬으로써 기타 주요 에너지 소비국들과의 갈등을 초래했다. 또한 가격 측면에서 중국은 에너지 수요 증가로 인해 가격 상승을 초래하고 수송로와 관련해서도 강대국 간 지정학적 갈등과 모순을 야기함으로써 에너지판 '중국위협론'이 등장하는 배경이 되기도 했다. 이처럼 에너지 공급 안보를 중심으로 산유국에 초점을 맞춘 에너지 외교가 한계에 봉착하면서, 그리고 자신의 일방적이고 공세적인 에너지 외교가 미국 등 서방 국가는 물론이고 주변국들로부터도 경계와 우려를 초래함으로써 중국은 에너지 안보에 대한 새로운 인식과 대응을 마련했다. 2006년 7월 후진타오 전 국가주석은 G8 정상회담에서 "글로벌 에너지 안전을 보장하기 위해 우리는 상호 이익과 협력, 다원적 발전, 협력 보장의 '신에너지 안보관'을 수립하고 실행해야 한다"라는 발언을 통해 중국의 변화된 에너지 안보관을 제시한 바 있다. 즉, 에너지 문제가 일국의 범

---

4 '국가 에너지 전략 기본 구상'에서는 절약 우선, 구조의 다원화, 환경 친화를 강조하는 등 환경문제에 대한 고려가 반영되었으나, 석유의 안정적 수급을 위한 공급 안보를 주로 강조하고 있다. 구체적인 내용은 中國能源綜合發展戰略与政策研究課題小組(2015) 참조.

5 구체적인 내용은 원동욱(2007) 참조.

위를 넘어 글로벌 차원의 문제라는 인식을 바탕으로 에너지 생산국 외에
도 소비국 간의 대화와 소통을 강화함으로써 글로벌 에너지 거버넌스의
협력적 구축을 추진한다는 것이다. 이러한 '신에너지 안보관'에 근거해 후
진타오 집권 후기 중국의 에너지 외교는 산유국과의 관계 증진 외에도 다
자간 기구나 역내외 에너지 소비국과의 협력을 동시에 중시하는 방향으
로 나아갔다(원동욱, 2009: 94~95).

시진핑 정부 들어 에너지 안보에 대한 관점은 후진타오 집권 후기의 연
장선상에 있지만 일부 새로운 함의를 내포하고 있다. 지정학적 모순과 충
돌이 격화되고 국제 석유 수급의 불안정한 정세가 지속되고 있는 가운데
신기후체제의 도래와 함께 중국의 에너지 안보는 공급 문제 외에도 새로
운 도전에 직면하고 있기 때문이다. 글로벌 기후변화에 따라 중국 역시 저
탄소 에너지 발전에 대한 거센 요구와 압력을 받고 있으며, 대도시의 미세
먼지 등 환경문제가 중국 에너지 안보를 제약하는 중요한 문제로 부상하
고 있다. 또한 에너지 신기술은 국가의 에너지 안보를 결정짓는 중요한 요
소로서 중국 역시 에너지 효율의 제고와 청정화를 위한 기술의 혁신을 요
구받고 있다. 더욱이 에너지 소비 총량의 증가 추세와 과도한 석탄 비중,
그리고 석유 및 천연가스의 높은 대외 의존도로 인해 기존과 같은 중국의
에너지 소비 방식은 지속 불가능할 뿐만 아니라 에너지 안보에도 부정적
인 영향을 초래하고 있다. 즉, 중국의 에너지 안보에는 석유 및 천연가스
의 공급 문제 외에도 신재생에너지의 수요 급증과 달리 자국 내 공급의 심
각한 부족과 대외 수요의 지속적 증가에 따른 구조적 모순이 내재해 있다
(謝克昌, 2014: 22).

물론 시진핑 시기에도 에너지의 안정적인 공급 확보가 여전히 중국의
에너지 관련 계획의 핵심적인 요소임에 분명하다. 하지만 에너지 결핍은
물론이고 화석에너지에 대한 과도한 의존이 경제와 환경에 미치는 영향

을 적극 고려해 중국에서는 석유 및 천연가스의 전략적인 비축 외에도 저탄소 에너지 공급 등 에너지 안보에 대한 새로운 접근과 강화가 이뤄지고 있다. 2014년 6월 개최된 중앙재경영도소조 제6차 회의에서 시진핑 국가주석은 에너지 수급 구조의 변화와 새로운 국제 에너지 발전 추세에 직면해 에너지 안보의 중요성을 역설하면서 그 핵심으로 에너지 생산과 소비 혁명을 주창했다.[6] 제13차 5개년 계획이 실시되는 2016년에서 2020년까지는 중국 경제의 구조 조정과 개혁의 결정적인 시기로 간주되는바, 중국 정부는 에너지 혁명의 구체적인 요구를 제시하면서 경제의 지속가능한 발전이라는 시각에서 미세먼지 해결과 기후변화에 대한 대응을 배경으로 다음과 같은 전략적 조정을 계획하고 있다. 즉, 새로운 에너지 전략의 필요성을 인식해 에너지 발전 전략 행동계획(2014~2020), 에너지 안보 발전 전략, 에너지 생산 및 소비 혁명 전략(2015~2020) 등을 제정한 바 있으며, 현재 국내적으로 제13차 5개년 계획(2016~2020)을 제정 중이다. 이들 중국의 에너지 관련 계획들은 기본적으로 에너지 소비의 총량 통제, 석탄의 청정·고효율 이용, 신재생에너지 등 청정에너지 개발, 에너지 시스템 개혁을 주요 내용으로 한다.

---

6 근본적인 변화라는 차원에서 제시된 에너지 생산과 소비 '혁명'을 추진하기 위해 시진핑 주석은 다음과 같은 5개의 요점을 제시했다. 첫째, 에너지 소비 총량 규제와 절약 우선 방침이라는 에너지 소비혁명의 추진을 통해 불합리한 에너지 소비를 억제한다. 둘째, 국내에 기초한 공급 체계 구축과 석탄의 청정·에너지 공급 혁명의 추진을 통해 다원적 공급체계를 구축한다. 셋째, 에너지 기술혁명의 추진을 통해 산업의 업그레이드를 이룬다. 넷째, 시장 체제에 기반을 둔 에너지 시스템 혁명을 통해 에너지 발전의 새로운 길을 열어나간다. 다섯째, 전방위적인 국제 협력의 강화를 통해 개방 조건하의 에너지 안보를 실현한다(黃曉勇, 2014).

3. 시진핑 시기 중국의 에너지 관련 계획 분석: '에너지 발전 전략 행동계획'을 중심으로

시진핑 시기에 접어들어 중국의 에너지 정책은 후진타오 시기 '국가 에너지 전략 기본 구상(2004~2020)'에서 제시된 지속가능 발전과 연계한 에너지 문제 대응의 연장선상에서 추진되고 있다. 더욱이 중국은 제12차 5개년 계획(2011~2015)에서 성장 전략이 새롭게 전환함에 따라 에너지 공급 확보라는 차원을 넘어 기후변화 대응, 자원 순환 이용, 환경오염 해결 등과 연계해 에너지 수요 차원에서 에너지 문제를 바라보게 되었다. 특히 시진핑 시기에는 국내적으로 미세먼지 등 환경문제의 심각성이 부각되고 대외적으로 신기후체제의 도래가 예고되는 상황에서 에너지 정책에 대한 새로운 차원의 접근이 이뤄지고 있다.

시진핑 주석이 에너지 생산과 소비혁명을 주창한 직후 중국 국무원이 2014년 11월 19일에 공표한 '에너지 발전 전략 행동계획'(이하 '행동계획')은 '절약, 청정, 안전'이라는 전략적 방침에 기초해 지속가능한 현대적 에너지 체계를 구축하는 데 목적을 두고 있다(中國國務院, 2014). '행동계획'은 시기적으로 2014년부터 2020년까지로 설정되었으며, 2013년에 공표된 제12차 5개년 계획과 현재 제정 중인 제13차 5개년 계획을 연결하는 행동 강령에 해당하는 문건이라 할 수 있다. 중국은 후진타오 집권 후기부터 이미 세계 제1의 에너지 소비국이 되었으며, 에너지 생산과 소비가 급속하게 증가함에 따라 환경오염과 에너지 안보 등의 문제가 계속 부각되어왔다. 2014년 제출한 '행동계획'은 2020년을 목표 연도로 에너지 절약 우선, 국내 에너지 공급 우선, 저탄소 녹색, 과학기술 혁신 추진 등 4대 전략을 중점 내용으로 하고 있다. 이는 기존의 공급 안보에 치중하던 전통적 에너지 안보관에서 어느 정도 벗어난 것으로, 주요 내용을 살펴보면 다음과 같다.

1) 에너지 절약 우선 전략

에너지 절약 우선 전략은 에너지 효율을 크게 제고해 에너지 소비 총량을 합리적으로 통제하려는 것으로, 2003년 '국가 에너지 전략 기본 구상'에서 제시된 이후 에너지 제11차 5개년 계획과 제12차 5개년 계획에서 줄곧 강조되었다. 특히 시진핑이 집권한 2013년 1월에 발표된 제12차 5개년 계획에서 중국의 에너지 전략은 공급 확보에서 에너지 소비 총량 규제로 주안점이 변화했다. 이는 신기후체제에 대한 대응적 차원에서 무제한적 에너지 생산과 소비가 규제된다는 것을 의미하며, 규제 수단으로는 행정적 강제 조치를 취할 수도 있고 에너지 가격의 제고나 보조금 감소 등 시장적 수단을 취할 수도 있다.

〈표 9-1〉에서 보는 바와 같이, 제11차 5개년 계획 기간(2006~2010) 중국의 에너지 소비 총량은 2005년의 26억TCE(석탄환산톤)에서 2010년에 36억TCE로 증가해서 연평균 7% 이상의 증가세를 보였다. 제12차 5개년 계획(2011~2015) 예정 목표에 따르면 2015년 중국의 에너지 소비 총량은 원래 40억TCE 정도에서 통제될 계획이었지만, 2015년 통계 수치가 수정됨에 따라 44억TCE로 조정되었다.[7] 최근 몇 년 에너지 소비의 증가세가 꺾이면서 2014년 말 현재 에너지 소비 총량은 42.6억TCE로 전년 대비 2.2% 증가하는 데 그쳤다. 하지만 단위 GDP당 에너지 소모가 아직도 매우 높은 상황에서 산업화와 도시화가 본격적으로 추진되고 있는 중국의 경우 에

---

[7] 2015년 중국 국가통계국은 제3차 전국 경제 센서스에 근거해 에너지 소비 총량 데이터를 수정하는 작업을 진행했다. 그 결과 2014년 에너지 소비 총량은 37.5억TCE에서 41.7억TCE로 수정되었으며, 제12차 5개년 계획에서 확정된 에너지 소비 총량 규제치의 기준연도였던 2010년의 수치가 상향 조정되면서 2015년의 목표치 또한 상향 조정되었다(中國報告大廳, 2015).

연도	에너지 소비 총량 (만TCE)	석탄 비중(%)	석유 비중(%)	천연가스 비중(%)	수력, 원전, 풍력 비중(%)
2005	261,369	72.4	17.8	2.4	7.4
2006	286,467	72.4	17.5	2.7	7.4
2007	311,442	72.5	17.0	3.0	7.5
2008	320,611	71.5	16.7	3.4	8.4
2009	336,126	71.6	16.4	3.5	8.5
2010	360,648	69.2	17.4	4.0	9.4
2011	387,043	70.2	16.8	4.6	8.4
2012	402,138	68.5	17.0	4.8	9.7
2013	416,913	67.4	17.1	5.3	10.2
2014	426,000	66.0	17.1	5.7	11.2

자료: 中國統計年鑒(2015).

너지 소비 총량은 일정한 시기 동안 계속적으로 증가할 수밖에 없는 상황이다. 중국 내 한 연구 기관의 예측치에 따르면 정책적 환경의 변화가 없는 상황에서 기존의 경제 발전 속도가 지속된다면 2020년에는 중국의 에너지 소비 총량이 55억TCE, 2030년에는 75억TCE 정도에 달할 것으로 보인다(沈鎔·劉立濤, 2010: 19). 만일 이러한 상황이 전개된다면 중국의 생태환경은 지속불가능한 상황이 초래될 것이며, 국제사회로부터 거대한 압력에 직면할 것이다.

이에 따라 '행동계획'에서는 2020년까지 1차 에너지 소비 총량을 48억 TCE 정도에서 통제하고, 석탄 소비 총량은 42억 톤 안팎에서 통제하는 목표를 설정했다. 2020년까지 48억TCE를 초과하지 않는다는 목표를 달성하기 위해서 향후 몇 년은 1차 에너지 소비 총량의 연간 증가폭을 반드시 3.5% 이하에서 통제해야 한다. 이러한 목표치를 달성하기란 물론 쉬운 일이 아니다. 하지만 더욱 엄격한 환경 규제와 에너지 총량 통제를 통해 저탄소 경제로의 전환이 적극 추진되고 있고, 뉴노멀 시대의 중고속 성장기에 접어든 중국의 경우 2020년까지 경제 성장률이 7% 정도를 유지한다면 이 목표치를 달성하기란 불가능한 일이 아니다.

에너지 소비 총량 규제는 중국의 미래 에너지 프로젝트 건설과 심사 비준에 직접적으로 영향을 미칠 수 있다. 즉, 철강, 시멘트, 유색 금속 등 에너지 고소비 산업의 발전이 억제될 것으로 보이며, 환발해, 장강삼각주, 주강삼각주의 석탄을 주에너지원으로 하는 공장의 신축이나 확장 건설이 엄격히 통제될 전망이다. 또한 온실가스 배출의 주범이라 할 수 있는 석탄의 과도한 생산 증가가 제약을 받을 것으로 보인다.

2) 국내 에너지 공급 우선 전략

에너지 소비가 증가하는 동시에 중국의 에너지 대외 의존도가 지속적으로 높아지고 있는 상황에서 에너지 공급 안보의 문제는 여전히 중요한 과제다. 현재 중국은 이미 석탄, 석유, 천연가스, 우라늄 등 자원의 순수입국으로, 그중 석유와 천연가스의 해외 의존도가 각기 약 60%, 27.5%에 이르는 등 지속적으로 증가하는 추세다.

'행동계획'에서는 2020년까지 국내 1차 에너지 생산 총량이 42억TCE에 달해 에너지 자급도가 85% 정도를 유지할 수 있을 것으로 예상하고 있다. 하지만 〈표 9-2〉에서 보듯이 2006년에서 2014년까지 중국의 석유 생산량은 기본적으로 큰 증가를 보이지 않은 반면 소비량은 급속히 증가하는 추세다. 이는 중국의 석유 소비가 심각하게 해외 시장에 의존하고 있으며, 그 정도 또한 지속적으로 심화되고 있다는 사실을 보여준다. 천연가스의 경우 2007년부터 국내 수급 불균형이 이뤄지면서 생산량을 지속적으로 늘려나가고 있지만, 이보다 소비량의 증가 속도가 훨씬 빠른 양상을 보이고 있다. IEA나 중국 내 관련 예측치에 따르면 2025년에 중국의 석유 수입 의존도는 82%에 달하고, 천연가스 수요는 5000억m^{3}에 도달해 40% 정도

〈표 9-2〉 중국의 에너지 수급 상황(2006~2014년)

연도	석유(백만 톤)			천연가스(10억m³)			석탄(MTOE)		
	생산량	소비량	수입의존도	생산량	소비량	수입의존도	생산량	소비량	수입의존도
2006	184.8	351.2	0.474	60.5	58.0	0.040	1327.8	1446.6	0.081
2007	186.3	369.3	0.496	71.5	72.9	0.019	1438.7	1573.1	0.085
2008	190.4	376.0	0.494	83.0	84.0	0.012	1491.4	1598.5	0.067
2009	189.5	388.2	0.512	88.1	92.5	0.048	1538.0	1679.0	0.084
2010	203	437.7	0.536	99.0	110.5	0.104	1664.9	1740.8	0.044
2011	202.9	460.0	0.559	108.8	134.9	0.193	1852.6	1896.0	0.023
2012	207.5	482.7	0.570	114.3	151.2	0.244	1872.5	1922.5	0.026
2013	210	503.5	0.583	124.9	170.8	0.268	1893.7	1961.2	0.034
2014	211.4	520.3	0.594	134.5	185.5	0.275	1844.6	1962.4	0.060

자료: BP(2015)를 참조해 필자가 정리.

의 수입 의존도를 보일 것으로 전망된다(師博·王勤, 2016: 20). '행동계획'에서는 국내 공급을 에너지 안보의 주요 채널로 삼아 에너지 안보의 주동성을 확보하기 위해 국내 에너지자원의 탐사·개발 강화, 에너지 대체 및 비축을 통한 비상 대응 시스템 구축, 에너지 공급 능력 증강을 강조하고 있다. 물론 이와 동시에 국제 협력의 강화, 유류 및 가스 수입 통로 가속 건설 등을 통한 에너지 안보의 유지를 추진해 2020년까지 비교적 완비된 에너지 안보 체계를 구축할 계획이다.

중국의 구상에 따르면 자국을 기반으로 한 에너지 자급 능력을 증강하기 위해 2020년까지 산시(山西), 어얼둬스(鄂爾多斯) 분지, 내몽골 동부[蒙東], 시난(西南), 신장(新疆)의 5대 에너지 기지와 동부 핵발전소 벨트 및 근해 석유·가스 개발 벨트의 '5기 2대(五基兩帶)'가 조성될 전망이다.[8] 석탄 개발은 '동부 규제, 중부 안정, 서부 발전'이라는 원칙 아래 14개의 대형 석

---

8 아직 제정되지는 않았지만 제13차 5개년 계획에서 이러한 '5기 2대'라는 에너지 개발 구도가 제기될 전망이다(新華網, 2014).

탄 기지를 위주로 개발하며, 우선적으로 내몽골 동부, 황롱(黃隴)과 산시 북부(陝北)의 기지를 개발하고, 동부 지역의 석탄 기지는 발전을 제한하며, 중부 지역은 합리적 개발을 유지할 예정이다. 석유 및 천연가스 개발은 육상 생산량을 제고하고, 기존 유전을 공고히 하면서 새로운 유전을 개발할 계획이다. 동부 지역 기존 유전의 생산량을 안정화시키고, 동시에 타림 분지, 오르도스 분지, 준가얼 분지, 차이다무 분지 등 중서부 지역을 중심으로 석유, 천연가스 자원의 탐사·개발 능력을 증대시켜 생산을 확대해나갈 계획이다. 이 외에도 창탕 분지와 같은 신규 지역에서 석유 및 천연가스 지질 조사 및 탐사·개발 기술력을 강화하는 등 신규 매장 지역을 계속해서 발굴·확장해나간다는 계획이다. '행동계획'에서는 특히 천연가스 탐사·개발을 가속화해 연간 생산량 100억m^3 이상의 대형 천연가스 생산기지를 8개 건설하기로 했다. 2020년까지 새로 증가될 천연가스 매장량은 누계 5.5조m^{3}로 연간 생산량이 1850억m^{3}에 달할 예정이다. 동시에 셰일가스와 메탄 개발을 중점적으로 실시해 2020년까지 셰일가스 생산량과 메탄 생산량을 각기 300억m^{3}에 달하도록 할 계획이다(中國國務院, 2014).

또한 에너지 공급 비상 대응 시스템을 정비하고 국가의 전략적 비축과 기업의 상업적 비축을 결합해서 중국의 에너지 안보 능력을 제고할 계획이다.[9] 이를 위해 국가의 석유 및 천연가스 비축 기지 건설을 가속화하고 있으며, 민간 자본의 참여와 기업의 상업적 비축 기지 건설도 장려하고 있다. 이 외에도 에너지 안보에 대한 정보 체계를 개선하고 주요 에너지 품질과 에너지 수송 노선에 대한 긴급 대비 체계와 종합 관리 시스템을 구축해 비상사태에 대한 대응력을 제고할 계획이다.

---

9 중국 국가에너지국이 발표한 바에 따르면 2015년 12월 현재 중국의 국가 석유 비축 기지는 모두 8개이며, 총 비축 용량은 2860만m^{3}에 달한다(中國新聞網, 2015).

3) 저탄소 녹색 전략

오늘날 중국 에너지 구조의 모순은 심각하다. 중국의 에너지 구조는 기본적으로 석탄을 위주로 형성되어 있으며, 개발 이용 방식이 낙후하고 주요 오염 물질과 온실가스 배출 총량이 세계적 수준에 이르고 있다. 중국 에너지 소비 구조에서 화석에너지의 비중은 상당히 높은 편이며, 특히 석탄 소비의 비중은 66%를 넘어서 세계 평균 수준보다 35.8%나 높은 상황이다.[10] '행동계획'에서는 이러한 문제를 해결하기 위해 천연가스, 원전(핵발전소), 신재생에너지를 적극 발전시키고 석탄 소비 비중을 낮추는 등 에너지 소비 구조의 최적화를 지속적으로 추진할 계획이다. 이렇듯 비화석에너지의 발전을 추진함과 동시에 화석에너지의 고효율·청정 이용을 추진함으로써 합리적인 에너지 소비구조의 형성 및 온실가스 배출의 대폭 감소를 통해 생태 문명 건설을 촉진한다는 것이다. 이에 따라 2020년까지 1차 에너지원에서 비화석에너지가 차지하는 비중을 15%로 늘릴 계획이며, 천연가스 비중은 10% 이상으로 늘리고 석탄 소비 비중은 62% 이내에서 통제할 계획이다(中國國務院, 2014). 현재 중국의 비화석에너지의 비중은 11.2%에 불과하므로 2020년까지 이를 15%까지 끌어올린다는 계획은 쉽지 않은 목표라 할 수 있다.

온실가스는 물론 대기오염의 주범인 석탄소비 통제와 관련해서 '행동계획'은 베이징, 톈진, 허베이, 산둥과 장강삼각주 및 주강삼각주의 석탄 소비 총량을 삭감했다. 즉, 2020년까지 특히 미세먼지 문제가 심각한 베이징, 톈진, 허베이, 산둥 4개 성시의 석탄 소비는 2012년 대비 1억 톤 삭

---

10 중국 내 한 연구 기관의 예측에 따르면 중국의 석탄 소비량은 제13차 5개년 계획 기간(2016~2020)에 정점에 달할 것으로 보이며, 그 비중은 2017년에는 62%, 2020년에는 58~60% 수준으로 지속적으로 낮아질 전망이다(中國能源報, 2016).

감하고 장강삼각주와 주강삼각주의 석탄 소비 총량은 마이너스 성장을 하는 것을 목표로 하고 있다. 하지만 자원이 부존한 구조적인 이유로 미래에도 석탄은 중국의 주된 에너지원일 것이다. 따라서 석탄의 청정 고효율 이용은 정책적으로 고도로 중시되고 있으며, 석탄의 청정 고효율 이용과 청정에너지 개발은 동등한 위상을 가진다고 볼 수 있다. 최근 몇 년 중국에 대해 석탄 사용에 따른 환경보호 압력이 계속 증가하고 있어 정책적 압력에 따라 환경보호에 대한 투입을 증가시킬 수밖에 없는 상황이다. 이에 따라 고효율, 청정 발전기술이 널리 보급될 전망이다.[11] 이 외에 현대적 석탄화공은 석탄의 청정 이용 방식 중 하나로, 석탄을 연료에서 원료로 바꾸는 과도적 과정이다. 환경보호, 수자원 제약 등으로 중국은 석탄화공 산업에 대해 시종 신중한 태도를 보이고 있으며, 현재 석탄화공 기술의 제한으로 상업화와 대규모 발전은 단기간 내에 실현되지 않겠지만 전략적 보완과 기술적 준비 차원에서 여전히 시범적 프로젝트가 진행될 계획이다.

청정에너지 개발과 이용 측면에서도 '행동계획'은 구체적인 목표를 제시하고 있는데, 천연가스 소비 비중을 높여 2020년까지 1차 에너지원에서 차지하는 비중을 10% 이상 늘리고, 도시가스 민생공정(프로젝트)을 실시해 2020년까지 도시 거주민이라면 기본적으로 천연가스를 사용할 수 있도록 할 계획이다. 또한 중국에서 청정에너지로 간주되는 원전(핵발전소)의 경우 중국은 국제적으로 최고의 기준을 적용해 안전을 확보한다는 전제 아래 동부 연해 지역에 새로운 원전 프로젝트 건설을 적시에 가동할 예정이며,

---

11 전력발전은 이러한 석탄을 청정 고효율로 이용하는 주요 방향이다. 중국의 '석탄화력발전의 에너지 절약과 배출 감축 업그레이드 및 개조 행동계획'에 따르면, 새로 건설되는 석탄화력발전소의 발전용 석탄 소비 수준을 kW/h당 300g 이하로 제한하고 오염 물질이 가스터빈발전소의 배출 수준에 가깝도록 만들어 2020년에는 현재 60만kW/h급 이상의 석탄화력발전소에서 소비되는 석탄이 kW/h당 300g으로 낮아질 전망이다(國家發展改革委·环境保護部·國家能源局, 2014).

내륙 지역의 원전 건설에 대해서도 연구와 논증을 진행할 예정이다. 과거 후쿠시마 원전 사고 이후 중국은 안전을 고려해 1년여 동안 원전 심의 및 비준을 중단했으며, 2012년 10월 '원전 안전계획(2011~2020)'과 '원전 중장기 발전계획(2011~2020)'이 국무원 상무회의를 통과하면서 원전 건설이 비로소 다시 재개되었다. 통계에 따르면 2015년 말 현재 중국이 운영 중인 원전은 총 30기(총 장치 용량 2831만kW)이고 건설 중인 원전은 세계에서 가장 많은 24기(총 장치 용량 2672만kW)다(新華網, 2016). 계획에 따르면 중국은 앞으로 매년 6~8기의 원전을 새로 건설할 예정인데, 2020년까지 원전의 총 장치 용량은 2014년 말의 3배인 5800만kW, 시공 중인 용량은 3000만kW 이상에 달할 예정이다.[12]

중국은 수력, 풍력, 태양광발전 등 신재생에너지 분야에서도 급속한 발전을 보이고 있다.[13] 수력은 주로 서부 지역의 풍부한 수력자원을 적극 개발하고 있으며, 야룽강(雅砻江), 다두하(大渡河), 진사강(金沙江), 란창강(瀾滄江) 등의 유역에 대형 수력발전기지를 건설하고 각 지역의 환경에 적합한 중·소형 수력발전소를 건설하는 등 수자원을 종합적으로 이용해 2020년까지 약 3.5억kW의 발전설비 용량을 확보할 계획이다. 풍력발전 또한 중국이 개발에 역점을 두고 있는 신재생에너지 분야로서 9개 지역에 현대적인 대규모 풍력발전기지 건설, 남부 및 중동부 지역을 중점으로 분산형 풍력발전소 건설, 해상풍력발전의 안정적 개발 등을 통해 2020년까지 2억kW의 발전설비 용량을 확보할 계획이다. 태양광발전기지의 경우도 발전소의 위치와 전력 사용 지역의 일치화 및 집중 송전망 건설, 분산형 태양

---

12 2020년까지 5800만kW의 장치 용량을 확보한다 하더라도 중국의 1차 에너지원에서 차지하는 원전의 비중은 단지 3% 정도에 불과하다.

13 2015년에 이미 중국은 에너지 절약과 신재생에너지 이용 분야에서 세계 1위를 차지했다(人民網, 2015a).

광 시범 지역 건설, 태양열발전 시범 프로젝트 실시 등을 통해 2020년까지 1억kW의 발전설비 용량을 확보할 계획이다.

이러한 저탄소 녹색 전략은 기후변화와 환경문제에 대한 적극적 대응 차원에서 추진되고 있는 것으로 '행동계획'의 4대 전략 가운데 기존의 에너지 정책과는 뚜렷이 구분되는 지점이다. 물론 에너지 제12차 5개년 계획에서도 이러한 내용들이 일부 포함되기는 했지만 국가의 에너지 발전 전략으로 저탄소 녹색 전략이 공식적으로 제기된 것은 '행동계획'이 처음이라고 할 수 있다. 이는 시진핑 시기 신기후체제의 도래와 함께 에너지 안보에 대한 인식 변화에 따른 것으로, 탄소 배출을 삭감하고 비화석에너지 비중을 증가시키겠다는 약속 의무를 이행하는 것이자, 최근 몇 년간 심각성을 더해가는 미세먼지 등의 오염문제를 해결하겠다는 적극적인 의지의 표현이라 할 수 있다.[14] 저탄소 녹색 전략은 앞으로 제정될 제13차 5개년 계획에서 더욱 구체화될 전망이다.

4) 과학기술 혁신 추진 전략

과학기술 혁신 추진 전략은 에너지 시스템의 개혁 심화, 에너지 과학 발전 시스템의 운영 메커니즘 구축, 시장을 통한 에너지자원의 배분, 에너지 과학기술 창조 혁신 시스템 강화, 자주적이고 창조적인 과학기술 개발 등을 통해 에너지 과학기술 강국을 건설하고 세계 선진 수준에 근접한 에너지 과학기술을 확보하겠다는 내용을 담고 있다. 이 가운데 에너지 시스템의 개혁 심화는 중국 내 현대적 에너지 체계를 구축하고 에너지 안전을 보

---

14 2015년 12월 30일 중국 국가발전개혁위원회는 수도권 지역(베이징, 톈진, 허베이 성)의 미세먼지(PM2.5) 오염의 심각성을 고려해 2020년까지 탄소 배출을 2013년 대비 40% 감축하겠다는 목표를 제시한 바 있다(趙一鳴, 2016).

장하는 제도적 조치인 셈이다. 중국 국무원발전연구중심(DRC) 자원 및 환경연구소의 가오스지(高世楫) 소장은 "에너지 시스템 혁명을 추진하는 중요한 내용 중 하나는 에너지와 환경 관리 감독 체제를 개선하는 것으로서, 에너지 관리 감독의 효율성을 제고하고 에너지 시장의 효율적 경쟁을 촉진하며 공정한 시장 질서를 유지해야 한다"라고 주장한다(中國經濟新聞網, 2015). 혼합 소유제는 이러한 에너지 시스템 개혁의 주요 방향으로서 민간 자본(외자 포함)의 유입을 활성화해 국유 에너지 기업의 경영 활력을 제고하려 한다. 하지만 민간 자본의 참여를 이끌어내기 위해서는 투자 수익의 불확실성을 해결하고 국유 기업과의 신뢰 체계를 구축해야 하는 난제가 놓여 있다.

오늘날 중국의 에너지 시스템은 행정 독점 문제로 인해 시장 경쟁이 충분하지 않다. 에너지 가격 관리에서 정부는 석유, 천연가스, 전력에 대해 일정한 가격 규제를 실시하고 있으며, 자원 배치에서 시장의 역할이 발휘되고 있지 않아 에너지 가격의 왜곡 현상이 심각하다. '행동계획'에서는 에너지 시스템 개혁의 중요한 내용 가운데 하나로 에너지 가격 개혁의 추진을 강조하고 있다. 따라서 에너지 생산 및 소비 혁명의 요구에 따라 에너지 상품의 속성에 맞춰 효과적인 경쟁이 이뤄지는 시장구조와 체계를 구축하고, 주로 시장을 통해 에너지 가격이 결정되는 메커니즘을 형성하며, 에너지에 대한 정부의 자의적 관리 감독 방식을 바꾸어 건전한 에너지 법치 체계를 구축하는 방향을 설정하고 있다. 즉, 석유, 천연가스, 전력 등의 가격 개혁을 추진하고 순차적인 경쟁 가격 제도를 실시해 천연가스의 채굴 가격 및 판매 가격, 인터넷 전력 가격과 판매 전력 가격은 시장에서 형성되도록 하고 전력의 수송과 분배 가격, 석유 및 천연가스 수송 가격은 정부가 결정하도록 한다는 계획이나. 또한 에너지 중점 영역에 대한 개혁을 심화해 전력 체제의 개혁을 가속화하고 수급 쌍방의 직접 교역을 추진해 경쟁적 전력 교역 시장을 구축할 계획이다. 또한 에너지 관리 감독과 관련해 '행동계획'에서는 에너지 발전 전략, 계획, 정책, 표준 등의 제정과 실시를 강화하고 행정 절차를 간소화해 지속적으로 행정 심사 및 비준 사항을 취소하거나 아래로 이전하도록 할 예정이다. 이러한 에너지 관리 감독의 강화를 통해 조직 체계와 법률 체계를 개선하고 관리 감독 방식의 혁신과 간소화를 통해 효율성을 제고해 공정한 시장 질서를 유지함으로써 중국 에너지 산업의 건강한 발전에 유리한 환경을 조성한다는 계획이다. 결론적으로 중국의 미래 에너지 시스템을 개혁하는 중점은 에너지 가격 및 에너지 영역 독점에 대한 개혁, 에너지 시장 개방, 정부 기능의 변화 등에 있다.

또한 에너지 과학기술 강국이 된다는 비전 아래 중국정부는 에너지의 녹색·저탄소·스마트 발전이라는 전략적 방향과 안전 보장, 구조 고도화, 에너지 절약, 배출 감소 등 장기 목표를 설정했다. 비정규적 유류 및 가스 탐사·개발 등 9대 창조 혁신 영역과 셰일가스 등 20개 중점 창조 혁신 방향을 설정하고, 이에 따른 셰일가스·석탄층가스·심해유류가스 개발 등 주요 시범 프로젝트를 실시할 계획이다. 이와 동시에 국가 차원에서 대형 유전과 가스전 및 석탄층 가스 개발과 원자력 분야에서 대형의 선진적인 수압반응기·고온가스반응기와 관련된 과학기술 프로젝트를 추진하며, 셰일가스, 심해유류가스, 가스 하이드레이트(Gas Hydrate), 차세대 원자력 등 분야의 핵심 기술을 확보할 계획이다. 그리고 심해유류가스와 비정규적 유류가스 탐사·개발, 석탄 고효율·청정 이용, 선진적 원자력, 신재생 가능에너지 개발, 스마트그리드 등 중대형 에너지 프로젝트를 활용해 에너지 장비 제조의 창조 혁신 플랫폼 구축을 가속화하며, 선진적인 에너지 기술 장비의 해외 진출을 지원해 국제적 경쟁력이 있는 에너지 장비 산업 체계를 형성할 계획이다. 이에 더해 국가 차원의 에너지 과학기술 창조 혁신 및 에너지 장비 발전 전략을 수립하고, 정부와 산학연이 상호 연계된 창조 혁신 체계를 구축하며, 다원화된 에너지 과학기술 벤처 캐피털 구축을 장려하고, 에너지 과학기술 부문의 인재 육성을 추진한다는 계획이다.

4. 시진핑 시기 중국의 에너지 외교: 일대일로를 중심으로

1) 신에너지 안보관에 따른 중국 에너지 외교의 성과

후진타오에 이어 시진핑 시기에도 중국 에너지 외교는 '신에너지 안보관'에 따라 적지 않은 성과를 거두었으며, 이는 주로 에너지 외교의 다변화, 다자 에너지 기구에의 적극적 참여, 신재생에너지 국제 협력의 심화 등 세 가지 측면에서 나타나고 있다. 국내 차원의 에너지 정책과 달리 국제 차원의 에너지 외교에서는 아직 신기후체제의 도래에 대한 적극적 대응과 변화의 양상이 정확히 포착되지 않고 있는 것이 사실이다. 기후변화와의 상관성 속에서 국내 차원의 에너지 소비와 생산 혁명이 제기된 것과 달리, 신재생에너지 국제 협력의 심화 외에는 후진타오 시기의 에너지 외교의 기본 관점이 지속되고 있는 것으로 파악된다. 하지만 신기후체제하에서 에너지 안보가 과거 국가 중심에서 초국가적 관리와 협력의 방향으로 나아가고 있는 상황이므로 중국의 고민도 깊어지고 있다.

(1) 에너지 외교의 다변화

중국에서 소비되는 석유의 절반은 중동 지역에서 수입되는데, 석유 수입은 모두 해상 운송을 통해 이뤄진다. 하지만 이 지역의 정세 불안으로 인해 중국의 에너지 안보는 위협을 받을 수밖에 없다. 따라서 에너지 다변화 전략은 시진핑 시기에도 여전히 중국 에너지 외교의 주요 관점이라 할수 있다. 중국은 중동 지역 국가들과 에너지 협력을 강화하는 동시에 이미 라틴아메리카, 러시아 및 중앙아시아 국가들과 에너지 협력을 심화함으로써 에너지 다변화 구도에서 적지 않은 성과를 거두었다. 현재 중국은 에너지 외교의 다변화를 통해 해외에 4개의 주요 전략 거점을 구축했다. 즉, 수단을 중심으로 하는 북아프리카 전략 거점, 카자흐스탄을 중심으로 하는 중앙아시아 전략 거점, 베네수엘라를 중심으로 하는 라틴아메리카 전략 거점, 사우디아라비아와 이란을 중심으로 하는 중동 전략 거점이 그것이다(閆世剛·劉曙光, 2014: 113).

걸프 만 6개국은 중국 석유 수입의 주요 국가들로, 중국은 사우디아라비아와 '석유·천연가스·광산 영역의 협력에 관한 의정서', '석유·천연가스·광산 영역 협력의정서의 보충 MOU', '협력과 전략적 우호관계 강화 공동성명' 등의 여러 협력 문건을 체결했다. 2012년에는 쌍방이 사우디아라비아에서 정유 시설 합자 건설에 관한 협의를 체결했는데, 이는 현재 중국의 해외 에너지 협력 가운데 가장 큰 프로젝트로서 투자액은 약 100억 달러이며, 연간 2000만 톤의 원유를 처리한다. 이란의 경우 미국의 금융 제재로 인한 어려움 속에서도 중국의 3대 석유 수입원으로서 중국의 이란 석유 수입은 지속적인 증가를 보여왔다.

중국은 러시아와의 에너지 협력을 매우 중시하고 있는데, 양국 총리급 정기 회담을 플랫폼으로 양국의 에너지 협력은 커다란 성과를 거두었다. 2008년 이후 중·러 양국은 '석유 영역의 협력 MOU', '천연가스 협력 MOU 로드맵', '대(對)중국 러시아 천연가스 수출에 관한 협정' 등 여러 에너지 협력에 관한 협정을 체결한 바 있다. 시진핑 시기에 접어들어 2013년에 중·러 양국은 2700억 달러에 달하는 장기 원유 공급에 관한 협정을 체결했고, 향후 25년간 매년 4600만 톤의 러시아산 석유가 중국에 제공될 예정이다.

특히 우크라이나 사태 이후 중·러 간의 에너지 협력은 놀랄 만한 속도와 규모로 확대되고 있다. 2014년 5월 가스프롬은 4000억 달러 규모의 동부 가스 파이프라인(연간 38bcm) 공급에 합의해 '세기의 빅딜'이라고 불린 계약을 체결한 데 이어, 같은 해 11월 APEC 정상회의에서는 서부 알타이라인(30bcm) 공급에도 추가로 합의해 대중국 공급량을 거의 두 배로 늘렸다. 또한 중국 시노펙(Sinopec)과 러시아 로스네프트(Rosneft)가 공동 유전 개발에 합의해 2012년 중·러 공동개발기금을 설립한 후 중국 국부 펀드의 러시아 유전 개발 참여 등이 본격화되고 있다(王楠·鄭立新, 2015: 254~255).

중앙아시아는 중국의 또 다른 중요한 에너지 수입원으로, 일대일로 추진에 따라 중국과 중앙아시아 국가 간의 에너지 협력은 새로운 단계에 접어들었다. 중국과 카자흐스탄은 '중국 - 카자흐스탄 원유 파이프라인 2기 프로젝트 건설에 관한 기본 원칙 협정', '전면적 전략 파트너 관계 심화에 관한 공동 성명'을 체결했다. 또한 쌍방은 천연가스 파이프라인 1기 확장 공사(C선)와 2기 건설을 실시하기로 합의했으며, 아울러 원유 파이프라인 확장 건설을 통해 매년 2000만 톤의 원유를 공급할 계획이다(新華網, 2013). 또한 중국은 투르크메니스탄과 천연가스 협력을 진행하고 있으며, D선 건설 추진과 함께 '중국 - 투르크메니스탄 우호 협력 조약', '중국 - 투르크메니스탄 전략적 파트너 관계 발전계획(2014~2018) 통과에 관한 성명' 등을 체결했다. 그리고 2013년 9월 시진핑 국가주석은 중앙아시아 순방 기간 동안 D선이 통과하는 우즈베키스탄, 키르기스스탄, 타지키스탄과 각기 건설 운영에 관한 협정을 체결한 바 있다. 중앙아시아 천연가스 파이프라인은 A선, B선, C선, D선 4개로 구성되어 있으며, 2009년 12월에 A선이, 2010년 10월에 B선이, 그리고 2014년 5월에 C선이 개통되어 연간 수송 능력이 중국 전체 소비량의 60%에 상당하는 550억m³에 달한다. 연간 수송량이 300억m³에 달하는 D선이 개통되면 중국 - 중앙아시아 천연가스 수송 능력은 매년 850억m³로 늘어날 전망이다(新華網, 2014).

이 외에 중국은 라틴아메리카와도 적지 않은 에너지 투자 프로젝트를 실시하고 있다. 2014년 7월 시진핑 국가주석이 라틴아메리카 4개국을 방문한 이후 기초 인프라 외에 에너지 분야와도 다양한 협력이 진행되고 있다. 특히 반미 색채의 베네수엘라는 중국의 중요한 에너지 협력 파트너이자 6%에 달하는 석유 수입원으로서 이미 에너지와 관련된 많은 협정을 체결했으며, 양국은 에너지 협력을 지속적으로 강화하고 있다(中華人民共和國 商務部, 2014). 브라질과의 에너지 협력도 강화되어 '에너지와 광업에 관한 협력 의정서', '10년 협력계획' 등 에너지 관련 협정이 체결되었고, 2010년에서 2019년까지 매년 1000만 톤의 브라질산 석유를 중국에 제공하기로 했으며, 양국은 원유 및 천연가스 생산과 가공, 운송 등의 측면에서 협력을 강화해나가고 있다.

(2) 다자에너지기구에 적극 참여

후진타오 집권 후기에 형성된 '신에너지 안보관'에 따라 중국은 시진핑 시기에도 에너지 소비국과 협력을 강화하면서 다자에너지기구에 적극적으로 참여해왔다. 글로벌 에너지 거버넌스의 강화에 따라 중국 또한 이에 상응해 다자간 에너지 협력 레짐에 적극적으로 임하고 있다. 중국은 국제 에너지 레짐에서의 발언권을 강화하기 위해 UN과 그 산하기구[UN개발계획(UNDP), UN환경계획(UNEP), UN기후변화협약 사무국 등]에 적극 참여해 에너지 의제와 관련한 모든 활동에 관여하고 있으며, 동시에 세계에너지이사회, 세계석유회의 등의 전문적인 국제 NGO에도 가입해 활동하고 있다. 중국은 이미 IEA와 실질적인 에너지 협력을 위해 2009년 10월 공동 성명을 발표한 바 있으며, 국제 에너지 시장과 관련한 여러 문제에서 서로 밀접한 협력을 통해 구체적인 계획을 제정해왔다. 그간 중국은 단지 IEA의

옵서버 신분이라서 다자간 에너지 협력을 위한 효과적인 참여와 메커니즘이 형성되어 있지 않았다(呂淼, 2014). 하지만 2015년 11월에 개최된 IEA 장관급 회의에서 중국은 IEA의 연맹국이 되었으며, 중국 국가에너지국과 IEA 연합 성명을 체결해 2016~2017년 협력 계획과 프로젝트를 명확히 했다. 현재 중국은 세계 최대의 에너지 소비국으로서 IEA의 정식 회원국으로 가입하는 것과 관련해 이해득실에 따른 내부 논쟁이 진행되고 있으나 IEA와의 협력은 더욱 강화될 전망이다.

지역적 에너지 협력과 관련된 대화에도 중국은 적극적으로 참여하고 있으며, 적지 않은 성과를 거두고 있다. 2010년 중국과 걸프 만 6개 회원국은 '전략 대화에 관한 MOU'를 체결했고, 이를 통해 에너지 영역에서의 협력 강화를 위한 상호 신뢰를 심화하고 있다. 2011년 9월에는 러시아, 타지키스탄, 키르기스스탄 등 상하이협력기구(SCO) 회원국과 '시안(西安) 이니셔티브'를 공동으로 발표해 에너지협력클럽을 적극 구축하고 에너지 협력의 심화를 추진하기로 했다. 2013년 9월에는 SCO 제13차 정상회의에서 시진핑 주석이 에너지클럽 구성을 제안했으며, 2015년 7월에는 SCO의 다자간 에너지 협력의 중요성을 강조하면서 통일적 에너지 시장 구축을 주장하기도 했다(人民網, 2015c). 중국은 아세안 및 동아시아정상회담(EAS)의 틀 안에서 전개되는 에너지 협력에도 높은 관심을 드러내고 있으며, '동아시아 에너지 안보 세부 선언'을 지침으로 주요 에너지 소비국들과 에너지 안보, 석유 시장, 석유 비축, 에너지 절감 및 에너지 효율화, 에너지 시장 통합 등 협력에 적극 참여하고 있다.

(3) 신에너지 국제 협력 심화

신에너지 산업은 새로운 경제성장의 동력으로서 국제적 경쟁이 치열하게 벌어지고 있는 영역이기도 하다. 중국정부는 이미 신에너지 산업을 경제성장을 추진하는 동력이자 산업구조 고도화의 중요한 매개체로 인식하고 있다. 중국은 양자 및 다자간 협력을 통해 신에너지 분야의 국제 협력을 지속적으로 강화해나가고 있으며, 지역기구의 신에너지 협력에도 적극성을 드러내고 있다. 특히 신기후체제의 도래에 따라 중국의 신에너지 국제 협력은 더욱 강화되고 있는 추세다.

중국은 APEC 에너지 협력, EAS 에너지 협력, ASEAN+3 에너지 장관 대화, SCO 에너지 협력 등을 플랫폼으로 지역 통합이라는 틀에서 역내 신에너지 연구, 대체에너지 및 저탄소 에너지의 사용, 에너지 안보 등의 측면에서 신에너지 협력을 강화하고 있다. 또한 앞 절에서 살펴본 에너지 효율과 절감 계획의 강화를 통해 수력 이용, 재생에너지 시스템의 확대, 바이오연료의 생산 또는 이용을 강조하고 있으며, 민간 원전 개발을 통한 전통 화석에너지에 대한 의존도 감소를 협력 의제로 설정하고 있다.

미국, EU를 주요 대상으로 전개되고 있는 양자 협력 또한 중국이 추진하는 신에너지 국제 협력의 주요 부분이다. 중미 간 신에너지 국제 협력 기제와 대화는 주로 양국 간 정상회담, 에너지 대화, 전략 경제 대화 등을 통해 이뤄지며, 양국은 이미 '에너지 효율과 재생에너지 협력 MOU', '에너지·환경 10년 협력 프레임워크', '기후변화, 에너지와 환경 협력 강화에 관한 MOU', '에너지·환경 10년 협력 프레임워크하 녹색 협력 파트너 계획' 등 다수의 신에너지 관련 협정을 체결한 바 있다.[15] 또한 2009년 11월에 체결된 '중미 청정에너지 연합연구센터에 관한 MOU'에 따라 청정 석탄, 청정 에너지 자동차, 건축 에너지 절약 등 3개 우선 영역을 설정해 산학연 공동

---

15 최근 중미 양국은 기후변화를 자국의 핵심 국가 이익에 영향을 미치는 전략적 사안으로 인식해 전략적 파트너십을 구축하고 있으며, 에너지 절감 및 효율성 향상, 신재생에너지 개발, 셰일가스 개발 기술 협력, 청정 석탄 기술 및 이산화탄소 포집·저장 기술 등의 분야에서의 협력에 집중하고 있다.

연구 개발이 이뤄지고 있다.[16] 중국과 EU 간 신에너지 국제 협력의 기제와 대화는 주로 중국 - EU 에너지 협력 대화와 중국 - EU 정상회담을 통해 이뤄진다. 이미 2005년 제8차 중국 - EU 정상회담에서 체결된 '중국 - EU 기후변화 공동 성명'에서는 신에너지를 협력과 대화의 주요 영역으로 명확히 설정한 바 있다. 그 이후 중국 - EU는 이 협력 플랫폼을 통해 계속해서 '중국 - EU 청정에너지 센터 공동성명', '에너지 교통 전략 대화 MOU', '탄소 배출 제로에 근접하기 위한 제2단계 협력 MOU' 등의 협정을 체결했다(金樂琴, 2010: 17~23). 미국, EU 등 선진국과의 신에너지 기술 협력을 추진함으로써 중국은 이들의 선진기술과 설비, 노하우 등을 적극 도입하고 있으며, 이를 통해 중국 신에너지 산업의 발전을 적극 추동하고 있다.

이 외에도 시진핑 주석은 2015년 9월 UN 정상회의에서 행한 연설에서 글로벌에너지네트워크(GEN)를 구축해 청정과 녹색 방식으로 글로벌 전력 수요를 만족시킬 것을 제안했다. 글로벌에너지네트워크는 에너지 발전 방식의 변화를 추진함으로써 에너지 발전이 자원, 시간과 공간, 환경의 구속에서 벗어나게 하고 청정에너지의 고효율 개발과 이용을 실현하겠다는 구상이다. 수력, 풍력, 태양력 등 청정에너지를 주에너지로 해서 인터넷 기반의 에너지 생산, 전환, 운송, 소비를 더욱 효율적이고 친환경적으로 추진한다는 것이다. 그리고 신기후체제가 기후변화를 완화하는 동시에 개도국의 발전과 빈곤 문제를 해결해야 한다는 점에서, 글로벌에너지네트워크 구상은 생태 환경을 개선하는 것은 물론이고 세계 인구의 1/5에 달하는 에너지 빈곤 인구에게 저렴하게 전력을 공급할 수 있을 것으로 기대되고 있다(中國新聞網, 2015).

---

16 중미청정에너지연합연구센터(U.S.-China Clean Energy Research Center)에 대해서는 해당 홈페이지(http://www.cerc.org.cn) 참조.

2) 일대일로와 중국의 에너지 외교: 문제점과 대응 방안

시진핑 시기 중국은 2014년 미국을 제치고 세계 최대 석유 수입국이 되면서 에너지 안보 정책을 한층 강화하고 있다. 세계 최대 석유 수입국으로서 석유 등 에너지 공급의 안전은 중국 에너지 안보에서 여전히 중요한 부분을 차지하고 있다. 하지만 미국이 세계 석유자원의 70%를 독점적으로 통제하고 있는 상황에서 중국의 에너지 공급 확보는 그리 쉽지 않다. 이러한 상황에서 중국은 에너지 수입원의 다변화를 통해 에너지자원의 안정적 공급과 함께 수송로의 안전 확보를 여전히 에너지 외교의 최우선 과제로 설정하고 있다. 예컨대 중국은 말레이시아, 싱가포르, 인도네시아 3국 국경이 접해 있는 말라카 해협을 통해 80% 이상의 석유를 수입하고 있지만, 아직 이 지역에서 에너지 수송의 안전을 확보할 수 있는 군사 외교력을 확보하지 못하고 있다. 더욱이 '아시아 재균형 전략(Rebalancing to Asia)'에 따른 미국의 대중 봉쇄와 견제가 이뤄지고 있는 상황에서 자칫 발생할 수도 있는 미국과의 충돌 가능성에 따라 이 지역에서 중국의 지정학적 취약성이 더욱 증가하고 있다. 이러한 배경 아래 중국은 시진핑 정부에 들어와 실크로드 경제벨트와 21세기 해상 실크로드라는 일대일로 구축을 통해 미국의 견제와 봉쇄를 우회해 에너지 안보를 적극 추구하고 있다.[17]

주변국들과의 에너지 협력은 일대일로 핵심 과제 가운데 하나이며, 특히 중앙아시아, 러시아, 중동 지역은 물론이고 동남아 지역은 일대일로가

---

17 2013년 9월과 10월 시진핑 중국 국가주석은 중앙아시아와 동남아를 각기 방문해 실크로드 경제벨트와 21세기 해상 실크로드라는 일대일로의 공동 구축을 제안했다. 일대일로는 시진핑 시기 '중화민족의 위대한 부흥'이라는 중국의 꿈을 달성하기 위한 방안으로, 육상 및 해상 실크로드를 복원함으로써 아시아 재균형 전략이라는 미국의 견제와 봉쇄에 대응하기 위한 일종의 지정학적 전략으로 해석된다. 일대일로에 대한 지정학적 해석으로는 원동욱(2015), 서정경(2015) 참조.

관통하는 국가들이 집중된 곳으로서 중국의 주요 에너지 공급원에 해당한다. '행동계획'에서도 일대일로와 관련해 중국 국내 및 해외 에너지자원과 시장의 종합적 이용, 투자와 거래의 병행, 해상 및 내륙 수송로를 동시에 중시할 것 능 해외 에너지자원 이용을 위한 중상기 계획을 제시하고 있다. 실크로드 경제벨트와 21세기 해상 실크로드라는 일대일로 전략 구상에 따라 6대 경제 회랑 구축이 추진되고 있으며, 이는 중국에 에너지 수송로와 자원 확보, 에너지 기술·장비·투자 프로젝트의 해외 진출 등 에너지 국제 협력을 확대하기 위한 다양한 계기를 제공해줄 것으로 기대되고 있다. 이 외에도 러시아 – 중앙아시아, 중동, 아프리카, 미주, 아태 지역 등 5대 주요 에너지 협력 권역의 형성을 가속화하고 양자간·다자간 에너지 협력을 확대하며, 글로벌 에너지 거버넌스에 적극적으로 참여할 계획이다 (中國國務院, 2014).

2015년 3월 28일 공표된 '일대일로 공동 구축을 위한 비전과 행동'이라는 공식 문건에 따르면, 인프라 연계 부분에서 "에너지 인프라의 상호 연계를 위한 협력을 강화하고 송유관·가스관 등 파이프라인의 안전을 공동으로 수호한다. 접경 간 전력 및 송전 라인을 구축하며 역내 전력 네트워크의 개량 및 개선을 위한 협력을 적극 추진한다"라고 명시했다. 이와 함께 무역 원활 부분에서는 "석탄, 석유, 가스, 금속 광물 등 전통적인 에너지자원의 탐사 및 개발과 관련된 협력을 확대하고 수력발전, 풍력발전, 원자력발전, 태양에너지 등 청정하고 재생가능한 에너지 분야의 협력을 적극 추진한다. 에너지자원의 현지 또는 근거리 가공 전환 협력을 추진하고 상·하류 에너지자원을 통합해 하나의 산업 체인을 형성하도록 한다. 에너지자원의 정밀 가공 기술, 장비 및 공정 서비스 분야에서의 협력을 강화한다"라고 명시했다(國家發展改革委·外交部·商務部, 2015). 상기 내용 중 "에너지 인프라의 상호 연계를 위한 협력 강화", "전통적인 에너지자원의 개발과 관련된 협력 확대", "청정하고 재생가능한 에너지 협력 추진"은 일대일로를 통한 에너지 국제 협력 방안으로, 기존의 '신에너지 안보관'에 입각한 에너지 전략과 일치한다.

일대일로의 추진에 따라 중국과 연선(沿線) 국가들 간의 에너지 협력은 더욱 강화될 전망이지만, 적지 않은 도전과 과제에 직면해 있는 것 또한 사실이다. 일대일로와 관련한 에너지 협력이 순조롭게 진행될 수 있는지 여부는 이와 관련한 투·융자, 프로젝트 선정, 운영 및 관리 등의 기본적 측면 외에도 지정학적 요인에 따른 다음과 같은 문제를 고려해야 한다.

우선, 미국, 러시아, 일본, 인도 등 이 지역과 관련한 강대국 간 지정학적 이해관계와 전략적 배치의 문제다. 미국, 러시아, 인도 등 세계적 또는 지역적 강대국 간 게임은 일대일로 에너지 협력에 비교적 큰 영향을 미치는 요인이다. 일대일로 연선 국가는 대부분 미국의 영향력하에 있는 국가들로서, 이들과의 에너지 협력 추진은 반드시 미국으로부터 영향과 제약을 받을 수밖에 없다. 또한 중앙아시아 국가들은 구소련에 포함된 지역으로서 러시아의 전통적인 세력 범위 안에 있으며, 구소련의 에너지 운송로와 무역 통로를 그대로 사용하고 있어 에너지 측면에서도 러시아와 밀접한 연계를 형성하고 있다. 따라서 중국의 경우 중앙아시아와의 에너지 협력에서는 러시아의 역내 이해관계를 충분히 고려해야 하는데, 최근 중·러 양국 정상 간 일대일로와 유라시아경제연합(EEU)의 협력 추진에 대한 합의에 따라 장애 요인을 해결해가고 있다. 이 외에도 인도는 지역 강대국으로서 남아시아에 대한 타국의 개입과 간섭을 꺼리고 있으며, 일본 또한 이 지역에 대한 영향력을 지속적으로 행사하려 하고 있다.

둘째, 역내의 잠재적인 지정학적 리스크의 문제다. 에너지 국제 협력의 진행 과정에서는 반드시 지정학적 리스크를 고려해야 한다. 중국의 경우도 최근 미얀마, 스리랑카, 우루과이, 멕시코 등에서 실패한 사례는 모두

지정학적 리스크와 정치적 상황에 대한 충분한 연구와 대응이 결여된 데 따른 결과이기도 하다. 일대일로 연선 국가의 지정학적 리스크와 정치 문제는 비교적 심각한 상황이다. 육상 실크로드에는 종교 극단주의, 민족분리주의, 국제 테러리즘 등의 문제가 상존한 지역 및 국가들이 집중되어 있으며, 해상 실크로드인 동남아에서 북아프리카에 이르는 지역은 '불안정의 호(Arc of Instability)'에 해당한다(劉建國·梁琦, 2015: 18). 즉, 일대일로 통과 지역은 테러리즘, 지방 군벌, 해적 등의 위협에 노출되어 있으나, 연선 국가의 안보 능력이 비교적 취약해 중앙아시아, 남아시아의 석유 및 가스 파이프라인이나 해상 운송 선박은 비교적 커다란 안보 위협에 직면해 있다고 할 수 있다. 더욱이 일대일로 연선 국가는 대부분 개발도상국으로서 경제적으로 낙후하고 글로벌화 정도도 낮아 관련 법률이나 제도가 갖춰져 있지 않으며, 국내 정치의 불안정으로 인해 정책적 연속성을 보장하기 힘들다는 점에서 협력 과정에서 정치적·경제적 리스크에 노출되어 있다.

셋째, 역내 다양한 에너지 협력 구상 간의 경쟁과 모순의 문제다. 미국이 2011년 이후 추진 중인 '신실크로드 계획'은 중앙아시아의 석유, 천연가스, 전력을 남아시아로 수송하는 통로를 구축한다는 구상으로, 중국의 서부·서남부·남부 방향으로 미국이 주도하는 경제 및 에너지 통로를 구축한다는 것이다. 러시아의 경우는 2015년 1월에 출범한 유라시아경제연합을 통해 자국 주도의 유라시아 경제 통합을 추진하기 위해 구소련에 포함되었던 CIS 국가들과의 1520mm 광궤철도에 기반을 둔 경제 및 에너지 협력을 강화해나가고 있다. 몽골 또한 최근 '초원길 이니셔티브'를 주창함으로써 내륙 국가의 한계에서 벗어나 중국 - 몽골 - 러시아 경제 회랑의 가교 역할을 자임하면서 더욱 많은 해외 투자를 도입해 국내 산업구조의 고도화를 추진하고 에너지와 광산업에서의 비교우위를 발휘하려 한다. 인도 역시 '마우삼계획(Mausam Plan)'을 통해 자국을 중심으로 하는 지역질서를 구축함으로써 남아시아 지역 해양 수송로의 안전과 지역 주도권을 확보하려 한다.[18] 물론 한국 또한 '유라시아 이니셔티브'를 제시함으로써 한반도와 러시아, 중국, 중앙아시아를 관통해 유럽에 이르는 교통 물류 및 에너지 네트워크를 구축하려 시도하고 있다(원동욱, 2015: 15~17). 현재 일 대일로는 단지 러시아, 몽골의 유라시아 구상과 일정한 협력 관계를 이루고 있을 뿐, 기타 구상과는 아직 경쟁적 측면이 부각되고 있다.

　일대일로 추진 과정에서 발생할 수 있는 이러한 문제들에 대응하기 위해 중국은 에너지 외교의 새로운 변화를 꾀하고 있다. 우선 중국은 미국, 러시아, 인도 등 강대국과 잠재적·현실적으로 경쟁 및 각축하는 구도임에도 그들과의 에너지 협력에 대한 적극성을 드러내고 있다. 미국과는 동남아에서 '메콩강 권역(GMS)'의 에너지 상호 연계 및 소통, 에너지 정책 등의 영역에 대해 이미 협력을 진행해 일정한 성과를 거둔 바 있다. 또한 중국은 미국과 중앙아시아에서 지역 안전 보장과 파이프라인 안전 보호 등의 영역에서 공동의 이익을 갖고 있으며, 중동 지역에서도 에너지 공급 안정과 수송로 안보, 합리적 가격 유지, 기초 인프라 건설 등에서 잠재적 협력의 가능성이 높다고 할 수 있다(龔婷, 2015). 물론 중국은 일대일로 연선 국가와의 에너지 협력 영역에서 미국과 일정한 모순이 존재하기는 하지만, 이러한 기능적 협력을 중심으로 점차 협력의 영역을 확대함으로써 미국의 견제와 반대를 극복하려 한다. 러시아와의 경우에는 우크라이나 사태이후 양국 관계의 급진전에 따라 에너지 분야의 협력이 강화되고 있으며, 일대일로와 유라시아경제연합의 협력 추진에 따라 기존의 중앙아시아를 둘러싼 에너지 경쟁 구도가 협력 구도로 전환되고 있다. 인도와는 국가 및

18　마우삼 계획은 인도양 국가들 간의 해양·경제·역사·문화적 연대를 강화함으로써 남아시아 및 동남아에서 중국의 영향력이 커지는 것을 견제하려는 의도에서 시작되었으며 인도의 모디 총리의 주도로 추진되고 있다(Pillalamarri, 2015).

기업 차원에서 에너지 영역의 경쟁 구도가 형성되어 왔지만, 최근 양국 기업 간에는 제3국 유전 및 가스전에 대한 공동 탐사와 개발이 추진되고 있으며, 주요 에너지 소비 대국으로서 중동 등 산유국의 '아시아 프리미엄'에 공동 대응함으로써 공동의 이익을 취할 수 있다는 점에서 협력의 잠재력 또한 크다고 할 수 있다. 또한 수송로의 안전 확보라는 차원에서도 중국과 인도는 협력의 필요성이 존재한다. 양국 모두 해상과 육상 에너지 수송로의 안보에 비교적 커다란 리스크를 갖고 있다는 점에서 '말라카 딜레마'를 해소하기 위한 해상 수송로 공동 안보와 더불어 러시아 - 중국 - 인도로 이어지는 육상 파이프라인의 공동 구축과 같은 분야에서는 협력의 가능성이 높다고 할 수 있다(楊晨曦, 2014: 124~128).

에너지의 청정·고효율 이용이라는 국제적 추세에 따라 중국의 화석에너지 소비는 점차 완만한 증가를 보이다가 향후 10~20년 내에 정점에 달할 것으로 예측된다. 또한 탐사 및 개발 기술의 발전으로 셰일가스 및 메탄 등 에너지원이 신속하게 발전하고 있으며, 앞으로 일정한 시기 동안 국제 석유 및 가스의 공급이 상대적으로 안정화될 전망이다. 이러한 배경 아래 중국은 일대일로 추진을 계기로 개별 국가 차원에서 에너지 공급을 안정적·지속적으로 확보하고 안전한 에너지 수송로를 확보한다는 전통적 에너지 안보관에서 상호 이익과 발전에 기초한 에너지 공동 안보의 방향으로 나아가려 한다(劉建國·梁琦, 2015: 19). 즉, 각자 자국 이익의 최대화를 추구하는 방향에서 호혜 공영, 이익 공유라는 에너지 협력의 새로운 방향으로 전환해 일대일로 연선 국가 간 긴밀한 에너지 경제 벨트를 조성함으로써 지역 및 글로벌 차원의 에너지 공동 안보를 확보해나가려 한다. 또한 신기후체제하 에너지 국제 협력이 녹색화 방향으로 발전하고 있는 상황에서 중국은 신에너지 품종의 수입 비중을 높이고 에너지 공급 구조의 개선을 추구하려 한다. 그리고 이를 위해 신흥 에너지 산업과 신흥 에너지자원 구역 간의 협력을 강화함과 동시에 선진국과의 에너지 효율 및 관리 능력을 제고하기 위한 협력을 진행하려 한다. 특히 중국 내 에너지 기업들로 하여금 풍력, 태양력, 조력, 바이오연료 등 신재생에너지가 풍부한 지역 및 국가에 대한 투자와 효율적인 국제 협력을 유도하려 한다.

이 외에 중국정부는 일대일로에 따른 에너지 협력을 효과적으로 추진하기 위해 기존의 거시적 측면에서는 국가 간 에너지 외교에 편중되고 미시적으로는 에너지 무역과 투자 개발, 프로젝트 수주와 설비 수출에 중점을 두었던 기존 방식에 대한 새로운 조정을 꾀하고 있다. 즉, 거시적으로는 양자 및 다자 간 에너지 외교 외에 문화, 인문 등의 교류와 소통을 통해 협력의 분위기를 조성하고, 미시적으로는 프로젝트 협력 외에 인문, 사회 복지 측면의 협력을 에너지 협력의 내용에 포함시킴으로써 에너지 국제 협력 과정에서 발생할 수 있는 지정학적 리스크와 도전에 적극 대처하려는 것이다.

5. 결론

신기후체제가 도래함에 따라 에너지를 둘러싼 국제 관계는 더욱 복잡해지고 있다. 파리기후협약의 체결로 2020년 이후 교토의정서를 대체해 선진국과 개도국이 모두 포함되는 온실가스 감축 의무가 시행됨에 따라 각국은 자국의 에너지 구조에 대한 변혁을 꾀해야 한다. 중국 역시 세계 최대의 온실가스 배출국으로서 국내 경제의 뉴노멀 상황에 조응하는 에너지 생산 및 소비의 개혁은 물론이고 국제사회에 약속한 온실가스 감축을 위해 화석에너지에 대한 과도한 의존을 줄이면서 신재생에너지 개발에 주력해야 하는 상황이다. 즉, 국내적으로 에너지 생산과 소비 방식에 새로운 변혁을 추진하고 에너지 믹스의 최적화를 위한 조정과 함께 안전하고 경제적이면서 동시에 청정한 현대적 에너지 산업 체계를 구축해야 하는 과제에 직면해 있다고 할 수 있다. 이를 위해 중국정부는 3절에서 살펴본 '행동계획'에 이어 제13차 5개년 계획을 수립 중이며, 환경오염, 기후변화, 도시화, 에너지 구조, 신재생에너지 등 다양한 분야에서 연구를 진행 중이다.[19] 2016년 3월 전국인민대표회의에서 통과된 제13차 5개년 계획에서는 현대적 에너지 체계의 건설을 제시하면서 에너지 구조의 최적화 및 고도화, 현대적 에너지 저장 및 운송 네트워크 구축, 스마트 에너지 시스템 구축 등의 과제를 설정했다(新華網, 2016). 이러한 상황에서 시진핑 시기 중국의 에너지 외교 또한 신기후체제에 적응해 에너지 안보를 확보하고 경제의 지속가능한 발전을 이룩해야 하는 새로운 과제를 안고 있다. 이를 구체적으로 살펴보면 다음과 같다.

첫째, '신에너지 안보관'의 연장선상에서 에너지 다변화 전략 체계의 강화다. 주변국의 에너지자원은 미래에도 에너지 공급원을 꾸준히 확보해야 할 중국 에너지 안보의 중요한 기반이라 할 수 있다. 2012년 중국이 주변 국가로부터 수입한 석유, 천연가스, 석탄은 각기 전체 수입량의 13%, 65.5%, 79.2%에 달한다. 이처럼 주변국의 에너지자원은 중국 에너지원의 공급 안정에 매우 중요하며, 수송로 측면에서도 더욱 안전하다. 따라서 중국의 에너지 외교는 중앙아시아, 러시아 및 아세안 국가들을 중점 대상으로 해서 제도적 협력 틀을 강화하고, 주변 지역과의 에너지 안보 협력 기제를 통해 새로운 시대에 조응하는 육·해상 '에너지 실크로드' 구축에 주안점을 둘 것으로 예상된다. 특히 중국이 주도적으로 추진하고 있는 일대

---

19 제13차 5개년 계획에서 다루는 주요 연구 주제는 총 21개로, 이에 대해서는 國家能源局規劃司(2014) 참조.

일로 전략에 따라 주변국과의 에너지 협력이 더욱 강화될 것으로 보인다. 이와 동시에 중동, 라틴아메리카, 아프리카 등과의 에너지 협력 확대를 통해 중국 에너지 외교의 다변화 구도를 형성해나갈 전망이다.

둘째, 글로벌 에너지 거버넌스 체계의 심화와 그 속에서 중국의 위상 강화다. 오늘날 에너지는 국제 관계와 국제 문제를 처리하는 중요한 전략적 요소로서 글로벌 에너지 거버넌스 체계가 더욱 심화되고 있다. 기존에는 미국과 에너지 생산국을 중심으로 그들의 이익에 기초해서 에너지 거버넌스 체계가 형성되었으나, 점차 주요 에너지 소비국이 참여함에 따라 새로운 거버넌스 체계 형성에 대한 요구가 높아지고 있으며, 특히 중국, 인도 등 에너지 소비대국의 위상이 강화되고 있다. 중국은 글로벌 에너지 거버넌스 체계의 새로운 구축 과정에 더욱 적극적인 태도를 보일 것으로 전망되며, 주요 에너지 소비국과 전략적 대화와 협력을 강화함으로써 글로벌 에너지 거버넌스 체계의 변화를 주도해나갈 것이다. 또한 에너지 생산국과의 협력은 물론이고 에너지 관련 국제기구들과의 소통과 협력을 통해 중국의 발언권을 점차 강화해나감으로써 글로벌 에너지 시장에 대한 감독과 긴급 대응 체계를 개선하고 에너지 개발과 공급의 국제적 안정화를 추구해나갈 전망이다.

셋째, 지역 에너지 협력의 강화다. 호혜 협력, 다원 발전, 협동 보장이라는 '신에너지 안보관'에 의거해 중국은 지역 에너지자원 개발에 적극 참여하고 에너지 무역과 기술 협력을 확대해나갈 것이다. 그뿐 아니라 운송과 금융 등의 보장적 조치를 강화함으로써 공동의 에너지 안보라는 지역 에너지 협력의 새로운 구도를 열어나갈 전망이다. 또한 APEC 비공식회의, SCO 정상회담, EAS, 아세안+3 에너지 장관 대화 메커니즘 등을 협력의 플랫폼을 활용해 역내 고위급 에너지 협력 기제를 구축하고 에너지 기술 협력과 교류를 적극 진행하며, 에너지 협력 영역과 공간을 더욱 확대해나갈 계획이다. 이를 통해 중국은 역내 에너지 기술과 자원요소의 비교우위를 통한 효과적이고 합리적인 분업 체계 형성을 주도함으로써 역내 에너지 협력을 주도하려 한다. 이는 일대일로 추진 과제에서 매우 중요한 위상을 차지하고 있는 분야이기도 하다.

넷째, 신에너지 국제 협력의 적극적 추진이다. 이는 신기후체제의 도래에 따른 중국 에너지 외교의 새로운 과제로서 기후변화와 환경문제에 대응하는 핵심적 조치다. 특히 신에너지 기술은 신기후체제하 중국 경제의 지속가능한 발전을 실현할 중요한 기초이기도 하다. 중국은 신에너지 국제 협력과 에너지 절약 및 배출 저감을 서로 결합해 해외 신에너지 기술, 설비 및 노하우의 도입을 적시에 이룸으로써 신에너지산업의 자체 경쟁력을 제고해나갈 계획이다. 특히 미국, EU 등 선진국과의 신에너지 기술 연구 개발에서의 국제 협력을 강화하는 한편 청정하고 안전하며 경제적이고 신뢰할 만한 글로벌 에너지 공급 체계 구축을 시도함으로써 '책임 있는 강대국'의 이미지를 수립해 점차 글로벌 에너지 거버넌스 체계에서의 참여 능력과 주도적 역할을 강화해나갈 전망이다.

10 신기후체제하 EU의 에너지 안보 전략과 성과*

1. 서론

20세기 중반 등장한 에너지 안보의 개념은 사회적 변화에 따라 그 의미가 변화되어왔다. 원래 에너지 안보는 에너지자원의 안정적인 공급을 가리키는 말이었다. 1970년대 국제사회는 두 차례의 석유 파동으로 인해 에너지자원의 중요성이 군사적·경제적으로 더욱 커졌다는 사실을 깨달았다. 이에 따라 서구 국가들은 에너지 문제에 공동으로 대처하기 위해 IEA를 설립하고 각국은 에너지 공급 경로와 에너지자원의 다변화를 통해서 에너지 안보를 확보하려 한다(김연규·유철종, 2009; Cherp et al., 2012). 하지만 1990년대 이후 전 세계적으로 환경(특히 기후변화)과 사회적 분배에 대한 관심이 높아지면서 에너지 안보는 환경적·사회적 문제를 포괄하는 개념

---

* 이 글은 ≪동서연구≫ 제28권 제2호(2016)에 게재된 「기후변화체제에서의 EU의 에너지 안보 전략과 성과」를 수정·보완한 것이다.

제3부 | 신기후체제와 강대국의 에너지 안보

으로 발전했다. 에너지 안보의 목표가 공급을 안정시키는 것에서 환경의 지속가능성과 저소득 계층의 에너지 접근성을 향상시키는 것으로 확대된 것이다(Kruyt et al., 2009; Cherp and Jewell, 2014; Cherp et al., 2012; Sovacool and Brown, 2010a).

에너지 안보가 다차원적인 측면을 가지면서 이를 달성하는 방법 역시 복잡해졌다. 만일 한 측면의 목표만 강조할 경우 다른 측면의 목표가 훼손될 수 있기 때문이다. 가령 한 국가가 값싼 에너지자원을 확보하기 위해 자국의 석탄자원을 계속적으로 개발하고 사용한다면 공급의 안정과 경제적 경쟁력은 향상시킬 수 있겠지만 자연환경에는 부정적인 영향을 미칠 수 있다. 반대로 어떤 국가가 에너지 안보의 환경적 측면만 강조해 온실가스 배출을 엄격히 규제한다면 기업들의 경쟁력이나 저소득 계층의 구매력을 저하시킬 수 있다.

이 글에서는 선진 산업국들이 이러한 다차원적인 에너지 안보를 강화하기 위해 어떻게 노력하고 있으며 그로 인해 발생하는 문제점은 무엇인지 알아보기 위해 2000년대 중반 이후 EU의 에너지 정책과 성과를 조사했다. EU는 일찍부터 세계 최대 에너지 수입 시장으로서 에너지 안보의 포괄적 측면을 받아들여 에너지 정책을 수립하고 추진해왔다. 1990년대 중반부터 '공급 안정(security of supply)', '경제의 경쟁력(economic competitiveness)', '환경의 지속가능성(environmental sustainability)'을 에너지 정책의 목표로 설정했으며 이는 2007년 체결된 리스본 조약(Treaty of Lisbon)을 통해 성문화되었다(Selianko and Lenschow, 2015; IEA, 2014a). 이를 달성하기 위한 구체적인 방안으로 '2020 기후와 에너지 패키지', '2020 에너지전략(2020 Energy Strategy)', '에너지 로드맵 2050(Energy Roadmap 2050)', '2030 기후 에너지 정책 프레임워크(2030 Climate and Energy Policy Framework)' 등에서 에너지 안보를 강화시키는 중단기적인 계획들을 세우고 실행에 옮겼다. 이 글은 유럽위원회(Europe Commission)가 작성한 문서들과 EU통계청(Eurostat)의 자료들을 분석함으로써 이런 방안들의 세부적인 내용과 성과를 검토하고, 이를 바탕으로 EU의 향후 에너지 정책을 전망하며, 이것이 한국정부에 주는 시사점이 무엇인지 논의하려 한다.

글의 구성은 다음과 같다. 2절에서는 2000년대 중후반 EU 에너지 안보의 위기를 불러일으킨 국내외적 요인들을 살펴보았다. 3절에서는 이러한 에너지 안보 위기를 극복하고 에너지 공급과 기후변화 문제를 동시에 해결하기 위해 EU가 추진했던 에너지 정책들을 검토했다. 4절에서는 2010년대 이후 에너지 관련 통계 자료들을 분석함으로써 EU 에너지 정책의 성과와 문제점이 무엇인지 알아보았다. 마지막으로 결론에서는 이 연구를 통해 발견한 내용들을 종합적으로 정리하고 EU의 에너지 정책이 한국 에너지 정책에 주는 시사점을 제시했다.

2. 에너지 안보 위기의 확산과 원인

2000년대 말 EU에서 에너지 안보에 대한 위기의식이 확산된 이유는 크게 세 가지다. 첫째, 러시아와 우크라이나의 가스 분쟁으로 인해 안정적인 에너지 공급에 대한 우려가 커졌다. 둘째, 높은 에너지 가격이 EU 회원국들의 국가 경쟁력을 하락시키고 저소득층의 가계 부담을 가중시켰다. 셋째, 기후변화에 대응하기 위한 에너지 정책들이 시행되지 못하거나 시행되더라도 실효성의 문제에 부딪혔으며 2005년 도입된 배출권거래제가 국가 경쟁력의 약화를 야기한다는 비판을 받았다. 이 절에서는 EU통계청의 자료를 중심으로 이 문제를 자세히 살펴보겠다.

1) 불안정한 에너지 공급

2006년과 2009년 발생한 러시아와 우크라이나의 가스 분쟁은 EU 에너지 안보의 취약성을 드러냈다. 러시아 천연가스 공급의 중단이 동유럽 국가들의 경제에 심각한 타격을 주자 EU 회원국들은 높은 에너지 수입 의존도, 특히 러시아에 의존적인 에너지 공급 구조에 대해서 심각하게 고민하게 되었다. 에너지 공급이 불안한 요인을 구체적으로 살펴보면 다음과 같다.

첫째, 에너지의 해외 수입 의존도가 높아졌다. 1990년 44.2%였던 EU의 에너지 의존도는 2010년 52.6%까지 상승했고, 석유, 천연가스와 고체연료의 수입 의존도는 각각 4.5% 16.7%, 21.6% 증가했다(〈그림 10-1〉 참조). 이런 에너지 의존도의 상승은 EU 회원국들의 에너지 생산 감소와 직접적으로 연관이 있었다. 2010년 EU 28개 회원국의 총 원유 생산량은 8871만 3200TOE로 2003년의 1억 4225만 5300TOE의 62.4% 수준에 불과했으며, 천연가스, 석탄, 원자력의 생산량도 자원의 고갈과 자원 개발에 대한 환경 훼손 우려와 함께 꾸준히 감소했다. 2000년대에 재생에너지 생산량이 급속히 증가하긴 했지만 다른 에너지자원의 생산량 감소를 대체하기에는 불충분했으므로 EU 회원국들은 수입을 통해 에너지 부족분을 채워나갈 수밖에 없었다(〈그림 10-2〉 참조).

둘째, 에너지 공급에서 러시아에 대한 의존도가 매우 높았다. 2000년대 이후 러시아는 고체연료, 원유, 천연가스의 최대 공급국이었다. 에너지별로 살펴보면 2010년 러시아로부터 수입한 천연가스는 2003년과 비교해 14.6% 줄어들었지만, 고체연료와 원유는 각각 15.6%와 2.3% 증가했다(〈그림 10-3〉 참조). 2006년 러시아와 우크라이나 간의 분쟁 이후에도 러시아로부터의 고체연료 및 원유 수입은 지속적으로 증가했다. 그러므로 EU

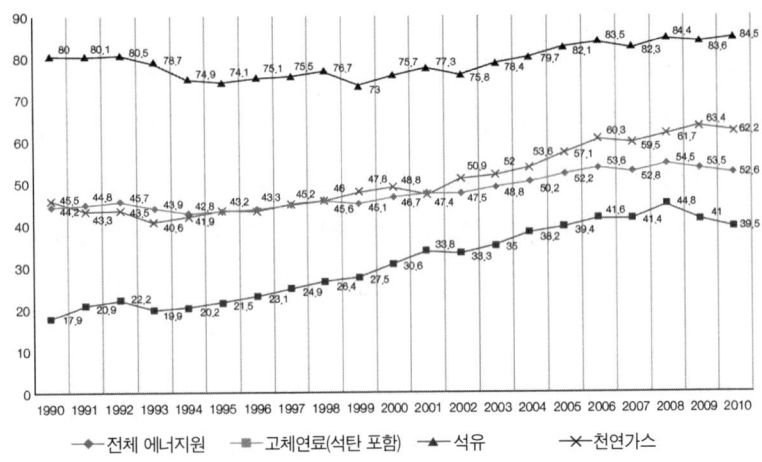

〈그림 10-1〉 EU의 에너지 의존도(1990~2010년)

자료: Eurostat, ec.europa.eu/eurostat.

〈그림 10-2〉 EU의 에너지 생산량(2003~2010년)

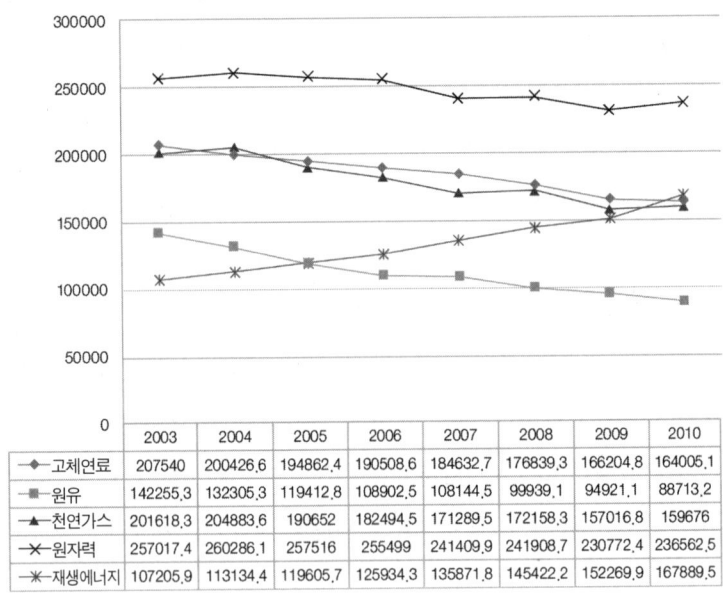

	2003	2004	2005	2006	2007	2008	2009	2010
고체연료	207540	200426.6	194862.4	190508.6	184632.7	176839.3	166204.8	164005.1
원유	142255.3	132305.3	119412.8	108902.5	108144.5	99939.1	94921.1	88713.2
천연가스	201618.3	204883.6	190652	182494.5	171289.5	172158.3	157016.8	159676
원자력	257017.4	260286.1	257516	255499	241409.9	241908.7	230772.4	236562.5
재생에너지	107205.9	113134.4	119605.7	125934.3	135871.8	145422.2	152269.9	167889.5

자료: Eurostat, ec.europa.eu/eurostat.

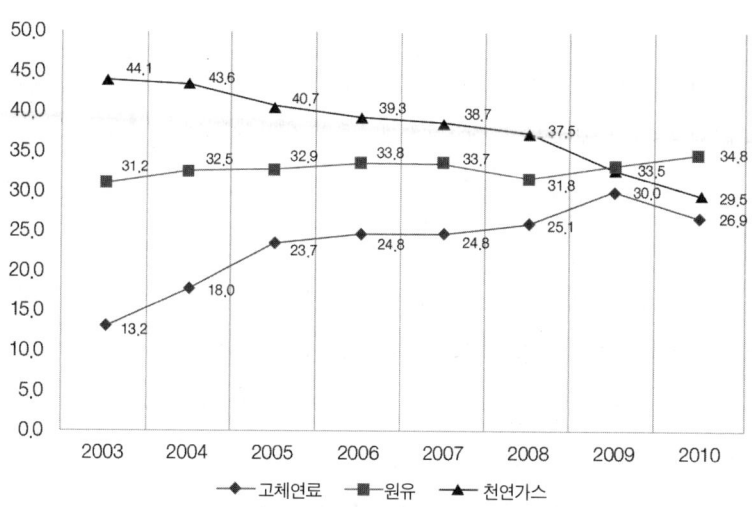

〈그림 10-3〉 EU의 에너지자원 수입에서 러시아가 차지하는 비중(2003~2010년)

── 고체연료　── 원유　── 천연가스

자료: Eurostat, ec.europa.eu/eurostat.

로서는 러시아에 의존적인 에너지 공급 구조를 개선하고 가스 및 원유 시장의 단기적인 충격에 대비할 수 있는 대안이 필요했다.

셋째, 낙후된 EU의 전력 시설은 변화하는 경제 환경에 대응하기에 부적합했다. EU 회원국들의 발전시설이 노후화되면서 석탄 화력발전소와 원자력발전소를 기반으로 한 전력 생산 능력의 절반가량이 수십 년 내에 사라질 것으로 전망되었다. 이에 따라 발전시설의 현대화를 위한 투자와 천연가스의 안정적인 공급 및 전력 생산의 타당성에 대한 고려가 장기적인 차원에서 이뤄져야 했다. 또한 기후변화 문제에 대응하기 위해서는 에너지 공급을 저탄소화하고 전력 공급 체제도 변화시켜야 했다. 화력발전소의 가동률을 낮추는 대신 재생에너지 발전전력의 양을 높이고 EU 회원국들 간에 재생에너지 발전전력이 원활히 공급될 수 있도록 에너지 네트워크 통합이 필요했다.

2) 국가 경쟁력의 약화

EU가 직면한 또 다른 문제는 EU의 에너지 가격이 경쟁 상대국인 미국에 비해 높다는 것이었다. 2010년 OECD의 자료에 따르면 EU의 주요 회원국인 프랑스, 독일, 이탈리아, 영국의 전력 요금은 미국의 전력 요금보다 두 배 이상 높았다. 2010년 산업용 전력 요금은 프랑스, 독일, 이탈리아, 영국이 1MWh당 각각 106.95달러, 135.83달러, 258.09달러, 121.06달러인 데 비해 미국은 1MWh당 67.89달러에 불과했다. EU 주요 회원국의 산업용 및 가정용 가스 요금 역시 미국보다 1.5배에서 2.5배가량 높았다(〈그림 10-4〉 참조).

이는 한편으로 미국에서 셰일가스와 같은 비전통 가스의 생산이 증가된 결과이기도 하지만, 다른 한편으로는 EU의 저탄소 정책과 규제가 전력 가격을 상승시켰기 때문이다. 이와 더불어 2010년 미국의 원유 수입 가격은 배럴당 76.02달러로 EU의 주요 회원국보다 2.47~4.58달러가 낮았다(〈그림 10-4〉 참조).

이런 높은 에너지 가격은 무엇보다 EU 기업들의 경쟁력을 약화시켰다. 2014년 IEA의『세계 에너지 전망(World Energy Outlook)』에 따르면 세계 수출 시장에서 EU의 에너지 집약 상품(특히 화학제품)이 차지하는 비율은 10%가량 감소하는 반면, 미국과 신흥 경제 국가들의 에너지 집약 상품이 차지하는 비율은 계속 증가할 것으로 전망되었다(IEA, 2014b). 또한 2000년대 말 이후 전력 도매시장 가격이 하락했음에도 2005년 이후 가구당 전력 요금은 매년 증가했으며 이로 인해 저소득층은 정부의 재정 지원과 세제 혜택을 받는 기업들보다 에너지 가격 상승에 더 큰 생계의 위협을 받게 되었다(〈그림 10-5〉 참조).

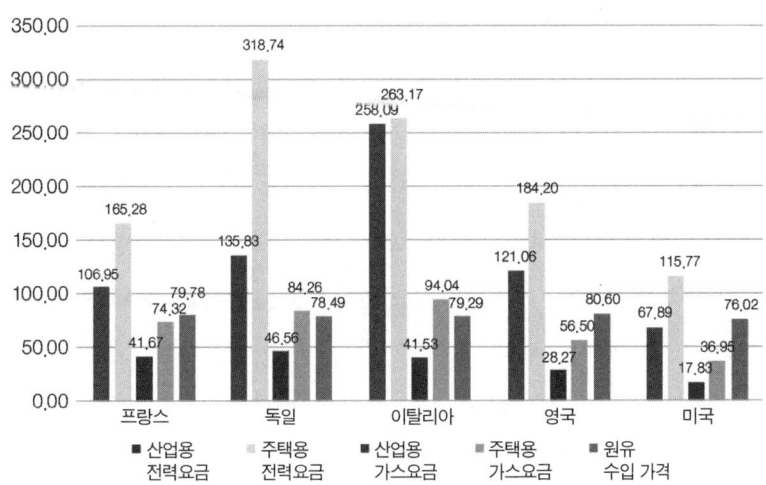

〈그림 10-4〉 EU 주요 회원국 및 미국의 에너지 가격(2010년)

주: 전력 요금 및 가스 요금은 1MWh당 US달러이며, 원유 가격은 1배럴당 US달러임.
자료: www.iea.org/statistics.

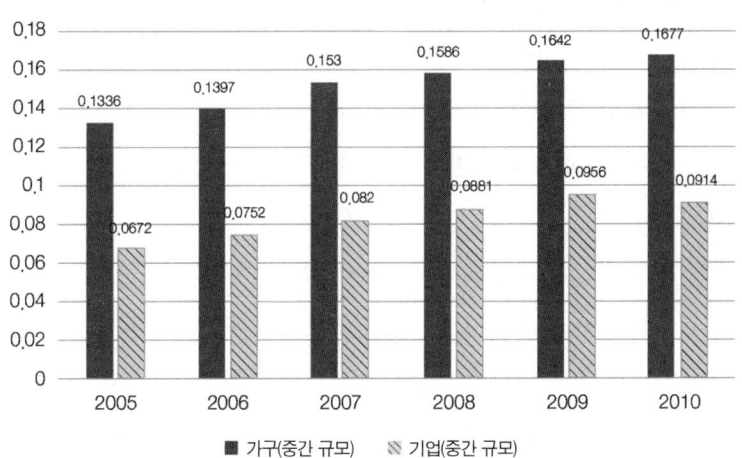

〈그림 10-5〉 EU의 전력 요금(2005~2010년)

주: 1kWh당 유로가격임.
자료: Eurostat, ec.europa.eu/eurostat.

3) 배출권거래제의 실효성과 국가 경쟁력

1996년 이후 EU는 지구의 평균 온도가 산업화 이전보다 2% 이상 상승하지 않도록 국제사회의 합의를 이끌어내기 위해 적극적으로 노력했다 (Vogler, 2013). 이는 1997년 12월 제3차 당사자총회에서 교토의정서를 채택하는 성과를 냈다. 하지만 이산화탄소 배출 감축 조항에 대한 부속서 국가들의 국내적 발발과 세계 최대 탄소 배출국인 미국의 비준 거부로 인해 의정서는 2005년에야 발효될 수 있었다.

교토의정서의 발효와 함께 EU는 배출권거래제를 도입했다. 배출권거래제는 회원국들에게 의무 감축 할당량을 배정했으며 규제의 강도를 시기별로 높여나갔다. 제1기(2005~2007년)에는 '시행을 통한 학습(learning by doing)'의 시범 운영 시기로 탄소 가격을 결정하고 온실가스 배출에 대한 모니터나 등록 등에 필요한 제도적 기반을 마련했다. 제2기(2008~2012년)는 질소산화물을 배출권거래제에 포함시키고 회원국들의 온실가스 유상 할당을 10% 이내로 배당하도록 했다. 제3기(2013~2020년)에는 제1기와 제2기에서 실시한 국가할당계획(National Action Plans: NAPs)을 EU 차원의 단일 할당으로 전환하고 온실가스 유상 할당의 비율을 늘리기로 결정했다 (Parker, 2010).

제2기까지의 시행 과정에서 배출권거래제는 두 가지 큰 문제점을 드러냈다. 먼저 배출권의 과잉 공급은 급격한 탄소 가격의 하락을 가지고 왔다. 배출권거래제는 EU가 '배출거래지침'을 통해 회원국들에게 온실가스 배출 총량을 배정하고 각 회원국은 자국의 기업에 배출 허용 총량을 할당하는 방식으로 운영된다. 이 과정에서 제1기에는 거래배출권의 95%를 무상으로 할당하고 규제 대상 기업들은 5% 내에서 경매로 구입하게 했으며, 제2기에는 배출권의 무상 할당량을 줄여 10% 내의 할당량을 기업들이 경매를 통해 구입하도록 했다(정혁, 2014). 하지만 대부분의 회원국은 자국의 기업에 온실가스를 무상으로 할당했으며 경매를 통한 유상 할당이 이뤄지는 경우는 매우 드물었다. 가령 제1기 동안에는 25개 회원국 중 4개국만 경매를 실시했으며 5%까지 경매를 실시한 국가는 덴마크밖에 없었다(Parker, 2010; Ellerman and Buchner, 2007). 또한 기업들은 사용하고 남은 온실가스 배출권을 차기연도나 다음 거래 기간으로 이월(banking)할 수 있었으며 교토의정서에 명기된 청정개발체제와 공동이행제도를 통해 추가적인 배출권을 발급받을 수도 있었다. 이러한 공급 과잉은 2000년대 말 세계 경기 침체로 인한 온실가스 배출 급감과 함께 탄소 가격을 하락시키는 요인이 되었다(Ellerman and Buchner, 2007; 정혁, 2014; 이한우, 2014). 2009년 온실가스 배출량은 2008년보다 11.6% 감소했고 탄소 가격은 이산화탄소 1톤당 25유로에서 8유로로 떨어졌다. 이로 인해 배출권거래제가 온실가스 감축에 미치는 실효성에 의문이 제기되었다(European Commission, 2010c: 3).

다음으로 탄소 누출(carbon leakage)로 인해 EU 회원국들의 기업 경쟁력이 약화될 것으로 전망되었다. 탄소 누출이란 기업들이 이산화탄소 배출 규제가 강한 국가들로부터 규제가 없거나 약한 국가들로 생산시설을 이전함으로써 이 국가들의 이산화탄소 배출량이 증가하는 현상을 의미한다(정혁, 2014: 157~158; European Commission, 2010c: 10). 탄소 누출이 주로 발생하는 개발도상국의 기업들에 비해 EU의 기업들은 배출권 구입에 추가적인 비용을 지불하므로 온실가스 배출 규제가 없거나 약한 국가들의 기업들보다 가격 경쟁력이 약할 수밖에 없다. 이로 인해 EU 회원국들은 엄격한 배출권거래제가 자국의 경제에 부담을 줄 것이라고 우려했으며 2008년 세계 금융위기는 이러한 우려를 가중시켰다.

3. EU의 에너지 안보 전략과 에너지 정책

EU는 일찍부터 앞에서 언급한 문제들을 인식하고 이를 해결하기 위해 '공급의 안정', '경쟁력 강화', '환경의 지속가능성'이라는 세 가지 에너지 정책의 목표를 세웠다. EU는 2000년대 중반까지는 배출권거래제의 도입에서 볼 수 있듯 '지속가능성'에 에너지 정책의 초점을 맞추었지만, 2000년대 중후반 발생한 러시아와 우크라이나 간의 가스 분쟁과 세계 금융위기로 인해 '공급의 안정'과 '경쟁력 강화'에 더 큰 주안점을 두게 되었다 (IEA, 2014a). 더 구체적으로 EU는 이런 목표들을 달성할 방안으로 에너지 시장의 통합, 에너지 공급의 다각화, 환경 규제의 강화, 재생에너지 생산의 확대를 추진했다.

1) 에너지 시장과 에너지 네트워크의 통합

에너지 시장과 에너지 네트워크의 통합은 EU의 오랜 과제였다. 1985년 단일유럽의정서는 유럽 단일 시장을 구축하는 데 에너지 분야를 포함시키지 않았지만 각료이사회(Council of Ministers)는 에너지 시장의 통합을 논의했으며 유럽이사회 조사보고서는 역내 시장을 위해 회원국들의 에너지 시장 개방과 재정적 장애물의 제거가 필요하다고 보고했다(Dutton, 2015: 2). 1990년대 중반과 2000년대 초반에는 전력과 가스 시장의 통합을 위한 지침들이 유럽의회의 승인을 받았다. 하지만 2000년대 중반까지 에너지 시장을 통합하기 위한 노력은 매우 제한적이었다. EU의 기반이 되는 마스트리흐트 조약(Maastricht Treaty)이 EU에 에너지 정책을 수립할 권한을 부여하지 않았기 때문이다(이성규·이대연·정소라, 2014). 하지만 EU의 에너지 안보를 강화하기 위해서는 에너지 시장과 네트워크를 통합하려는 더욱 적극적인 노력이 필요했다. 여기에는 다음과 같은 이유가 있었다.

첫째, 에너지 시장의 통합은 공급자들의 가격 경쟁을 부추김으로써 에너지 수입과 공급 가격을 낮출 수 있기 때문이다. EU는 세계 최대의 에너지 수입 시장임에도 회원국들이 개별적으로 공급자들과 계약을 맺음으로써 비슷한 시장 규모의 미국보다 가격 결정에 불리한 입장이었다(최현필·이연주, 2015). 하지만 EU 차원에서 석유나 천연가스를 공동으로 구매할 경우 수입 가격을 낮추고 EU의 산업 경쟁력을 높일 수 있었다. 또한 2000년대까지 각국의 에너지 공급자들은 대부분 에너지 시장을 독점하고 있었기 때문에 소비자들에게 시장 가격보다 높은 가격으로 전력과 가스를 공급할 수 있었다. 만일 에너지 시장의 통합으로 다수의 기업이 각국에 에너지를 자유롭게 공급한다면 에너지 가격이 하락될 것이다.

둘째, 회원국의 에너지 네트워크를 연결하고 유럽 내 '에너지 섬(energy islands)' 국가들의 고립을 종식시킴으로써 에너지 부족이나 에너지 기반시설의 문제를 겪고 있는 국가들이 인접국들로부터 에너지를 공급받을 수 있기 때문이다. 에너지 시장과 네트워크의 통합은 회원국들에 에너지 공급의 다양성을 보장하고 비용 대비 효율성이 가장 높은 에너지자원을 선택할 수 있는 기회를 준다. 이는 특히 러시아에 대한 동유럽 국가들의 에너지 의존도를 낮출 수 있다(Palle, 2013).

셋째, 에너지 네트워크의 통합은 규모의 경제를 실현시키고 스마트그리드 기술과 결합해 에너지 효율성을 향상시키기 때문이다. 또한 회원국들이 통합된 에너지 네트워크를 통해 다른 국가들에 에너지를 수출하기 용이하므로 잠재성 있는 재생에너지를 개발하려는 동기를 부여할 수 있다(Palle, 2013).

그렇기 때문에 리스본 조약은 EU에 에너지 정책을 결정하는 권한을 주었고 2009년 유럽의회는 전력과 천연가스의 역내 에너지 시장에 대한 포괄적인 법률인 '제3차 에너지 패키지(Third Energy Package)'를 승인했다. 제 3차 에너지 패키지는 전력과 가스에 대한 회원국 간의 네트워크 구축과 에너지규제협력기구(Agency for the Cooperation of Energy Regulators: ACER) 설립에 관한 3개의 규정(Regulation)[1]과 전력과 가스의 역내 시장 법규에 관한 2개의 지침(Directive)[2]으로 구성되어 있으며 이들의 주요 목표와 내용은 다음과 같다.

첫째, 에너지 전송 기관을 에너지 공급 기관과 발전 기관으로부터 분할 (unbundling)시키는 것이다. 만약 한 기업이 에너지 발전과 전송 사업을 함께 맡고 있다면 이 기업은 다른 경쟁자가 자신의 기반시설에 접근하는 것을 막을 수 있으며, 이는 결과적으로 시장의 공정한 경쟁을 어렵게 만들고 소비자들에게 제공하는 전력 가격을 상승시킬 수 있기 때문이다. 둘째, 역내 시장의 공정 경쟁을 위해 독립 규제 기관의 역할을 강화하는 것이다. 셋째, 유럽 에너지규제협력기구를 설립해 회원국들 간의 가스관과 전력 네트워크의 운용에 관한 지침을 작성하고 역내 에너지 시장 내 활동을 관리 감독하는 역할을 담당하도록 하는 것이다. 넷째, 회원국들의 송전망운영자(transmission system operators: TSOs) 간 협력을 도모하고 유럽송전망운

---

1 Regulation (EC) No. 713/2009 of the European Parliament and of the Council of 13 July 2009 establishing an Agency for the Cooperation of Energy Regulators; Regulation (EC) No. 714/2009 of the European Parliament and of the Council of 13 July 2009 on conditions for access to the network for cross-border exchanges in electricity and repealing Regulation (EC) No. 1228/2003; Regulation (EC) No. 715/2009 of the European Parliament and of the Council of 13 July 2009 on conditions for access to the natural gas transmission networks and repealing Regulation (EC) No. 1775/2005.

2 Directive, 2009/72/EC of the European Parliament and of the Council of 13 July 2009 concerning common rules for the internal market in electricity and repealing Directive 2003/54/EC; Directive, 2009/73/EC of the European Parliament and of the Council of 13 July 2009 concerning common rules for the internal market in natural gas and repealing Directive 2003/55/EC.

영자연합체(European Networks for Transmission System Operators for Electricity: ENTSO-E)와 유럽가스관운영자연합체(European Network for Transmission System Operators for Gas: ENTSO-G)를 설립해 배전망과 파이프라인을 통해 EU 회원국들의 전력과 가스의 운송을 최적화시키는 것이다. 다섯째, 에너지 소매시장의 투명성을 강화하고 소비자의 권리를 보호하는 것이다. 이를 통해 에너지 사용자들이 추가 비용 없이 에너지 공급자를 선택 및 변경하고 에너지 소비에 대한 상세한 정보를 얻을 수 있게 했으며, 공급자와의 분쟁 발생 시 신속하고 저렴한 비용으로 이를 해결해줄 수 있는 방안을 마련했다(Dutton, 2015).[3]

이와 같은 법적인 규정과 지침에 기반을 두고 EU는 2011년에 가스와 전력의 역내 에너지 시장을 2014년까지 완성시키겠다고 공표했다. 즉, 2015년 이후 어떤 회원국도 유럽 가스와 전력 네트워크로부터 고립시키지 않겠다는 것이다(Leal-Arcas, Ríos and Grasso, 2015). 이에 대한 추가적인 조치로 유럽이사회는 회원국들의 상이한 전력 규정을 통합해 법적 구속력이 있는 범유럽 네트워크 규정(Network Codes)의 제정을 추진했으며 유럽송전망운영자연합체가 3개 분야의 10개 네트워크 규정을 작성하는 역할을 수행하도록 했다.[4]

이와 더불어 지역적 차원에서도 에너지 시장의 통합을 추진했다. 2006

---

3 https://ec.europa.eu/energy/en/topics/markets-and-consumers/market-legislation(2016 년 1월 19일 검색).
4 3개 분야에 대한 네트워크 규정 내용을 간략히 살펴보면 다음과 같다. 첫째, 연결 규정 (Connection Codes)은 발전소와 대규모 소비자들이 송전망에 연결할 때 필요한 요건을 제시한다. 둘째, 운영 규정(Operational Codes)은 전력 시스템이 안정적으로 작동할 수 있도록 송전 시스템 운영자들이 실시간으로 시스템 운영에 대비하는 운영 계획과 일정을 세우게 한다. 셋째, 시장 규정(Market Codes)은 에너지 공급자들의 다변화와 경쟁을 부추기고 현재 기반 시설의 최적화를 용이하게 한다. http://networkcodes.entsoe.eu/what-are-network-codes/what-are-network-codes-data(2016년 1월 19일 검색).

년에는 에너지규제위원회(Council of European Energy Regulator: CEER)가 유럽 전력 시장의 결합과 단일 시장의 설립을 위해 유럽 지역 이니셔티브를 시작했으며 에너지규제협력기구와 EU 회원국 규제 기관들은 전력 분야의 'EU 에너지 업무 계획 2011~2014(EU Energy Work Plan for 2011~2014)'를 세우고 4개의 로드맵을 마련했다. 이 로드맵에서 역내 에너지 시장을 위해서 시행하겠다고 밝힌 정책으로는 유럽단일가격 시장결합모델(single European price market coupling model), 국가 간 지속적인 일중거래시스템(intraday trading system), 유럽 단일 규칙과 중장기 간 송전 권리를 위한 유럽단일할당플랫폼(a single European allocation platform), 공동으로 조정한 용량계산법(capacity calculation methodologies)과 망사형 네트워크에서의 플로기반 할당법(flow-based allocation method in highly meshed networks) 등이 있다 (Dutton, 2015: 11). 이 중에서 시장 결합 모델은 낮은 가격의 전력 시장이나 지역이 에너지 네트워크를 통해 높은 가격의 전력 시장이나 지역에 두 지역의 전력 가격이 같아질 때까지 전기를 계속적으로 판매할 수 있도록 하는 것으로서, 역내 에너지 시장과 범유럽 전력 프로젝트의 핵심 사안이다 (Dutton, 2015: 18).

2) 에너지 공급의 다각화

2000년대 중반 이후 EU는 에너지 공급 위기를 해결하기 위해서 러시아 천연가스를 대체할 회원국들의 자원 생산을 격려하는 동시에 에너지 수입의 다변화를 모색했다. 구체적으로는 다음 네 가지 대안을 제시했다.

첫째, EU는 회원국들의 에너지 생산을 증가시키기 위해 다음과 같은 다각적인 방안을 검토한다. ① 1990년대 이후 석탄, 원유, 원자력 생산의 감소(〈그림 10-2〉 참조)를 만회하기 위해 회원국들의 재생에너지 생산을 확대시킨다. EU는 '2020 기후와 에너지 패키지'에서 2020년까지 에너지 소비의 20%를 재생에너지로 충당할 목표를 세우고 '재생에너지지침'을 제정했으며 재생에너지와 저탄소에너지에 관한 대규모 투자 사업의 재원을 조달하기 위해 유럽투자은행과 유럽재개발은행 등의 금융 기관과 협력해서 지속가능한 에너지 금융 이니셔티브(Sustainable Energy Finance Initiative)를 추진한다(European Commission, 2008: 13). ② 천연가스를 대체할 에너지 자원으로 석탄을 다시 주목한다. 1990년대 이후 유럽에서 러시아 천연가스의 수입이 증가한 이유 중 하나는 기후변화에 대응하기 위해 많은 석탄 화력발전소를 탄소 배출량이 적은 천연가스발전소로 대체했기 때문이다. 하지만 2000년대 중반 이후 석탄 액화 및 가스화 기술과 이산화탄소 포집·저장 기술이 발달함에 따라 저탄소 석탄발전설비에 대한 관심이 높아졌으며, 탄소 가격이 하락하고 고유가로 인해 석탄의 가격 경쟁력이 높아지면서 발전 분야에서의 석탄 사용률이 다시 높아졌다(Dickel et al., 2014: 42~43). ③ 셰일가스의 개발에 대한 관심이 높아졌다. 폴란드, 영국 등에 셰일가스의 매장량이 높은 것으로 추정되면서 유럽위원회는 노르웨이의 협력하에 베를린 화석연료 포럼(Berlin Fossil Fuel Forum)에서 저비용, 친환경적인 셰일가스 개발을 논의했다(European Commission, 2008: 14).

둘째, EU 회원국들은 LNG 수입을 확대한다. 2011년 LNG는 EU의 천연가스 수입과 소비의 약 20%를 차지했다. EU는 겨울철 천연가스 성수기에 대응할 만한 LNG 수입 수용력을 이미 갖추고 있었지만 몇 개의 회원국은 LNG 수입 터미널을 추가적으로 건설할 계획을 세웠다(Ratner et al., 2013). EU가 LNG 수입을 장려했던 이유는 크게 두 가지다. 첫째, LNG는 가스 수송에서 파이프라인보다 장거리 이동이 가능해서 러시아를 대신해 미국이나 카타르로부터의 천연가스 수입을 확대할 수 있게 해주기 때문이다. 둘째, LNG 수송선이나 터미널은 가스관보다 지리적 제약을 덜 받으므로 여러 기업이 사업에 참여할 수 있고 이로 인해 시장 경쟁이 활성화될 수 있기 때문이다(Leal-Arcas, Ríos and Grasso, 2015; European Commission, 2008).

셋째, EU는 남부회랑을 통해서 중앙아시아와 중동에서 생산된 천연가스를 유럽으로 직접 수입한다. 2002년부터 중앙아시아의 천연가스를 수입하기 위해 추진되었던 터키와 오스트리아 간 나부코 가스관(Nabucco Pipeline) 건설 계획이 사업 타당성을 이유로 사업 추진 전망이 불확실해지면서 2000년대 중후반부터 아드리아 해 횡단 가스관(Trans Adriatic Pipeline: TAP)과 아나톨리아 횡단 가스관(Trans-Anatolian Gas Pipeline: TANAP)이 이에 대한 대안으로 부상했다. 2개의 가스관은 나부코 가스관보다 소규모로서 전자는 터키 서부 국경에서 그리스, 알바니아와 아드리아 해를 관통해 이탈리아까지 이어주는 시설이며, 후자는 아제르바이잔의 천연가스를 조지아와 터키를 통해서 유럽으로 수송하는 시설이다(Ratner et al., 2013). 2008년 유럽이사회는 EU 에너지 안보 및 연대 실행계획(EU Energy Security and Solidarity Action Plan)에서 남부회랑을 통한 천연가스 수송의 중요성을 강조하고 회원국들에 아제르바이잔과 투르크메니스탄 등과 협력 관계를 구축할 것을 촉구했다(European Commission, 2008: 4).

넷째, 북아프리카 국가들과의 에너지 협력 관계를 강화한다. 알제리, 이집트, 리비아와 나이지리아는 유럽의 주요 석유 및 가스 공급국들로서 EU는 이 국가들로부터 에너지자원 수입을 확대함으로써 에너지 공급 경로와 자원의 다변화를 추진한다. 사하라 횡단 가스관(Trans-Sahara Gas Pipeline) 건설 계획이 대표적인 예로서, EU는 유럽개발기금(European Development Fund)과 유럽투자은행(European Investment Bank)으로부터 재정적인 지원을 받고 아프리카 연합(African Union)과 아프리카 지역공동체(African Regional Economic Communities)와 협력해 사하라 횡단 가스 파이프라인 건설 계획을 도움으로써 나이지리아의 천연가스를 니제르와 알제리를 경유해 스페인과 남유럽으로 수입하려 한다(European Commission, 2008).

3) '2020 기후와 에너지 패키지'의 시행

EU는 기후변화에 대처하기 위한 에너지 공동 전략인 '2020 기후와 에너지 패키지'를 채택하고 2020년까지 달성할 세 가지 목표를 발표했다. 첫째, 온실가스 배출량을 1990년 배출량보다 20% 감축시킨다. 둘째, 재생에너지의 사용을 총 에너지 소비의 20%, 수송의 10%까지 증가시킨다. 셋째, 1차 에너지 소비를 20% 감소시킨다. 이런 목표들은 환경의 지속가능성을 강화시키기 위한 조치였지만 공급의 안정성이나 국가 경쟁력을 저하시켜서는 안 된다는 과제 역시 가지고 있었다. 이를 위해 EU는 온실가스 배출 규제를 강화하는 동시에 재생에너지의 생산을 늘리고 에너지 효율성을 향상시키는 방안들을 마련했다.

먼저, EU는 배출권거래제의 유상 할당량을 늘리고 '공동노력결정(Effort Sharing Decision: ESD)'의 내용을 강화해 온실가스 배출량을 감소시키려 한다. 앞 절에서 살펴봤듯이 배출권거래제의 제1기와 제2기에는 대부분의 회원국이 온실가스 배출권을 무상으로 기업에 할당했는데, 이것이 공급 과잉을 유발함으로써 탄소 가격의 하락을 가져왔다. 이러한 문제점을 보완하기 위해 제3기부터 EU의 발전 분야 기업들은 경매를 통해서만 유상 할당을 할 수 있게 되었으며, 산업 분야 역시 2020년에는 70%, 2027년에는 100%까지 유상 할당이 확대될 예정이다(정혁, 2014). 공동노력결정은 배출권거래제 대상이 아닌 분야 ─ 가령, 항공과 국제 해양 수송을 제외한 운송, 건물, 농업, 폐기물 등 ─ 에 온실가스 배출의 국가별 목표를 세우는 것이다. 이런 분야에서는 EU 전체적으로 2020년까지 온실가스 배출량을 2005년보다 10% 감축할 예정이며, 회원국의 경제적 역량에 따라 서로 다른 목표

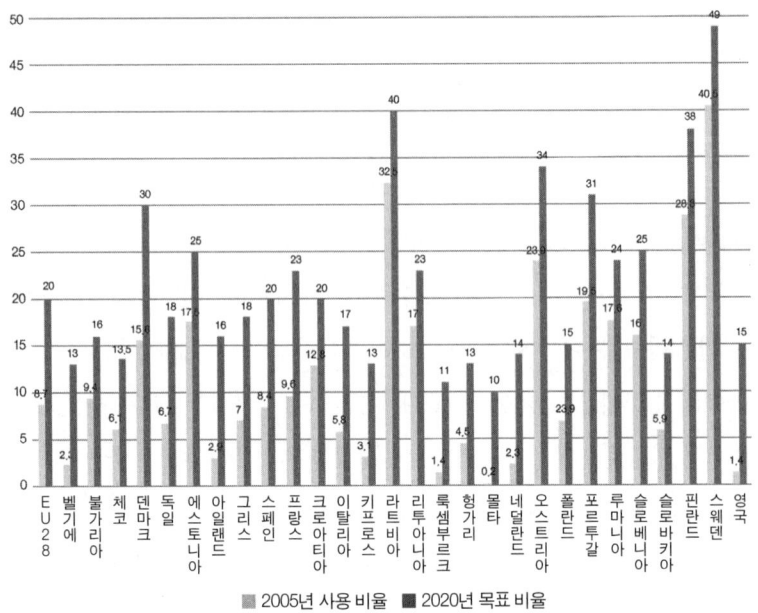

〈그림 10-6〉 EU 28개 회원국의 2020년 재생에너지 사용 목표

■ 2005년 사용 비율 ■ 2020년 목표 비율

자료: National Action Plans, https://ec.europa.eu/energy/en/topics/renewable-energy/national-acti on-plans(2015년 1월 20일 검색).

치를 설정했다(European Commission, 2013a).

다음으로 재생에너지 사용을 촉진하기 위해 2009년 유럽의회는 '재생 에너지지침'을 제정했다. 이 지침에 따라 EU는 2020년까지 전체 에너지 소비 중 재생에너지 사용이 차지하는 비율을 20%까지 늘리기로 했으며 〈그림 10-6〉과 같이 각각의 회원국에 목표치를 부여했다. 스웨덴, 핀란 드, 덴마크 등 일찍부터 재생에너지 사용량이 많았던 북유럽 국가들은 대 체적으로 높은 목표치를 부여받았으며, 베네룩스 3국과 몰타 등에는 상대 적으로 낮은 목표치가 주어졌다. 이 같은 목표치를 달성하기 위해 각 회원 국은 국가실행계획을 작성해 EU에 제출해야 했다(Klessmann et al., 2011; Wettestad, Eikeland and Nisson, 2012).

재생에너지 사용을 장려하기 위해 EU 회원국들이 채택한 주요 정책은 다음과 같다. ① 많은 국가들은 고정요율의 발전차액지원제나 변동요율의 프리미엄(feed-in premium)을 채택해 전력 분야 재생에너지(renewable energy sources for electricity, RES-E) 사용을 지원한다(Klessmann et al., 2011: 7642). ② 대표적인 냉난방 분야 재생에너지 지원 정책으로는 투자 보조금과 세금 감면이 있다. 하지만 대부분 회원국의 냉난방 분야 재생에너지(Renewable Energy Sources for Heating And Cooling: RES-H/C) 지원 정책은 전력 분야 재생에너지 지원 정책에 비해 상대적으로 약한 편이다. 이는 2009년까지 냉난방 분야 재생에너지 사용에 관한 EU 지침이 부재한 것에 기인한다(Klessmann et al., 2011: 7643). ③ 많은 회원국은 수송 분야 재생에너지(Renewable Energy Sources in Transport: RES-T) 지원에서 바이오연료 사용 확대에 주안점을 두었으며 이를 위해 세금 감면과 쿼터제를 결합한 정책을 시행 중이다(Klessmann et al., 2011: 7646).

마지막으로 2012년 유럽의회는 에너지 효율을 향상시키기 위해서 '에너지 효율지침'을 승인했다. 지침의 핵심 사항은 크게 세 가지다. ① 2020년 에너지 효율 목표를 "1차 에너지에서 1474MTOE, 최종 에너지에서 1078MTOE를 초과해서는 안 된다"[5]라고 구체적인 수치와 함께 명시한다. ② 회원국은 2020년의 에너지 향상 목표를 세부 지표(1차 에너지와 최종 에너지 소비, 1차 에너지와 최종 에너지 절약, 에너지 집약도)에 기반을 두어 설정하고 이를 달성 방법과 함께 유럽위원회에 알린다. ③ 회원국은 에너지 효율을 향상하기 위한 건물 개조의 장기적 전략을 설정하고 이를 공표해야 한다. 또한 중앙정부는 매년 '건물에너지성능지침'에서 요구하는 에너지 효율성

---

5   이 목표는 2013년 크로아티아의 EU 가입과 함께 1차 에너지에서 1483MTOE, 최종 에너지에서 1086MTOE를 초과하지 않는 것으로 수정되었다(European Commission, 2013b).

에 미치지 못하는 정부 건물의 3%를 개조해야 한다(European Commission, 2013b).

이런 지침과 함께 에너지 효율 향상을 위해 유럽의회가 승인한 법적 장치로는 '에코디자인지침', '에너지라벨링지침', 그리고 앞에서 언급한 '건물에너지성능지침'이 있다. 구체적인 내용은 다음과 같다. 첫째, 에코디자인지침은 제품 작업 전 과정에 걸쳐 친환경성을 고려해 제품을 설계해야 한다는 원칙을 설정했다. 이는 환경 영향 감소 및 에너지 효율 향상을 통해 에너지자원을 확보하고 환경을 보전하겠다는 목적을 가진다. 둘째, 에너지라벨링지침은 식기세척기, 냉장고, 세탁기, 텔레비전 등의 전자제품과 공산품에 대한 에너지 소비 표시를 의무화했다. 이는 최종 소비자가 에너지 소비 정보를 비교해 에너지 효율이 높은 제품을 선택하도록 유도하려는 목적을 지니고 있다. 에코디자인지침과 에너지라벨링지침은 제조국에 상관없이 EU 시장에 출시된 에너지 관련 모든 제품에 적용되며, 이를 준수하지 않을 경우 EU에서의 제품 판매가 금지된다.[6] 셋째, 2002년 제정되고 2010년에 개정된 건물에너지성능지침은 건물의 에너지 효율성 향상을 통해 온실가스의 배출을 감축하는 것이 주된 목적이다.[7]

---

6 http://www.eishub.or.kr/industryinfo/marketanalysis_view.asp?idx=61910(2016년 1월 19일 검색).

7 주요 세부 사항은 다음과 같다. 첫째, 대규모로 개보수하는 건물에 대해 에너지 효율성 최소 요건을 확대 적용한다. 둘째, 회원국들이 비용 최적 수준의 에너지 효율성 최소 요건을 비교할 수 있도록 기준 산정 방법을 각국의 정부 및 관계 기관에 제공한다. 셋째, 2021년부터 신축하는 모든 건물은 '제로 에너지 건물(nearly zero-energy building)'이어야 한다. 넷째, 공공 부문 건물이 우선적으로 에너지 절약의 주도적 역할을 수행하도록 장려한다(이종영, 2011; European Commission, 2013b).

4. EU 에너지 정책의 성과와 문제점

1) 에너지 시장의 통합

제3차 에너지 패키지 이후 EU 회원국들의 에너지 시장과 에너지 네트워크 간 통합이 점차적으로 진행되었다. 먼저, 전력과 가스 역내 시장은 점차 활발해지고 투명해졌다. 2014년 5월 한 달 동안 EU 회원국들 간의 전력 조류(power flow)는 평균 29.3TWh로, 2013년 같은 기간보다 10%가 증가한 수치다. 이처럼 EU 역내 시장에서의 전력 거래가 확대됨에 따라 2014년 EU 회원국들 간의 전력 송전과 EU의 에너지 소비의 비율은 2010년의 10%보다 3% 증가한 13%로 상승했다(European Commission, 2014d). 유럽송전망운영자연합체 회원국 간의 전력 거래량도 2014년에는 424TWh로, 2010년보다 77TWh 증가했다(〈그림 10-7〉 참조). 가스 분야에서는 2013년 프리즈마(PRISMA) 플랫폼이 설립되어 유럽 가스 수송의 70%를 담당하는 28개의 송전 시스템 운영자들이 시장 결합 모델을 통한 투명하고 통합된 방식으로 가스를 거래하고 있다(European Commission, 2014a).

또한 지역적인 차원에서도 에너지 시장의 통합이 가속화되고 있다. 핀란드, 스웨덴, 덴마크, 노르웨이는 일찍이 노드풀(Nordpool)을 설립해 지역 전력 시장을 설립했고, 프랑스, 네덜란드, 룩셈부르크, 독일, 프랑스가 주도한 5자간 포럼(Pentalateral Forum)은 전력뿐 아니라 가스시장의 통합도 추진하고 있다(European Commission, 2014a; Palle, 2013; 이성규·이대연·윤영주, 2015). 발트 해 에너지 시장 상호 연결 계획(Baltic Energy Market Interconnection Plan: BEMIP)은 노르딕 국가들과 발트 3국의 전력시장을 서로 개방함으로써 발트 3국의 에너지 고립 문제를 해결하고 에너지 가격을 낮추려 하고 있다.[8]

하지만 이런 성과에도 EU 에너지 시장이 완전 통합되기에는 아직 갈 길

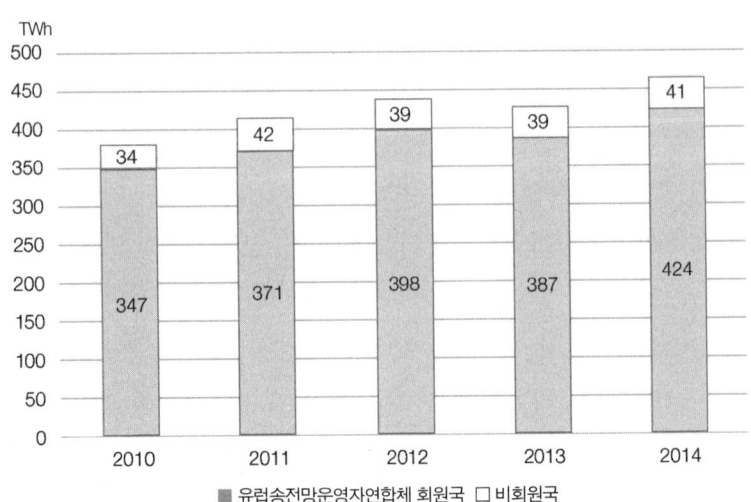

〈그림 10-7〉 유럽송전망운영자연합체 회원국들의 전력 거래(2010~2013년)

■ 유럽송전망운영자연합체 회원국 □ 비회원국

자료: ENTSO-E.

이 먼데, 바로 다음과 같은 이유 때문이다.

첫째, 단일 에너지 시장을 조성하기 위한 기반시설이 아직까지 제대로 갖춰지지 않았다. 현재 유럽의 국가 간 전력과 가스 수송 시스템은 역내 에너지 시장을 구축하고 에너지 섬을 전력과 가스의 중심 네트워크에 연결시키기에 충분하지 않다(최현필·이연주, 2015).

둘째, EU 회원국들 간의 서로 다른 규제는 역내 자유로운 에너지 거래를 가로막는 장벽으로 작용한다. 이를 해결하기 위해 EU는 범유럽 네트워크 규정 등 법적 구속력이 있는 에너지 관련 규정을 제정하려고 하지만 많은 회원국이 에너지 기업을 국영으로 소유하거나 에너지 기업과 깊은 유대 관계를 갖고 있기 때문에 이에 민감하게 대응한다. 또한 EU의 에너

---

8   https://ec.europa.eu/energy/en/topics/infrastructure/baltic-energy-market-interconnection-plan(2016년 1월 23일 검색).

지 규제는 러시아의 가스프롬 같은 EU 비회원국 기업들과 분쟁의 소지를 안고 있다(이성규·이대연·정소라, 2014).

셋째, EU 회원국과 규제 기관의 역내 에너지 시장 내 활동을 관리 감독하기 위해 설립된 에너지규제협력기구의 권한이 매우 제한적이다. 에너지규제협력기구는 규제 기관들이 정해진 기간 내에 결론을 내리지 못한 경우에만 의사결정을 할 수 있으며 이 경우에도 주로 권고나 의견서만 제출할 뿐이다(최현필·이연주, 2015). 이러한 문제 때문에 역내 에너지 시장을 효과적으로 감독할 수 있도록 에너지규제협력기구의 권한과 독립성을 강화하는 방안이 검토되고 있지만 한 기관에 권력이 집중되는 것이 효과적인지에 대해 의구심이 제기되고 있다.[9]

넷째, 유럽이사회가 주도하는 하향식(top-down) 방식은 에너지 정책에 직간접적으로 영향을 미치는 다양한 행위자의 참여와 도움이 없으면 효과를 발휘하지 못한다. 현재 이 행위자들은 EU 차원에서의 통합보다는 가까운 인접국과의 지역 통합에 더 많은 관심을 가지고 이를 추진하고 있다. 그러므로 안젤리크 팔레(Angelique Palle)는 유럽이사회가 EU 차원의 에너지 시장 통합을 서둘러 추진하기보다는 지금 진행되는 지역 차원에서의 통합을 돕는 상향식(bottom-up) 방식을 채택해야 한다고 제안한다(Palle, 2013).

2) 수입 다변화 정책의 성과와 문제점

2000년대 말부터 EU는 에너지 수입 의존도를 낮추기 위해 다양한 정책을 추진했지만 아직까지 가시적인 성과는 나타나지 않고 있다. 2010년에

---

9 http://www.energy.or.kr/web/kem_home_new/energy_issue/mail_vol12/pdf/issue_73_01.pdf(2016년 1월 21일 검색).

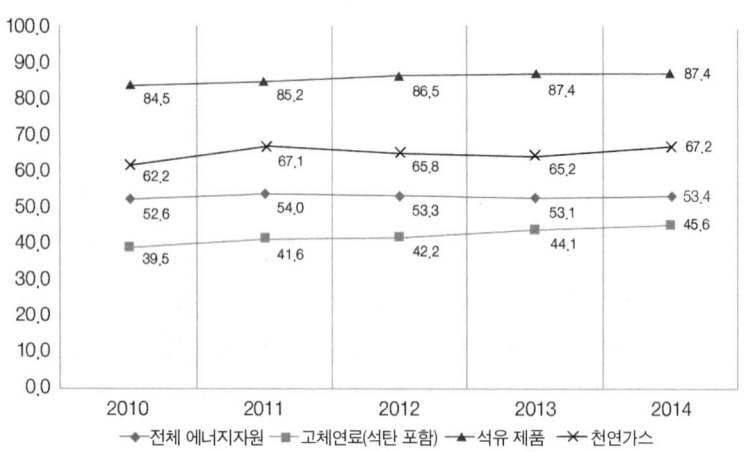

〈그림 10-8〉 EU의 에너지 의존도(2010~2014년)

자료: Eurostat, ec.europa.eu/eurostat

52.6%였던 EU 전체 회원국의 에너지 의존도는 2014년에 53.4%로 오히려 0.8% 높아졌다. 더욱이 천연가스와 고체연료의 에너지 의존도는 5% 이상 늘어났다(〈그림 10-8〉 참조). 이는 북해의 원유 생산 감소로 덴마크와 영국의 에너지 의존도가 급격히 상승했기 때문에 나타난 결과였다. 2010년에 -15.7%와 28.4%였던 덴마크와 영국의 에너지 의존도는 2014년에 12.4%와 45.5%로 각각 28.5%와 17.1%가 증가했다. 하지만 〈표 10-1〉에서 볼 수 있듯이 EU의 전체 회원국 중에서 절반 이상인 18개국에서는 에너지 의존도가 낮아졌다.

러시아로부터의 에너지 수입 역시 큰 변화가 없었다. 〈표 10-2〉에서 보듯 2013년 EU 전체 회원국들의 러시아 천연가스 수입량은 12만 5745TOE로 2010년의 10만 9870TOE보다 1만 5875TOE 증가했다. 특히 독일과 이탈리아의 수입량이 크게 늘어났다. 반면 러시아 원유의 수입량은 다소 감소했다. 이처럼 러시아로부터의 천연가스 수입이 감소하지 않은 이유는 유럽 에너지 기업들이 러시아 국영 기업인 가스프롬과 10년에서 35년까

	2010	2011	2012	2013	2014	의존도 변화
EU 28	52.6	54	53.3	53.1	53.4	0.8
벨기에	77.9	75.5	76.1	77.4	80.1	2.2
불가리아	39.6	36	36.1	37.7	34.5	-5.1
체코	25.6	28	25.3	27.9	30.4	4.8
덴마크	-15.7	-5.6	-2.6	13.3	12.8	28.5
독일	60.1	61.6	61.3	62.6	61.4	1.3
에스토니아	13.6	12	17	11.9	8.9	-4.7
아일랜드	86.6	90	85.1	89.3	85.3	-1.3
그리스	69.2	65.1	66.5	62.2	66.2	-3
스페인	76.7	76.3	73.1	70.4	72.9	-3.8
프랑스	49.1	48.7	48.1	48	46.1	-3
크로아티아	46.6	49.4	48.9	47	43.8	-2.8
이탈리아	82.6	81.4	79.2	76.8	75.9	-6.7
키프로스	100.8	92.4	97	96.4	93.4	-7.4
라트비아	45.5	59.9	56.4	55.9	40.6	-4.9
리투아니아	81.8	81.7	80.3	78.3	77.9	-3.9
룩셈부르크	97.1	97.3	97.5	97	96.6	-0.5
헝가리	57.3	50.9	51.1	51.1	61.1	3.8
몰타	99	101.3	101	104.2	97.7	-1.3
네덜란드	30.4	30.3	30.6	26.3	33.8	3.4
오스트리아	62.8	70.2	64.4	61.6	65.9	3.1
폴란드	31.3	33.4	30.6	25.6	28.6	-2.7
포르투갈	75.1	77.7	79.3	72.9	71.6	-3.5
루마니아	21.9	21.6	22.7	18.5	17	-4.9
슬로베니아	48.6	47.7	51.1	46.9	44.6	-4
슬로바키아	63.1	64.3	60.2	59.2	60.9	-2.2
핀란드	47.8	52.9	46.3	48.5	48.8	1
스웨덴	36.6	36.2	28.6	31.6	32	-4.6
영국	28.4	36.2	42.3	46.4	45.5	17.1

자료: Eurostat, ec.europa.eu/eurostat.

지의 장기 계약을 맺고 있기 때문이다. 유럽 기업들은 2020년에 125bcm 이상을, 2030년에 70bcm 이상을 가스프롬으로부터 의무적으로 구입해야 하며, 이를 위반할 경우에는 수백 유로에서 수천억 유로를 위약금으로 지

<표 10-2> EU의 러시아 천연가스 수입량 변화(2010~2013년)(단위: TOE)

	2010	2011	2012	2013	수입량 변화
EU 28	109,870	111,532	106,703	125,745	15,875
벨기에	459	65	0	0	-459
불가리아	2,608	2,764	2,485	2,698	90
체코	7,453	9,041	7,468	8,464	1,011
덴마크	0	0	0	0	0
독일	33,996	32,859	32,632	39,977	5,981
에스토니아	689	627	670	678	-11
아일랜드	0	0	0	0	0
그리스	2,066	2,848	2,453	2,574	508
스페인	0	0	0	0	0
프랑스	7,524	6,566	6,441	9,195	1,671
크로아티아	1,046	0	0	0	-1,046
이탈리아	14,964	19,743	18,071	28,073	13,109
키프로스	0	0	0	0	0
라트비아	1,125	1,755	1,716	1,698	573
리투아니아	3,053	3,349	3,263	2,661	-392
룩셈부르크	327	284	290	260	-67
헝가리	9,070	7,951	8,010	7,767	-1,303
몰타	0	0	0	0	0
네덜란드	4,039	2,022	2,931	4,291	252
오스트리아	7,922	8,537	8,950	6,562	-1,360
폴란드	3	3	5	6	3
포르투갈	0	0	0	0	0
루마니아	2,230	2,659	2,469	1,341	-889
슬로베니아	495	434	365	490	-5
슬로바키아	6,098	5,907	4,801	5,509	-589
핀란드	4,703	4,118	3,683	3,501	-1,202
스웨덴	0	0	0	0	0
영국	0	0	0	0	0

자료: Eurostat.

불해야 한다(Dickel et al., 2014: 4). 2013년 EU 전체 회원국의 러시아 원유 수입량은 22만 9888TOE로 2010년의 23만 3752TOE보다 3864TOE가 줄 어들었다. 프랑스의 경우 러시아로부터의 원유 수입량이 37%가량이나 감

〈표 10-3〉 EU의 러시아 원유 수입량 변화(2010~2013년)(단위: TOE)

	2010	2011	2012	2013	수입량 변화
EU 28	233,752	228,719	227,357	229,888	-3,864
벨기에	16,735	16,036	14,928	16,597	-138
불가리아	5,933	5,725	6,483	6,578	645
체코	4,963	4,125	4,569	4,241	-722
덴마크	903	1,171	301	1,757	854
독일	36,205	37,296	37,378	35,625	-580
에스토니아	171	97	616	275	104
아일랜드	0	0	0	17	17
그리스	8,948	6,039	9,075	8,632	-316
스페인	10,632	11,370	9,406	9,208	-1,424
프랑스	22,917	18,911	15,107	14,410	-8,507
크로아티아	2,289	2,121	1,689	1,971	-318
이탈리아	15,060	14,573	13,950	16,880	1,820
키프로스	52	2	47	27	-25
라트비아	407	328	219	326	-81
리투아니아	9,351	8,993	8,725	9,134	-217
룩셈부르크	0	0	0	0	0
헝가리	6,897	6,952	6,253	6,052	-845
몰타	0	0	148	713	713
네덜란드	30,909	30,991	32,802	32,988	2,079
오스트리아	695	1,214	1,179	1,112	417
폴란드	22,504	23,066	24,979	23,547	1,043
포르투갈	217	530	380	1,810	1,593
루마니아	2,752	1,567	1,813	2,763	11
슬로베니아	20	32	29	27	7
슬로바키아	5,484	6,036	5,389	5,886	402
핀란드	13,116	12,817	12,432	12,807	-309
스웨덴	9,286	10,262	9,339	7,333	-1,953
영국	7,306	8,465	10,121	9,172	1,866

자료: Eurostat.

소했다(〈표 10-3〉 참조).

이와 같이 EU의 에너지 의존도와 러시아 천연가스 수입량이 줄지 않는 것은 에너지 공급 다변화 정책이 별다른 성과를 거두지 못했기 때문이다.

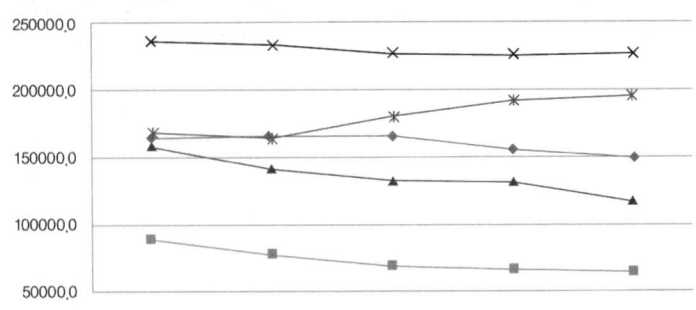

〈그림 10-9〉 EU의 에너지 생산량(2010~2014년)(단위: TOE)

	2010	2011	2012	2013	2014
◆ 고체연료	164005.1	166607.6	166055.9	155826.0	149335.2
■ 원유	88713.2	77919.0	70274.3	66305.4	64520.7
▲ 천연가스	159676.0	141618.9	133053.8	131822.5	117985.5
✕ 원자력	236562.5	234006.7	227718.5	226285.1	226131.9
✳ 재생에너지	167889.5	164266.9	180576.7	192837.8	195846.0

출처: Eurostat.

우선, 〈그림 10-9〉에서 보듯이 2010년부터 2014년까지 EU 회원국들의 에
너지 생산량은 그 이전과 마찬가지로 감소하는 추세다. 그 원인은 다음과
같다. 첫째, 북해 유전에서 생산되는 원유가 고갈 단계에 접어들고 채굴
비용이 증가함으로써 유럽(특히 영국)에서의 원유와 천연가스 생산량이 계
속 줄어들고 있기 때문이다. 유럽의 셰일가스는 2020년 이후에야 본격적
으로 생산될 예정이며, 셰일가스의 매장량과 가치는 전망하기 힘들다. 엑
슨모빌(ExxonMobil)과 마라톤(Marathon) 같은 기업들은 사업성을 이유로 폴
란드에서 셰일가스 개발 투자를 중단했다(Dickel et al., 2014: 15). 둘째, 석탄
과 원자력 생산량 역시 2010년대와 마찬가지로 환경 보존과 안정성을 이
유로 감소하는 중이기 때문이다. 더욱이 후쿠시마 원전 사고 이후로 원자
력발전소의 안정성 문제가 부각되면서 독일, 벨기에, 스페인, 스위스, 영
국 등이 2020년대 이후 원자력발전소를 폐쇄하기로 결정했다(Dickel et al.,

2014: 46). 다만 2010년 이후에도 재생에너지의 생산이 꾸준히 증가함으로써 재생에너지가 유럽에서 화석연료 생산을 대체할 수 있는 거의 유일한 대안으로 자리 잡았다.

나음으로 EU의 수입 다변화 정책 역시 큰 성과를 거두지 못했기 때문이다. 거기에는 다음과 같은 이유가 있다. 첫째, LNG 터미널에 대해 신규 투자를 했음에도 글로벌 LNG 투자 프로젝트의 연기, 아시아로부터의 가스 수요의 증가, 북아프리카로부터의 공급 부족 등의 이유로 LNG 수입이 크게 증가하지 않았기 때문이다(IEA, 2014). 둘째, 중앙아시아 국가들 중에서 아제르바이잔만 남부회랑을 통해 유럽에 대한 천연가스 수출량을 확대하고 있으며 투르크메니스탄, 우즈베키스탄, 카자흐스탄은 유럽 시장보다는 중국에 대한 수출에 집중하고 있기 때문이다(Dickel et al., 2014: 24~27). 셋째, 2010년 이후 알제리, 이집트, 리비아로부터 수입하는 천연가스의 양은 국내 정치의 불안정과 자국 시장의 확대로 인해 오히려 감소했기 때문이다. 2020년 이후 이러한 상황에 큰 변화가 일어날지는 매우 불확실하다(Dickel et al. 2014: 17~21).

3) '2020 기후와 에너지 패키지'의 성과와 문제점

EU 회원국들의 2013년까지의 온실가스 배출과 에너지 지표들을 고려해볼 때 EU가 '2020 기후와 에너지 패키지'에서 설정한 20-20-20 목표는 2020년에 대부분 달성될 것으로 전망된다. 구체적인 성과를 온실가스 배출량, 재생에너지 사용량, 에너지 효율성이라는 세 가지 측면에서 살펴보면 다음과 같다.

첫째, 2020년까지 온실가스 배출량을 1990년 수준보다 20% 감축하겠다는 목표는 이미 거의 달성했다. 2013년 EU 28개 회원국의 온실가스 배

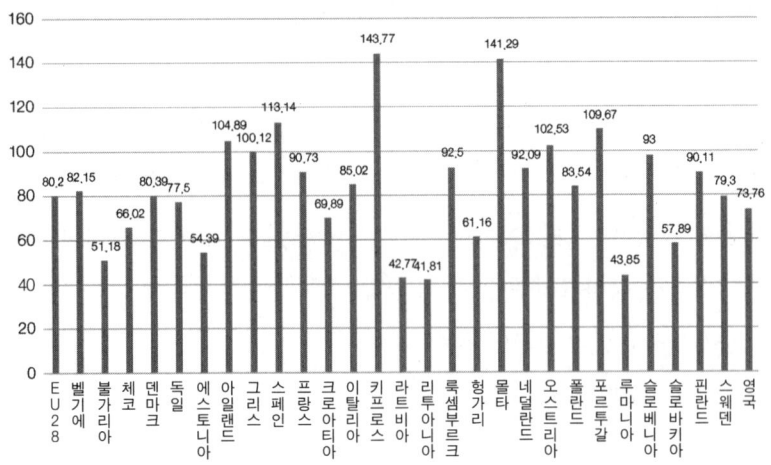

〈그림 10-10〉 2013년 EU 회원국의 온실가스 배출량

주: 1990년 배출량을 100으로 잡았을 때의 수치임.
자료: European Environment Agency.

출량은 1990년 수준 대비 80.2%에 불과하다. 더 구체적으로 1990년과 2013년의 국가별 배출량을 비교해서 살펴보면 〈그림 10-10〉에 나타난 결과와 같다. 냉전 이후 경제 침체를 겪었던 동유럽 국가들(불가리아, 에스토니아, 헝가리, 루마니아, 슬로바키아 등)의 온실가스 배출량은 급격히 감소한 반면에 남유럽 국가들(스페인, 키프로스, 몰타, 포르투갈 등)의 온실가스 배출량은 1990년에 비해 오히려 증가했다.

둘째, 2013년 EU의 최종 에너지 소비 중에서 재생에너지로 충당하는 비율은 16%로, 2005년의 재생에너지 사용 비율 8.7%에 비해 7.3% 상승했으며 2020년 목표 달성까지는 4%가 남았다(〈그림 10-11〉 참조). 2005년부터 2014년까지 재생에너지 사용 비율이 연평균 0.81%가 증가할 것을 고려해볼 때, 2020년 EU의 재생에너지 비율은 목표했던 대로 20%를 초과할 것으로 예상된다. 하지만 국가별로 재생에너지 사용 비율의 증가 정도나 2020년 목표 달성 여부에는 다소 차이가 있다. 불가리아, 에스토니아, 크

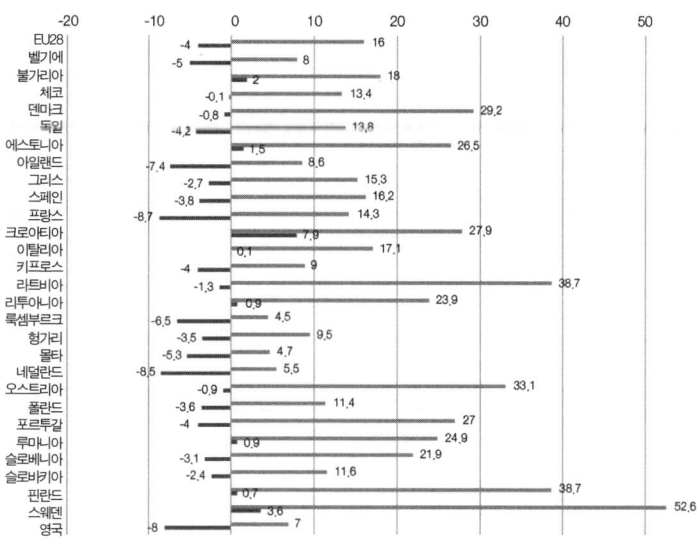

〈그림 10-11〉 2013년 EU 회원국의 재생에너지 사용 비율과 2020년 목표와의 차이

■ 2013년 재생에너지 사용 비율 ■ 2020년 목표와의 차이

자료: Eurostat.

로아티아, 리투아니아, 스웨덴은 재생에너지 사용 비율이 이미 2020년 목표를 초과한 반면, 아일랜드, 프랑스, 네덜란드, 영국은 2020년 목표보다 7% 이상 못 미친다.

〈표 10-4〉는 2005년과 2013년 EU 회원국들의 재생에너지 사용 비율을 분야별로 보여준다. 전체 EU 28개 회원국 평균을 살펴보면 2013년 전력 분야, 냉난방 분야, 수송 분야 재생에너지 사용 비율은 2005년에 비해 각각 12.7%, 7.4%, 4.5% 증가했다. 냉난방 분야와 수송 분야에 비해 전력 분야 재생에너지 사용 증가율이 높은 것을 알 수 있다. 이는 풍력과 바이오매스 에너지 기술 발전에 기인한 것이다(Klessmann et al., 2011). 회원국들의 분야별 재생에너지 사용 증가율을 살펴보면 다음과 같다. 전력 분야의 재생에너지 사용 증가율이 높은 국가는 포르투갈(+24.4), 덴마크(+23.8), 스

〈표 10-4〉 EU 회원국의 분야별 재생에너지 사용 비율

	전력 분야 재생에너지 사용 비율			냉난방 분야 재생에너지 사용 비율			수송 분야 재생에너지 사용 비율		
	2005년	2013년	증감	2005년	2013년	증감	2005년	2013년	증감
EU 28	14.8	27.5	+12.7	10.3	17.7	+7.4	1.4	5.9	+4.5
벨기에	2.4	13.4	+11.0	3.4	7.8	+4.4	0.2	4.9	+4.7
불가리아	9.3	18.9	+9.6	14.3	28.3	+14.0	0.3	5.3	+5.0
체코	3.7	13.9	+10.2	9.1	16.7	+7.6	0.5	6.1	+5.6
덴마크	24.7	48.5	+23.8	22.1	37.8	+15.7	0.2	5.8	+5.6
독일	10.5	28.2	+17.7	6.8	12.2	+5.4	3.7	6.6	+2.9
에스토니아	1.1	14.6	+13.5	32.2	45.2	+13.0	0.2	0.2	+0.0
아일랜드	7.2	22.7	+15.5	3.5	6.6	+3.1	0.0	5.2	+5.2
그리스	8.2	21.9	+13.7	12.8	26.9	+14.1	0.0	1.4	+1.4
스페인	19.1	37.8	+18.7	9.4	15.8	+6.4	1.0	0.5	-0.5
프랑스	13.8	18.3	+4.5	12.4	17.8	+5.4	1.7	7.8	+6.1
크로아티아	32.8	45.3	+12.5	10.8	36.2	+25.4	0.4	2.1	+1.7
이탈리아	16.3	33.4	+17.1	4.6	18.9	+14.3	0.8	4.5	+3.7
키프로스	0.0	7.4	+7.4	10.0	21.8	+11.8	0.0	2.7	+2.7
라트비아	43.0	51.1	+8.1	42.7	52.2	+9.5	1.3	3.2	+1.9
리투아니아	3.8	13.7	+9.9	30.1	41.6	+11.5	0.5	4.2	+3.7
룩셈부르크	3.2	5.9	+2.7	3.6	7.4	+3.8	0.1	5.2	+5.1
헝가리	4.4	7.3	+2.9	6.0	12.4	+6.4	0.4	6.9	+6.5
몰타	0.0	3.3	+3.3	2.2	14.6	+12.4	0.0	4.7	+4.7
네덜란드	6.3	10.0	+3.7	2.1	5.2	+3.1	0.2	5.7	+5.5
오스트리아	62.4	70.0	+7.6	22.6	32.6	+10.0	2.8	8.9	+6.1
폴란드	2.7	12.4	+9.7	10.1	13.9	+3.8	1.0	5.7	+4.7
포르투갈	27.7	52.1	+24.4	32.1	34.0	+1.9	0.2	3.4	+3.2
루마니아	28.8	41.7	+12.9	18.0	26.8	+8.8	1.0	3.8	+2.8
슬로베니아	28.7	33.9	+5.2	18.9	33.3	+14.4	0.3	2.6	+2.3
슬로바키아	13.5	23.0	+9.5	5.0	8.7	+3.7	1.1	6.9	+5.8
핀란드	26.9	31.4	+4.5	39.2	51.9	+12.7	0.4	21.6	+21.2
스웨덴	50.9	63.3	+12.4	51.8	68.1	+16.3	3.9	19.2	+15.3
영국	4.1	17.8	+13.7	0.8	4.5	+3.7	0.3	4.9	+4.6

자료: Eurostat.

페인(+18.7), 독일(+17.7), 이탈리아(+17.1)다. 반면에 재생에너지 사용 증가율이 낮은 국가는 룩셈부르크(+2.7), 헝가리(+2.9), 몰타(+3.3), 네덜란드

(+3.7), 프랑스(+4.7)다. 냉난방 분야의 재생에너지 사용 증가율이 높은 국가는 크로아티아(+25.4), 스웨덴(+16.3), 덴마크(+15.7), 슬로베니아(+14.4), 이탈리아(+14.3)이며, 낮은 국가는 포르투갈(+1.9), 아일랜드(+3.1), 네덜란드(+3.1), 슬로바키아(+3.7), 영국(+3.7)이다. 수송 분야에서 재생에너지 사용 증가율이 높은 국가는 스웨덴(+12.8), 핀란드(+21.2), 스웨덴(+15.3), 헝가리(+6.5), 오스트리아(+5.1), 프랑스(+6.1)이며, 낮은 국가는 스페인(-0.5), 에스토니아(0), 그리스(+1.4), 크로아티아(+1.7), 라트비아(+1.7)다.

종합적으로 회원국들의 분야별 재생에너지 사용 증가율은 두 가지 특징을 보인다. 하나는 28개 회원국 중에서 전력 분야 재생에너지 사용 증가율이 EU 전체 평균인 12.7%보다 높은 국가는 9개국에 불과하다는 것이다. 나머지 19개 회원국의 전력 분야 재생에너지 사용 증가율은 EU 전체 평균 증가율보다 낮다. 이는 전력 분야에서 높은 재생에너지 사용 증가율이 몇몇 국가의 높은 증가율에 기인했다는 것을 의미한다. 다른 하나는 국가마다 분야별 재생에너지 사용 증가율이 크게 차이난다는 것이다. 예를 들어, 포르투갈의 경우 전력 분야의 재생에너지 사용 증가율은 24.4%로 유럽 회원국 중에서 가장 높았지만, 냉난방 분야와 수송 분야의 재생에너지 사용 증가율은 각각 1.9%와 3.2%로 EU 전체 평균에 비해 상당히 낮았다. 반대로 핀란드의 경우 전력 분야에서 재생에너지 사용 증가율은 4.5%로 다른 회원국의 증가율에 비해 낮았지만, 냉난방 분야와 수송 분야에서의 재생에너지 사용 증가율은 각각 12.7%와 21.2%로 EU 전체 평균보다 훨씬 높았다.

셋째, 2014년 EU 28개 회원국들의 1차 에너지 사용량은 2005년 1차 에너지 사용량의 88% 수준이다(〈그림 10-12〉 참조). 이런 추세를 볼 때 2020년까지 1차 에너지 사용량을 2005년에 비해 20% 감축하겠다는 목표는 거의 달성될 것으로 전망된다. 국가별로 1차 에너지 사용량을 살펴보면 그리

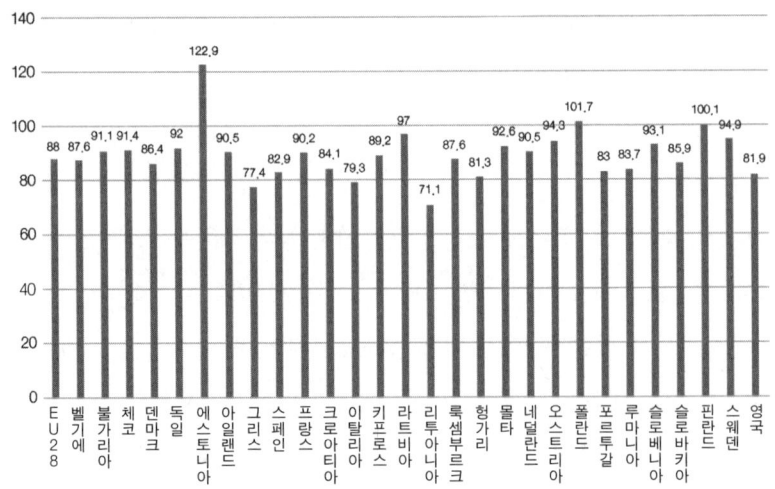

〈그림 10-12〉 2014년 EU 회원국의 1차 에너지 사용량

주: 2005년 사용량을 100으로 잡았을 때의 수치임.
자료: Eurostat.

스, 이탈리아, 리투아니아는 2020년 목표를 초과 달성했으며, 에스토니
아, 폴란드, 폴란드는 2005년보다 오히려 1차 에너지 사용량이 증가했다.
대체적으로 경제 침체의 어려움을 겪고 있는 남유럽 국가들의 1차 에너지
사용량이 많이 감소했다.

이러한 에너지 정책의 성과와 함께 2014년 EU는 '2030 기후 에너지 정
책 프레임워크'를 발표했다. 여기서 설정한 구체적인 목표는 다음과 같다.
첫째, 2030년까지 온실가스 배출량을 1990년 배출량보다 40% 감소시킨
다. 둘째, 2030년 전체 에너지 사용량 중 재생에너지가 차지하는 비율을
최소 27% 이상으로 한다. 셋째, 2030년까지 에너지 효율을 현재 추세보다
최소 27% 이상 향상시킨다(European Council, 2014a). 하지만 이런 목표를
달성하기 위해서는 지금까지 기후변화와 에너지 정책 실행 과정 중에 드
러난 몇 가지 문제점을 해결해야 한다.

첫째, 온실가스 감축, 재생에너지 사용 확대, 에너지 효율 향상이라는 EU의 목표는 상호 간에 시너지 효과를 내기도 하지만 서로 상충하기도 한다. 재생에너지 사용 확대와 에너지 효율 향상이 반드시 온실가스 배출량의 감축에 긍정적인 효과를 주는 것은 아니다. 기대 이상의 에너지 절약과 재생에너지 생산은 배출권거래제 배출 할당량의 수요 감소를 부추김으로써 탄소 배출권 가격을 낮추고 온실가스 배출 감소를 위한 기업들의 기술 개발 노력과 투자를 약화시킬 수 있다. 다시 말해, 재생에너지 사용 및 에너지 효율이 향상되면 배출권거래제의 영향력이 약화되어 실제 온실가스 배출량에는 큰 변화가 없을 수 있다는 것이다(European Commission, 2013a).

둘째, 재생에너지와 에너지 효율 정책만으로는 에너지 공급의 안정이나 경제적 경쟁력을 보장할 수 없다. 저탄소 정책은 전력 가격을 상승시킴으로써 에너지 빈곤을 야기하고 산업 경쟁력을 약화시킨다는 비판을 받고 있다(Bürgin, 2015). 유럽이사회 보고서에 따르면 재생에너지 세금과 부담금은 EU 평균적으로 가구당 전기 요금의 6%, 산업 전기 요금의 8%를 차지하고 있다(European Commission, 2014c; Bürgin, 2015). 이 같은 전기 요금의 상승은 에너지 집약 산업의 경쟁력을 약화시키며 빈곤 계층이 에너지 비용을 감당하기 어렵게 만든다(European Commission, 2013a). 2011년에는 EU 전체 인구의 11%가 주택에 필요한 난방을 충분히 하지 못했다(European Commission, 2014c). 그러므로 재생에너지가 비용 대비 효율성 높은 에너지자원이 될 수 있도록 기술을 개발해야 하며 재생에너지가 EU 회원국에 원활하게 공급될 수 있도록 에너지 네트워크의 통합을 가속화해야 한다. 또한 에너지 공급의 안정성을 유지하기 위해 재생에너지 및 에너지 효율 정책을 시행해야 하며, 에너지 공급 루트를 다양화하고 유럽 자체에서 에너지자원을 개발하는 등의 방안이 수반되어야 한다(European Commission, 2013a).

셋째, 온실가스 감축이나 재생에너지 사용 증가에 비해서 에너지 효율성의 향상은 더딘 편이다. '2020 기후와 에너지 패키지'의 세 가지 목표 중에서 2020년까지 1차 에너지 사용량을 20% 감축하겠다는 목표만 유일하게 달성하기 어려울 것으로 예상된다. 특히 건물의 에너지 효율성은 매년 1.4% 높아질 뿐이다. 이는 에너지 효율을 높이기 위해서 건물을 개조하는 비율이 낮기 때문에 발생하는 현상이다. 그러므로 낙후된 건물과 시설을 개조하는 비율을 높이기 위한 재정적 지원이나 투자가 필요하다. 건물의 에너지 효율성 향상은 에너지 가격을 낮춤으로써 기업의 경쟁력을 높일 뿐만 아니라 에너지 공급의 안정에도 이바지한다. 유럽이사회에 따르면 에너지를 1% 절약하면 가스 수입이 2.6% 감소할 것이라고 한다. EU에서 천연가스의 40%가량이 난방에 사용된다는 점을 고려할 때 건물의 에너지 효율성을 향상시키는 것은 에너지 수입 의존도를 낮출 수 있을 것이다(European Commission, 2014b; IEA, 2014a).

넷째, 20-20-20 목표 달성에서 EU 회원국들 간에 차이가 나타나는 이유는 회원국들이 다양한 정치적·경제적·환경적 특징과 구조를 가지고 있기 때문이다. 기후변화와 에너지 정책이 각 국가와 시민들에게 미치는 영향력은 적응 능력이 각기 차이 나므로 서로 다르다. 더욱이 재생에너지 개발, 온실가스 배출 감축, 에너지 효율성 향상 등이 시급하게 필요한 국가일수록 이에 대응하는 정책을 추진할 경제적 역량이 부족하다(European Commission, 2013a). 그러므로 유럽이사회는 이런 국가들이 '2020 기후와 에너지 패키지'와 '2030 기후 에너지 정책 프레임워크'에서 명시한 정책들을 추진하는 과정에서 재정적 지원을 확대하고 경제적 부담을 덜어주어야 한다고 권고한다. 또한 단일한 정책을 모든 회원국에 일괄적으로 강요하기보다는 국가들의 상황에 맞춰 더욱 유연한 정책을 펼치는 것이 바람직하다고 보고 있다(European Commission, 2013a).

5. 결론

2000년대 중후반 EU에서 에너지 안보 위기의식이 확산된 이유는 크게 세 가지다. 첫째, 2006년과 2009년의 러시아 - 우크라이나 가스 분쟁으로 인해 에너지 공급에 대한 불안이 높아졌기 때문이다. 둘째, 경쟁 상대국인 미국에 비해 에너지 가격이 높아 EU 회원국들의 국가 경쟁력이 약화되었기 때문이다. 셋째, 기후변화를 대응하기 위해 도입된 규제들이 온실가스 감축에 실효성이 있느냐는 의문과 함께 상품과 전력 생산 비용을 증가시킨다는 비판을 받았기 때문이다. 이런 문제들을 해결하기 위해 EU는 공급의 안정, 경쟁력 강화, 환경의 지속가능성이라는 에너지 정책의 세 가지 목표를 설정하고 이를 에너지 시장과 에너지 네트워크의 통합, 에너지 공급의 다각화, 온실가스 규제의 강화, 재생에너지 사용 확대, 에너지 효율성의 향상 등의 방식으로 달성하려 했다.

현재까지 EU 에너지 정책의 성과는 사안마다 엇갈린다. 첫째, 에너지 시장의 통합은 지역적인 차원에서 점진적으로 진행되고 있지만 이를 기술적·제도적으로 뒷받침해줄 수 있는 유럽 국가들 간의 전력 및 가스 수송 시스템의 연결과 EU 차원의 통합된 규제는 아직 제대로 마련되지 않았다. 둘째, 에너지 공급을 안정시키기 위해서 추진했던 EU 내 에너지 생산의 증가와 에너지 수입 다변화 정책은 별다른 성과를 거두지 못했다. 이는 EU의 기업들이 가스프롬과 장기간 일정량 이상의 천연가스를 수입해야 하는 계약을 맺고 있고 고갈된 원유자원을 대신할 수 있는 석탄과 원자력의 생산이 환경 규제와 안정성을 이유로 계속 감소하기 때문이다. 다만, 재생에너지 생산이 매년 증가하고 있으므로 장기적인 차원에서는 화석연료의 역할을 대신할 수 있을 것으로 기대된다. 셋째, 2020년까지 에너지 체제의 지속가능성을 강화시키기 위해 설정한 온실가스 20% 감축, 전체 에너지 사용량 중 재생에너지 비중을 20%로 확대, 에너지 효율성 20% 증대의 세 가지 목표는 거의 달성되었거나 곧 달성될 것으로 전망된다. 이러한 성과들을 종합적으로 평가하면 에너지 안보의 환경적인 측면은 많이 개선되었지만 공급의 안정이라는 측면에서는 아직까지 EU의 취약성이 많이 드러나고 있다.

이러한 EU 에너지 정책의 성과와 문제점이 우리나라 정부에 주는 시사점은 다음과 같다. 첫째, 에너지 안보를 공급적인 측면에서만 접근하지 말고 에너지자원이 환경과 경제에 미치는 효과를 다각적으로 분석해야 한다. 만일 공급적인 측면만 고려해서 화석연료의 생산이나 수입을 확대하면 장기적으로 환경위기를 가져올 수 있으며, 반대로 환경적인 측면만 너무 강조하면 에너지 비용의 상승으로 인한 국가 경쟁력 하락과 저소득층의 경제적 부담 증가를 피할 수 없을 것이다. 둘째, 에너지 안보를 강화하기 위한 다양한 정책은 시너지 효과를 일으키기도 하지만 서로 상충될 수도 있다. 가령 EU와 같이 기대 이상으로 재생에너지 사용이 증가하거나 에너지 효율성이 향상되면 배출권거래제의 탄소 가격이 하락해 이 정책들이 전체적으로 온실효과 배출에 미치는 효과는 미미해질 수도 있다. 그러므로 에너지 안보 정책을 고정화시키기보다는 경제적 상황과 사회적 변화에 맞춰 유연하게 운영해야 한다. 셋째, 한국의 에너지 가격 협상력을 높이고 에너지 공급을 안정화시키기 위해서는 긴밀한 동북아 에너지 협력을 장기적인 차원에서 추진해야 한다. 특히 EU의 GDP에 절반에도 미치지 못하는 경제 규모로 인해 에너지 수입 가격 협상에서 우리나라처럼 불이익을 받을 수밖에 없는 일본과 협력한다면 서로에게 큰 경제적 이익을 줄 수 있을 것이다.

11 신기후체제하 일본의 에너지 외교

이승주

1. 서론

일본은 에너지 외교의 초점을 전통적으로 에너지원과 공급선의 다변화, 에너지 상류 산업 진출, 자원 수출국과의 관계 강화에 맞추었다. 그러나 2011년 이후 일본의 에너지 외교는 두 가지 측면에서 중대한 전환점에 접어들고 있다. 우선, 동일본대지진 이후 일본은 에너지 수급 구조의 근본적인 변화 압력에 직면하면서 국내적 차원의 에너지 정책은 물론 대외적 차원의 에너지 외교 방향을 재설정하지 않을 수 없게 되었다. 글로벌 차원에서 예상보다 빠르게 전개되는 신기후체제의 수립은 일본의 에너지 외교 변화를 촉진하는 또 하나의 요인이다.

이 장에서는 두 가지 변화 요인으로 인해 일본 에너지 외교가 변화하는 양상을 검토하려 한다. 신기후제체제의 수립은 일본 에너지 외교에 새로운 딜레마를 제시하고 있다. 일본은 교토의정서 출범을 주도하는 등 신기후체제의 수립과 관련해 선도적인 역할을 하기 위해 노력해왔다. 그러나 동일본대지진 이후 일본의 에너지 수급 구조가 근본적으로 변화함에 따라 신기후체제 협상을 주도하는 데서 국내적 차원의 장애 요인이 다수 대두했다.

이러한 상황에서 일본은 에너지 외교의 중심축을 국제적 파트너십의 강화와 개도국 지원으로 이동시키고 있다. '국제 파트너십의 강화'는 탄소 배출 감소를 위한 선도적 모델을 일본이 자발적으로 제시하고 이를 확산하기 위한 파트너십을 지속적으로 확대하겠다는 것을 의미한다. 이러한 에너지 외교의 목표는 '아름다운 별을 위한 행동(Action for Cool Earth: ACE)'에 집약되어 있는데, 일본이 혁신과 응용을 통해 감축을 위한 모델을 선도적으로 이행하고, 개도국과의 파트너십을 통해 점차 지구적 차원으로 확산시키겠다는 것이 주된 내용이다.

신기후체제에 대비한 일본 에너지 외교의 두 번째 방향은 개도국의 적응 노력을 효과적으로 지원할 수 있는 체계적인 시스템을 개발하는 것이다. 즉, 일본의 경험을 활용해 기후변화 취약국에 대한 지원을 대폭 강화함으로써 신기후체제에서도 일본의 리더십을 유지하겠다는 구상인 것이다. 일본정부의 이러한 노력은 '공동 신용 메커니즘(Joint Crediting Mechanism)'에 잘 나타나 있다.[1]

다음에서는 동일본대지진과 신기후체제라는 두 가지 변화 압력에 직면해 일본정부가 추진해온 에너지 외교의 새로운 방향을 구체적으로 검토하려 한다. 이를 위해 동일본대지진 이후 급격하게 변화하고 있는 일본의 에너지 수급 구조 및 에너지기본계획을 검토함으로써 일본정부가 스스로 파악하고 있는 에너지 정책의 변화 방향을 고찰할 것이다. 다음으로는 신

---

[1]　공동 신용 메커니즘에 대해서는 New Mechanisms for Information Platform 참조. http://www.mmechanisms.org/e/initiatives/jcm.html.

기후체제에 대비해 일본정부가 추진하고 있는 에너지 외교의 방향과 구체적인 실행 현황을 검토할 것이다.

2. 신기후체제하 일본의 에너지 외교 분석

1) 에너지기본계획과 일본의 에너지 믹스 전망

동일본대지진 이후 일본정부의 에너지 정책은 '에너지기본계획'을 통해 발표된 에너지 믹스의 기본 방향에 잘 반영되어 있다. '그린 정책대강'이 원전에 대한 의존도를 낮추면서 에너지 및 환경 관련 산업을 육성하는 데 초점을 맞춘 것이라면, 에너지기본계획은 에너지의 안정적인 공급을 확보하는 데 초점을 맞추고 있다.

전략 에너지 계획에 따르면, 일본정부는 에너지 정책이 장기적이고 포괄적이며 체계적인 관점에서 실행되어야 한다는 점을 강조하고 있다 (Ministry of Economy, Trade and Industry, 2014). 2002년 6월 이러한 배경에서 에너지 정책의 지속적인 실행을 목적으로 '에너지 정책기본법'이 제정되었다. 이 법에 기반을 두고 2003년 '제1차 전략에너지계획(Strategic Energy Plan)'이 수립되었고, 이후 제2차, 제3차 계획이 2003년과 2010년 각각 발표되었다. 2030년을 기한으로 설정한 '제3차 계획'은 에너지 자급률과 화석연료의 독자 개발을 배증해 에너지 자주화율을 약 70% 수준까지 끌어올리고 탄소를 전혀 배출하지 않는 전력 생산의 비율을 70%까지 증가시키도록 했다.

그러나 제3차 계획 발표 이후 동일본내시진 빌/캥피 인전 사고 등으로 에너지에서의 일본 국내외 환경이 급변했다. 경제산업성이 발간한 『2014

년 에너지백서』는 2010년 이후 일본의 1차 에너지 자급률이 하락하고 있는 데 대한 우려를 표명하고 있다. 2012년 일본의 1차 에너지 자급률은 6%로 OECD 회원국 가운데 두 번째로 낮은 수준이다. 『2014년 에너지백서』는 또한 원전 사고에 따른 원자력 안전에 대한 국내외의 우려 증가, 화석연료 의존도 증가에 따른 무역 수지의 악화, 에너지 공급 안정성의 저하 등을 일본이 직면한 도전으로 설정하고 있다(經濟産業省, 2014).

이러한 변화를 감안해 발표된 '2014년 전략에너지계획'은 에너지 정책의 새로운 방향을 제시하고 있다. 특히 이 계획은 국제 에너지 공급 구조의 변화와 북미로부터의 가스 수입 등이 일본에 커다란 영향을 미치는 변화를 감안해 2018년에서 2020년 사이를 일본 에너지 정책의 새로운 방향을 제시할 집중적인 개혁의 시기로 설정하고 있다. 따라서 일본정부는 선제적이고 다층화된 정책을 실행하기 위해 더욱 적극적인 역할을 수행할 것으로 예상된다.

2) 일본 에너지 외교의 전통적 목표

전통적으로 일본의 에너지 외교는 ① 주에너지원을 다변화하고, ② 공급원을 다양화하며, ③ 상류 프로젝트에 진출하고, ④ 에너지 공급국과의 관계를 증진함으로써 조달 위험을 감소시키는 데 초점을 맞추었다(MOFA, 2014). 신기후체제하 일본의 에너지 외교도 이러한 근본 방향을 유지하고 있으나 구체적인 실행 방식 면에서 변화를 드러내고 있다.

(1) 높은 대외 의존도에 따른 에너지 공급 체제의 근본적 취약성 극복
일본정부의 에너지 외교는 높은 대외 의존도로 인한 에너지 공급 체제의 불안정성을 완화하는 데 있다. 일본 에너지 정책의 정향이 원전 중심이

된 것도 '에너지 공포(energy angst)'에서 비롯된 것이다(Calder, 2013). 일본은 1973년 1차 석유 위기 이후 다양한 에너지 절감 노력을 통해 에너지 소비를 조절하는 한편, 개인의 삶과 산업 활동을 개선하고 산업구조를 서비스 산업 중심으로 재편하기 위해 노력해왔다. 이러한 노력의 결과 2012년 일본의 에너지 소비는 1973년에 비해 불과 1.3배 증가하는 데 머물렀다.

그러나 에너지 절약만으로 이러한 취약성을 해결하기에는 충분하지 않기 때문에 일본은 또한 국내 에너지자원을 확보하고 석유에 대한 대체에너지원의 활용을 촉진함으로써 위험을 분산시키기 위해 노력해왔다. 그결과 2010년 원전을 포함한 일본의 에너지 자급률은 19.9%로 증가했으나에너지 공급 구조의 근본적 취약성은 여전히 남아 있다.

(2) 화석연료 및 중동 의존도의 감소

일본은 화석연료 및 중동에 대한 석유 의존도를 감소시키기 위해 1990년대 이후부터 에너지 수입을 아태 지역, 러시아, 아제르바이잔, 카자흐스탄 등으로 다변화하려는 노력을 시도해왔다. 이를 위해 2000년대 중반 이후 원자력, 태양력, 재생에너지 등으로 정책적 초점이 변화했다.

(3) 경제성장과 환경보호의 조화

교토의정서 이후 일본은 2008년 후쿠다 야스오 총리가 쿨 어스 파트너십 프로그램(Cool Earth Partnership Program)을 발표하고 약 5년간 100억 달러를 개도국에 지원할 것을 약속하면서 국제적으로 기후변화에 기여하려했다. 일본은 특히 재정과 기술력을 바탕으로 개도국을 지원하는 완화 과정(mitigation)에 약 80%의 자금을 지원했다(外務省, 2008). 완화 과정은 온실가스 배출을 억제함으로써 온난화 완화에 기여하기 위해 풍력, 지열, 태양광 등 재생가능에너지를 이용한 발전시설 건설 등에 지원한다는 점에서 자원 정책과 연결되어 있다고 볼 수 있다. 이를 위해 일본은 혁신적인 기술 개발을 위한 R&D에 300억 달러를 투자하고 개도국에 대한 기술 이전이나 시설 구축을 위해 이전과 달리 민관 협력을 중시해 국내 경제 전략과의 연계를 적극적으로 도모하고 있다.

3) 신기후체제하 일본의 에너지 외교

(1) 새로운 변화 요소의 대두
신기후체제하에서 일본은 에너지 외교의 새로운 딜레마에 직면했다. 일본은 교토의정서가 발표된 이래 신기후체제를 수립하기 위한 국제적 노력을 선도하는 역할을 자임해왔다. 그러나 동일본대지진 이후 일본의 에너지 수급 구조가 근본적으로 변화했을 뿐 아니라 탄소 배출도 증가함에 따라 신기후체제 협상을 주도하는 데 어려움을 겪고 있다.

① 자국 내 수급 구조의 변화와 에너지 정책
경제산업성은 2015년 '전략에너지계획'에서 제시한 정책에 기초해 「에너지 장기 수급 전망(Long-Term Supply and Energy Outlook)」을 제출했다. 이 전망에 따르면, 안전, 에너지 안보, 경제적 효율성, 환경 등이 에너지 정책의 기본 목표가 되어야 한다. 이 전망은 특히 일본 에너지 정책이 현실적이면서도 수급 구조의 균형을 잘 유지할 수 있는 미래 비전을 제시해야 할 필요성을 강조했다(METI, 2015).
일본 에너지 정책은 기존 원칙인 '3E+S'를 재확인하는 데서 시작된다. 3E+S란 안정적 공급을 확보하고 에너지 안보(energy security), 안전(safety)을 전제로 경제적 효율성(economic efficiency)을 높여 저비용 에너지 공급을 실현하며, 환경(environment) 적응성을 위해서 최대한 노력하는 것을 의미

한다.[2]

2013년 6월 일본 내각이 선포한 '일본 재생 전략'은 전력과 에너지에 대한 제약을 극복할 수 있는 에너지 수급 구조의 수립을 강력하게 촉구하고 있다. 이 전략은 또한 국가 경쟁력을 제고해 일본을 기업 친화적인 국가로 탈바꿈시키기 위해 에너지 부문의 개혁을 단행할 것을 요구했다(日本再興戰略, 2013).

② 일본 내 탄소 배출의 급격한 증가

지구적 차원에서 탄소 배출은 1990년 약 210억 톤에서 2010년 약 305억 톤으로 증가했다. 신흥 경제권의 탄소 배출이 특히 빠르게 증가하고 있기 때문에, 선진국의 배출 비중은 1990년 약 70%에서 2010년 약 40% 수준으로 하락했다. 탄소 배출은 2035년까지 20% 더 증가할 것으로 예상된다. 일본은 이러한 상황을 타개하기 위한 국제적 협력을 선도하는 역할을 자임해왔다.

그러나 문제는 동일본대지진 이후 일본 내 탄소 배출 또한 급격하게 증가하고 있다는 사실이다. 이는 일본 에너지 외교에 새로운 딜레마를 제공하고 있다. 동일본대지진 이후 원전이 폐쇄되면서 화석연료에 대한 의존도가 증가했다. 그 결과 2010년에서 2012년 사이 일본의 탄소 배출이 총 8300만 톤이나 증가했다. 이는 발전 부문에서 탄소 배출이 약 1억 1200만 톤이나 증가했기 때문이다. 이러한 상황이 지속될 경우 지구온난화에 대응하는 지구적 차원의 노력을 선도했던 일본에 대한 외국의 의구심이 커질 수 있다.

---

2   http://www.meti.go.jp/policy/energy_environment/energy_policy/energy2014/seisaku/index.html.

③ 인구 감소와 기술 혁신에 따른 에너지 수급의 중장기적 변화

수요 측면의 변화 역시 일본정부가 에너지 외교를 수립·집행하는 데 영향을 미치는 요인이다. 동일본대지진 이후 2012년 일본의 전체 에너지 소비는 2010년에 비해 4.2% 감소했는데, 특히 전력 소비가 8.0% 감소했다. 한편 2012년 일본의 열병합발전 용량은 2010년에 비해 2.7% 증가했는데, 이는 전기 가격의 인상이 에너지 소비에 영향을 미친 데 따른 것이다. 장기적 관점에서 보더라도 일본의 에너지 수요 구조는 변화할 전망이다. 고령화의 진전으로 인구 구조가 변화할 뿐 아니라 인구 감소가 예상되고 있어 그에 따라 에너지 수요도 변화할 가능성이 높기 때문이다. 또한 기술 혁신으로 에너지 절감이 증가하는 점 역시 수요 측면의 변화를 초래할 가능성이 높다.

한편 공급 측면에서 볼 때 2011년 후쿠시마 사태 이후 일본 에너지 안보의 취약성은 급증했다. 동일본대지진 이전인 2005년 기준 일본의 에너지 믹스는 원자력 31%, 석탄 26%, 수력 8%였으며, LNG와 석유가 나머지 40%를 차지하고 있었다. 동일본대지진 이전 일본의 에너지 안보 정책 구상에 따르면 2035년까지 14개의 신규 원전을 추가로 건설해 원자력의 비중을 53%까지 확대할 예정이었다. 그러나 동일본대지진 이후 일본정부는 기존 에너지 정책을 두 가지 차원에서 근본적으로 수정해왔으며, 이러한 변화는 미일 에너지 협력의 새로운 방향을 제시했다. 변화의 첫 번째 방향은 원전에 대한 의존도를 낮추기 위한 방안으로 '그린 정책대강'을 통해 에너지 정책의 세 가지 변화 방향을 다음과 같이 제시했다(國家戰略室, 2012).

- 원전 의존도 감소, 화석연료 의존도 억제, 그린 에너지의 최대 활용
- 에너지 절약 가속화, 재생에너지 보급의 비약적 증가를 위한 정책 총동원 및 시장 정비

• 그린 정책·기술·비즈니스를 위한 국민 생활·사회·산업구조 변화

이와 함께 일본정부는 에너지 정책의 전환을 주도할 5대 선도 분야로 그린에너지를 최대한 활용하기 위한 태양광·풍력·지열 사용, 세계 최고 수준의 에너지 절약 심화, 스마트 커뮤니티에 따른 수급 일체화 및 효율화, 에너지 이용의 폭을 확대할 수 있는 축전지 개발, 그린 에너지 부품 및 소재 개발을 선정했다(國家戰略室, 2012).

이러한 정책 변화의 결과, 2011년 대지진 이후 원자력발전이 정지됨에 따라 2013년 원자력 비중은 1%로 하락한 반면, 석탄과 수력의 비중은 각각 30%, 9%로 별다른 변화를 보이지 않았다. 또한 석유와 LNG의 비중이 증가함에 따라 동일본대지진 이전에 비해 가정용 전기 요금은 약 20%, 기업용 전기 요금은 약 30% 인상되는 결과가 초래되기도 했다.

일본정부의 에너지기본계획은 대외적 차원에서 다양한 자원 확보 전략을 통해 안정적이고 저렴한 에너지를 확보할 것을 명시하고 있다(經濟産業省, 2014). 비전통 가스와 원유의 개발은 에너지 공급 구조의 변화를 초래할 것이 확실시되고 있다. 이 계획을 바탕으로 경제산업성은 2030년 에너지 구성 전망에 대해 본격적인 검토를 실시한 바 있다. 이 검토 결과에 따르면, 기존의 '에너지기본계획'에서 예상했던 것보다 전통 및 비전통 가스의 비중이 증가할 것으로 나타났다. 경제산업성은 이에 따라 천연가스를 안정적으로 이용할 수 있는 공급 기반의 구축과 국제적인 가스 파이프라인 네트워크 형성 등을 포함한 개선 방안을 준비하고 있다.

또한 동일본대지진 이후 일본은 처음으로 원전 경향성을 근본적으로 재편하려고 시도했으나 다시 과거 정책으로 회귀하는 경향을 보이고 있다. 이것은 원전을 둘러싼 정치성세적 요인들이 작용한 결과이며, 이러한 전환은 상당히 험난한 과정이 될 것으로 보인다. 이 과정에서 에너지 수급

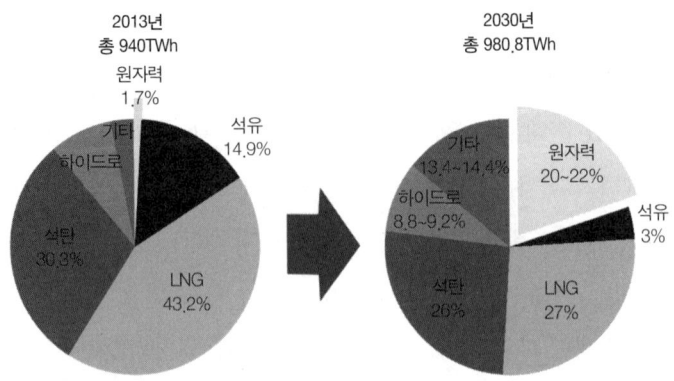

〈그림 11-1〉 일본의 에너지 믹스 변화 전망

2013년
총 940TWh

원자력
1.7%
기타
하이드로
석탄
30.3%
석유
14.9%
LNG
43.2%

2030년
총 980.8TWh

기타
13.4~14.4%
하이드로
8.8~9.2%
석탄
26%
원자력
20~22%
석유
3%
LNG
27%

자료: *World Nuclear News*(2015.6.3).

뿐 아니라 국내정치적 차원의 현상을 유지하기 위해서는 가스 수입 확대
와 에너지 효율성 향상이 필요하다(Calder, 2013).

2015년 6월 '에너지 및 자연자원 자문위원회 소위원회'가 제출한 에너지
믹스 전망에 따르면, 원전 의존도가 2030년까지 약 20~22% 수준으로 증가
할 것으로 보인다. 이는 일본의 에너지 총 수요가 2013년 940TWh에서
2030년 980.8TWh로 증가할 것이라는 예측에 근거한 것이다. 2013년 기
준 전력 생산에서 에너지원 비중은 LNG 43.2%, 석탄 30.3%, 석유 14.9%
인 반면, 원자력의 비중은 1.7%에 불과하다(*World Nuclear News*, 2015).

이러한 맥락에서 경제산업성은 원자력과 신재생에너지의 비중을 각각
20~22%, 22~24%까지 증가시키는 반면, 석탄, LNG, 석유의 비중은 각각
26%, 27%, 3% 수준까지 감소시킬 계획을 갖고 있다(〈그림 11-1〉 참조). 석
유와 LNG 비중이 높아진 결과 전력 생산 비용이 상승하는 데 따른 문제를
해결하기 위해 일본 경제산업성은 2030년까지 원자력, 석탄화력, 수력발
전의 비중이 전체 발전량의 60% 이상을 차지하도록 해서 장기적으로
LNG와 석유 등 조달 비용이 높은 에너지원의 비율을 낮추려고 한다.

④ 북미 셰일혁명으로 인한 지구적 에너지 수급 구조의 변화

셰일혁명의 이익을 누리고 있는 미국은 2018년 가스 순수출국이 될 전망이다. 그 결과 미국의 대유럽 석탄 수출이 증가하고 유럽의 발전 부문 석탄 의존도가 증가하는 변화가 나타나고 있다. 이 때문에 일본정부는 북미로부터의 수입 루트를 구축해 천연가스의 안정적인 공급을 확보하는 것을 주요 목표로 설정하고 있다.

북미의 이러한 변화는 남미의 원유와 가스 개발을 촉진할 뿐 아니라, 중동 지역에 대한 서구의 의존을 점진적으로 낮춰나갈 것으로 예상된다. 그 결과 중동 산유국들은 에너지 수요가 급증하고 있는 아시아 지역에 수출을 증대하기 위해 노력할 것이고, 이로 인해 아시아 국가들의 중동에 대한 의존도는 더욱 높아질 것으로 예상된다.

국제 에너지 구조의 이러한 변화는 가스 수요의 증가 등 국제적인 수요 측면에도 영향을 미쳐 에너지의 전반적인 수급 구조가 변화할 전망이다. 이러한 관점에서 볼 때 일본과 중국 등 아시아 국가들은 에너지 구매를 위한 협력을 유지 또는 강화할 필요가 있다. 특히 아시아 국가들은 서로 경쟁 관계에 있기도 하지만 에너지 공급국에 대한 협상력을 제고하기 위해 긴밀하게 협력할 필요가 있다.

⑤ 에너지 공급 지역의 지정학적 변화

자연자원을 확보하기 위한 경쟁의 격화, 지역 분쟁, 경제 환경의 변화 등으로 인해 에너지 수요가 변화해 장기적으로 자원 가격의 인상과 변동성의 확대가 빈발할 가능성이 높아지고 있다. 2004년 이후 중국의 석유 수입 증가가 2008년까지 유가를 배럴당 140달러까지 끌어올린 것이 대표적인 사례다. 중동의 불안정한 정치사회적 상황과 유럽, 미국, 중국의 경제 상황에 따라 유가의 변동성은 급격히 확대될 전망이다.

(2) 신기후체제와 일본의 에너지 외교

① 에너지 공급 구조의 다변화 강화

신기후체제하 일본 에너지 외교의 새로운 변화 방향은 다변화라고 할
수 있다. 에너지의 대외 의존도, 특히 중동 산유국에 대한 의존도가 높은
현실을 극복하기 위해 일본정부와 기업들은 에너지 도입선을 다변화하기
위해 지속적으로 노력해왔다. 이러한 배경에서 2013년 아베 신조 총리가
중심이 되어 미국, 러시아, 사우디아라비아, UAE, 카타르, 캐나다, 모잠비
크 등 자원 수출국에 대한 자원 외교를 활발히 전개했다. 그 결과 일본 기
업이 참여한 미국 LNG 프로젝트의 수출이 승인되고 UAE의 유전 개발에
지분을 인수하는 등 가시적인 성과를 비교적 성공적으로 달성했다. 이러
한 성과는 향후 일본이 자원의 안정적인 공급이라는 포괄적인 정책 목표
를 달성하는 데 도움이 될 것으로 보인다.

중동 의존도를 낮추기 위해 다변화의 대상으로 떠오르는 지역은 중앙
아시아와 아프리카 지역이다. 일본정부가 아프리카 개발을 위한 동경 국
제회의(Tokyo International Conference on African Development: TICAD)를 지속
적으로 개최하고 있는 것이 대표적인 사례다. 일본정부는 이 회의를 2013
년 6월까지 5회 개최하는 과정에서 아프리카의 발전을 위한 국제 협력을
촉진하고 이를 위한 국제적 프레임워크를 만드는 역할을 수행하겠다는
목표를 표방했다.[3] 주목할 것은 이 회의가 주로 아프리카의 에너지 수출
국에 특화된 전략적 대응의 성격을 띠고 있다는 점이다. 일본은 이 회의를
아프리카의 경제 발전 수요에 부응하는 장으로 활용하는 한편, 아프리카

---

3   제3차 TICAD 회의에 대해서는 일본 외무성 홈페이지 http://www.mofa.go.jp/region/
    page2e_000002.html 참조.

의 에너지 공급국과의 관계를 강화하는 협력의 장으로도 활용하고 있다. 예를 들어, 일본정부는 아프리카 에너지 수출국에 ODA, 기술 협력, 산업 정책 진수를 하는 것은 물론 교육·의료 등 사회 인프라 발전을 위한 교류 협력을 강화하고 있으며, EPA 체결을 통한 경제 협력도 강화하고 있다.

일본 에너지 협력 다변화의 두 번째 축은 미국과의 협력 강화다. 아베 총리가 집권한 이래 일본정부는 미일동맹의 강화를 바탕으로 에너지 분야에서의 협력을 진전시키고 있다. 미국정부는 일본이 아직 FTA 미체결국인데도 셰일가스 수출 승인을 허가했다. 이로써 2018년부터는 일본의 LNG 수입이 시작될 것으로 예상된다. 2015년 10월 TPP가 타결됨에 따라 미일 에너지 협력은 더욱 강화될 전망이다.

일본이 추진하는 에너지 외교 다변화의 세 번째 대상은 러시아다. 러시아와의 자원 협력을 위해서는 미국과 일본 사이의 긴밀한 정책 조정이 전제되어야 한다. 그러나 미국과 일본 사이에는 러시아와의 에너지 협력을 위한 구체적인 논의의 틀이 없는 상태이기 때문에 향후 이를 위한 구체적인 방안을 모색할 필요성이 제기되고 있다(Airbu and Hiranuma, 2013).

② 자원 보유국과의 전략적 호혜 관계 구축

일본정부는 '에너지·자원 전략회의'를 통해 자원 보유국과의 전략적 호혜 관계를 구축할 필요성이 있음을 재확인했다. 이러한 관점에서 일본 에너지 외교의 초점은 중앙아시아, 아프리카, 러시아 등 에너지 수출국과의 관계를 강화하는 데 있다.

러시아는 셰일혁명의 직접적인 영향을 받고 있다. 주요 수출 시장인 유럽의 에너지 수요가 부진하자 러시아는 한국, 중국, 일본 등 아시아를 포함한 새로운 시장을 개척하지 않으면 안 될 상황에 처한 것이다. 러시아의 에너지 매장 규모, 지리적 근접성, 일본의 공급원 다양화 필요성 등을 감안할 때 러시아의 에너지는 일본에 충분히 매력적이다. 이러한 맥락에서 일본정부는 국제 시장 동향을 예의 주시하는 가운데 포괄적이고 전략적인 관점에서 대러시아 에너지 외교를 강화할 것을 신중히 고려하고 있다.

일본정부는 또한 새로운 에너지 공급국들과의 협력을 강화하는 등 국제 에너지 공급 구조의 변화를 전략적으로 활용하는 데 상당한 노력을 기울이고 있다. 2013년 일본정부가 아프리카 에너지 공급국들과의 관계를 강화할 것을 목적으로 에너지장관회의를 개최한 것이 대표적인 사례다.

이러한 구조적 변화가 이뤄지는 가운데 일본은 미국으로부터는 LNG를 수입하고 캐나다, 러시아, 모잠비크 등으로부터는 2020년경부터 가스를 수입할 것으로 예상되는 등 공급원을 다양화하기 위한 노력이 어느 정도 가시적인 성과를 내고 있다.

③ 상류 산업 진출

새로운 공급국이 등장한다는 것은 일본 기업에게 상류 산업에 진출하거나 독자적 개발을 시도할 수 있는 기회가 확대된다는 것을 의미한다. 일본은 중동, 호주, 인도네시아, 러시아와 추진 중인 기존의 에너지 프로젝트 외에, 최근에는 미국, 캐나다, 모잠비크, 베트남, 카자흐스탄에서도 상류 부문으로 진출하려는 움직임을 적극적으로 전개하고 있다. 이를 위해 일본은 공격적인 자원 외교로 독자 개발률을 제고하기 위해 다양한 노력을 펼치고 있는데, 특히 민관 협력을 활발히 활용하고 있다.

독립 행정 법인인 석유천연가스·금속광물자원기구(Japan Oil, Gas and Metals National Corporation: JOGMEC)가 위험 관리 차원에서 자금 지원을 확대하는 것이 대표적인 사례다.[4] 일본은 새로운 자원을 개발하기 위해서는

---

4 JOGMEC에 대해서는 http://www.jogmec.go.jp/index.html 참조.

지분을 획득해야 하고 기존 개발 사업을 연장하기 위해서는 자국의 첨단 기술을 적극 활용해야 한다고 인식한 것이다. 예를 들어, 상류 부문과 해외 개발에서 중요성을 더해가고 있는 LNG 선적 시설에 대한 연구개발이 이에 해당한다.

또한 자원국 광산 주변의 인프라를 정비하기 위해 ODA를 적극 활용하는 방안도 추진되고 있으며, 자금 지원 및 자원 관련 무역 보험 등을 통해 해외 자원 개발을 실시하는 민간 기업을 지원함으로써 신흥 자원 보유국에 대한 지원을 강화하는 방안을 마련했다. 나아가 자원 소비국들과의 연대를 강화하기 위해 환경 협력과 자원 확보를 위한 과도한 경쟁을 억제하고, 러시아 가스 개발 협력을 통해 한일 협력을 증진하며, 미일 동맹 차원에서 한·중·일 협력을 확대해가는 등 주변 국가와의 관계 개선에도 노력하고 있다. 이와 함께 희귀 자원을 확보하기 위해 JOGMEC 등에 리스크 머니를 공급하고 일본 주변 지역의 해저 열수 광상에 대한 계획을 추진하는 전략을 마련했다.

④ 개도국의 대체에너지 산업 지원

아시아개발은행(Asian Development Bank: ADB)은 일본 기업들과의 협력을 통해 아시아 국가들의 대체에너지 산업을 지원하기 위해 약 7억 5000만 달러 규모의 아시아판 그린에너지기금을 조성할 계획임을 밝혔다(*Nikkei Asian Review*, 2015). 여기에 참여하는 일본 금융 기관은 도쿄 – 미쓰비시 UFJ, 오릭스, 솜포재팬 니폰코아 등이다. 이 펀드는 주로 전력 생산에 따른 탄소 배출 저감, 바이오연료 생산, 상하수도 시설 등에 투자할 계획이다. 이 자금의 최초 수혜자가 될 아시아기후파트너(Asia Climate Partners)는 ADB의 네트워크와 정부를 활용해 전망 있는 분야에 자금을 투자하는데, 5년에 걸쳐 투자를 하고 10년 동안 투자금을 회수할 계획이다. 환경 산업의 발전을 위해 공공 부문과 민간 부문의 자금을 공동으로 조성하는 방식은 일본 기업에 시장 확대의 기회를 제공할 것으로 보인다.[5]

3. 신기후체제하 일본 에너지 외교 전망

신기후체제하 일본 에너지 외교는 전통적인 에너지 외교의 기본 원칙을 유지하는 가운데 에너지 외교의 새로운 가능성을 적극적으로 탐색하는 변화를 드러낼 것으로 보인다(MOE, 2013). 일본 에너지 외교의 새로운 방향을 파악하기 위해서는 ① 일본 국내 에너지 수급 구조의 변화와 그에 따른 정책 변경, ② 신기후체제에 대한 일본정부의 기본 입장, ③ 셰일혁명으로 촉발된 지구적 차원의 에너지 시장 및 거버넌스의 변화 등 세 가지 변화 요인을 체계적으로 검토할 필요가 있다. 여기에는 미일 에너지 협력의 확대·심화, 아프리카 및 중앙아시아 지역과의 협력 확대, 러시아와의 협력 확대, 개도국에 대한 기술 지원 등이 포함된다.

1) 지구온난화에 대한 국제적 대응 선도

신기후체제 협상은 주요국들이 녹색기후기금에 대한 공여 계획을 속속 발표하고 미국, 중국, EU 등이 온실가스 감축 목표를 발표하는 등 그 어느 때보다 전망이 밝았다. 신기후체제 협상에서는 지구적 차원의 감축 목표를 일방적으로 개별 국가들에 할당했던 교토의정서와 달리 선진국과 개

---

5 Investing in Asia Climate Partners, http://www.adb.org/results/investing-asia-climate-partners.

도국이 모두 참여해 기후변화에 대한 효과적인 대응을 가능하게 하는 국제 체제를 만드는 것을 목표로 삼고 있으며, 이런 맥락에서 온실가스 배출에 대한 선진국의 역사적인 책임과 현재의 온실가스 주요 배출국의 책임을 함께 강조하고 있다는 점이 특징이다.

또한 기후변화에 대한 대응 방식 면에서 교토의정서가 온실가스 감축이라는 비교적 협소한 쟁점만 대상으로 했다면, 신기후체제는 기후변화에 대한 국제사회 전체의 효과적 대응 능력을 강화하기 위해 감축, 적응, 재정, 기술, 역량 강화, 투명성 등을 광범위하게 포함시키고 있다. 그러나 신기후체제 협상은 2015년 12월 파리에서 열리는 제21차 당사국총회에서의 타결을 목표로 하고 있기 때문에 이 협상에서 의미 있는 진전을 이뤄야 한다는 기대와 우려가 교차했다.

신기후체제와 관련한 일본의 기본 입장은 모든 국가가 참여할 수 있는 공평하고 실효성 있는 국제 체제에 대한 합의를 도출하기 위해 적극적으로 국제 협상에 임하겠다는 것이다. 일본정부가 인식하는 협상의 초점은 다음과 같다. ① 감축안이 배출 삭감 등 완화에 국한될 것인지 여부, ② 감축안의 시간대 설정, 검토 및 평가, ③ 2015년 합의에 따른 제반 요소(완화, 적응, 자금, 기술 개발, 역량 강화, 실행과 지원의 투명성 등)에 대한 법적 구속력의 설정, ④ 개별 요소와 장기 목표와의 관계 등이다.

일본정부가 제시한 안은 2013년 대비 2030년 탄소 배출을 26.0% 감축하겠다는 것이다.[6] 에너지 믹스 정책과의 정합성을 기반으로 기술적 제약, 비용적 측면 등을 함께 고려해 실현 가능한 목표치를 제시했다는 것이다. 일본정부는 감축률이나 GDP 대비 1인당 배출량 등을 종합적으로 고려할 때 국제적으로도 손색이 없는 수준이라고 강조하고 '공정성', '의욕적

---

6   이 안은 2005년을 기준으로 할 때 25.4% 감축하는 것이다.

목표', '기후변화체제조약 2조의 목표 달성에 대한 공헌' 등을 부각하면서 자국의 감축안에 대해 긍정적으로 자평하고 있다.

일본정부는 탄소 배출 저감 등을 통해 지구온난화에 대한 대응 노력에 기여하기 위해 애쓰고 있다. 일본은 에너지 효율성을 향상시킴으로써 지구온난화 문제를 해결하기 위한 노력을 주도해왔다. 일본은 에너지 절약을 위한 기술과 노하우를 축적하고 있기 때문에 지구온난화 문제를 해결하는 데 커다란 공헌을 할 수 있다. 따라서 일본정부는 단지 국내적 차원에서 이러한 노력을 전개하는 데 그치지 않고 지구적 차원의 탄소 배출 감축을 위해 노력할 것으로 보인다.

2) 탄소 배출 감축을 위한 선도적 모델의 실천

일본정부가 신기후체제와 관련해 공세적으로 추진하는 대외 정책 가운데 하나는 '아름다운 별을 위한 행동', 즉 ACE다. 이 정책을 통해 아름다운 지구를 실현하기 위한 국제적 파트너십을 강화하고 이 과정에서 국제사회를 선도하겠다는 것이 일본정부의 의도다. 구체적으로 '2050년까지 전 세계 탄소 배출량을 50% 감축하고 선진국은 80% 감축'하는 목표를 실현하기 위해서는 현 시점에서 구체적인 조치가 필요하기 때문에 ACE를 통해 일본이 이러한 노력의 선두에 서겠다는 것이다(MOFA·METI·MOE, 2013).

ACE의 주 내용은 첫째, 혁신으로, 혁신적 기술 개발이 목표를 실현하는 데 필수적이라는 것이다. 구체적으로는 혁신적인 기술 개발을 촉진하기 위해 일본이 민관 협력을 통해 5년간 1100억 달러 규모의 투자를 목표로 해서 '환경에너지기술혁신계획'을 착실히 실행하겠다는 계획을 세우고 있다. 이 기술들을 통해 2050년 전 세계 50% 감축 목표 가운데 약 80%를 감축할 수 있을 것으로 예상된다(MOFA·METI·MOE, 2013: 2).

둘째, 응용으로, 일본이 자랑하는 저탄소 기술을 활용해 지구온난화 대책과 경제성장을 함께 실현한다는 것이다. 탄소 배출 감축과 경제성장은 상호 배타적인 관계를 갖고 있는 것으로 인식되어 왔는데, 이를 선순환 관계로 전환해 새로운 성장 동력으로 활용하겠다는 것이다(MOFA·METI·MOE, 2013: 3).

셋째, 파트너십으로, 취약국 지원을 통해 일본과 개도국의 윈윈 관계를 구축하고 기술 전개와 기술 혁신의 기초로 삼겠다는 것이다. 특히 민관 협력을 통해 개도국을 지원하는 데 2013년부터 3년간 총 1조 6000억 엔(약 160억 달러)을 투입할 계획이다(MOFA·METI·MOE, 2013: 4).[7] 이를 통해 일본은 기후변동에 대한 국제적 논의를 선도하려 하고 있다. 일본정부는 또한 ① ODA, ② 기타 공적 자금(엔 차관, 무상자금 협력, 기술 협력 등), ③ 국제협력은행(JBIC)의 협조 융자에 의한 공적 자금, ④ 민간 자금과 일본무역보험(NEXI)을 통해 동원 가능한 민간 자금 등 다양한 방식으로 개도국에 대한 자금 지원을 제공할 계획을 내세우고 있다(MOFA·METI·MOE, 2013: 3).

일본정부가 구상하고 있는 프로그램의 특징은 ① 방재·적응 분야에 대한 지원, ② 도서국 등 취약국에 대한 배려, ③ 기후변화 분야에 대한 민간 기업의 사업 참여를 촉진하는 민관 협력, ④ 저탄소 기술의 보급 촉진 등이다.

3) 다층적 에너지 구조의 형성

일본정부는 에너지 안보를 개선하기 위해 다차원적이고 다양하며 신축적인 에너지 수급 구조를 구축할 것을 목표로 하고 있다. 일본정부는 다양

---

7 이 가운데 정부 공적 자금의 규모는 약 130억 달러다.

한 에너지원의 다층적인 공급 구조를 형성하기 위해 노력한다. 이러한 노력을 해야 하는 이유는, 개별 에너지원은 공급망의 관점에서 각각의 장점과 단점을 갖고 있으므로 독자적으로 안정적이고 효과적인 수급 구조를 지탱할 수 있는 '다목적 에너지원(all-purpose energy source)'은 사실상 존재하지 않기 때문이다(METI, 2014: 19).

4) 미·일 에너지 협력의 확대와 심화

일본정부는 아베 총리가 집권한 이래 한층 강화된 미일 관계를 바탕으로 에너지 분야의 협력을 강화해나갈 것으로 보인다. 2014년 4월 오바마 대통령은 일본 방문에서 안보 협력과 TPP 등 양국 간 현안을 논의하는 가운데 에너지 협력 문제를 큰 비중으로 다루었다. 오바마 대통령과 아베 총리의 회담 이후에 '미국과 일본: 아태지역의 미래 구상(The United States and Japan: Shaping the Future of the Asia-Pacific and Beyond)'이라는 제목으로 발표한 공동 성명에서 에너지 쟁점이 TPP 바로 다음에 언급된 것은 에너지 분야에서 미일 협력의 중요성을 상징적으로 보여준다. 이 성명에서 오바마 대통령과 아베 총리는 에너지 안보가 미일 양국의 번영과 안정에 결정적으로 중요하다는 데 인식을 같이했다. 두 정상은 특히 에너지 안보와 지구 온난화 문제를 양국뿐 아니라 아시아 또는 지구적 차원의 도전으로 인식하고 대응해야 한다는 점을 분명히 했다(The White House, 2014).

미일 에너지 협력은 외교 안보적 차원에서 상당한 의미를 갖는다. 미일 양국은 중국의 부상에 대응하기 위한 거시적 차원의 한 요소로서 에너지 분야의 협력을 모색하는 것이다. 중국의 부상은 지구적 차원의 에너지 수급 구조에 커다란 영향을 미치는 요소일 뿐 아니라, 더욱 거시적인 차원에서 향후 미국과 일본이 세계 및 동아시아 지역 질서를 새롭게 설계하는 데 커다란 영향을 미치는 요인이다. 오바마 행정부가 아시아 태평양 지역에서 재균형 정책을 실행하는 것도 이러한 맥락에서 이뤄진 것이다. 미국정부는 안보 차원에서는 한국, 일본, 호주 등 전통적인 우방과의 동맹 강화를 통해 중국을 견제하고, 경제적인 차원에서는 TPP를 통해 아태 경제 질서를 새롭게 재편하려 시도하고 있다.

일본은 특히 미일동맹의 강화를 바탕으로 에너지 협력을 진전시키려는 계획을 갖고 있다. 에너지 분야에서 미일 양국 정부가 중국을 포함한 동아시아의 에너지 협력을 증진하는 것이 향후 커다란 과제가 될 것이라는 데 공감대를 형성한 것도 같은 배경으로 이해될 수 있다. 즉, 미일 양국은 에너지 수요 확대의 중심축이 아시아로 이동하는 상황에서 에너지 분야의 아시아 포용 정책이 필요하다는 데 대해 인식을 같이하고 있다.

(1) 유망 미래 협력 분야

향후 미일 양국의 에너지 협력의 유망 분야는 7개 분야로 나뉜다. ① 공급: 화력, 원자력, 신재생에너지, ② 수요: 스마트그리드, 에코 시티, 에너지 효율·절감·저장, ③ 기술: 첨단 차량, 연료, ④ 안보: 핵 안보, 핵 안전, 응급 상황에 대한 준비, ⑤ 과학: 융합, 슈퍼 컴퓨팅, ⑥ 환경 관리: 오염 제거, 해체, ⑦ 기후변화: 온실가스 감축, 회복력 등이다(Miller, 2015).

(2) 원자력 분야

이밖에 향후 원자력 분야의 양국 협력은 원자력 안전 강화와 이를 위한 국제적 틀을 수립하기 위한 공조를 강화하는 데 초점이 맞춰질 것으로 예상된다. 미국정부는 일본정부가 2014년 4월 수립한 '에너지기본계획'은 원자력의 평화적이며 안전한 사용과 신재생에너지의 도입을 촉진하는 것이므로 환영한다는 의사를 나타냈다. 양국은 기후변화 문제와 관련한 협력에 대해서도 논의했는데, 2020년부터 탄소 배출을 감축하기 위한 국제 협정을 체결하기 위해 2020년 이후 양국이 구체적이고 신뢰성 있는 계획을 내놓을 필요가 있다는 데 대해 견해를 같이했다.

일본의 경우 원전 가동이 중지되고 화석연료 사용이 증가함에 따라 온실가스 배출이 2010년 대비 약 10% 증가했다. 이는 전력 분야의 온실가스 배출 증가에 따른 것으로 기타 분야의 온실가스 배출은 2010년에 비해 2700만 톤 감소한 것으로 나타난다. 이는 향후 온실가스 배출을 감소시키기 위한 협력의 가능성이 높을 것임을 시사한다.

(3) 셰일 분야

북미 셰일혁명은 가스의 국제 공급 구조를 근본적으로 재편하는 원인을 제공했을 뿐 아니라 석탄 등 다른 에너지원의 북미 수요를 감소시킴으로써 에너지 무역 구조에 상당한 변화를 초래했다. 셰일혁명은 셰일가스뿐 아니라 셰일오일의 개발로까지 확대되고 있으며, 지리적 범위도 북미에서 남미와 중국을 포함한 기타 지역으로 확대될 것으로 예상된다.

일본정부는 전기 체계 개혁과 같은 제도 개혁을 집중적으로 시행할 적기로 2018~2020년을 설정하고 있는데, 특히 북미 셰일 개발 및 생산과 같은 국제적인 에너지 공급 구조의 변화가 일본 에너지 정책에 지대한 영향을 미칠 것으로 판단하고 있다.

오바마 대통령과 아베 총리가 미국의 LNG 수출 확대에 대해 일본 및 미국의 전략적 파트너들에게 이익이 될 것이라는 견해를 표명한 데서 나타나듯이, 미일 양국은 셰일 분야에서의 협력을 강화하는 데 대해 공통의 이해를 갖고 있다(The White House, 2014). 일본은 2011년 동일본대지진 이후 가스 수요 급증으로 인해 에너지 수입 비용이 빠르게 증가함에 따라 가스 프리미엄 저감의 필요성이 증대하고 있다. 일본은 우선적으로 미국으로부터 셰일가스 도입을 적극 추진하고 동아프리카 및 러시아로부터 가스를 도입하는 등 에너지 수입원을 다양화하는 노력을 적극 전개하고 있다.

일본은 미국의 셰일가스 개발에도 활발하게 참여함으로써 에너지 수급의 안정뿐 아니라 셰일 생산 확대에 따른 경제적·산업적 변화에도 능동적으로 대처하는 움직임을 보이고 있다. 미쓰비시, 스미토모, 미쓰이, 도쿄가스, 오사카가스 등 일본 기업들은 북미 지역의 셰일 개발에 적극 참여하고 있다. 미쓰비시가 2012년 미국 루이지애나 주 캐머런에서 800만 톤 규모의 셰일 개발에 참여한 것을 필두로, 스미토모와 도쿄가스가 미국 메릴랜드 주 코브 포인트에서, 오사카가스와 중부전력이 텍사스 주 프리포트에서 셰일 개발을 참여하고 있다. 이 가운데 캐머런은 2017년부터 액화를 시작할 예정이며, 다른 지역도 2018~2019년에 액화를 시작할 것으로 예상된다.[8]

미국과 일본 간 셰일 협력의 또 다른 차원은 셰일 개발에 따른 경제적·산업적 효과를 선점하기 위한 협력을 증대하는 것이다. 일본은 셰일혁명이 자국의 철강, 선박, LPG 자동차 산업에는 긍정적인 영향을 미치는 반면, 석유화학, 태양광발전, 전기자동차 산업에는 부정적인 영향을 끼칠 것으로 전망하고 있는데, 전반적으로는 긍정적인 영향이 더 클 것이라고 예측하고 있다.

일본이 특히 주목하고 있는 것은 셰일 생산의 확대가 산업 경쟁력에 미치는 영향으로, 일본은 채굴용 철강(강철관), 운반용 선박, LPG 자동차 산업 등이 긍정적인 영향을 받을 것으로 예상하고 이를 매개로 한 협력의 가능성을 탐색하고 있다. 셰일가스를 채굴하기 위해서는 고품질 심리스 강

---

8   http://www.platts.com/latest-news/natural-gas/tokyo/japans-mitsui-mitsubishi-nyk-take-332-stake-in-27981452.

철관, LNG용 압력 용기, 가스 수송 파이프 등 대량의 철강 제품이 필요하기 때문에 철강 산업은 셰일혁명의 일차적 수혜자가 될 것으로 보인다. 일본의 JFE와 신닛테쓰스미킨(新日鐵住金)이 높은 기술력을 바탕으로 시장을 선도하고 있다는 점을 감안할 때, 셰일혁명의 효과를 공유할 수 있을 것으로 예상된다. 쇼센미쓰이(商船三井)가 2016년까지 LNG 수송용 선박을 20대 추가 구매할 계획을 발표한 데서 나타나듯이 조선업체들 역시 수혜를 입을 것으로 예상되고 있다.

(4) 우크라이나 사태와 미일 에너지 협력

그동안 일본은 러시아와 에너지 협력을 확대해왔으나, 이를 위해서는 미국과 일본 사이의 정책 조정이 전제되어야 한다. 그러나 최근 우크라이나 사태로 인해 일본은 정책적 딜레마에 빠졌다. 양국 사이에는 사할린 지역으로부터 가스를 공급하는 약 60억 달러 규모의 프로젝트가 상당히 진전되고 있었으나, 우크라이나 사태로 인해서 프로젝트 진행이 난항을 겪고 있다. 이러한 상황 전개는 일차적으로 유럽에 대한 수출 의존도를 감소시키고 아시아로 수출의 중심축을 이동시키려는 러시아의 '에너지 피봇(energy pivot)' 전략에 큰 차질을 초래할 것으로 예상된다.

미국과 유럽이 주도하는 대러시아 경제 제재에 일본이 참여함에 따라 일본 역시 우크라이나 사태 이전과 같은 수준의 양국 관계를 유지하기 어려워진 것이 사실이다. 러시아에 대한 에너지 수입 의존도가 2013년 기준 4%에 달했던 일본의 입장에서 볼 때 대러시아 관계의 급격한 악화는 장기적 관점에서 에너지 수급에 좋지 않은 영향을 미치는 요인이다(Yanagisawa, 2014).

일본이 대러시아 경제 제재에 참여하고 있음에도 러시아 정부는 일본의 대러 제재가 미국 및 유럽에 비해 비교적 완화된 것으로 간주하고 에너지 부문에서의 양국 관계를 일정 수준 유지하고 있다. 일본파이프라인주식회사의 오가와 히데오 회장이 일본정부가 민간 기업 수준의 협력을 촉진하는 데 필요한 지원을 제공할 것으로 예상하는 것도 이러한 맥락에서다(東洋経濟, 2014). 결국 일본정부는 우크라이나 사태 이후 미국과의 외교 안보 관계를 고려하는 한편 에너지 의존도를 함께 고려해 러시아와의 관계를 설정하는 것으로 볼 수 있다. 우크라이나 사태의 특수성이 있기는 하나 상황이 진전될 경우 향후 미국과 일본이 아시아 차원의 에너지 협력을 위한 기본 틀을 조율할 필요성이 증대될 것으로 보인다.

5) 개도국 지원을 위한 시스템 개발

적응(adaptation) 분야의 지원 체제와 관련해 일본정부는 기후변화가 전 대륙과 해양에 걸쳐 발생해 자연 생태계 및 인간 사회에 영향을 미치고 있다는 인식을 갖고 있다. 이에 대응하기 위해 일본정부는 산관학 체제를 구성해 전 일본이 계획 수립 단계부터 대책 실행까지 일관성 있게 개도국을 지원하는 체제를 만들겠다는 목표를 제시했다.

일본정부는 개도국의 적응 분야를 지원하기 위해 2013년 1월에서 2014년 6월 기간 중 약 23억 달러를 제공하기로 결정했다. 여기에는 오세아니아 주 기상 인력 육성 프로젝트, 기후변화 대응을 위한 일본 - 카리브 파트너십 계획, UN개발계획과의 연계, 기상위성 데이터 및 기후변화 예측 데이터 제공, 산관학 중심의 기술 제공 등이 포함된다.

일본정부는 또한 자국의 경험에 기초해 기후변화에 취약한 개도국이 적응 계획을 수립하도록 지원할 예정이다. 특히 정부 부처 간, 그리고 중앙 정부와 지방 정부 간 협력 체제를 구성해 국가 수준의 개발 계획을 수립할 수 있도록 함으로써 개도국들이 '적응의 주류화'를 시행하도록 지원

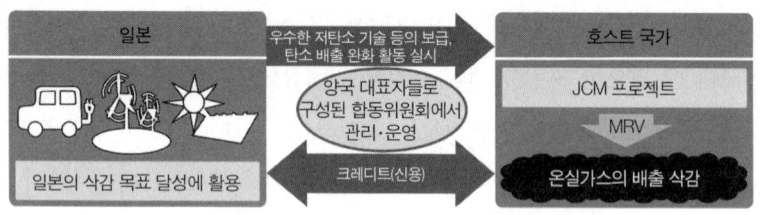

〈그림 11-2〉 일본의 공동 신용 메커니즘의 운용 방식

자료: "JCMの基本コンセプト," http://www.mmechanisms.org/initiatives/jcm.html.

하고 있다(MOFA·METI·MOE, 2013).

일본은 개도국의 적응을 지원하는 데서 양자 수준의 협력을 촉진하기 위해 '공동 신용 메커니즘'을 적극 활용하고 있다. 공동 신용 메커니즘은 일본의 우수한 저탄소 기술·제품·시스템 서비스·인프라의 보급 및 탄소 배출 완화 활동의 실행을 가속화해 개도국의 지속가능한 발전에 공헌하겠다는 것이 기본 개념이다.

이는 기존 CDM을 보완해 지구적 차원의 온실가스 배출 삭감을 촉진함으로써 UN기후변화협약의 궁극적인 목적을 달성하는 데 기여하는 효과를 기대할 수 있다. 일본은 현재 14개국(몽골, 방글라데시, 에티오피아, 케냐, 몰디브, 베트남, 라오스, 인도네시아, 코스타리카, 파라오, 캄보디아, 멕시코, 사우디아라비아, 칠레)과 JCM 제도를 구축했다.[9]

JCM 프로젝트를 추진하기 위한 기본 틀은 다음과 같이 구성된다. ① 프로젝트 설비 보조 사업의 적극적 추진, ② JBIC과 NEXI를 연계한 JCM 특별 금융 제도(JCM Special Financing Scheme: JSF) 창설, ③ JICA 등이 지원하는 프로젝트와 연계한 배출 삭감을 지원하기 위한 기금의 창설과 도시 및 섬

---

[9] JCM과 CDM의 차이에 대해서는 "Basic Concept of the JCM," http://gec.jp/jcm/about/index.html 참조.

지역의 지원, ④ 관계 부처 및 개발·금융기관 등 협의회 활동 등이다(日本貿易保險, 2013).

6) 역내 에너지 협력 강화

일본, 한국, 타이완은 국내 에너지 생산이 거의 전무해 수입 의존도가 매우 높은 국가들이다. 또한 온실가스 규제로 인해 석유와 석탄의 비중이 감소하는 반면, 가스와 신재생 등 저탄소 에너지의 비중은 증가하는 변화가 발생하고 있다. 아시아 지역은 온실가스를 감축하기 위한 기후변화 정책과 에너지를 안정적으로 수급하기 위한 에너지 안보 분야에서의 지역 협력을 실행한 경험이 거의 전무하다.

IEA의 『세계 에너지 전망 2013(World Energy Outlook 2013)』에 따르면, 2012년 기준 미국의 가스 가격은 유럽 가격의 1/4, 일본 가격의 1/6에 불과하다(IEA, 2013). 이러한 가격 차이가 지속될 경우 화학, 알루미늄, 시멘트, 철강, 제지, 유리, 석유 정제 등 전 세계 산업 에너지 소비의 약 70%를 차지하는 에너지 소비 집약적 산업이 미국에 유리하게 작용할 가능성이 높다. 이러한 상황이 지속되면 일본과 유럽 업체들의 수출 물량은 현재보다 약 1/3이 감소할 것으로 보인다. 에너지 비용의 가격 차이는 비단 에너지 관련 산업 활동에만 영향을 미치는 것이 아니라 경제 성장과 산업구조에도 상당한 영향을 미칠 수 있다.

이를 감안하면 역내 국가들 간의 협력 필요성이 증대되고 있음에도 최근 수요가 급증하고 있는 천연가스 및 LNG와 관련한 에너지 안보에서는 지역 차원의 협력보다 경쟁의 동학이 더욱 강력하게 작동하고 있는 실정이다. 이러한 관점에서 볼 때 일본과 중국 등 아시아 국가들은 에너지 구매를 위한 협력을 유지 또는 강화할 필요가 있다. 일본은 아시아 국가들과 서로 경쟁 관계에 있기도 하지만 에너지 공급국에 대한 협상력을 제고하기 위해 긴밀하게 협력할 필요성도 인식하고 있다.

더 나아가 일본은 가스의 안정적 공급을 둘러싼 국가 간 경쟁과 녹색 기술을 개발하기 위한 국가 간 경쟁인 '글로벌 그린 레이스(global green race)'가 동시에 본격화될 것으로 예상하고 있기 때문에 이에 대한 아시아 국가들 사이의 협력을 촉진할 필요성 역시 신중하게 탐색하고 있다. [10]

---

10 http://www.green-alliance.org.uk/resources/The%20global%20green%20race.pdf.

12 덴마크의 에너지 정책 결정과 변천
글로벌 에너지 안보와 지속가능 발전에 대한 시사점

벤저민 소바쿨

1. 서론

덴마크는 국내 에너지 사용 가능성을 증진하고 에너지 자급자족을 달성하기 위해 에너지 효율성, 분배 전력발전, 열병합발전, 그리고 신재생 원료로 만든 전력을 급진적으로 이용한 국가의 표본이라고 할 수 있다. 1972년부터 지금까지 덴마크의 주요 목표는 해외 석유 수입 의존도를 감소시키는 것이었다. 그리고 이 목표를 달성한 후부터는 에너지 독립성을 유지하는 것, 화석연료로부터 탈피하는 것, 그리고 이산화탄소 배출을 감소하는 것이 덴마크의 주된 목표가 되었다.

덴마크가 에너지 정책에 성공적으로 접근한 핵심적인 이유로는 에너지 효율에 대한 전념, 에너지 연료·전력·이산화탄소에 대한 장기적 세금, 그리고 열병합발전과 풍력발전에 대한 인센티브와 보조금 지급을 들 수 있다. 경제 규모와 인구가 늘어났음에도 덴마크가 1970년에 사용한 에너지 총량과 같은 양의 에너지를 현재에도 사용하고 있다는 사실을 통해 에너지 효율에 대한 투자가 주효했음을 알 수 있다. OPEC의 수출 금지 정책으로 인한 석유 위기 이후 인상된 가솔린, 디젤, 그리고 석유에 대한 더욱 강력한 조세 정책이 1974년에 통과되었고, 유가가 하락한 1985년에는 이 정책이 상당히 확장되었다. 이러한 정책은 1982년 석탄, 1992년 이산화탄소, 1996년 천연가스와 유황에 대한 추가적인 조세 정책으로 이어졌다. 1980년부터 2005년까지 거둬들인 세금은 250억 달러 이상이었으며, 이 세금은 덴마크가 석유와 천연가스 수입 증가와 관련한 경제적 문제(인플레이션)들을 피해갈 수 있게 도왔고, 에너지 효율성과 신재생에너지 연구 프로그램에 투자되었다. 천연가스와 쓰레기나 볏짚을 포함한 바이오매스로 가동되는 열병합발전설비는 국가 전반의 난방과 상당량의 전력을 공급하도록 확장되어 왔으며, 이로 인해 덴마크는 1인당 풍력전력 소비량과 국가 총 에너지 공급 중 풍력에너지가 차지하는 비중 둘 다 세계적인 수준이다(Lund and Mathiesen, 2009).

이러한 정책들은 상당한 배당금 지출을 통해 추진되었다. 한 전문가는 공급과 이용 가능성에 대한 안정성, 지급 가능성, 경제적 효율성, 그리고 환경적 책무에 관한 10개의 에너지 지속가능성 측정 기준을 마련해 1970년부터 2007년까지 OECD 22개 국가를 분석했다. 〈그림 12-1〉에 보는 바와 같이 덴마크는 선정된 국가들 중 가장 높은 점수를 기록했다. 이는 대다수의 국가들이 좋은 점수를 기록하지 못한 것과 대조를 이루며, 그중 13개 국가는 0보다 낮은 점수를 기록해 1970년에서 2007년 사이 에너지 안보가 더욱 악화되었음을 암시했다(Sovacool and Brown, 2010a, 2010b).

더욱이 〈표 12-1〉에서 보는 것과 같이, 1980년부터 2010년까지 덴마크는 에너지 집적도가 27.8% 감소했고, 1인당 총 에너지 소비는 7.7% 감소했다. 덴마크의 에너지 시스템은 1980년에는 5%만 자급자족으로 충족되었으나, 2010년에는 121%가 자급자족으로 공급되었다(이는 비록 에너지를

〈그림 12-1〉 OECD 22개 회원국들의 에너지 안보 성과 지수(1970~2007년)

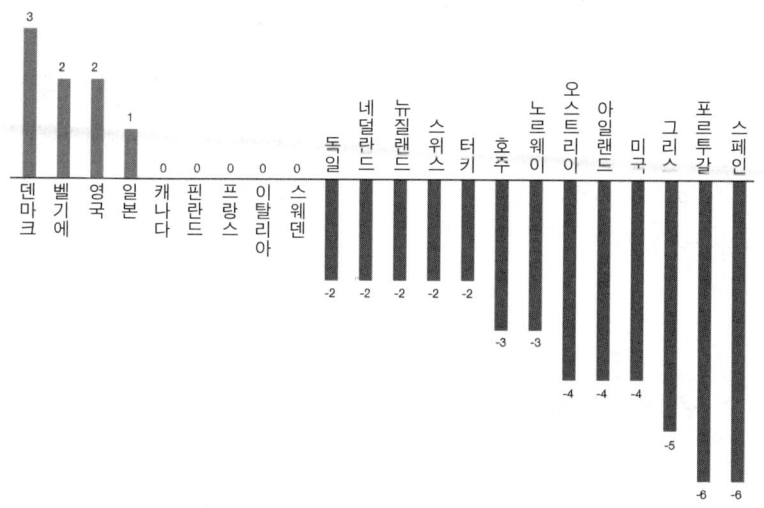

〈표 12-1〉 덴마크의 주요 에너지 통계(1980~2010년)

	1980	1990	1995	2000	2005	2010
전체 에너지 소비에서의 에너지 집약도(단위: TJ per DKK Million GDP)(2000년 덴마크 물가 기준)	0.998	0.818	0.748	0.649	0.618	0.591
1인당 총 에너지 소비량(단위: GJ)	159	160	161	157	157	147
에너지 자급률(단위: %)	5	52	78	139	155	121
신재생에너지가 전체 에너지 소비에서 차지하는 비중(단위: %)	2.9	6.1	7.0	9.8	14.7	20.2
풍력발전 터빈이 전체 전력생산설비에서 차지하는 비중(단위: %)	-	3.8	5.7	19.0	23.9	27.7
열병합발전이 덴마크 전체 화력발전소의 전력 생산에서 차지하는 비중(단위: %)	18	37	40	56	64	61
열병합발전이 덴마크 전체 지역난방에서 차지하는 비중(단위: %)	39	59	74	82	82	77
재생에너지가 덴마크 전체 전력 공급에서 차지하는 비중(단위: %)	0.0	2.0	5.9	15.3	17.8	33.1
1인당 이산화탄소 배출량(단위: 톤)	12.2	11.9	11.5	10.4	9.7	8.5
시간당 전력 판매에서의 탄소 배출량(단위: gram CO_2 per kWh)	1,034	937	807	634	538	505
이산화탄소 배출량이 국민총생산에서 차지하는 비중(단위: tonnes per Million GDP)	77	61	53	43	38	34

자료: Danish Energy Authority.

성공적으로 저장하는 데에는 실패했지만 잉여 에너지가 발생했음을 의미한다). 이와 같은 기간에 신재생에너지가 총 에너지 소비에서 차지하는 비율은 232%로 증가했으며, 풍력발전 수용력은 638%로 증가했다. 열병합발전 생산은 전력 부문에서는 61% 증가했고, 지역난방 부문에서는 77% 증가했다. 반면 1인당 이산화탄소 배출은 28.7% 감소했고 GNP 단위당 탄소 배출은 44.2% 감소했다.

2. 덴마크의 에너지 정책 형성

그렇다면 덴마크 의회는 어떻게 이러한 업적을 달성했을까? 덴마크에는 세 가지 중심 전략이 있는데, 바로 풍력발전 장려, 지역난방과 열병합발전 결합, 그리고 에너지 효율(탄소 배출에 관한 조세 및 에너지 연구로 사용되는 조세 수입 포함)이다.

1) 풍력발전 장려

덴마크는 유럽에서 풍력발전을 하기에 가장 유리한 환경을 가지고 있다. 이러한 환경 덕에 1970년대 글로벌 석유 위기가 닥치자 정책 입안자들은 정부 지원 풍력 연구 프로그램에 착수하게 되었다(Möller, 2010). 1979년에 시작해 덴마크 정부는 개인, 지자체, 농업 공동체에 풍력, 태양력, 바이오매스 발전설비 설치비용을 변제해주는 투자 보조금 제도를 증진했다. 이러한 보조금은 초기에 재생에너지 시스템 비용의 30%를 담당했다. 비록 이후에 풍력발전 산업이 발달하고 가격이 하락하면서 주기적으로 보조금의 비중이 감소했지만, 이를 통해 덴마크는 정책상 중요한 세 가지 원칙을 세울 수 있었다. 첫째, 모든 농업 인구와 지방 가구는 자신들의 사유지에 풍력 터빈을 설치할 기회를 가진다. 둘째, 지역 거주민들은 해당 지자체나 이웃 지자체 협동조합의 구성원이 될 수 있으며, 배타적 지역 소유권은 운용 허가의 조건이다. 셋째, 전기 공익사업은 정부와 협약할 때에만, 그리고 지역 농업 인구와 거주민들의 이익을 침해하지 않을 때에만 대규모 풍력 발전 단지를 건설할 수 있다(Maegaard, 2010a). 이러한 풍력에너지에 대한 협동적 접근법은 덴마크의 농업과 다른 경제 분야에서 협동조합 제도를 장려하는 오래 전부터 지속된 현실을 반영한 것이다(Mendonca, Lacey and Hvelplund, 2009).

단 2년 뒤인 1981년 정부는 발전차액지원제를 입안했는데, 이 제도는 공공기관이 해당 배전 지역에서 신재생에너지 기술로 생산된 모든 전기를 도매가보다 높은 시세로 구입해야 한다는 것을 내용으로 했다(Morthorst, 2000). 1985년에는 정부와 전력 공익사업체 간에 협약이 체결되었는데, 이 협약으로 공익사업체는 100MW급의 풍력발전 능력을 향후 5년 동안 마련해야 했다(1992년에 완전히 실행 완료). 같은 해에 정책 입안자들은 다른 2개의 중요한 정책을 통과시켰다. 덴마크 정부는 덴마크 풍력발전 터빈 기금을 설립했다. 이 기금은 덴마크에서 제조한 풍력발전기를 사용하는 대규모 풍력 프로젝트에 장기적인 재정 지원을 제공하는 것으로, 대규모 프로젝트를 설립하는 것에 대한 위험도를 감소시키고 지역 생산을 장려했다.

덴마크 에너지 당국은 또한 전력 배전 설비에 개방적이고 확실하게 접근했다. 배전 설비 연결 비용은 풍력 터빈 소유주와 전력 공익사업체가 나누어 부담했다. 풍력 터빈 소유주는 저전압 변압기와 10/20kV 배전 설비 연결부의 연결 비용을 부담해야 했다. 공익사업체는 배전 설비의 증강이 필요할 때마다 그 비용을 부담하게 되었다.

그 결과 덴마크의 전력 배전 기업들은 집권화된 풍력발전 단지와 개인

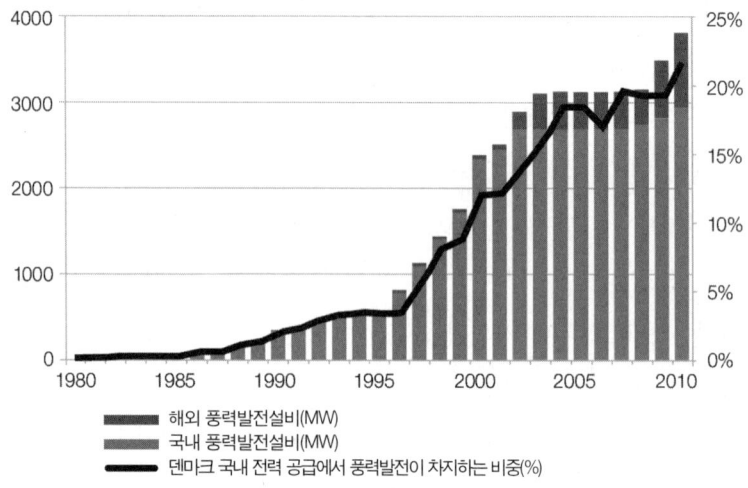

〈그림 12-2〉 풍력발전 능력과 풍력발전이 덴마크의 국내 전력 공급에서 차지하는 비율

■ 해외 풍력발전설비(MW)
■ 국내 풍력발전설비(MW)
— 덴마크 국내 전력 공급에서 풍력발전이 차지하는 비중(%)

자료: Danish Energy Authority.

이 소유한 분권화된 풍력발전 터빈을 위한 송배전시설(Transmission and Distribution Infrastructure)을 재정적으로 지원하고 건설하며 운영해야 할 법적 의무가 생기게 되었다. 그들은 풍력을 연결하고 필요할 경우 확장해야 하며, 어느 풍력발전 시설이라도 그것이 감축되었다면 금전적 보상을 지급해야 하는 의무가 생기게 되었다. 이 인프라 투자와 삭감된 전력에 대한 변제의 비용은 전력 기업이 부담했으며, 이것은 다시 모든 소비자에게 분배되었다.

배전 사업체는 사업비용이 기준을 초과한다는 것을 입증할 수 있다면 전력 연결을 거부할 수 있는 권리가 있었다. 그러나 그렇다고 해서 순순히 그 권리를 인정해주는 것이 아니라 이러한 희귀한 경우에도 전력 회사들은 다른 대안적인 방안을 고안해내야 했다.

매우 분화되고 분권적인 전력 체계를 관리하는 것의 기술적 어려움을 수용하기 위해 덴마크의 송배전(Transmission and Distribution) 네트워크는 저전압으로 가까운 거리에 전력을 수급하는 무수히 많고 짧은 변전 라인으로 이뤄진 가장 최신의 장비로 구성되어 있다. 많은 수의 변전 라인은 지하로 연결되어 있고, 시스템 운영자는 이러한 설비에서 측정되지 않은 손실은 없다고 보고하고 있다. 즉, 이러한 배전 설비가 굉장히 촘촘하기 때문에 킬로와트시(kWh) 단위의 전력까지도 측정할 수 있다는 것이다. 이러한 촘촘함은 북쪽으로는 이웃 북유럽 국가들과, 남쪽으로는 독일과 전력 무역을 하는 데 필요하며, 이는 노르웨이와 스웨덴의 수력발전 및 양수된 수력전력 저장량에 의해 강화된다.

이러한 협동적 시스템하에서 풍력발전은 1978년 11TJ이었던 총 생산량이 2010년 2만 8114TJ로 증가해왔으며, 같은 해 풍력터빈은 국가 전체 전력의 21.9%를 공급했다.

2) 지역난방과 열병합발전의 결합

화석연료에 대한 의존도를 감소시키고 발전소의 효율을 개선하기 위해 덴마크 정책 입안자들은 전력 생산과 지역난방을 위한 열병합발전의 사용을 적극 권장했다. 1955년부터 1974년까지 덴마크의 거의 모든 난방은 석유를 통해 공급되었는데, 이는 석유 위기가 덴마크의 경제에 특히나 뼈 아픈 영향을 주었다는 것을 의미한다(Maegaard, 2010b). 유가가 천정부지로 치솟던 1973년에 덴마크 전력의 83%는 석유를 이용해 만들어졌고, 국가의 운송업 분야는 거의 대부분 석유 수입 사업에만 의존했으며, 90% 이상의 기초 전력이 석유를 사용해 공급되고 있었다(Lund, 2000, 2010).

그러므로 1976년의 덴마크 에너지 정책은 석유 의존도를 감축한다는 단기적 목표와 분권화된 공급 체계 설립의 중요성을 분명히 밝히면서 2002년까지 '집단적 난방 공급'으로 전체 난방 소비의 2/3를 충당할 것이라고 발표했다. 더 나아가 석유 의존도 20% 이하라는 야심찬 목표를 달성하기 위해서 80만 개의 개인 석유 보일러를 천연가스와 석탄 보일러로 교체했다(Mortensen and Overgaard, 1992). 1976년부터 1981년까지 약 5년 동안 덴마크의 전력 생산은 90% 석유 중심에서 95% 석탄 중심으로 변모했다(Lund and Hvelplund, 1997). 열병합발전을 선호하는 규정은 난방되는 건물과 그 건물에 온수를 제공하는 데 국가 에너지의 경제적 사용에 대한 인센티브와 국가의 석유 의존도를 감축하는 것을 목표로 하는 1979년 '난방공급법(Heat Supply Act)'으로 인해 더욱 강화되었다(Mortensen and Overgaard, 1992).

두 주요 법안에 명시된 목적을 달성하기 위해 석유를 기반으로 한 난방 시스템을 석탄, 천연가스, 또는 바이오매스를 기반으로 하는 난방 시스템으로 교체하는 재건축이 실시되었다(Mortensen and Overgaard, 1992). 이러한 캠페인에 착수하면서 덴마크 의회는 코펜하겐으로부터 지방자치제로 권한을 이양했고 열병합발전 시스템을 위한 천연가스와 바이오매스의 실행 가능성을 강조했다. 예를 들어, 1979년에 덴마크 의회는 북해의 연안 가스층에 기반을 둔 천연가스 프로젝트를 설립했고, 1981년에는 볏짚을 이용한 지역난방 시스템을 도입했다(Voytenko and Peck, 2012). 1986년에는 덴마크 에너지국, 재생에너지위원회, 덴마크 기술위원회가 더욱 분권화된 열병합발전 발전을 장려했으며, 볏짚을 이용한 100kW에서 3000kW대의 시범 발전소를 건설했다. 덴마크는 1975년부터 1988년까지 15억 달러를 열병합발전 시스템과 변전 네트워크에 투자했으며, 그로부터 1990년에 이르기까지 350개의 지역난방 기업이 전국적으로 운영되었다.

1990년대에도 열병합발전소에 대한 지원은 계속되었다. 1990년에는 열병합발전 운영자에게 고·중·저부하 전기 생산을 기반으로 해서 값을 쳐주고 초과 1kWh마다 1.3유로의 프리미엄 지급을 보장하는 삼중 요금

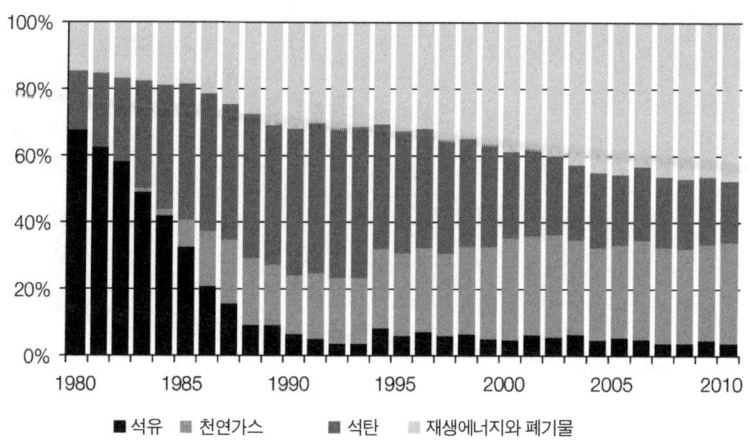

〈그림 12-3〉 덴마크 열병합발전설비의 연료 사용 구성 비중(1980~2010년)

■석유　■천연가스　■석탄　재생에너지와 폐기물

자료: Danish Energy Authority.

시스템(Triple Tariff System)을 도입했다. 동시에 덴마크 의회는 석탄 사용을 유예시키고 "더 이상 석탄을 이용한 발전소를 허가하지 않겠다"라고 선언했다. 이것은 1997년에 덴마크 의회가 단 2개의 450MW급 발전소를 제외한 다른 석탄발전소를 건립하는 것은 불법으로 상정하는 '석탄금지법(Coal Stop Act)'을 통과시킴으로써 공식화되었다. 요금이 개선되고 석탄에 대한 사용이 유예되자 정부는 주요 도시 교외에 있는 마을들에 대한 전력 투자를 늘리기 위해 환경 친화적 공간 설정을 추진했다.

열병합발전 시설은 지역난방 시설을 대체하도록 요구되었고, 석유, 경유, 그리고 석탄의 사용은 금지되고 천연가스로 교체되었다. 만일 지역 시장이 열병합발전에 영합할 만큼 크지 못하다면 지역난방 시설은 바이오매스를 사용하도록 요구되었다. 게다가 주요 도시의 대규모 전력 시설들은 모두 바이오매스를 사용해야 했고, 의무적 에너지 효율 제재에도 따라야 했다(Van der Vleuten and Raven, 2006).

이처럼 열병합발전 시설이 환경 친화적으로 전환되고 효율성이 개선되

〈그림 12-4〉 덴마크의 지역난방과 전력 사용에서 열병합발전이 차지하는 비중(1980~2010년)

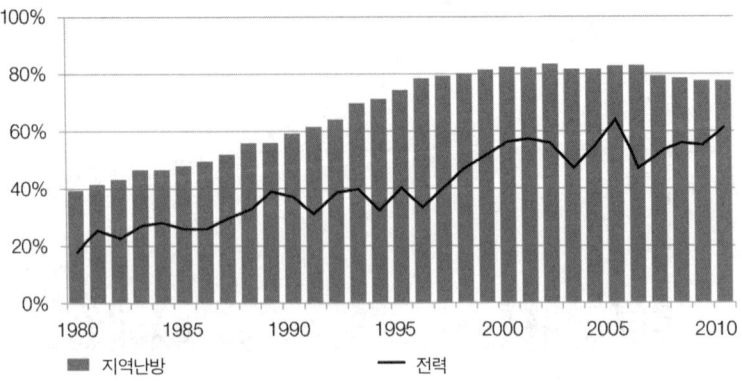

자료: Danish Energy Authority.

자 열병합발전 시장에 대한 투자가 상당히 높아졌다. 1990년부터 1997년
까지 천연가스나 볏짚으로 가동되는 지역난방이나 공업용 용도의 소규모
열병합발전으로 구성된 배전시설의 수용 능력이 3/4 이상 늘어났다. 그때
부터 지금까지 열병합발전 가동 연료 중 40% 이상은 재생에너지로, 25%
는 천연가스로 충당되고 있다(Lehtonen and Nye, 2009). 1972년부터 2010년
까지 열병합발전 총 사용량은 4배 이상으로 확장되어 4만 9196TJ에서 20
만 870TJ이 되었다.

〈그림 12-4〉에서 알 수 있듯이, 열병합발전은 총 전력에서 50% 이상을
담당하고 있으며, 덴마크에서 소비되는 약 4만 5000km의 파이프 난방 가
운데 80%도 열병합발전이 담당하고 있는데, 이로 인해 덴마크는 유럽의
열병합발전 분야에서 주도적인 위치를 점하게 되었다(Münster et al., 2012;
Lund et al., 2010). 덴마크의 뒤를 잇는 나라는 네덜란드로, 단 38%만 전력
으로 이용하고 있다. 그다음인 핀란드는 36%이며, 나머지 EU 국가들의
열병합발전 이용률은 10% 미만이다(Odgaard, 2007: 9).

3) 에너지 효율

에너지 효율은 덴마크 에너지 정책의 세 번째 요소다. 1973년 석유 위기 이후 덴마크 정부는 공공 정보 캠페인을 후원했고 건물 코드를 더 엄격히 해서 연간 공간 난방 소비가 $1m^3$당 90kWh를 초과하지 못하게 했다. 의회는 공공기금과 함께 에너지 감사에 보조금을 지급해서 표준화된 난방 소비 절감 측정 보고서를 작성한 뒤 주택을 추위로부터 보호하고 거주 시설과 상업 건물의 단열 처리를 개선하는 대규모 보조금 지급 계획에 착수했다(Olesen, 2006). 그때부터 덴마크는 공격적인 에너지 효율 정책을 지향했으며 특히 EU의 에너지 효율성 규제를 책임지고 있는 의원인 코니 헤데고르(Connie Hedegaard)가 덴마크의 전임 장관이라는 점을 고려해 EU의 목표에 맞춰 스스로를 조정해왔다. 에너지 효율성에 대한 덴마크의 노력은 에너지 세금 및 쿼터, 의무, 식별부호, 그리고 에너지절약기금의 설립이라는 네 가지 분야로 나뉜다(Togeby et al., 2009).

(1) 에너지와 탄소에 관한 세금

덴마크는 1977년 모든 가구에 대한 에너지세를 도입했으며, 1996년에는 모든 영역에 대한 탄소세를 시행했다. 규제 기관은 1980년대와 1990년대에 유가가 하락한 후에도 에너지 관련 세율을 높게 유지하고 있는데, 이로 인해 재생에너지 산업의 발전은 안정적인 연료와 전기 가격에 의존할 수 있었다. 이 세금들은 나아가 덴마크 전력 시장에서 에너지 효율성에 관한 조치를 장려하는 가격신호를 보냈으며, 풍력발전, 바이오매스, 그리고 소규모 열병합발전 시설에 연구개발 투자를 하기 위한 정부 기금을 증가시켰다. 이러한 세금의 결과 국가경제는 고정가격으로 환산해 64% 성장했는데도 전국적으로 기초 에너지 소비는 1980년부터 2004년까지 단 4%만

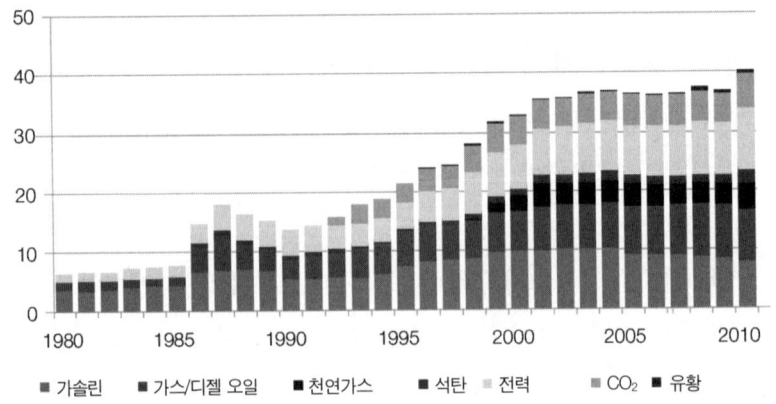

〈그림 12-5〉에너지별 세금과 탄소세, 유황세가 덴마크 세수에서 차지하는 비중(단위: 10억 크로네)

■ 가솔린 ■ 가스/디젤 오일 ■ 천연가스 ■ 석탄 전력 ■ CO₂ ■ 유황

주: 2012년 9월 기준, 1크로네=0.175달러.
자료: Danish Energy Authority.

증가했다. 이로 인해 탄소세만으로 재생 전력 공급자의 수입이 1kWh당
약 1.3유로로 증가했다. 〈그림 12-5〉에서 볼 수 있듯이, 1980년에서 2005년
사이에 이 세금들은 3300억 크로네(468억 달러)의 재정 흑자를 가져왔다.

 이러한 세금으로 인해 소비는 계속 낮게 유지되었다. 만일 이러한 세금
이 아니었다면 덴마크의 에너지 소비는 적어도 10%는 더 많아졌을 것이
다. 또한 이 세금으로 인해 화석연료 가격은 높게 유지되었다. 이처럼 높
은 화석연료 가격은 전력을 생산하기 위해 디자인된 낮은 기술 수준의 풍
차에 관심이 있는 연구원과 지역사회에 의해 이행되는 정부의 프로그램
시행에 정당성을 부여했다. 제조업자 및 풍력발전에 관심이 있는 시민과
함께 일하는 덴마크의 규제 기구는 풍력 터빈 발전에 상향식 전략을 선택
했다. 이는 실전적 경험을 통한 학습이 포함된, 느리고 수작업 중심의 단
계별 프로세스라고 할 수 있다(Sovacool and Sawin, 2010; Raghu and Karnoe,
2003; Heymann, 1998; Jorgensen and Karnoe, 1995; Toke et al., 2008; Mendonça,
Lacey and Hvelplund, 2009 참조). 덴마크의 모델은 "하면서 배운다"라는 것이

모토다. 따라서 디자이너들은 더욱 완벽한 진전을 위해 학습곡선이 필요하다는 것을 인식하고 있었고, 앞서 발생한 차질을 인내하고 그로부터 학습할 의사가 있었다(Lehtonen and Nye, 2009).

이러한 접근법은 상당한 성과를 보였다. 덴마크 리소 국립연구소에 따르면, 1980년부터 2005년까지 덴마크 풍력 터빈의 1kWh당 비용은 60%에서 70%로 감소했고 덴마크의 R&D는 풍력 터빈이 20%의 비용으로 180배의 전력을 생산하는 것을 가능하게 했는데, 이는 주로 발전설비의 능력이 개선되었거나 터빈이 실제로 전력을 생산할 수 있는 시간이 증가했기 때문이었다. 같은 기간 상업 터빈의 생산력은 100배 증가해 1980년 30kW 수준에서 2006년 3.0MW 수준으로 상승했다. 이러한 결과를 기반으로 덴마크정부는 실질적으로 에너지세를 1990년부터 2009년까지 161% 증가시켜왔다.

(2) 에너지 효율성에 관한 의무

덴마크는 전력 공공 사업체가 지켜야 할 에너지 효율성에 관한 의무를 설립했다. 이 의무는 기업들이 구체적인 수요 측면 관리 목표를 달성하게 하고, 에너지 효율성에 대한 정보 캠페인에 기여하도록 했다.

① 에너지 라벨링(labeling)

덴마크는 건물과 가전제품의 에너지 라벨링 사용을 규제했다. 건물에서 전력 소비 절감 방법에 대한 추천과 함께 라벨 A부터 Z로 구성된 라벨링 제도는 1979년에 설립되었다(2006년 업데이트). 이 제도는 건물이 임대되든 팔리든 어느 때라도 상관없이 에너지 사용 이력을 확인할 수 있는 에너지 사용 실적 증명(Energy Performance Certificate: EPC)을 갖추도록 요구한다. 더 나아가 건물 소유주와 부동산 중개인은 새로운 건물이 지어지면 입주하기 전 반드시 라벨을 부착해야 하며, 기존 건물은 팔릴 때마다 650유로를 지불하고 그 라벨을 최신화시켜야 한다. 특히 1000m³가 넘는 대규모 건물은 반드시 5년마다 라벨을 업데이트해야 한다. 2006년부터 시작된 이 제도는 2010년 모든 건물의 에너지 사용을 25% 감소시켰고, 2015년과 2020년에 각각 25%씩 추가로 감소시킬 것으로 전망된다. 집 안에 있는 텔레비전, 냉장고, 세탁기 같은 국내 가전제품의 라벨은 건물에서와 비슷한 실행 계획을 사용하며 이는 10년마다 70TWh만큼의 전기를 아낄 수 있을 것으로 전망된다. 또한 덴마크에서 구입한 가전제품의 90%가 효율등급에서 A등급을 획득했다(Togeby et al., 2009). 이러한 제도는 건물의 에너지 효율성을 측정하고 등급을 매기는 전문 에너지 상담 산업을 새로 만들어냈다.

② 전기 절약 신탁

덴마크는 주택과 공공건물의 에너지 효율성을 촉진하기 위해 1997년부터 2010년까지 전기 절약 신탁(Electricity Saving Trust: EST)을 설립했다.[1] 초기 업무는 지역난방을 장려하는 것이었으나 2010년 3월 전기 절약 신탁으로 변환되기 전까지 이 신탁은 앞에 언급한 에너지 라벨링 제도에 기여하기 시작했다. 또한 이 신탁은 정보 캠페인을 통해 시민들의 인식을 제고했으며 가계와 기업에 조언을 제공하는 역할도 했다(Maegaard, 2010b). 이 신탁은 전기를 사용하는 모든 사용자에게서 1kWh당 0.1유로씩 요금을 걸어 운영되었다. 이 신탁의 캠페인 중 일부는 특수 코팅된 저에너지 창문을 강조했으며 다른 일부는 정부로부터 보조금을 받는 개인 에너지 감사를 후원했다(Olesen, 2006).

---

[1] 절약 신탁이 어떻게 정부로부터 독립적으로 기능하는지에 대한 더욱 자세한 설명은 Lund (1999) 참조.

4) 최근의 발전

비록 이러한 덴마크 에너지 정책의 3개 요소가 다음에 설명하는 난관을 겪고 있지만, 정부의 계획은 재생에너지, 열병합발전, 그리고 에너지 효율성에 대한 더 확고한 전념을 촉구하고 있다. 2006년에 덴마크 수상인 아네르스 포그 라스무센(Anders Fogh Rasmussen)은 '화석연료와 원자력으로부터 100% 독립'이라는 장기 목표를 발표했고 이는 후에 2006년 국가 에너지 계획으로 발표되었다(Lund and Mathiesen, 2009). 이 야심찬 목표는 다음 네 가지 조항으로 구성되어 IDA 에너지 계획이라 불리었으며 덴마크 공학회의 에너지 전략으로 공식화되었다.

• 건물에서의 공간 난방 수요 50% 감축, 산업 분야에서의 연료 소비 40% 감축, 그리고 전기 수요 50% 감축을 포함해 장기적으로 에너지 수요를 감축한다.
• 주택을 위한 난방 펌프와 태양열 온수기를 장려함으로써 에너지 효율성을 제고하고 가스, 석탄, 석유 대신 열병합발전으로 연료를 전환한다.
• 재생에너지를 확장시켜 2025년까지 국가 공급의 30%를, 2050년까지는 국가 공급의 100%를 재생에너지로 충당한다.
• 공급과 수요의 균형을 더 잘 맞추고 변전 손실을 줄이며 스마트 배전 기술을 이용할 수 있는 지능적인 에너지 시스템을 촉진한다(Sperling, Hvelplund and Mathiesen, 2011).

만일 덴마크가 이러한 IDA 에너지 계획의 목표를 달성한다면 2050년경에는 기초 에너지 공급이 상당히 감소해 이산화탄소 배출이 거의 0에 가까울 것이다. 비현실적으로 들릴 수 있지만, 한 독립적인 평가에서는 덴

마크 국내의 자원을 기반으로 재생에너지를 100% 공급하는 것이 물리적
으로 가능하다고 결론지었다(Lund and Mathiesen, 2009).

3. 덴마크 에너지 정책의 결과

덴마크의 에너지세, 그리고 에너지 효율, 풍력발전, 열병합발전에 대한
지원으로 얻은 사회적·경제적·환경적 이익은 매우 인상적이었다. 이는
덴마크가 에너지 집약도 감소, 에너지 자급자족 달성, 온실가스 배출 감
축, 에너지 기술 수출의 수익성 향상, 국가 에너지 안보 개선과 같은 특징
을 갖고 있다는 사실을 보여준다.

1) 에너지 집약도 감소

덴마크의 에너지 효율에 대한 투자는 GDP 단위당 필요한 에너지 생산
량을 나타내는 에너지 집약도를 상당히 낮춰왔다. 1990년부터 2008년까
지 덴마크의 경제가 44.5% 성장했음에도 최종 에너지 소비자의 에너지
효율은 18% 개선되었으며 기초 에너지 집약도는 26.3% 감소했다(Danish
Energy Agency, 2009). 가구에서의 최종 난방 소비는 1980년부터 1990년까
지 난방 면적이 19% 증가했음에도 10%가 감소했다(Olesen, 2006). 전력 공
익사업체 또한 2008년 자신들의 에너지 효율성 의무 목표치보다 25%를
초과 달성했다. 그 결과 11개 선진국을 대상으로 한 규제지원사업 싱크탱
크의 한 독립 연구는 덴마크의 신축 및 기존 건물 규제와 에너지 성과 인
증의 도입을 위한 선도적인 노력이 모범적이었다고 결론지었다(Hamilton,
2010).

〈그림 12-6〉 덴마크의 에너지 자급자족도

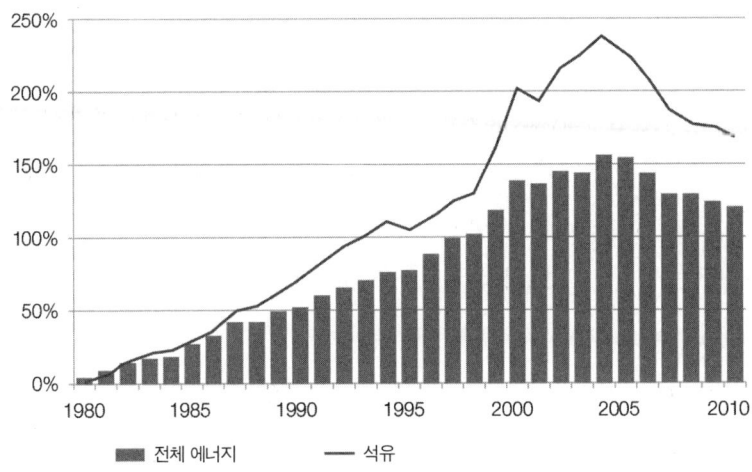

전체 에너지 ━ 석유

자료: Danish Energy Authority.

2) 에너지 자급자족 달성

덴마크는 현재 에너지를 자급자족하고 있다. 1991년부터는 석유와 가스도 자급자족하고 있다. 〈그림 12-6〉에서 알 수 있듯이, 이 국가는 1980년에는 에너지의 95% 이상을 해외의 자원에 의존했으나 1997년 자급자족 체제로 변모했으며, 지금은 매년 잉여 전력을 발생시키고 있다. 이는 에스토니아를 제외한 EU의 어느 국가도 하고 있지 못한 일이다. 덴마크는 에너지 무역 흑자를 기록하고 있으며, 이러한 에너지 패턴은 국가 경상수지에 긍정적으로 반영되고 있다.

3) 온실가스 배출 감축

재생에너지와 폐열발전 시설이 덜 효율적이고 오염이 심한 새래식 화석연료 시설을 대체함에 따라 이와 관련된 탄소 배출이 급감했다. 1990년에 덴마크는 1kWh의 전기를 생산할 때마다 거의 1kg의 이산화탄소를 배출했으나 2005년에는 이 수치가 600g 미만으로 감소했다. 2004년의 이산화탄소 배출 집약도(GDP 단위당 이산화탄소 배출량)는 1980년에 비해 48%나 낮은 수치를 기록했다. 덴마크는 또한 탄소 배출 절대량을 줄인 몇 안 되는 국가들 중 하나다. 2009년에는 배출량 1990선에서 19% 낮은 수치를 기록했는데, 이는 교토의정서에서 규정한 탄소 배출량을 훨씬 밑도는 수준이다(Parajuli, 2012).

4) 에너지 산업의 경쟁력 향상

덴마크는 자신들의 풍력터빈 운영과 제조 전문성을 탄탄한 수출 시장을 확립하는 데 이용했다. 덴마크 규제 기관은 풍력기술에 대한 확고한 내수시장과 안정적인 연간 수요를 제공하면서 풍력발전 시설 제조의 지방 분권화를 촉진했다. 그리하여 그들은 새로운 상품에 대한 판매, 일자리, 그리고 증가된 조세 기반을 통해 새로운 기회를 창출할 수 있었다. 비록 중국과 인도 같은 해외 풍력발전 제조업체와의 날선 경쟁에 직면했지만 덴마크는 자국 내 풍력발전 시설을 시험기로 활용해 터빈 장비의 가격을 낮추고 설비 이용률을 개선했다(Lewis and Wiser, 2005).

5) 에너지 안보 개선

최근 열병합발전과 풍력에너지의 영향력은 에너지 공급의 분권화를 촉진해왔는데, 이러한 변화는 정치적 측면뿐만 아니라 안보적 측면에서도 이익을 불러왔다. 덴마크는 1970년 20개의 대형 발전소를 이용한 집권적

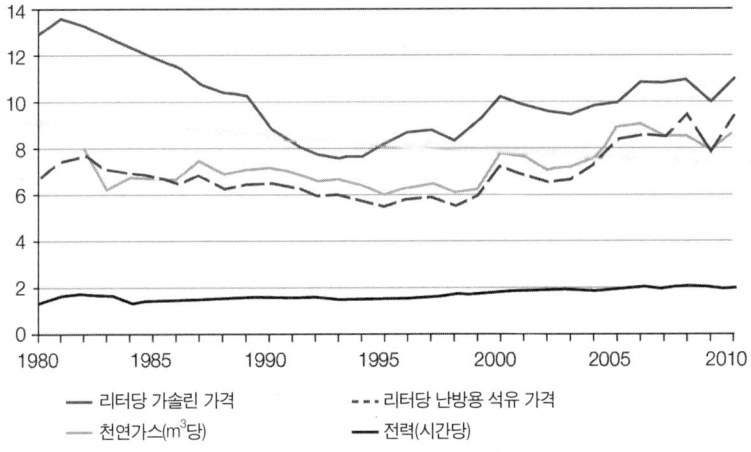

〈그림 12-7〉 덴마크의 가정용 에너지 가격(2010년 크로네 기준)

— 리터당 가솔린 가격　　--- 리터당 난방용 석유 가격
— 천연가스(m³당)　　　　— 전력(시간당)

자료: Danish Energy Authority.

발전에서 오늘날 4000개가 넘는 소규모 발전시설을 포함한 분권적 모델로 변모했다. 덴마크의 풍력에너지에 대한 인식은 매우 긍정적이며, 〈그림 12-7〉에서도 볼 수 있듯이 2010년 물가를 기준으로 봤을 때 에너지 가격이 매우 안정적이다(Ladenburg, 2008; Sovacool and Brown, 2010a). OECD 내 22개국을 대상으로 한 국제 에너지 안보 실적 비교에서는 덴마크의 에너지 안보 수준이 가장 높은 것으로 밝혀졌다.

4. 에너지 안보와 지속가능성에 대한 도전 과제

덴마크는 에너지 정책에 접근하는 데 여러 가지 장점을 가지고 있긴 하지만 지속성, 분산된 네트워크의 관리, 병목 지역, 사회적 반대, 에너지 가격 상승, 화석연료 수입에서 발생하는 잠재적 수익이라는 당면 과제에도 직면해 있다.

1) 정부 정책의 변화

가장 큰 당면 과제는 1990년대 후반에 시작된 정부의 정책 변경이다.
변경된 정책은 덴마크 에너지 분야를 시장경제적이고 경쟁력 있게 만들
기 위해 규제를 완화하고 재구축하는 것을 골자로 하고 있다. 1998년에
정부는 풍력발전 단지에 대한 지역 및 협동 소유권을 장려하는 원칙을 폐
지했으며, 전력 공익사업체가 운영을 강화하고 에너지 인프라에 대해 상
호 출자할 수 있도록 규제를 제거했다. 2001년에 자유 보수주의적 정부가
들어서고 나자 의회에서는 유의미한 변화가 있었다. 즉, 경관을 위해 풍력
발전 단지를 철거하고 대신 위생 설비 프로그램을 장려하는 것으로 덴마
크 에너지 정책이 변모된 것이다. 이러한 정책의 변화 이면에는 소규모 발
전 단지보다 대규모 발전시설을 더 선호하는 방침이 작용했다. 그해의 풍
력발전 요금은 도매가에 적은 양의 보조금을 합산한 금액만큼 책정되었
고 이는 기능적으로 기존의 발전차액지원제를 대체했다. 또한 2004년에
정부는 공익사업체가 자신들의 최소 전부하 시간을 초과할 경우 이를 구
매해야 하는 의무를 폐지했다(Maegaard, 2010a). 그러나 풍력발전 개발자들
과 덴마크 에너지 당국의 관계자들도 이러한 정책이 풍력발전 사업을 저
해할 것이라는 데 동의했다.

풍력발전 개발자들은 정부 정책이 변화되기 전까지 1000MW 이상의
발전설비를 설치했으나 2004년부터 2006년까지는 단 40MW의 발전설비
만 건설하는 데 그쳤다. 2006년에는 단 8MW만 설치되었으며, 2007년에
는 사상 처음으로 해체된 풍력발전 시설(39개)이 건설된 풍력발전 시설(7
개)의 수보다 많았다. 또한 풍차 소유주 및 공동 소유주의 수는 기존의 몇

백만 명에서 5만 명 미만으로 급감했다. 이 기간 동안 주요 개발사인 동에너지(Dong energy)와 에온(E.ON)은 자신들의 주력 사업을 니스테드 II와 호른스 레우 II에 위치한 연안 풍력단지로 변경했다. 2008년에 이르러 덴마크 정책 입안자들은 자신들의 실수를 깨닫고 다시 풍력발전 산업에 전념했으나 2001년부터 2007년까지는 덴마크 풍력 산업이 확실히 침체되었다. 주요 풍력 분야 생산 공장들은 이 기간 동안 문을 닫아 근처 지역 경제에 악영향을 미쳤다.

2) 분산된 네트워크의 관리

풍력발전소가 분산되고 발전시설이 분배됨에 따라 에너지 안보가 개선된 것은 사실이다. 하지만 배전 및 변전 시설 네트워크가 분산됨에 따라 이를 관리하기가 어려워졌다. 다른 국가와 다르게 덴마크는 통합된 국가 배전 시설을 가지고 있지 않다. 또한 동서로 나뉘진 두 변전 지역[서쪽은 엘트라(Eltra), 동쪽은 엘크래프트(Elkraft)로 나뉘어 있었는데, 이 둘은 2005년 '덴마크 에너지 넷'이라는 이름하에 합병되었다]은 단지 하나의 직류 연결만 공유하고 있었으므로 균형을 맞추기 위해 서로 돕기가 어려웠다(Lehtonen and Nye, 2009). 풍력발전과 열병합발전이 덴마크 포트폴리오에 포함된다고 해서 전반적인 신뢰도가 강등되지는 않았으나(Akhmatoy and Knudsen, 2007), 앞서 언급한 두 지역의 초과 수용은 어떤 식으로든 버려져야 했는데(Lehtonen and Nye, 2009), 노르웨이에서는 정책 당국자가 버려지는 에너지를 구입해 프리미엄 가격으로 되팔 수 있는 능력을 고려해 에너지 저장 설비를 유지하기 위해 노력할 것이라고 언급한 바 있다. 그럼에도 독일과 스웨덴의 풍력 에너지 저장 설비는 향후 자신들의 풍력 설비를 가동하면 감소하게 될 것이다.

분권화된 덴마크의 전력 네트워크는 기술적으로 관리하기가 어렵다.

그뿐만 아니라 특정 지역에서는 사회적으로나 정치적으로도 관리하기가 어렵다. 많은 수의 협동조합과 독립된 열병합발전 공급자들은 다양한 관점을 제시하지만, 이러한 관점이 에너지와 관련된 의사결정을 복잡하게 만들거나 분열시키기도 한다. 한 독립적인 연구는 덴마크가 중앙 집권 기구 수준에서 지자체의 에너지 계획 활동을 조정할 필요가 있다고 경고했다. 또한 지방자치단체는 에너지 계획 당국으로서의 역할을 확실히 담당할 필요가 있으며, 덴마크는 지방자치단체의 노력이 조화될 수 있도록 더 나은 계획 기구를 분권된 이해관계자들에게 제공해야 한다고 결론지었다 (Sperling, Hvelplund and Mathiesen, 2011).

3) 병목 현상과 기술 부족, 아웃소싱

덴마크 풍력발전 산업의 빠른 성장과 국내외 수요를 충족시키기 위한 산업 설비의 확장은 제조, 건설, 풍력 단지 디자인 분야의 병목 현상을 초래했다. 이제 덴마크 베스타스(Vestas) 사가 제조한 풍력 터빈을 받기 위해서는 24개월에서 30개월을 기다려야 하고, 터빈의 날을 제조하는 LM 글래스화이버(LM Glasfiber) 사는 베스타스 사의 상품이 최소 이틀 정도 지연된다고 보고했다. 연안 풍력발전 터빈의 경우 일반적으로 전선을 설치하는 데 12개월에서 18개월이 소요되고 석유와 가스 산업에서 플랫폼과 드릴을 설치하는 것과 마찬가지로 연안 풍력발전 프로젝트에서도 터빈을 설치하는 데까지 18개월에서 36개월이 소요된다. 이러한 소요 시간의 문제는 풍력발전 프로젝트가 석유 프로젝트와 경쟁해야 한다는 점을 감안할 때 개선되어야 한다. 해저로 연안 풍력발전 터빈과 연결할 전선이 부족하고 이러한 발전 터빈을 조립할 항구 또한 부족하기 때문에 연안 풍력 단지 건설 분야에서 병목 현상이라는 문제가 부상했다. 이러한 현상의 타개책으로 지목된 것이 바로 중국의 부상이다. 중국은 전 세계 철 생산량의 1/3을 소비하고 있고, 풍력발전설비 분야의 발전에 앞장서고 있으며, 10년 동안 풍력발전설비 시장 점유율이 3배 증가했다. 이로 인해 전 세계 원자재 가격이 상승했고 풍력 터빈의 생산 단가 또한 상당히 증가했다. 이러한 상황으로 인해 베스타스나 지멘스 같은 덴마크 제조사는 풍력발전시설과 부품 생산 라인을 중국과 인도의 공장으로 아웃소싱했다. 이들 회사는 아웃소싱을 통해 인건비가 저렴해졌고 부상하고 있는 시장과 가까워질 수 있는 기회도 갖게 되었다(Maeggard, 2010).

4) 사회적 반대 증가

덴마크는 풍력에 대해서 다른 국가들에 비해 비교적 긍정적인 태도를 보이고 있지만(Pasqualetti, 2011), 대규모 풍력 터빈과 기업 주체 간의 풍력단지 병합으로 인해 사회적 반대와 시위가 증가되었는데, 특히 거대한 터빈이 자연경관을 해치는 지역이나 지역 협동조합 또는 농민에게 소유권을 주지 않는 지역에서는 이러한 문제가 심각하다. 그 결과 한 연구는 일부 덴마크 사람들은 풍력발전기가 너무나 거대해져 경관을 해치기 때문에 풍력발전 시설에 반대하는 압력이 증가하고 있다고 보고했다. 노르윌란 반도의 풍력발전에 대한 태도 연구에서는 발전기의 크기는 커지는 반면에 지역사회의 참여가 줄어들면 풍력발전에 대한 주민들의 지지가 낮아질 것으로 경고했다(Möller, 2010).

5) 가격 불안정

또 다른 난관은 가격 불안정과 관련이 있다. 수요와 공급 법칙에 입각해 풍력발전기가 전력을 많이 생산할 경우 풍력터빈이 잉여 전력을 생산하기 때문에 풍력으로 생산된 전력의 가격이 낮아진다. 이는 전기도 최소한의 가치를 가지고 있음을 의미한다. 반대로 전력이 필요한 시기에 풍력발전의 전력 생산량이 줄어들면서 생산된 전력의 가격이 높아질 수도 있다. 이러한 종류의 가격 불안정은 시간대별 또는 월별로 발생한다. 2005년 1월 풍력 터빈이 태풍으로 인해 가동을 중지하자 덴마크의 운용 가능 풍력 전력 용량은 100MW 이하로 급락했고, 이로 인해 시스템 운영자는 운영비가 최고 수준에 도달한 발전소를 포기하고 독일과 북유럽 국가들로부터 에너지 수입을 늘릴 수밖에 없었다.

6) 화석연료로의 회귀

마지막 당면 과제는 덴마크의 전반적인 에너지 정책과 연결된다. 재생에너지에 힘을 싣고 있긴 하지만 덴마크 에너지 분야에서는 여전히 화석연료의 사용이 지배적이다. 덴마크 정부가 화석연료로부터 완전히 독립하기 위한 계획을 반복해서 시행하고 있기는 하지만, 2010년에는 720만 톤의 석탄을 소비했으며 2011년에는 22만 3480배럴의 석유를 매일 생산했다.[2] 실제로 덴마크에서 생산되고 사용되는 총 에너지의 23%는 석탄으로부터 만들어지고, 30%는 천연가스로부터 비롯되며, 단 17%만 재생에너지자원을 통해 생산된다. 이처럼 혼재된 상황으로 인해 덴마크는 여전히 국민 1인당 이산화탄소 배출량이 가장 높은 나라 중 하나다(Østergaard, 2010). 풍력과 열병합발전시설은 덴마크의 전력 분야 실적을 개선시켰으나 덴마크의 운송업 분야는 완전히 화석연료 중심이며(Sperling, Hvelplund

---

2   EIA, http://tonto.eia.doe.gov/country/country_energy_data.cfm?fips=DA.

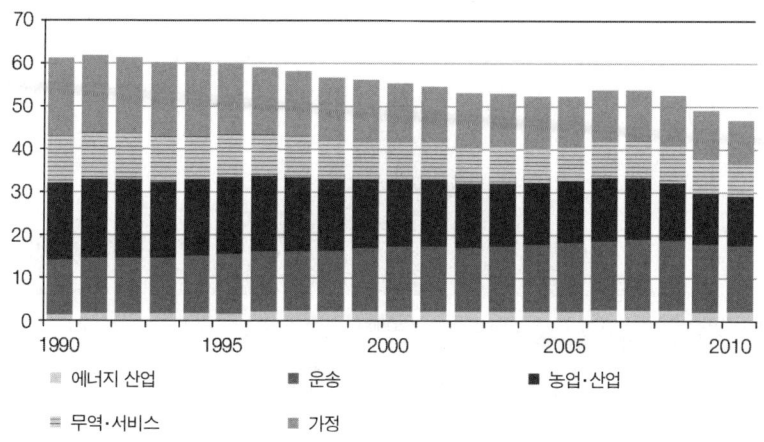

〈그림 12-8〉 최종 에너지 소비에서의 이산화탄소 배출량(단위: 100만 톤, 기후변화 반영)

■ 에너지 산업　　　■ 운송　　　■ 농업·산업

≡ 무역·서비스　　　■ 가정

자료: Danish Energy Authority.

and Mathiesen, 2011), 덴마크의 기후와 기반시설을 고려할 때 차량 연료를 석유 기반에서 다른 연료로 이행하기는 어려울 것이라고 분석가들은 주장한다(Tonini and Astrup, 2012). 〈그림 12-8〉에서 알 수 있듯, 덴마크의 운송, 농업·산업, 그리고 심지어 일반 가정에서도 화석연료를 사용하고 이산화탄소를 배출하고 있다.

더욱이 덴마크의 석유와 가스 보유고는 급속히 바닥나고 있다. 덴마크의 석유 보유고는 매년 평균 6.7%씩 감소하고 있으며, 이러한 추세라면 〈그림 12-9〉에서 보듯 2018년경에는 석유와 가스를 수입하는 국가가 될 것으로 전망된다. 에너지 분야의 헨리 룬(Henry Lund) 교수가 최근 언급한 바와 같이 "덴마크의 석유 및 가스 보유고는 부족하다. 따라서 덴마크가 과연 몇 십 년 안에 재생에너지로 완전히 전환할 것인가, 아니면 화석연료 수입에 의존했던 지난날로 되돌아갈 것인가라는 흥미로운 질문을 던져야 할 시점이다"(Lund, 2010).

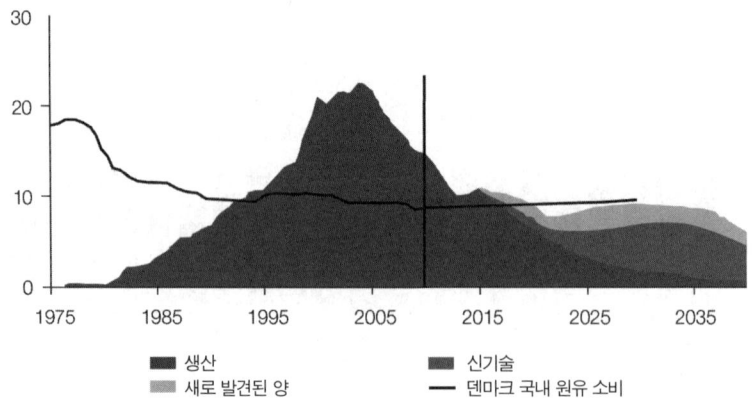

〈그림 12-9〉 덴마크의 석유 생산(1975~2040년)(단위: 백만m³)

생산
새로 발견된 양
신기술
덴마크 국내 원유 소비

자료: Danish Energy Authority.

5. 교훈과 함의

덴마크의 에너지 정책에 관한 접근법은 에너지 안보와 지속가능성에 대한 다섯 가지 중요한 교훈을 다른 국가들에 제공한다.

첫째, 덴마크는 국가 에너지 체제의 변환이 가능하다는 것과 그러한 변환이 신속히 발생한다는 것을 입증했다. 1973년 국제적으로 발생한 석유 위기 이후 덴마크는 발전소 가동을 위한 석유 의존도를 단 5년 사이에 95%에서 5%로 절감했다. 약 20년의 기간 동안 덴마크는 대규모 화석연료 플랜트를 기반으로 한 집권적 전력 네트워크를 풍력발전 시설들과 열병합발전 시설로 전환해 포트폴리오와 1인당 풍력발전 사용 비율에서 세계적인 입지를 다졌으며, EU 내에서 열병합발전소 사용에 대한 선도자 역할을 수행할 정도에까지 다다랐다(van der Vleuten and Raven, 2006).

둘째, 덴마크의 경험은 탄소세가 경제 전반에 해로운 영향을 미치지 않으며, 이 제도가 제대로 시행된다면 풍력발전, 에너지 효율성, 그리고 열병합발전을 촉진하는 데 유용할 것이라는 사실을 증명하고 있다. 더욱이 덴마크는 에너지에 대해 높은 세금을 부과하는 제도를 다수 운영하고 있으면서도 지난 몇 십 년 동안 두 자릿수의 경제성장률을 기록했다.

셋째, 전력망으로의 접근의 확실성과 개방성은 많은 장점을 가지고 있다. 이러한 접근성은 시장에 대한 진입 장벽을 낮추며, 공익사업이 그 사업권을 이용해 신재생에너지 프로젝트들이 송전 및 배전 분야로 진출하지 못하도록 막는 것을 방지한다. 이러한 접근권은 설비에 대한 상호 연결 비용을 프로젝트 개발자에게서 공익사업(또는 궁극적으로 비용을 부담하는 소비자)으로 전가시켜 신재생에너지 프로젝트들의 수익성을 증가시켰다.

넷째, 덴마크는 다수 지역의 이해당사자들과 관계를 맺는 것을 강조함으로써 에너지 계획에 대한 다원적인 접근이 가능함을 입증했다. 풍력발전, 열병합발전, 에너지 효율과 같은 각각의 주요 분야에 대한 덴마크의 접근법으로 인해 국가 및 지역 관계자들은 사업의 책임을 나누어가질 수 있었다. 풍력발전을 보면, 국가 기획 담당자는 안정적인 재정을 지원하고 적절한 가이드라인을 설립하는 한편, 지역 기획 담당자와 협동조합은 풍력발전계획의 초안을 작성하고 구체적인 풍력 프로젝트를 지원한다. 열병합발전을 보면, 국가 기획자는 석유와 석탄 사용 최소화에 대한 적당한 관세와 확실한 가이드라인을 제공하며, 지역 기획자는 난방 계획을 실행하고 건물과 구역 난방 시설을 연결하는 작업의 속도를 높인다. 에너지 효율을 보면, 국가 담당자는 건물 코드와 국가 전력 위탁 사업체 등을 관리하고, 지역 담당자는 은행, 공공기관, 그리고 거주자 간의 파트너십을 체결한다(Sperling, Hvelplund and Mathiesen, 2011). 이러한 노력은 지방의 참여를 유도해 덴마크의 에너지 프로젝트들이 대기업의 주도하에 편입되지 않고 각 지역으로 자율적으로 분산되어 진행되도록 만든다. 예컨대 2005년에는 12%의 풍력발전 단지만 공공기관의 소유였으며, 나머지 88%의 시설은 개인이나 협동조합의 소유였다(Toke, 2005).

마지막 다섯째, 에너지 정책에서 일관성이 필요하다는 것을 보여주었다. 덴마크의 에너지 정책은 1973년부터 1998년까지 놀라울 정도로 일관적이었고, 이러한 안정성으로 인해 풍력에너지, 열병합발전, 에너지 효율성을 위한 시장이 극적으로 팽창했다. 한편 이와 반대의 상황도 벌어졌는데, 1998년부터 2007년까지 시행된 정책의 변화로 인해 풍력발전에 대한 투자는 근본적으로 무산되었고 관련 산업은 침체되었다. 하지만 운 좋게도 덴마크의 정치체제는 2008년에 다시 바뀌어 더욱 진보적인 성향의 정부가 들어섰으며, 새로운 정권은 덴마크를 2050년까지 화석연료를 완전히 사용하지 않는 나라로 만들기 위한 시험대에 올랐다. 이는 매우 활동적이고 강력한 에너지 로비 단체와 에너지 체제의 전환에 대한 실험이 올바른 정치적 환경하에서만 발생한다는 것을 보여준다.

제 4 부

한국의 대응

한국 에너지 외교의 도전과 과제

김성진

1. 한국의 에너지 구조와 에너지 안보

한국의 에너지 구조는 다음과 같은 세 가지 특징을 지닌다. 한국은 ①
에너지 다소비형 경제구조를 갖고 있고, ② 화석연료 의존도가 높으며, ③
에너지 대부분을 해외 수입에 의존한다. 먼저, 한국은 2014년 기준 세계 9
위의 에너지 소비국에 해당할 정도로 에너지 다소비 국가다. 최종 에너지
소비량은 1990년 약 75MTOE에서 2014년 약 214MTOE로 최근 25년간 약
3배 가까이 증가했다. 1998년 외환위기 시기의 단 한 차례를 제외하고는
에너지 소비가 감소한 적이 없었을 정도로 일관된 증가세를 보여온 것을
확인할 수 있다. 2013년 기준 한국의 1인당 에너지 소비량 역시 5.27TOE
을 기록해 OECD 평균인 4.12TOE를 상회하고 있다.

한국의 에너지 다소비 구조는 높은 무역의존도, 그리고 에너지 집약적
인 제조업 중심의 산업구조에 기인한다. 2014년 기준 한국은 세계 무역
순위 6위를 차지하고 있으며,[1] 75.8%의 무역 의존도를 보일 만큼 국가 경

〈표 13-1〉 2014년 에너지 소비량 국가 순위(단위: MTOE oil eq)

순위	국가	에너지 소비량
1	중국	2972.1
2	미국	2298.7
3	러시아	681.9
4	인도	637.8
5	일본	456.1
6	캐나다	332.7
7	독일	311.0
8	브라질	296.0
9	한국	273.2
10	이란	252.0

자료: BP(2015: 40).

〈그림 13-1〉 한국의 최종 에너지 소비 추세(1990~2014년)

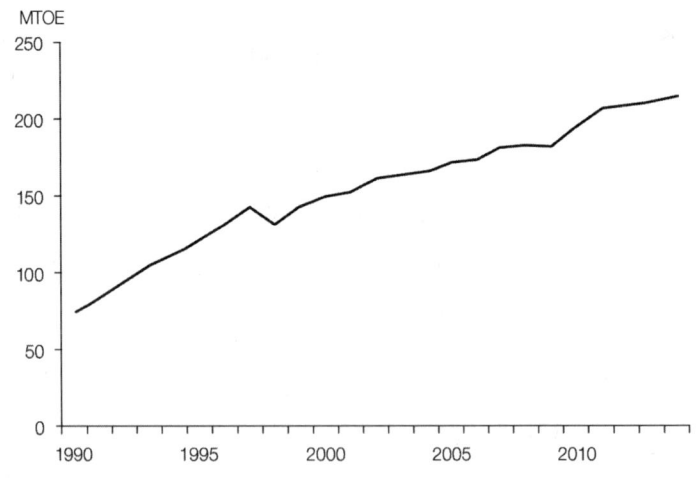

자료: 에너지경제연구원(2015b: 18).

제에서 무역의 비중이 높다.[2] 한국의 주요 수출품은 반도체, 자동차, 조선,

---

1 K-stat, "세계무역 중 한국의 위치", http://stat.kita.net/stat/world/major/KoreaStats01.screen.
2 K-stat, "한국의 무역의존도", http://stat.kita.net/stat/world/major/KoreaStats02.screen.

〈표 13-2〉 2013년 1인당 에너지 소비량(단위: TOE)

미국	한국	프랑스	독일	일본	영국	OECD 평균
6.81	5.27	3.86	3.82	3.55	3.02	4.19

자료: e-나라지표, "에너지 수급 현황", http://www.index.go.kr/potal/main/EachDtlPageDetail.do?idx_cd=2781.

〈표 13-3〉 2015년 한국의 10대 교역 상품(단위: 백만 달러)

순위	수출		수입	
	품목	금액	품목	금액
1	반도체	47,440	원유	43,427
2	자동차	33,694	반도체	28,466
3	선박 해양 구조물 및 부품	30,168	천연가스	14,335
4	석유제품	25,126	석유제품	11,684
5	평판 디스플레이 및 센서	23,323	무선 통신기기	8,391
6	무선 통신기기	22,710	자동차	7,848
7	자동차 부품	19,059	석탄	7,766
8	합성수지	14,201	컴퓨터	6,830
9	철강판	12,666	반도체 제조용 장비	6,725
10	플라스틱 제품	6,872	정밀 화학원료	6,291
10대 품목 금액	-	235,260	-	141,763
총액 대비 비중	59.3%		42.9%	

자료: K-stat, "한국의 10대 교역상품", http://stat.kita.net/stat/world/major/KoreaStats12.screen.

정유, 철강, 석유화학 등 에너지 집약적인 제조업 품목이 대다수를 이루고 있으며, 수입품의 1위가 원유, 3위가 천연가스, 7위가 석탄일 정도로 전체 수입에서 에너지 품목이 차지하는 비중이 높다. 따라서 경제구조를 근본적으로 혁신하지 않는 한, 한국의 경제성장은 에너지의 확보와 사용에 절대적으로 의존하고 있는 상황이다.

둘째, 한국이 사용하는 막대한 에너지는 대부분 화석연료를 통해 얻고 있다. 2014년 기준 한국의 에너지 믹스를 보면 석유 37.3%, 석탄 30.1%, LNG 16.9%로 화석연료가 1, 2, 3위를 차지하며, 무려 84.3%의 비중을 보이고 있다. 화석연료를 제외한 에너지원은 원자력 11.7%, 신재생에너지

〈표 13-4〉 1차 에너지 공급 현황(단위: 천TOE)

연도	석탄	석유	LNG	수력	원자력	신재생	합계
2000	42,911	100,279	18,924	1,402	27,241	2,130	192,887
2001	45,711	100,385	20,787	1,038	28,033	2,456	198,409
2002	49,096	102,414	23,099	1,327	29,776	2,925	208,636
2003	51,116	102,380	24,194	1,722	32,415	3,241	215,066
2004	53,127	100,638	28,351	1,465	32,679	3,977	220,238
2005	54,788	101,526	30,355	1,297	36,695	3,961	228,622
2006	56,687	101,831	32,004	1,305	37,187	4,358	233,372
2007	59,654	105,494	34,663	1,084	30,731	4,828	236,454
2008	66,060	100,170	35,671	1,196	32,456	5,198	240,752
2009	68,604	102,336	33,908	1,213	31,771	5,480	243,311
2010	77,092	104,301	43,008	1,391	31,948	6,064	263,805
2011	83,640	105,146	46,284	1,684	33,265	6,618	276,636
2012	80,978	106,165	50,185	1,615	31,719	8,036	278,698
2013	81,915	105,811	52,523	1,771	29,283	8,987	280,290
2014	84,612	104,944	47,773	1,650	33,002	10,956	282,938
2014년 비중	29.9%	37.1%	16.9%	0.6%	11.7%	3.9%	100.0%

자료: 에너지경제연구원(2015c: 14~15).

3.4%, 수력 0.6%에 불과하다.

최근 15년간 한국의 1차 에너지 공급 현황을 보면 석유 총량은 거의 변동이 없으며 석유의 비중은 줄어들고 있다는 사실을 확인할 수 있다. 2000년 1억 27만 9000TOE였던 석유 공급량은 2014년 1억 494만 4000TOE를 기록해 4.7%밖에 증가하지 않았으며, 2000년 전체 1차 에너지 공급에서 52.0%를 차지했던 석유 비중은 2014년 37.1%로 줄어들었다. 이에 반해 2000년 대비 2014년에 석탄은 97.2%, LNG는 152.4% 증가했고, 공급 총량에서 차지하는 비중은 적지만 원자력에너지, 신재생에너지, 수력에너지 역시 각각 21.1%, 414.4%, 17.7% 증가했다. 2000년 대비 2014년 천연가스의 비중은 9.8%에서 16.9%로, 석탄 비중은 22.2%에서 29.9%로 늘어났다. 원자력은 14.1%에서 11.7%로 감소했고, 수력은 0.7%에서 0.6%로 거

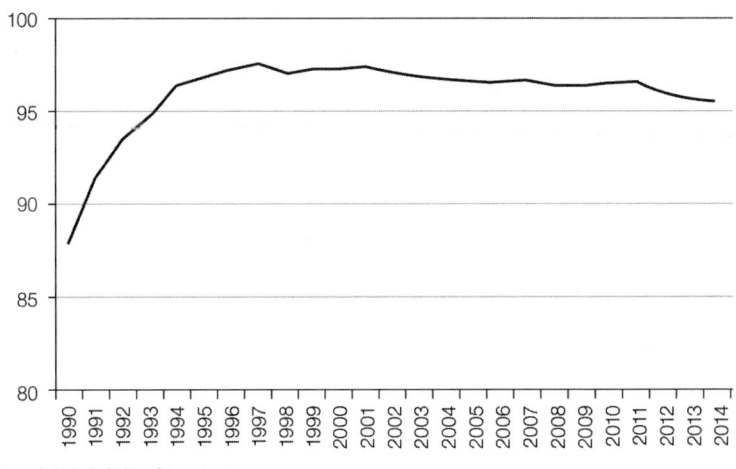

〈그림 13-2〉 한국의 에너지 수입 의존도(단위: %)

자료: 에너지경제연구원(2015c: 5).

의 변화가 없으며, 신재생에너지는 1.1%에서 3.9%로 증가했다. 결론적으로 한국은 최근 15년간 급증해온 에너지 수요를 천연가스와 석탄의 수입을 늘림으로써 충당해왔으며, 보완적으로 원자력을 신중히 병행하면서 신재생에너지의 비중을 늘려왔다고 볼 수 있다.

셋째, 한국은 사실상 거의 모든 에너지원을 해외 수입에 의존하는 국가다. 2014년 에너지 수입 의존도는 95.6%를 기록했는데, 1994년 96.4%로 95%대에 진입한 이래 95%에서 98% 사이를 벗어난 적이 없다. 다른 국가들과 비교해보더라도 한국은 세계 석유 수입 3위, 석탄 수입 4위, LNG 수입 2위(전체 천연가스 수입 6위)를 차지할 정도로 모든 자원에서 세계 5위 안에 드는 대표적인 화석연료 수입국이다.[3] 게다가 에너지 믹스의 절대적인 비중을 차지하는 화석연료를 차치하더라도, 높은 수준의 원전 기술을 독자적으로 보유하고 있으면서도 원자력의 원료인 우라늄은 러시아, 카자

---

3   EIA, "Korea, South," http://www.eia.gov/beta/international/analysis.cfm?iso=KOR.

<표 13-5> 지역별 원유 수입량 추세(단위: 천bbl)

연도	중동	아시아	아프리카	아메리카	유럽	합계
2000	686,916	112,669	67,749	21,365	5,245	893,943
2001	661,649	130,033	39,155	25,469	3,061	859,367
2002	579,865	136,756	35,877	30,282	8,212	790,992
2003	639,453	100,721	34,156	28,543	1,936	804,809
2004	645,183	116,287	42,874	21,447	-	825,790
2005	689,356	111,937	34,424	5,363	2,124	843,203
2006	730,843	110,306	42,814	4,831	-	888,794
2007	704,020	131,273	35,557	1,690	-	872,541
2008	746,458	108,482	9,932	-	-	864,872
2009	705,363	116,379	11,608	1,734	-	835,085
2010	713,647	152,354	4,592	1,823	-	872,415
2011	807,908	108,402	2,772	2,796	5,166	927,044
2012	805,971	88,190	9,233	314	43,585	947,292
2013	786,813	97,047	8,096	329	22,790	915,075
2014	778,923	88,623	25,301	10,053	24,625	927,524
2014년 비중	84.0%	9.6%	2.7%	1.1%	2.7%	100.0%

자료: 에너지경제연구원(2015c: 84~85).

흐스탄, 호주 등에서 전량 수입하고 있는 실정이다.

에너지 안보 관점에서 봤을 때 수입 의존국이라는 사실 자체는 큰 문제가 아닐 수 있다. 수입 여부보다는 풍부한 자원을 지닌 공급자로부터 에너지를 안정적으로 공급받을 수 있는지의 여부가 에너지 안보에 더 직접적인 요인이다. 그렇지만 한국의 에너지 안보는 줄곧 불안정한 상태에 놓여왔다. 정치적으로 불안정하고 공간적으로 멀리 떨어진 중동 지역에 전적으로 화석연료의 공급을 의존해왔기 때문이다. 이를 에너지 안보의 주요 지표인 수급성, 인프라, 가격, 환경 측면에서 살펴보자.

첫째, 수급성 지표에서 가장 중요한 것은 공급원의 다변화이며, 한국은 이 부분에서 큰 취약성을 보이고 있다. 한국의 에너지 믹스에서 가장 큰 비중을 차지하는 원유 수입 현황을 살펴보면, 2014년 중동 의존도는 무려

〈표 13-6〉 2014년 국가별 원유 수입량(단위: 천bbl)

수입국		합계	지역별 소계
중동	사우디아라비아	292,592	778,923
	쿠웨이트	136,546	
	UAE	108,472	
	카타르	100,127	
	이라크	71,151	
	이란	44,923	
	오만	6,516	
	중립지대	18,595	
아시아	호주	20,861	88,623
	인도네시아	9,080	
	브루나이	5,702	
	말레이시아	4,353	
	기타	48,627	
아메리카	콜롬비아	5,041	10,053
	에콰도르	2,697	
	미국	1,663	
	캐나다	383	
	볼리비아	270	
아프리카	적도기니	7,996	25,301
	리비아	6,786	
	가봉	5,832	
	콩고	2,763	
	알제리	1,107	
	나이지리아	836	
유럽	영국	24,625	24,625
합계		927,524	

자료: 한국석유공사 석유정보망(Petronet), "원유수입(국가별)", http://www.petronet.co.kr/main2.jsp.

84.0%에 달한다. 2000년 이래 한국의 원유 수입은 곧 중동으로부터의 수입이라고 해도 과언이 아닐 정도로 중동 편향적임을 확인할 수 있다.

이를 국가별로 더 자세히 살펴보면, OPEC의 중동 6개국(사우디아라비아, 쿠웨이트, UAE, 카타르, 이라크, 이란)이 사실상 한국의 석유 공급처이며, 원유수입의 절반 정도를 사우디아라비아(32%)와 쿠웨이트(15%) 단 2개국에 의

〈표 13-7〉 2013년 국가별 천연가스 수입량(단위: 백만 톤)

수입국	수입량	수입국	수입량
카타르	13.68	호주	0.73
인도네시아	5.93	트리니다드토바고	0.73
오만	4.54	이집트	0.68
말레이시아	3.87	페루	0.51
예맨	3.57	알제리	0.13
나이지리아	2.80	적도기니	0.12
러시아	1.96	앙골라	0.06
브루나이	1.28	전체	40.86

자료: IGU(2014: 12).

존하고 있다.

천연가스 역시 공급원 다변화의 문제에서 취약성을 보인다. 2013년 기준 한국 천연가스 수입의 절반 이상은 중동 국가인 카타르(33%), 오만(11%), 예멘(9%)에 의존하고 있다. 인도네시아(15%), 말레이시아(9%), 브루나이(3%)의 동남아 지역으로 일부 다변화한 측면이 있으나, 천연가스 역시 높은 중동 의존도로 인해 수급 안정화 측면에서 큰 불안정성을 내포하고 있다. 중동과 동남아를 제외하면 나이지리아(7%), 러시아(5%), 호주(2%) 정도에서 수입할 뿐이라서 공급원 다변화의 문제가 제기될 수밖에 없는 상황이다.

이러한 중동 편향적인 수급 구조는 자연히 가격 부담을 야기해왔다. 1990년대 초부터 한국, 중국, 일본 등의 아시아 수입국은 '아시아 프리미엄'을 감당해왔다. 이는 아시아로 수출되는 (주로 중동산) 원유의 가격이 유럽이나 북미로 수출되는 가격에 비해 배럴당 1~2달러 정도 추가 요금(프리미엄)이 붙어 높게 형성되는 것을 의미한다. 이는 동북아 국가들의 높은 중동 의존도와 더불어 역내 시장의 미발달로 인해 비롯된 현상이다(박성호, 2011: 100~101). 아시아 프리미엄으로 인한 손해는 한국을 비롯한 동북아 국가들의 큰 관심사이지만, 중동 지역을 대체할 만한 대규모 공급원을 찾지 못하는 한 수입국 입장에서는 이를 개선할 마땅한 해결책이 없는 것이 현실이다.

둘째, 운송로와 인프라 측면에서도 한국의 에너지 안보는 위험에 지속적으로 노출되어 있다. 한국의 에너지 안보와 가장 직결된 운송 요충지는 호르무즈 해협과 말라카 해협이다.[4] 이란, 오만, UAE 사이에 위치한 호르무즈 해협은 세계 제일의 원유 운송 요충지다. 2013년 기준으로 이곳을 통과하는 원유의 양은 하루에 1700만 배럴에 달하는데, 이는 해상으로 운송되는 원유 거래의 약 30%를 차지하는 비중이다. 호르무즈 해협을 통과하는 원유의 85%는 아시아로 향하는데, 일본, 인도, 한국, 중국이 가장 많은 양을 수입하는 국가들이다. 중동의 카타르로부터 많은 양의 LNG를 수입하는 아시아 국가들의 현황으로 인해 호르무즈 해협은 LNG의 운송 요충지이기도 하다. 카타르에서 수출하는 모든 LNG가 호르무즈 해협을 통과하는데, 이는 세계 LNG 교역의 30% 이상을 차지하는 양이다.

호르무즈 해협과 더불어 세계의 양대 운송 요충지는 인도네시아, 말레이시아, 싱가포르 사이에 위치한 말라카 해협이다. 중동에서 출발한 유조선은 인도양을 거쳐 말라카 해협을 지나 남중국해와 태평양 방면으로 향한다. 이 루트는 중동과 동북아를 잇는 최단 거리이기 때문에 한·중·일 3개국은 에너지 수급을 말라카 해협에 크게 의존하고 있다. 2013년 기준 이곳을 통과하는 원유는 일일 1520만 배럴로 호르무즈 해협에 필적하며, 카타르의 LNG 역시 말라카 해협을 통과해 일본과 한국 등에 도착한다.

세계 에너지 운송의 요충지인 두 해협은 테러, 해적, 내전, 영토 분쟁 등 안보적 위험에 상시 노출되어 있다. 예를 들어 2010년 8월, 호르무즈 해협

4　EIA, "World Oil Transit Chokepoints," http://www.eia.gov/beta/international/regions-topics.cfm?RegionTopicID=WOTC.

을 지나가던 일본 유조선 엠스타(M. Star)가 폭탄 테러를 당한 바 있는데, 조사 결과 이는 알카에다 계열 테러리스트들의 소행으로 밝혀졌다(Worth, 2010). 중동 지역의 끊임없는 군사적 긴장도 에너지 안보의 위협 요인이다. 핵개발로 인해 미국을 비롯한 서구의 경제 제재에 놓여 있던 이란이 2011년 12월 호르무즈 해협을 봉쇄할 것을 선포해 중동 지역의 군사적 긴장이 최고조에 달한 적이 있다. 당시 전문가들은 호르무즈 해협에서 이란과 미국 간 군사적 충돌이 일어난다면 유가가 배럴당 200달러 이상으로 치솟을 것이라고 예상했다(Blas, 2011). 말라카 해협에서 정기적으로 실시되는 미국과 일본, 그리고 중국과 러시아의 합동 군사 훈련 역시 이 지역이 지니는 안보적 불안정성과 중요성을 보여주는 사례다. 말라카 해협의 해적 행위는 계속 증가하는 추세이며, 2014년에도 107번의 해적 행위가 발생해 2010년 대비 무려 700%가 늘어났다(Maslanka, 2015).

테러와 해적의 위협을 차치하더라도 두 요충지는 내전과 영토 분쟁의 중심에 위치하고 있다. 호르무즈 해협이 위치한 중동은 여전히 '아랍의 봄(Arab Spring)'으로 명명되는 민주화 운동과 내전의 영향 속에 있다. 튀니지에서 시작해 요르단, 이집트로 퍼져나간 후 전 중동·북아프리카 일대에 정권 교체와 그에 준하는 정치적 변화를 일으킨 이 움직임은 현재 가속화되고 있는 이슬람 근본주의 세력의 확대와 직접 맞물려 중동 지역의 극심한 정치적 불안정을 야기하고 있다. 이에 더해 2011년부터 오바마 정부가 추진 중인 미국의 재균형 정책으로 인해 1980년 카터 독트린 이후 줄곧 막대한 비용을 들여 중동 안정화에 신경써오던 미국의 정책적 초점이 동아시아를 향해 상대적으로 이동함으로써 중동 정세가 악화되고 있으며, 더불어 말라카 해협이 위치한 남중국해에서는 미국과 중국의 갈등이 심화되고 있다.

한국의 에너지 바닷길인 해상 운송로는 중동의 호르무즈 해협에서 시작해 인도양과 말라카 해협을 거쳐 남중국해를 지나 국내로 이어진다. 현재 한국은 파이프라인을 통해서는 자원을 수입하지 않고 오로지 유조선을 통해 석유와 LNG를 수입하는 방식을 유지하고 있기 때문에 이 해상 운송로의 안전을 확보하는 것이 곧 에너지 인프라의 안전을 확보하는 것이라고 말할 수 있는 상황이다. 해상 운송로에서 가장 중요한 요충지 두 곳이 모두 안보적 위협에 상시적으로 노출되어 있는 이상 한국은 새로운 운송로를 개척하고 에너지 인프라를 확충하는 등 안보적 대안을 모색할 필요가 있다.

셋째, 한국의 현 에너지 구조는 필연적으로 국제사회의 기후변화 대응 방향과 충돌하게 되어 있다. 기존의 교토의정서 체제는 국가별로 구체적인 감축 목표와 기한을 부여해 선진국의 구속력 있는 온실가스 감축 의무를 규정한 하향식이었으나, 2020년 이후부터는 개별 국가가 수립한 자발적·비구속적 감축 계획에 의존하는 상향식의 파리합의문 체제로 대체될 예정이다. '공동의 그러나 차별적인 책임'이라는 원칙하에 개도국에는 감축 의무를 유예하고 선진국에만 감축 의무를 규정한 교토의정서는 채택 당시부터 미국 등 선진국들의 거센 저항을 야기했으며, 결국 미국의 비준 거부, 캐나다의 탈퇴, 일본·러시아·뉴질랜드의 연장 거부 등 근간을 뒤흔드는 위기를 겪어왔다. 이에 따라 2011년 더반 제17차 당사국총회에서는 선진국과 개도국을 망라해 모든 당사국에 적용되는 새로운 체제를 수립하기로 합의했고, 2012년 도하 제18차 당사국총회에서는 교토의정서를 2020년까지 연장하기로 합의하면서 2015년까지 전 지구적 기후체제의 새로운 제도 설계를 완료하기로 결정했다. 그리고 2013년 바르샤바 제19차 당사국총회에서는 자발적 기여방안을 국가별로 제출하도록 규정했다. 이에 따라 서의 모든 UN기후변화협약 당사국은 자국의 온실가스 감축과 기후변화 적응에 관한 계획을 담은 INDC를 2015년 파리에서 열린 제21차 UN기후변화협약 당사국총회 전까지 제출했고, 파리합의문을 채택함으로써 전 지구적 기후변화 레짐인 파리체제가 새롭게 출범했다. 이제 국가들이 자발적·비구속적으로 제출한 INDC에 대한 비준이 이뤄지면 이는 국가의 기여방안, 즉 NDC(Nationally Determined Contribution)로 확정된다.

교토체제와 달리 파리체제는 법적 구속력을 지니지 못하는 NDC를 특징으로 하므로 개별 국가의 NDC 준수에 대한 감시 및 평가의 효과가 성공의 관건이 될 것이다. 그리고 NDC에 대한 감시·이행 촉진 기제는 UN 기후변화협약의 틀을 넘어 글로벌 거버넌스를 구성하는 다양한 제도 및 주체의 압력을 통해 전 방위적으로 이뤄질 것으로 예상된다. 일반적으로 국제환경협약의 성패에는 초강대국들의 의지와 압력 행사가 중요한 변수로 작용한다. 교토의정서 비준을 끝까지 거부한 유일한 선진국인 미국과 세계 최대의 온실가스 배출국이면서 감축 의무를 거부해온 중국이라는 G2가 파리협정의 채택을 주도하면서 전향적 태도를 보였기 때문에 파리체제는 EU가 홀로 주도하던 기존 체제와는 다른 양상이 전개될 것으로 판단된다. INDC에서 미국은 '2005년 대비 26~28% 감축' 목표를 제시했고, 중국은 '2005년 대비 2030년까지 탄소 집약도를 60~65% 감축, 1차 에너지원에서 비화석연료의 비중을 20%까지 확대, 산림원 증대, 2030년 또는 그 이전까지 온실가스 배출 정점'이라고 밝힘으로써 과거와는 다른 태도를 보여주고 있다. 재생에너지의 연구 개발에서도 두 초강대국은 이미 저탄소 사회로의 이행을 준비하는 모습이다. 교토체제가 실패한 가장 큰 원인이 G2의 비순응이었다고 볼 때, 파리체제가 성공한다면 가장 큰 이유역시 미국과 중국의 체제 순응 때문일 것이다.

초강대국 외에 국제관계의 다양한 제도 및 행위자도 복합적인 압력 집단으로 작용할 것으로 예상된다. 예컨대 G20나 세계 온실가스 배출량의 약 80%를 차지하는 17개국의 회의인 MEF(Major Economies Forum on Energy and Climate), 선진국 모임인 OECD, 그리고 APEC 등에서는 회의 때마다 기후변화 대응을 주요 의제로 삼아 NDC 이행을 촉구할 수 있으며, 국제재생에너지기구(International Renewable Energy Agency: IRENA)가 재생에너지 비중을 확대하도록 요구하거나 개발 의제를 담당하는 세계은행, UN개발계획 등이 지속가능한 개발을 도모하도록 요구하는 압력도 가중될 것으로 보인다. WTO의 무역 규칙은 신기후체제와 조화되는 방향으로 수정되는 것이 불가피할 것이며, 국제 금융시장 역시 화석연료에 대한 투자를 포기하고 재생에너지 투자를 늘리며 전 지구적인 배출권 거래를 촉진하는 움직임을 가속화할 것이다. 또한 지방자치단체와 대도시 등 국가 하부 단위와, IPCC 같은 국제 인식공동체, 시민단체, 초국적 기업, 개인에 이르는 글로벌 거버넌스의 행위 주체도 국가의 NDC 이행을 감시·촉구하는 역할을 비중 있게 담당할 것이다. 요컨대, 파리체제는 NDC라는 개별 국가의 자발적 의지와 행동에 의존하는 비구속적인 체제이지만, 구속적인 방식으로는 주권 국가에 효과를 발휘하지 못한 기존의 체제를 수정해 융통성을 높였으며, 다양한 자발적 순응 기제와 전 방위적인 감시 주체를 형성·강화할 새로운 방식의 압력으로 작동해 국가의 NDC 이행을 촉구할 것으로 생각된다.

파리체제로 인해 국제사회의 규범을 준수하라는 압력이 가중됨에 따라 한국의 에너지 구조에 큰 부담이 생겨났다. 화석연료에 의존하는 한국의 막대한 에너지 소비는 곧 다량의 온실가스 배출로 이어져 현재 한국은 온실가스 배출이 세계 7위를 차지하고 있다. 2012년 기준으로 한국의 온실가스 총배출량은 약 688.3MtCO$_2$인데, 이 중 압도적인 비중(87.2%)을 차지하는 것은 에너지 분야이며, 산업 공정(7.5%), 농업(3.2%), 폐기물(2.2%)이 나머지를 차지하고 있다(온실가스종합정보센터, 2014: 2~3). 에너지 부문의 온실가스 배출량인 600.3MtCO$_2$의 분야별 비중을 살펴보면, 에너지 산업 45.2%, 제조업·건설업 30.4%, 수송 14.6%, 기타(가정, 상업, 공공, 농림어업 등) 9.8%로서(온실가스종합정보센터, 2014: 56), 한국의 온실가스 배출은 에너지 산업, 제조업·건설업, 수송의 3대 에너지 분야가 대부분을 차지하고 있음을 확인할 수 있다. 다시 말하면, 전력과 열의 생산, 철강, 화학, 시멘트, 정유 등의 제조업과 건설업, 그리고 도로 수송에 사용되는 화석연료에서 나오는 이산화탄소가 한국에서 배출되는 온실가스의 대부분을 차지하고 있다는 뜻이다. 에너지 안보 개념에서 환경 요인이 중시되는 추세에서도 확인할 수 있듯, 에너지 안보 문제는 온실가스 저감과 기후변화 대응이라는 환경문제와 직결되며, 한국은 현재의 에너지 구조를 유지할 경우 전 지구적인 기후변화 대응을 촉구하는 파리체제에 적응할 수 없는 상황이다.

한국정부의 INDC는 모든 경제 부문에서 2030년까지 배출전망치 대비 37%를 감축하겠다고 서약하고 있다(UNFCCC, 2015). 이를 수치로 표현하면 2030년 배출전망치인 850.6MtCO$_2$를 536MtCO$_2$로 감축하겠다는 의미다. 이명박 정부 시기인 2009년 한국은 2020년까지 배출전망치 대비 30% 감축을 서약한 바 있는데, 이는 2020년 배출전망치인 813MtCO$_2$를 543MtCO$_2$로 감축하겠다는 것이었다. 이는 IPCC가 제안한 개도국 권고치인 '배출전망치 대비 15~30%'의 최대치를 반영한 것으로, 당시 감축 의무가 없던 개도국 신분의 한국이 공언한 결정은 솔선수범의 행동으로 국제사회의 인정을 받았다. 하지만 새로운 전 지구적 기후체제에 대응해 2015년에 한국이 제시한 INDC에서는 2020년 543MtCO$_2$ 배출 목표를 2030년 536MtCO$_2$로 수정했는데, 이는 2020~2030년 기간 동안 단지 7MtCO$_2$만 감축하겠다고 제안한 것과 다를 바 없는 상황이다. 명성 높은 기후변화 연구기관들의 컨소시엄인 기후행동추적(Climate Action Tracker: CAT)에서 한국의 INDC에 대해 '부적격(inadequate)' 등급이라는 부정적인 평가를 내린 바 있는 만큼,[5] 향후 INDC의 이행 여부에 더해 국가의 책임과 역량에 부합하는 추가적인 온실가스 감축에 대한 압력이 한국에 가해질 것으로 예상된다.

한국정부는 INDC 감축 목표치 37% 중 국내 정책을 통해 25.7%를 감축하고, 국제 시장 기제(international market mechanism: IMM)를 통해 11.3%를 감축할 계획이다(관계부처 합동, 2015a: 4). 그러나 파리협정에서도 구체화되지 않았고 현재 방식 자체가 논의 중인 IMM을 통해 어떻게 11.3%를 감축할 수 있을지는 여전히 불확실하다. 게다가 향후 모든 국가가 해외에서의 감축분을 확보하기 위해 국제탄소 시장에 적극적으로 뛰어들 것이라는 상황을 고려한다면 불확실성은 한층 배가된다. 국내적으로도 에너지 신산업의 육성, 전력 정책의 변환, 배출권거래제도와 재생에너지의무할당제 시행 등 다양한 정책을 추진 중이지만, 대부분의 에너지를 수입한 화석연료에 의존하고 에너지 다소비형 제조업을 중심으로 하는 지금의 산업구조를 유지한다면 25.7%의 목표를 달성하는 것조차 쉽지 않을 것으로 전망된다. 게다가 IMM이 11.3%를 차지하고 국내 감축은 25.7%에 불과하다는 점, 배출전망치 기준 목표 설정으로 인해 향후 온실가스 배출량은 지속적으로 증가할 것이라는 점을 감안하면 '후퇴 금지의 원칙(No Backsliding, 당사국의 INDC는 현재의 목표를 넘어 진전된 형태로 수립되어야 한다는 원칙)'을 위반한 것까지는 아니더라도 그 정신에 부합한다고 보기는 어려운 상황이다.

정리하자면, 에너지 안보를 평가하는 지표인 수급성(공급원, 운송로), 인프라, 가격, 환경 면에서 한국의 에너지 구조는 높은 취약성을 보이고 있으며, 에너지 거버넌스의 변화와 파리체제의 수립이라는 전 지구적 구조변화에 직면해 취약성을 보완하기 위한 에너지 외교의 방향을 시급히 모색해야 하는 상황에 놓여 있다. 따라서 에너지 공급원을 다변화하고 운송

---

5   CAT, "South Korea," http://climateactiontracker.org/countries/southkorea.html.

로와 인프라의 안전을 확보하며 에너지 가격의 안정성을 추구하고 저탄소 에너지원의 비중을 높여가기 위해 역량을 발휘하는 일이 한국이 당면한 외교적 과제다. 다음에서는 세계적으로 가장 큰 구조적 변화에 직면한 에너지원이자 화석연료 중 온실가스를 가장 적게 배출하는 연료인 천연가스와, 파리체제 대응에 가장 부합하는 저탄소에너지원인 재생에너지 및 원자력을 중심으로 한국의 에너지 외교 방향을 검토하려 한다.

2. 한국의 에너지 외교 방향 모색

1) 천연가스 외교의 방향

(1) 탈중동을 위한 셰일혁명의 적절한 활용: 미국과 호주로 천연가스 공급원 다변화

2000년대 이후 수평시추(horizontal drilling)와 수압파쇄(hydraulic fracturing) 기술이 혼합되어 발전하면서 북미 지역에서는 셰일가스, 셰일오일, 타이트 오일 등 비전통적인 가스와 원유의 급격한 생산이 증대되었다. '셰일혁명'이라고까지 불리는 이 현상으로 인해 미국의 에너지 지형도는 크게 변화했다. 기존에 세계에서 가장 큰 천연가스 수입 시장이던 미국은 2009년을 기점으로 러시아를 능가하는 세계 최고의 생산국으로 변화했고 2018년 이후부터는 세계 최대의 천연가스 수출국이 되면서 에너지 자립을 이루려는 야심찬 계획을 세우고 있다.

미국의 천연가스 수입량 역시 세계 7위를 차지할 정도로 높다. 국내 생산량이 많지만 자국 소비량 또한 많기 때문이다. 미국이 수입하는 천연가스는 거의 전량 캐나다로부터 수입하는 PNG이며, 2014년 기준 746억m^3

〈표 13-8〉 2013년 국가별 천연가스 생산량(단위: 10억m³)

순위	국가	생산량
1	미국	24,334
2	러시아	22,139
3	이란	5,696
4	카타르	5,598
5	캐나다	5,129
6	중국	3,986
7	노르웨이	3,840
8	사우디아라비아	3,526
9	네덜란드	3,052
10	투르크메니스탄	2,995
11	알제리	2,813
12	인도네시아	2,486
13	말레이시아	2,260
14	호주	2,179
15	우즈베키스탄	2,106
16	이집트	2,034
17	UAE	1,928
18	멕시코	1,640
19	트리니다드토바고	1,511
20	태국	1,476

자료: EIA, "Dry Natural Gas Production", http://www.eia.gov/cfapps/ipdbproject/IEDIndex3.cfm?
tid=3&pid=26&aid=1.

에 달하는 막대한 양이다. 한편 미국의 LNG 수입량은 셰일혁명이 가시화
되던 시기인 2007년 4월 9874.2만m³, 7월 9834.4만m³를 기록한 이후 지
금은 LNG를 거의 수입하지 않고 있는 상태다. 기존에도 미국은 트리니다
드토바고, 이집트, 나이지리아, 알제리 등 중남미와 아프리카 국가들에서
LNG를 대부분 수입했으며, 중동, 동남아, 호주 등으로부터는 소량만 수입
해왔다.[6]

---

6   EIA, "U.S. Natural Gas Imports and Exports: 2007," http://www.eia.gov/naturalgas/imp

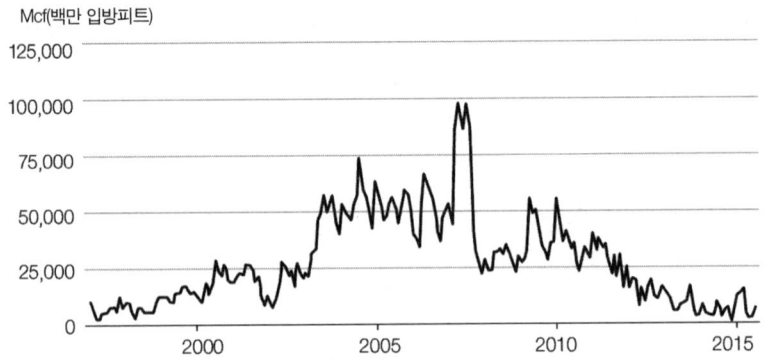

〈그림 13-3〉 미국의 LNG 수입 추이

자료: EIA, "U.S. Liquefied Natural Gas Imports", http://www.eia.gov/dnav/ng/hist/n9103us2m.htm.

현재 북미는 천연가스에 관한 한 상호 수출입하는 자립적인 시장이라고 볼 수 있다. 캐나다는 PNG의 전량을 미국에 수출하고, 미국은 캐나다와 멕시코에만 PNG를 수출하고 있기 때문이다(BP, 2015: 29). 시장 기제를 따르는 북미와 달리, 중동·러시아 등 여타의 가스 수출국에서는 유가와 연동된 가격으로 가스 가격을 설정할 뿐 아니라 수입국과 장기 공급 계약을 체결하는 등 시장 기제를 따르지 않고 있어 수입국들의 불만을 야기해 왔다. 따라서 미국이 시장 기제를 통해 상대적으로 저렴한 가격의 LNG를 수출한다면 결과적으로 세계 천연가스 거래 방식에서도 시장 기제가 확산되는 등 큰 변화가 나타날 것으로 예상된다.

미국의 가스 수출이 본격화될 경우 주요 고객이 될 것으로 예상되는 지역은 유럽과 아시아다. 현재 세계에서 천연가스를 가장 많이 수입하는 지역은 유럽인데, EU는 수입량으로 세계 1위를 차지하며, 개별 국가로 보더라도 독일, 이탈리아, 영국, 프랑스, 스페인, 네덜란드가 천연가스 수입국

ortsexports/annual/archives/2009/ngimpexp07.pdf.

〈표 13-9〉 2014년 국가별 천연가스 수입량(단위: 10억m³)

순위	국가	수입량
1	EU*	420.6
2	일본	128.3
3	독일	86.8
4	미국	76.3
5	중국	59.7
6	이탈리아	55.8
7	한국	49.1
8	터키	48.9
9	영국	42.8
10	프랑스	41.2
11	스페인	36.4
12	네덜란드	29.1
13	멕시코	27.4
14	우크라이나*	25.9
15	러시아	24.2

주: EU는 2010년, 우크라이나는 2013년 자료임.
자료: CIA, "Country Comparison: Natural Gas Imports," https://www.cia.gov/library/publications/the-world-factbook/rankorder/2252rank.html.

상위 15위 안에 포함된다.

2013년 기준, EU는 천연가스 수입량의 39.0%를 러시아로부터 공급받아 높은 러시아 의존도를 보이고 있다.[7] 이는 유럽의 에너지 안보 취약성을 높이는 가장 큰 문제로서, EU 차원에서도 러시아 의존도를 감소시키기 위해 공급원 다변화를 모색해왔다. 특히 2006년, 2009년, 2014년 세 차례에 걸쳐 러시아가 자행한 우크라이나 PNG 차단 조치는 유럽의 에너지 안보에 경종을 울린 사건이었다. 러시아의 가스 가격 인상에 대해 우크라이나가 반발하는 고질적인 구조로 반복된 이 사건들은, 2009년 기준 우크라

---

7 Eurostat, "Energy Production and Imports," http://ec.europa.eu/eurostat/statistics-explained/index.php/Energy_production_and_imports.

이나를 통과해 유럽으로 가는 가스가 러시아 공급량의 80%를 차지했던 상황에서 유럽 전체의 에너지 안보를 뒤흔드는 일이었다. 이에 따라 EU 는 우크라이나를 우회하는 러시아 가스 공급선을 확보하려고 노력하는 동시에, 러시아 의존도를 낮추기 위해 아제르바이잔 등 카스피 해 연안국 들의 가스를 직접 공급받는 대규모 PNG 사업을 추진하기 시작했으며, 미 국의 LNG를 수입하려는 계획 역시 가시화하고 있다.

한편 점점 낮아지는 유럽의 가스 수요에 더해 러시아로부터 탈피하려 는 EU의 움직임이 포착되면서 러시아로서는 가스를 수출할 새로운 곳을 개척해야 했다. 이에 따라 러시아는 동아시아로 눈을 돌렸고 그 결과 중국 과의 대규모 가스 협력이 성사되었다. 가스프롬은 역사상 최고액인 총 4000억 달러 규모의 계약을 CNPC와 체결했으며, 러시아는 중국 1년 가스 소비량의 23%인 380억m³의 가스를 30년간 매년 공급하는 데 합의했다. 결과적으로 가스 수입국에서 수출국으로 변모 중인 미국, 공급원 다변화 를 위해 미국 셰일가스의 도입을 추진하는 EU(Harvey, 2014), EU 외에 안정 적인 수요를 지닌 새로운 시장을 찾아야 하는 러시아, 향후의 에너지 수요 를 충당하고 기후변화에 대응하기 위해 막대한 가스를 필요로 하는 중국 의 이해관계가 맞물려 세계 천연가스 시장구조의 근본적인 변화가 예상 되고 있다.

아시아에서는 일본이 미국발 셰일혁명의 영향을 가장 직접적으로 받을 것으로 예상된다. 한국과 일본 모두 선박을 통해 해외로부터 LNG를 수입 해 가스를 공급하고 있기 때문에 공급원 다변화를 모색해온 상황이지만, 일본은 한국보다 발 빠르게 공급원 다변화에 성공하고 있다. 2013년 일본 의 천연가스 수입국을 살펴보면, 최대 공급원은 호주로서 20%의 비중을 차지하고 있고 러시아가 10%를 차지해 중동과 동남아에 대부분을 의존하 는 한국과 다른 모습을 보인다. 카타르(18%), UAE(6%), 오만(5%) 등 중동

수입국	수입량	수입국	수입량
호주	17.90	적도기니	2.30
카타르	16.07	페루	0.72
말레이시아	15.04	이집트	0.58
러시아	8.73	예맨	0.51
인도네시아	6.22	알제리	0.42
UAE	5.40	트리니다드토바고	0.28
브루나이	5.07	노르웨이	0.24
오만	3.97	앙골라	0.12
나이지리아	3.82	전체	87.79

자료: IGU(2014: 12).

의 비중이 29%이고, 말레이시아(17%), 인도네시아(7%), 브루나이(6%)를 합친 동남아의 비중이 30%를 차지함으로써 일본의 천연가스 수급은 여러 지역과 국가에 걸쳐 다변화되어 있음을 확인할 수 있다.

천연가스 공급원을 다변화하려는 일본의 노력은 1970년대 후반부터 지속되어왔다. 일본은 역내 갈등을 겪고 있는 중동에서 발생할 수 있는 에너지 안보 위험을 피하기 위해 중동 의존도를 낮추고 인도네시아, 말레이시아, 브루나이에서 전체 50% 이상의 LNG를 공급받도록 의도적으로 조정해왔다. 이후 동남아 지역, 특히 인도네시아의 국내 수요가 늘어나 가스 수출국에서 수입국으로 변모할 것으로 예상되자 러시아 사할린 지역과 호주에 진출해 가스 공급원을 더욱 다변화했다. 특히 2011년 3월 후쿠시마 원전 사고 이후 원전 가동을 중지하고 새로운 에너지 수요에 대응해야 했던 일본정부는 호주로부터 LNG 수입량을 증대해 이를 돌파구로 삼았다. 이에 따라 2012년을 기점으로 호주는 일본의 최대 LNG 수입원이 되었으며, 일본은 호주의 LNG 수출에서 가치 기준 92%, 물량 기준 80%를 차지할 정도로 양국 간에는 긴밀한 가스 협력이 이뤄졌다(Spedding, 2015: 3~4).

<표 13-11> 일본의 미국산 LNG 수입 계약 상황

미국 LNG 기지	프리포트	코브 포인트	캐머런
위치	텍사스	메릴랜드	루이지애나
사업자	프리포트(Freeport)	도미니언(Dominion)	셈프라(Sempra)
생산 능력	연간 880만 톤 (확장: 연간 440만 톤)	연간 575만 톤	연간 1200만 톤
생산 개시	2018년	2017년	2017년
수출 기간	20년	20년	20년
일본 거래 계약 (연간 물량)	오사카가스 220만 톤, 주부전력 220만 톤 (확장: 도시바 220만 톤)	스미토모 230만 톤 (재계약: 도쿄가스 140만 톤, 간사이전력 80만 톤)	미쓰비시 400만 톤, 미쓰이 400만 톤

자료: 원형원(2014: 14).

호주는 2020년경 카타르를 능가하는 세계 최대의 LNG 생산국이 될 것으로 예상되기 때문에 향후에도 일본의 높은 LNG 수요를 책임질 주요 공급원으로 자리 잡을 것으로 보인다. 호주 역시 일본뿐 아니라 한국, 중국, 인도, 대만, ASEAN 등 아시아 시장에 적극적으로 진출하려 할 것이다. 또한 호주의 대아시아 수출이 증가할 경우 새로운 에너지 운송로를 안정적으로 확보하기 위해 호주, 일본, 미국 등 환태평양 동맹국들 간의 전략적 협력이 강화될 가능성도 높다.

가스 공급원 다변화에 비교적 성공한 일본정부는 현재 미국으로부터의 LNG 수입을 적극 추진하면서 북미 지역의 신규 LNG 프로젝트에서 소유권을 획득할 수 있도록 일본 기업을 지원하고 있다. 이미 일본은 미국과 <표 13-11>과 같이 세 건의 LNG 수입 계약을 체결한 상태이며, 향후 미국 셰일가스로 일본 LNG 수요의 20%를 확보할 수 있을 것으로 전망된다.

현재 미국의 천연가스 법은 자국과 FTA를 맺지 않은 국가에 대해서는 미국의 국익에 부합하는지 여부를 엄격히 심사해 에너지 수출을 제한하고 있는데(Levi, 2015), 미국의 에너지부는 일본의 환태평양경제동반자협정(Trans-Pacific Partnership: TPP)에 참여하기로 선언한 직후인 2013년 5월에

프리포트(Freeport)에서 LNG를 수출하는 것을 승인했다. 이로써 무역 이익을 제고하고 기존의 안보 동맹을 한층 강화시킬 미일 에너지 협력이 본격적인 시작을 알렸다. 게다가 미국의 LNG는 유가 연동, 장기 계약, 아시아 프리미엄 없이 북미 역내의 시장 기제인 헨리허브 가격에 따라 수출되기 때문에 중동의 기존 대아시아 LNG 수출 기제 역시 이에 맞춰 변화될 것으로 예상된다. 북미와 호주의 LNG 수출이 일본과 한국 등 막대한 LNG를 수입하는 아시아 지역에서 활성화된다면 아시아 프리미엄이 해소되는 것은 물론이거니와 아시아 가스 허브가 설립되고 아시아 소비국 클럽이 성립되는 상황까지도 예측해볼 수 있다.

에너지 수급성을 확보하고 파리체제에 대응하기 위해 미국, 유럽, 러시아, 중국, 일본, 중동 등 주요 천연가스 생산국과 소비국, 수출국과 수입국이 모두 변화를 겪고 있는 가운데 대규모 LNG 소비국이자 수입국인 한국 역시 이러한 변화의 한가운데 놓여 있다. 2010년 12월에 한미 FTA 협상안을 타결하고 2012년 3월에 이를 발효시킴으로써 미국산 LNG 수입에 큰 제한을 받지 않게 된 한국은 FTA 발효 직전 미국산 셰일가스 도입을 결정한 바 있다. 2012년 1월 한국가스공사가 미국의 사빈패스(Sabine Pass)와 LNG 수입 계약을 체결한 것이다. 계약에 따라 2017년부터 20년간 매년 350만 톤의 LNG를 수입할 예정인데, 프랑스 토탈(Total)에 재판매되는 70만 톤을 제외하면 국내에 들어올 물량은 연간 최대 280만 톤에 이를 것으로 예상된다. 한국가스공사가 15% 지분을 지닌 LNG 캐나다(LNG Canada)로부터 매년 약 363만 톤을 추가로 도입하는 방안 역시 검토 중이므로, 민간 기업의 수입량까지 합하면 매년 최대 703만 톤의 북미 셰일가스가 국내에 들어올 것으로 예상되고 있다. 따라서 추후 셰일가스 및 여타 지역의 가스 가격 추세를 지켜보면서 장기 계약에 더욱 신중한 태도로 일관할 필요가 있다.

미국뿐 아니라 호주와의 에너지 협력 역시 한국정부의 주요 관심사가 되고 있다. 기존에도 한국은 철광석, 유연탄, 알루미늄 등 주요 광물 자원 수입의 40% 이상을 호주에 의존하고 있었기 때문에 에너지·자원과 관련한 양국의 협력은 이미 상당한 신뢰 관계를 구축한 상황이다. 호주는 자원 개발에 대한 위험 부담이 낮고 투자 환경이 안정적이기 때문에 한국은 호주 진출을 적극적으로 추진해왔으며, 1980년부터 한·호 자원협력위원회를 구성해 광물을 중심으로 한 자원협력을 추진해왔다. 현재 한국정부는 호주로부터 LNG를 수입하기 위해 활발히 움직이고 있으며, 한국가스공사가 지분을 소유한 호주 LNG 프로젝트를 중심으로 단시간 내에 호주 LNG 수입이 시작될 것으로 전망된다.

결과적으로 한국의 천연가스 공급원은 북미와 호주의 LNG 도입이 본격화되는 2018년을 기점으로 더욱 다변화된 모습으로 변화할 것으로 예측된다. 일본이 이미 구현하고 있는 바와 같이, 호주와 미국으로부터 수입되는 물량이 중동을 능가하면 이는 에너지 안보 면에서의 취약성을 낮추는 계기로 작용할 것이다. 비전통 가스의 확산으로 세계 가스 시장이 공급자 위주에서 수요자 위주로 재편되면 한국과 같은 수입국은 이를 기존의 중동 LNG에 대한 가격 협상 레버리지로 활용할 수도 있을 것이다. 이에 더해 향후 전 지구적인 가스 개발이 가속화될 경우 한국은 동아프리카, 서아프리카, 중남미, 알래스카 등으로 공급원을 다변화할 수도 있을 것으로 보인다.

(2) 한·러 가스 협력의 신중한 모색

현재 천연가스 부문에서 동일한 에너지 안보 문제를 겪고 있는 일본과 한국은 러시아 가스의 수입 비중에서 차이를 보이고 있다. 일본은 러시아로부터 전체 가스 수입량의 10%에 해당하는 LNG를 수입하고 있는데, 한국은 러시아로부터 PNG와 LNG를 동시에 수입할 수 있는 지정학적 위치에 있으나 러시아로부터는 전체 가스 수입량의 5%를 LNG로 수입하는 선에 그치고 있다. 한국은 러시아 가스, 특히 PNG의 도입을 오랜 기간 추진해왔으나 여러 가지 한계에 부딪혀 번번이 사업 무산을 겪어야 했다.

러시아 천연가스를 한국으로 도입하려는 논의가 시작된 지점은 1992년으로 거슬러 올라가지만, 구체적인 진전이 이뤄진 것은 2000년대 중반부터였다. 2006년 10월 17일, 한국과 러시아는 '한국정부와 러시아연방정부 간의 가스 산업에서의 협력에 관한 협정', 즉 '한러 가스산업 협력협정'을 체결했다(산업자원부, 2006). 2004년 9월 노무현 대통령의 러시아 순방 때부터 이어진 협상의 결과였다. 이를 통해 양국은 ① 러시아에서 한국으로 배관을 통한 천연가스 공급, ② 액화천연가스 및 압축천연가스 관련 인프라 건설 협력, ③ 가스 산업 분야에서의 과학 및 기술 협력, ④ 가스 관련 기반 시설의 건설과 개·보수 및 운영, ⑤ 가스전의 기술·탐사·개발 및 운영, ⑥ 가스 산업에 적합한 법적 틀 조성 등 6개 분야에서 협력을 공식화했다. 당시 러시아는 통합가스개발계획(United Gas Supply System: UGSS)을 수립 중이었는데, 이 계획은 우랄 산맥 서부 및 서시베리아 지역에서 이미 운영 중인 가스 공급망과 대유럽 가스 수출 배관망을 동시베리아와 극동으로 확대해 구축·운영하는 대규모 에너지 인프라를 조성하는 것을 내용으로 하고 있었다. 이에 따라 러시아는 가스프롬의 주도로 서부, 중부, 동부의 모든 노선에서 아시아 지역에 수출할 가스 공급망을 구상했는데, 여기에는 대규모 에너지를 필요로 하는 아시아 시장을 공략하려는 의도와 더불어 경제적으로 낙후 지역인 동시베리아의 개발을 추진하려는 전략도 담겨 있었다.

〈그림 13-4〉를 보면, 서부 노선은 기존의 이르쿠츠크 노선과 거의 동일한 단일 노선으로서 코빅타·야쿠츠크의 가스를 중국을 거쳐 서해를 통해

〈그림 13-4〉 러시아 통합가스개발계획의 동부 노선 계획

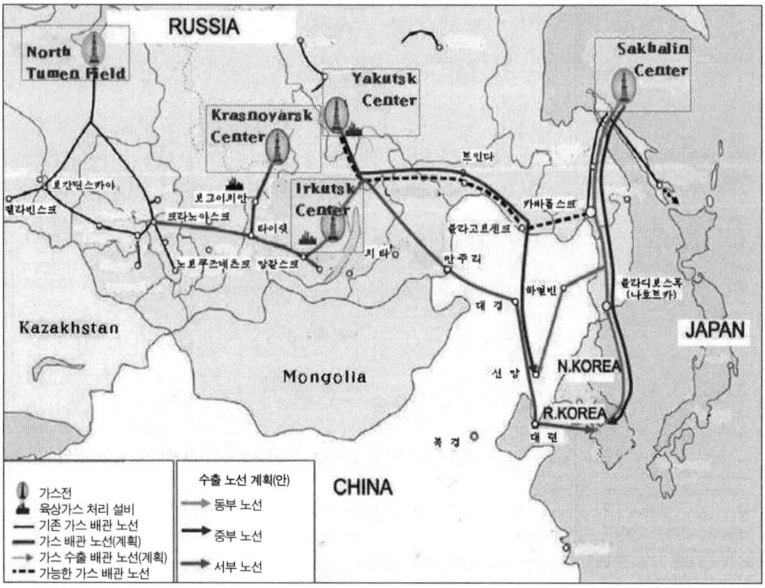

자료: 산업자원부(2006).

한국까지 공급하는 노선이다. 중부 노선은 야쿠츠크의 가스는 중국으로
보내고 사할린의 가스는 블라디보스토크를 거쳐 동해를 통해 한국으로
공급하는 노선이다. 동부 노선은 사할린의 가스를 중국과 한국으로 공급
하며, 한국에는 동해를 통해 공급하는 노선이다. 협정의 핵심이라고 할 수
있는 ①과 ②는 이 3개 노선의 개발에 대한 양국의 협력을 규정하고 있다.

협정의 다른 핵심인 ⑤는 동시베리아와 극동러시아의 유전 개발 사업
과 관련된 것이다. 2004년 9월 러시아 오호츠크 해상의 서캄차카 해상 광
구를 두고 러시아 로스네프트와 한국석유공사가 공동 개발에 합의한 바
있는데, 이후 원유 약 90억 배럴, 천연가스 약 6억 톤의 추정 매장량을 확
인했다. 당시 극동에서도 사할린 III 사업이 탐사 단계여서 이에 관한 양국
의 협력이 기대되던 상황이었다.

'한러 가스산업 협력협정'에서 주목할 만한 점은 3개 노선 모두에서 북한이 배제되었다는 사실이다. 하지만 이후 2008년 9월 29일, 이명박 대통령은 메드베데프 러시아 대통령과의 정상회담에서 러시아의 제안을 받아들여 북한을 포함시키는 남·북·러 가스협력에 합의하고 양해각서를 체결했다(지식경제부, 2008). 블라디보스토크 – 북한 – 한국을 잇는 노선을 건설하고 한국은 2015년 이후 러시아로부터 연 10bcm(약 750만 톤)의 천연가스를 30년에 걸쳐 도입하기로 한 것이다. 이는 세계 2위의 천연가스 수입국인 한국의 연수요 20%에 해당하는 막대한 양이고, 도입이 이뤄진다면 한국의 러시아 가스 의존도가 당시 기준 6%에서 30%로 증가할 정도로 양국 관계에 큰 영향을 미칠 협력 사업이었다. 한국과 러시아는 PNG 외에도 극동 지역에서 석유화학단지와 LNG 액화 플랜트를 공동으로 건설해 공동 운영하고 판매하기로 합의했다. 이는 30년간 한국의 가스 구매액 900억 달러, 석유화학단지 건설비 90억 달러, 북한 경유 파이프라인 건설비 30억 달러를 합쳐 1000억 달러 이상 투입되는 초대형 프로젝트로서, 한국은 러시아의 풍부한 천연가스를 합리적인 가격에 안정적으로 확보하는 동시에 남북 관계의 진전을 기대할 수 있고, 러시아는 극동 지역의 경제를 활성화시킬 수 있으며, 북한은 연 1억 달러 이상의 배관 통과료를 확보할 수 있어 3국이 상호 이득을 볼 수 있는 사업이다.

이후 러시아 – 북한 – 한국을 잇는 파이프라인의 건설은 2009년 5월에 실시된 북한의 핵실험과 그로 인한 UN 제재, 그리고 2010년 한국정부의 5·24 조치에 따라 몇 년간 진척되지 못했으나, 2011년 8월 열린 북·러 정상회담에서 북한이 이 사업에 대한 참여 의사를 공식적으로 표명함으로써 남·북·러 가스 협력은 다시금 중요한 의제로 부상했다. 한국정부 역시 5·24 조치에도 불구하고 북한의 참여를 받아들여 9월에 한국가스공사와 가스프롬 간 PNG를 도입하는 장기 로드맵에 합의함으로써 2017년부터 사업을 가동하기로 확정했다(이성규, 2011: 14~15). 이에 더해 2012년 9월에는 러시아의 채무를 탕감하는 조치가 이뤄졌다. 북한에 제공된 차관 110억 달러 중 90%는 탕감하고, 10억 달러는 북한의 에너지, 의료, 교육 부문에 재투자함으로써 사실상 모든 채무를 탕감한 것이다(Elder, 2012). 이로인해 러시아는 북한의 참여를 공고히 해서 사업의 안정성을 확보하고 중국의 영향권에 깊숙이 진출함으로써 동북아에 대한 영향력을 확대하려는의도를 드러냈다. 그러나 2013년 3월 휴전 협정 백지화 선언, 2014년 3월서해 NLL 해안포 발사, 2015년 8월 비무장지대 지뢰 폭발 사건 등 북한의대남 도발이 계속되면서 남·북·러 가스 협력은 진척되지 못하는 상태에놓여 있다.

현재 한국에서 러시아 천연가스를 도입하는 일은 양날의 검이다. 남·북·러 파이프라인을 통해 러시아 가스가 도입된다면 한국으로서는 중동및 동남아 국가에 편중되어 있는 천연가스 공급선을 다변화할 수 있고, 해상으로 유조선을 통해 LNG를 수송하는 비용을 절감할 수 있으며, 남북 관계의 안보적 긴장을 완화시킬 물꼬를 틀 수도 있다. 하지만 이런 모든 편익이 있더라도 한국이 신중히 행동해야 하는 까닭은 이것이 세 가지 측면에서 미국의 세계 전략과 정반대의 방향이기 때문이다. 첫째, 미국은 러시아의 영향력을 줄이기 위해 그동안 많은 노력을 기울여왔으며, 특히 러시아가 크림반도를 병합한 이후 유럽과 공조한 경제 제재를 통해 러시아의세력 확산을 견제하는 데 주력하고 있다. 둘째, 남·북·러 PNG 사업으로인해 북한 김정은 정권에 혜택이 돌아가는 것을 미국이 찬성할지 미지수다. 마지막으로, 셰일혁명의 기세를 타고 LNG 수출국으로 변모할 미국 역시 동북아 시장으로 진출하기를 원하고 있는 상황이기 때문에 한·중·일이 러시아에 대한 천연가스 의존도를 높이는 일은 미국의 입장에서 바람직하지 않을 것이다. 미국과 중국이 패권 경쟁을 하고 미국과 러시아의 대립이 극심해진 현 국제 질서 상황에서 남·북·러 PNG 사업을 적극적으로 추진하는 것은 신중해야 할 문제다.

한국은 러시아로부터 천연가스를 수입함으로써 중·러 인프라를 활용하고 저비용 가스 수급을 통한 경제적 혜택을 누리며 더불어 북한과의 관계 개선이라는 정치적 혜택까지 확보할 수 있으나, 미국, 중국, 러시아 간의 긴장 구도가 심화되는 세계정세 속에서 이러한 결정이 한국의 정치적 부담을 가중시킬 가능성도 배제할 수 없다. 게다가 북한은 물론이거니와 러시아 역시 신뢰할 만한 에너지 협력 파트너로서의 면모를 충분히 보여주지 못한 만큼, 가격과 인프라를 근거로 남·북·러 PNG 사업을 추진하는 데에는 신중을 기해야 하며, 러시아와의 에너지 협력에서는 동시베리아와 극동 지역의 자원 개발을 중심으로 한 전략적 접근을 우선적으로 추진해야 한다. 결과적으로 러시아 PNG를 공급선 다변화의 선택지로 고려하되, 경제적 협력으로 정치적 신뢰를 구축하려 하기보다는 정치적 안정성을 확보한 이후 경제적 협력을 점진적으로 늘려가는 방향으로 신중히 접근하는 편이 바람직할 것으로 보인다.

2) 저탄소에너지 외교의 방향

(1) 동북아 평화협력구상의 이론적 검토

국제 에너지 협력을 위한 박근혜 정부의 외교 전략으로 가장 두드러지는 것은 '동북아 평화협력구상'이다. 동북아 평화협력구상의 접근 방식은 에너지 안보, 원자력 안전, 기후변화와 환경, 재난 관리, 사이버스페이스, 마약, 보건 등 연성 의제에서 대화와 협력을 통해 신뢰를 쌓은 다음 전통 안보 의제로까지 협력의 범위를 넓혀 '아시아 패러독스'(동북아에서 경제적 상호 의존은 확대되고 있지만 정치·안보 협력은 이에 못 미치는 현상)를 극복하고 동북아 다자 협력을 달성하자는 것이다(외교부, 2015). 동북아 평화협력구상의 직접적인 의제 중 하나인 에너지 안보 분야의 경우 동북아 가스 트레이딩 허브, 아시아 가스 가격 저감, 동북아 오일 허브, 신·재생에너지 협력 등 다양한 사안을 놓고 동북아 국가들의 협력을 촉진시킬 수 있는 방법을 모색하고 있다. 동북아 평화협력구상은 국가와 지역의 차원에서 에너지 안보를 제고하고 기후변화 등의 환경문제에 대응하는 동북아 협력의 기제로서 중요한 프레임을 제공하고 있다. 그러나 동북아 평화협력구상을 추진하는 데서의 근본적인 한계를 먼저 검토할 필요가 있다.

동북아 평화협력구상의 이론적 기반은 유럽의 통합을 설명했던 '통합 이론', 즉 기능주의와 신기능주의다. 통합 이론은 하위 정치 영역에서 협력하는 습관이 상위 정치의 영역으로 파급되어가는 학습의 과정을 핵심 아이디어로 삼는다. 이와 동일한 논리 구조를 지닌 동북아 평화협력구상의 경우 하위 정치에는 에너지 안보, 기후변화 대응 등의 연성 의제가 해당된다. 그렇기에 통합 이론은 동북아 평화협력구상의 근간이 되는 핵심 아이디어를 국제정치학계에서 가장 먼저 제시하고 발전시킨 이론이라고 할 수 있다.

기능주의는 1943년에 데이비드 미트라니(David Mitrany)가 제안한 이론이다(Mitrany, 1966). 그는 세계대전으로 참혹한 손실을 입은 유럽을 보며, 제1차 세계대전과 제2차 세계대전 사이의 시기에 국제기구, 국제법, 군비 감축 등을 통해 평화 정착이 가능하다고 믿었던 이상주의자들의 생각을 비판했다. 또한 그 이전까지 국제관계학계 평화 이론의 주류였던 칸트류의 영구평화론, 즉 연방의 수립을 통한 평화 달성이라는 구상 역시 문제가 있다고 보았다. 연방주의에서는 민족주의나 이념의 영향을 너무 과소평가하고 있으며 주권 국가로 이뤄진 근대 국제 체제에서는 국가들의 주권 양도가 현실적으로 어렵다고 본 것이다. 게다가 연방이 설립된다고 해도 세계는 이러한 연방들 간 경쟁으로 인해 다시금 분쟁에 빠져들 수 있다고 보았다. 이에 따라 미트라니는 연방주의의 편협성을 넘어 진정한 세계 공동체에 도달할 수 있는 아이디어를 제시하려 했다.

미트라니가 보기에 현대 사회는 복잡성이 증대되고 있고, 이에 따라 발생하는 다양한 문제를 해결하기 위한 기술과 기능이 더욱더 중요시되고 있는 것이 특징이었다. 이런 상황에서 각국의 정부는 국민이 필요로 하는 바를 충족시키기 위해 단일 정부로서는 해결하기 어려운 기술 사안에 관해 국가 간 협력을 추구할 것이며, 점증하는 국가 간 상호 의존은 이러한 추세를 더욱 가속화시킬 것이다. 그러므로 국가 간 기술 영역에서의 교류가 확대되면 이를 관리하기 위한 전 지구적 국제기구가 설립될 것이며, 점차 증가하는 상호 의존과 맞물려 이 국제기구에 대한 의존 역시 점차 증대될 것이다. 이 국제기구는 국가들의 협력 습관을 향상시키고, 서로 전쟁을 일으키지 않을 유인책을 제공하며, 결과적으로는 국제 공동체로 발전할 수 있다는 것이 미트라니의 생각이었다.

이러한 기능주의의 구상에서는 정치적 영역을 우회해 비정치적 영역인 기술 영역에서부터 국가 간 협력을 시도할 것을 제안했다. 비정치적 영역에서의 협력을 통해 국가들 간의 윈윈이 이뤄지면 협력의 습관이 강화되어 자연스럽게 다른 영역으로 협력이 확산되고, 궁극적으로는 정치적 영역에서의 협력 및 통합까지 이뤄지는 분지(ramification) 효과를 거둘 수 있다는 것이다. 이러한 구상에는 정치적 영역과 비정치적 영역 간에는 확실한 구분점이 존재하며 한 영역에서 다른 영역으로의 협력은 특별한 정치적 의지 없이 자연스러운 단계적 발전을 거친다는 인식이 깔려 있었다.

1958년에 등장한 에른스트 하스(Ernst B. Haas)의 신기능주의는 기능주의가 주장하는 이러한 '자연스러운 파급 효과'가 실질적으로 발휘되기 어렵다고 보고 여기에 정치적 의지의 요인을 보완한 이론이다(Hass, 1958).

하스는 1950년대부터 시작된 서유럽 국가들의 협력과 이에 따른 레짐의 형성을 사례 연구로 삼아 기능주의의 논의를 더 정교하게 발전시켰다. 신기능주의에서는 기능주의와 마찬가지로 우선 국가 간 비정치적 영역의 협력을 통해 국제기구를 창설하고, 국가들이 국제기구로부터 이익을 얻으면 협력에 대한 학습이 생길 것으로 보았다. 또한 이로 인해 국제기구의 정치적 권한이 강화되고 역할이 확대되면 점차 더 많은 사안이 국제기구의 결정에 의존하게 되어 궁극적으로는 국가를 넘어서는 지역적 정치 공동체로 발전할 것이라고 보았다.

이런 구상은 1951년 4월 18일, 프랑스, 서독, 이탈리아, 베네룩스 3국(벨기에, 네덜란드, 룩셈부르크)이 모여 체결한 파리조약에 의해 설립된 유럽석탄철강공동체(European Coal and Steel Community: ECSC)의 사례 연구에 의해 도출된 것이다. 하스는 석탄과 철강 부문에서 협력이 시작되어 망간 부문으로까지 협력이 확대되는 경우를 보면서, 하나의 부문에서 다른 부문으로 국제기구의 권한이 확대되는 과정을 근거로 들고 있다. 또한 유럽석탄철강공동체의 성공에 힘입어 동일한 6개국은 1958년 1월 1일에 로마조약에 따라 유럽경제공동체(European Economic Community: EEC)와 유럽원자력에너지공동체(European Atomic Energy Community: EURATOM)를 설립했는데, 이 3개의 기구가 합쳐져 결국 1967년 7월 1일 유럽공동체(European Community: EC)가 등장했던 것이다. 이것이 1994년 1월 유럽연합(European Union: EU)이라는 정치 공동체의 탄생으로 이어졌음은 주지의 사실이다.

그러나 하스의 신기능주의는 기능주의와 달리 파급 효과를 자연스러운 현상이 아닌 정치적 의지를 필요로 하는 것이라고 본다. 다시 말해 기능주의가 소홀히 여겼던 정치의 역할을 복원시킨 것이다. 신기능주의는 기술과 같은 비정치적 영역과 정치적 영역이 완전히 별개의 것으로 분리되어 있다고 보지 않으며, 기능주의가 간과했던 정치가들의 역할, 즉 목표를 달성하려는 정치적 열망을 중요한 요인으로 간주한다. 또한 기능주의에서 말하는 것처럼 국제 협력이 자연스럽게 형성되는 것이 아니라, 정치적 의지 및 노력으로 국제 제도를 만들어서 통합의 수단으로 활용하는 것이 중요하다고 강조한다. 유럽의 경우에도 우선 비정치적 영역의 문제를 다루기 위해 국제 제도를 설립했으며, 이에 따라 유럽의 여러 정치 엘리트들이 깊이 관여하고 이익에 대한 학습의 증가로 정치적 의지가 커져 점차 제도가 확장됨으로써 결국 EU가 탄생한 것으로 설명한다.

이러한 하스의 신기능주의는 동북아 평화협력구상 개념에 직접적으로 적용할 수 있는 중요한 함의를 주고 있다. 앞서 논의한 바와 같이 미트라니의 기능주의는 비정치적 영역에서의 기술적 협력이 점차 확산되어 정치적 영역에서의 통합으로 이어질 것이라는 당위적·낙관적 주장을 펴고 있다. 하지만 비정치적 영역에서의 협력은 더 높은 수준에서의 통합으로 연결되지 않고 그 자체로 머물 수도 있다. 이에 대해 하스는 '정치적 의지 및 노력'이라는 중요한 변수를 도입해 비정치적 영역과 정치적 영역 사이에 존재하는 논리적 비약을 해결하려 했다. 하위 정치에서 상위 정치로 도약하기 위해서는 고위 차원에서의 정치적 의지와 노력을 강조했던 하스의 주장을 되새겨볼 필요가 있다. 이는 곧 연성 의제를 매개로 한 접근을 근간으로 하되, 이를 추진하는 동력은 고위급의 정치적 의지와 역량에 달려 있다는 함의를 지닌다.

하지만 '정치적 의지와 노력'은 그 자체로 만능의 해결책이 아니다. 하스의 연구가 간과한 몇 가지 문제는 동북아 평화협력구상에 그대로 적용된다. 첫째, 통합 이론은 내부 변수에만 초점을 두고 있어 국제 환경이나 외부 행위자 같은 외생적 변수를 간과하고 있다. 즉, 협력의 대상 지역이 국제 체제로부터 고도의 자율성을 갖는다는 것을 상수로 가정한 것이다. 하지만 동북아 평화협력구상의 경우 너무나 많은 변수가 존재한다. 미국,

중국, 일본, 러시아, 북한, 그리고 기타 주요국의 이해관계가 첨예하게 얽혀 있는 동북아에서 긴장 완화가 이뤄지려면 외생적 변수가 크게 작동할 수밖에 없다. 그렇기 때문에 동북아 평화협력구상은 자연히 동북아라는 지역적 차원에서의 상위 정치적 전략과 궤를 같이해야만 하는 성격을 지닌다. 문제는 초강대국들의 세계 전략하에서 형성된 동북아의 상위 정치적 구조에 한국이 자국의 이익과 의지를 투사할 수 있을지 여부다.

둘째, 유럽의 통합 요인에는 하스가 말한 확산 효과뿐 아니라 여타의 다양한 변수도 작동했다. 예를 들어 1940년대와 1950년대에 팽배했던 '하나의 유럽'이라는 정체성 변인이나 '기독교 공동체' 같은 문화적인 유사성을 공유하는 지역적 단위라는 특수한 성격은 유럽이 여타의 지역과 구별되는 특수성을 지닌다는 사실을 말해준다. 즉, 하스의 신기능주의는 다른 지역에도 충분히 적용할 수 있는 보편적인 이론이라기보다는 유럽의 사례 연구에 가까운 성격을 지닌다. 따라서 하스의 신기능주의의 논리 구조를 거의 그대로 갖고 있는 동북아 평화협력구상이 현재의 동북아 구도에 적용될 수 있을지는 미지수다. 게다가 유럽 통합의 모체가 된 유럽석탄철강공동체와 유럽원자력에너지공동체 모두 에너지(석탄, 원자력)와 자원(철강)에서의 협력이라는 특징을 지닌다. 유럽에서 이것이 가능했던 이유는 제2차 세계대전 이후 추후의 전쟁을 사전에 예방하기 위해 당사국들이 주권의 일부를 양도해 자국의 에너지 및 기간 산업에 대한 협력을 이뤄냈기 때문이다. 에너지와 철강을 공동으로 관리한다면 그 어떤 국가도 전쟁 준비에 돌입할 수 없다는 점에 착안한 것이다. 이처럼 유럽에서의 에너지 협력은 그 자체로 안보 협력의 성격을 지니고 있었으므로 동북아에 이를 그대로 적용하기에는 무리가 따른다.

셋째, 하스는 국가의 능력을 다소 과소평가하고 있다. 하스는 국가들의 협력을 증진하기 위해 만든 조직이 통합 과정에서 발생하는 국가의 저항을 극복하기 위해 필요한 지도력을 제공한다고 주장한다. 다시 말해 공통 사안에 대한 협력을 통해 국가 주권의 힘을 어느 정도 억누를 수 있다는 낙관적 견해를 갖고 있다. 그러나 동북아 평화협력구상의 경우 정치적 민감성이나 의미의 중첩성을 지닌 사안에 대해 비록 비정치적 쟁점이라 하더라도 주요 국가들이 쉽게 협력에 동의할 것이라고는 생각하기 어렵다. 따라서 어떤 연성 의제를 중점적으로 추진하더라도 이것이 초래할 국가의 저항력에 대해 충분히 고려할 필요가 있다.

따라서 동북아 평화협력구상을 성공적으로 추진하기 위해서는 협력이 곧 이익이 된다는 동북아 국가들의 정치적 인식과 의지가 강력히 뒷받침되어야 하며, 동북아를 넘어 초강대국들의 세계 전략 같은 국제 구조적 요인이 여기에 우호적인 방향으로 형성되어야 할 것이다. 결과적으로 에너지, 기후변화와 환경, 재난 안전 등의 연성 의제에 해당하는 재생에너지 협력 같은 주요 사안에 대해 동북아 국가들이 적극 협력하면서 신뢰를 쌓아가는 노력을 지속하되, 이것이 정치적 협력으로 도약하기 위해서는 긴 시간에 걸쳐 신뢰를 축적해야 한다는 사실을 간과해서는 안 될 것이다.

(2) 동북아 슈퍼그리드

파리체제에 대응하는 국가의 가장 적확한 정책 방향 중 하나는 국가의 에너지원에서 재생에너지의 비중을 높이는 일일 것이다. 그렇지만 재생에너지 사용의 확대는 주로 한 국가가 연구 개발, 세금, 인센티브, 규제 등을 통해 추진해야 할 국내 정책 중심으로 발전되어왔기 때문에 국제 협력을 통해 지역 차원의 재생에너지 사용을 촉진하는 기제와 사업은 개발의 여지가 많이 남아 있다. 현재 재생에너지 관련 국제 협력의 형태는 공동 연구 개발, 인력 교류, 설비 교환, 학술회의 등의 기술 협력이 가장 일반적인데, 이러한 수준을 넘어서는 국제 협력의 구상 중 가장 주목할 만한 것은 집중형 태양력(concentrating solar power: CSP)을 이용해 태양열 전력발전을 한 후 다국가 간 고압 직류 송전선(high-voltage direct current: HVDC)을 연결해 전력을 공급하는 슈퍼그리드 사업이다.

CSP를 이용한 슈퍼그리드 방식의 대표적인 사례는 유럽이 주도하는 데저텍(Desertec) 사업이다. 2003년 독일의 전문가 네트워크인 TREC(Trans-Mediterranean Renewable Energy Cooperation)에서 사하라 사막, 중동, 북아프리카 7개국(모로코, 튀니지, 알제리, 리비아, 이집트, 요르단, 사우디아라비아)에 대규모 태양열발전소를 건설해서 전력을 생산한 후 20개의 HVDC를 통해 3000km가량 떨어진 유럽의 전력망으로 보내는 슈퍼그리드 구상을 피력한 바 있다. 독일 항공우주센터의 타당성 조사 결과 이것이 실현되면 최대 100GW를 생산해 유럽 전력 수요의 17%를 감당할 수 있다는 결론이 나왔고, 2009년 독일의 주도로 12개 기업의 컨소시엄이 구성되어 사업이 착수되었다. 2050년 완공을 목표로 하는 이 사업은 40년이 넘는 기간이 소요되고 최소 4000억 유로로 추정되는 천문학적 비용이 투입되는 사업이다. 데저텍은 단지 중동과 북아프리카 지역의 CSP만 공급하는 것이 아니라, 북해와 서아프리카의 풍력, 북유럽의 수력, 아이슬란드의 지열, 동유럽의 바이오 등 다양한 재생에너지로 만든 전력을 슈퍼그리드로 통합해 유럽 전역에 공급하려는 목표를 갖고 있다(DII, 2012: 6~12).

이 데저텍 사업을 벤치마킹해 동북아에 적용한 구상이 고비텍(Gobitec)이다. 2009년 9월 한스-자이델 재단(Hanns-Seidel Foundation)의 베른하르트 젤리거(Bernhard Seliger) 박사와 김기은 교수가 제안한 이 계획은 몽골에서 시작해 중국, 북한, 한국, 일본의 5개국을 약 4000km의 HVDC로 연결하는 '동북아 슈퍼그리드' 구상이다(Cooper and Sovacool, 2013: 630). 완성될 경우 태양력과 풍력을 통해 생산한 100GW의 전력을 동북아에 공급할 수 있는(Mano et al., 2014: 15) 고비텍은 에너지 수요가 증대하고 있는 동북아에

〈그림 13-5〉 데저텍 사업 구상

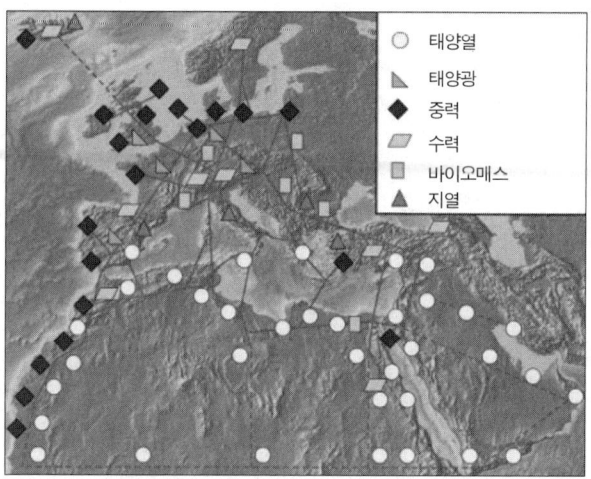

자료: Desertec Foundation, "Clean Power from Deserts", http://www.desertec.org/downloads/sum
mary_en.pdf.

재생에너지를 통해 만든 전력을 공급할 수 있어 수급성과 기후변화 대응
이라는 두 가지 사안을 모두 충족시킬 수 있을 뿐 아니라, 에너지를 매개
로 동북아의 정치적 협력을 유도하는 기능주의적 접근에 정확히 해당하
는 사안이다. 특히 북한이 참여할 경우 한반도의 긴장 완화와 협력 증진을
꾀할 수 있다는 점에서 한국으로서도 고려해볼 만한 매력적인 사업이 아
닐 수 없다. 2011년 후쿠시마 사고 이후에는 일본도 동북아 슈퍼그리드에
관심을 갖게 되어 소프트뱅크의 손정의 사장 역시 고비 사막을 활용한 재
생에너지 단지를 조성해서 여기서 생산한 전력을 동북아 각국으로 연결
하는 전력망인 '아시아 슈퍼그리드'를 추진하고 있으며, 한국과 일본 사이
에 해저 케이블망을 설치하는 방안도 검토 중이다.[8]

---

8   한국산업기술진흥협회, "슈퍼그리드 개요 및 전망", http://news.koita.or.kr/rb/?c=1/8&ui
    d=537.

〈그림 13-6〉 고비텍 사업 구상

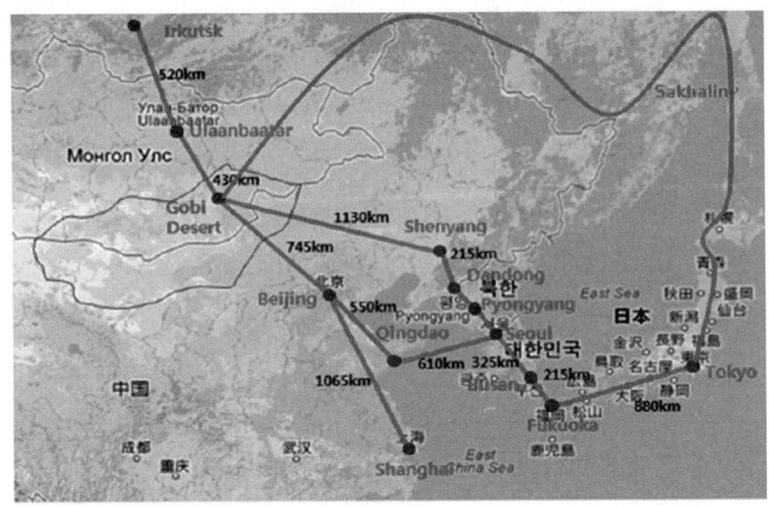

자료: Mano et al.(2014: 11).

고비텍 사업의 이점은 여러 연구에서 제시한 바 있다. 주창자인 젤리거 박사는 2010년 '한·일 국제포럼' 발표문에서 고비텍을 통해 동북아 국가들은 ① 화석연료 의존을 줄여 기후변화에 대응할 수 있고, ② 사업 과정에서 국가 간 정치적 협력이 촉진되고 특히 북한과의 관계가 개선될 것이며, ③ 스스로의 힘으로 에너지를 공급할 수 있는 기회를 확보해 에너지 안보를 향상시킬 수 있다고 주장했다(젤리거, 2010: 51). 정규원 등은 동북아 6개국의 계통이 각각 차이를 보이지만, 아시아 슈퍼그리드가 구현될 경우 전력 분야가 기점이 되어 상호 공동 발전이 이뤄질 것으로 예상하고 있다. 특히 한국은 슈퍼그리드의 허브에 위치하기 때문에 전력 거래 등을 통해 수익을 창출할 수 있고, 해외의 안정적인 전력을 확보할 수 있으며, 북한과의 협력을 통해 평화 체제도 구축할 수 있다고 보았다(정규원 외, 2013: 29). 경제적·정치적 기대 효과 외에 HVDC, 초전도, 스마트그리드 등 핵심 기술 개발을 통해 부가가치를 창출할 수 있다는 이점도 지적되고 있다(정규원 외, 2014: 188).

하지만 데저텍 사례를 동북아에 벤치마킹한 고비텍 사업을 실제로 추진하기 위해서는 두 사업의 차이점뿐 아니라 대규모 CSP 사업이 지니는 공통의 약점도 분석할 필요가 있다. 첫째, 경제성의 문제다. 데저텍의 경우 대규모 CSP 단지를 조성하고 전력망을 구축하는 데 40년이라는 기간과 최소 4000억 유로라는 비용이 투입되기 때문에 사업자들에게 큰 부담이 되고 있다. 2012년 핵심 투자 기업 중 두 곳인 지멘스와 보슈(Bosch)가 경제성을 이유로 사업에서 철수한 사실에서 알 수 있듯이, 재생에너지 사업은 아직까지 수익성을 확보하기가 어렵다. 고비텍의 사업 비용을 추정한 결과 2930억 달러가 소요되며, 매년 유지 비용도 73억 달러가 필요할 것으로 예상된다(Mano et al., 2014: 17). 따라서 민간 기업들의 주도로 성사된 데저텍과 달리 국가가 주도할 가능성이 높은 고비텍의 경우 동북아 대내외에서 대규모의 민간 투자를 유치하지 않으면 사업의 성공을 장담하기 어려울 것이다.

이에 더해 2011년 초부터 독일 등에서 태양광 지붕의 보급 속도가 급속히 증가하면서 태양광발전 단가가 태양열발전 단가보다 저렴해지고 있어 태양열을 이용하는 CSP 방식의 효율성 역시 의문시되는 상황이다(Van de Graaf and Sovacool, 2014: 23). 또한 사하라 사막 및 중동과 북아프리카 지역보다 고비 사막의 일조 강도율(Direct Normal Irradiance: DNI)이 낮다는 것도 고려해야 할 요소인데, IEA에서는 북아프리카, 남아프리카, 중동, 인도 서북부, 미국 서북부, 멕시코, 페루, 칠레, 중국 서부, 호주가 CSP 최적화 지역이며, 유럽 최남단, 터키, 중앙아시아, 브라질, 아르헨티나 등도 CSP에 적합하다고 분석하고 있다. 따라서 고비텍의 구상이 단지 데저텍을 동북아에 적용하는 것이 아니려면 고비 사막에서의 CSP 사업 효율성을 정확히 평가해야 할 것이다.

<그림 13-7> 지역별 일조 강도율

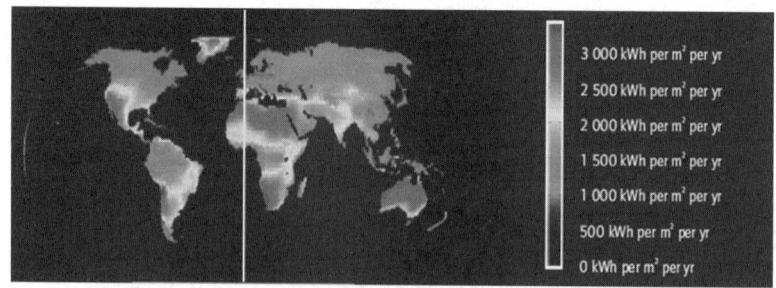

3 000 kWh per m² per yr
2 500 kWh per m² per yr
2 000 kWh per m² per yr
1 500 kWh per m² per yr
1 000 kWh per m² per yr
500 kWh per m² per yr
0 kWh per m² per yr

자료: IEA(2010: 10).

둘째, 환경적·사회적 면에서 데저텍과 고비텍은 유사한 문제점을 지니고 있다. CSP를 위해서는 다량의 물이 필요하기 때문에 바다 근처에 위치하지 않은 지역에서 사업을 시행하면 주변 지역의 물 부족을 심화시킬 수 있다. 세계에서 가장 물이 부족한 지역인 사하라 사막이나 역시 물 부족지역인 고비 사막에서 CSP를 시행하기 위해서는 물 관리에 대한 신중한 접근이 필요하다. 또한 슈퍼그리드의 특징상 전력망이 넓은 지역에 설치되기 때문에 HVDC가 지나는 지역의 피해와 이에 따른 저항 역시 해결해야 할 과제로 남아 있다. 고비텍의 경우 몽골 인구의 30%를 구성하는 유목민의 생계가 위협 당한다는 점도 중요한 사회적 문제로 보이며, 이미 희토류 개발로 심각한 오염을 겪고 있는 고비 사막에서 대규모 태양열발전을 실시하면 자칫 환경오염을 한층 더 가속화시킬 수도 있으므로 여기에 대한 사전 평가가 필요한 상황이다(Cooper and Sovacool, 2013: 821~824).

셋째, 데저텍과 고비텍 모두 정치적 부담을 안고 있다. 데저텍은 중동과 북아프리카 지역에 근거하기 때문에 사업이 무사히 종료된다고 해도 정치적으로 불안정할 것이며, 자유주의 체제를 채택하지 않은 국가들에 대한 에너지 의존도가 높아지는 형국이 될 것이다. 특히 데저텍 사업에 착수한 직후인 2010년부터 일어난 '아랍의 봄'과, 이 추세에 이어 나타난 정권 교체, 군부 독재의 부활, 이슬람 근본주의 테러 집단의 확산 등으로 인해 중동과 북아프리카 지역은 세계에서 가장 정치적으로 불안정한 상황에 놓이게 되었다. 따라서 파리체제에 대응하기 위해 재생에너지 발전 용량을 확대하고 에너지 안보를 위해 공급원을 다변화하며 러시아에 대한 에너지 의존에서 탈피한다는 중차대한 목표를 안고 출범한 데저텍 사업이 새로운 수급성 불안을 야기할 가능성도 배제할 수 없게 되었다.

한편 고비텍의 경우 데저텍과는 다른 구조의 정치적 문제를 안고 있다. 데저텍의 문제는 에너지 공급지인 중동과 북아프리카 지역의 정치적 불안정성인 데 반해, 고비텍은 수요국 간의 갈등이 협력을 저해하는 주원인이다. 주지하다시피 한·중·일 3국은 아시아 패러독스라는 긴장을 겪고 있으며, 여기에 북한이 참여할 경우 해결해야 할 정치적 난관은 배가된다. 기능주의 시각에 따라 연성 의제에서의 협력을 증진해 경성 의제로 협력을 확산함으로써 동북아 슈퍼그리드를 추진할 수는 있으나, 사업이 진행될수록 국가들 간의 갈등이 오히려 깊어질 가능성 역시 고려해야 할 것이다. 또한 데저텍의 경우 독일의 적극적인 주도하에 사업이 진행되었으나, 확실한 주도국이 없는 동북아에서는 사업의 주도권을 둘러싼 갈등이 촉발될 수 있으며, 사업에 착수한 이후 수익성이 낮을 경우에는 참여국 간의 관계가 악화될 수도 있다.

결국 고비텍과 같은 아시아 슈퍼그리드가 추진된다면, 주요 추동력은 경제적 효율성보다는 협력을 위한 정치적 동기와 기후변화에 대응하기 위한 재생에너지 국제 협력이라는 환경적 동기일 것으로 판단된다. 하지만 이러한 점에 대해 참여국들이 합의한다고 하더라도 재정 조달의 측면에서 결국 대규모 민간 자본을 유치해야 하므로 수익 보장 등 사업성을 고려하지 않고는 사업을 추진하기가 쉽지 않다. 따라서 충분한 사업성 검토와 더불어 참여국들의 의지가 성패의 관건으로 보인다. 그러므로 아시아 슈퍼그리드를 성공적으로 추진하기 위해서는 협력이 결국 이익이 된다는 동아시아 국가들의 정치적 신념이 강력히 뒷받침되어야 하며, 작은 사안에서부터 협력을 추진해서 신뢰를 쌓아가는 노력을 해야 한다. 더불어 이것이 더 높은 수준의 협력으로 도약하기 위해서는 긴 시간에 걸친 신뢰의 축적이 필요하다는 사실을 인식해야 한다.

(3) 원자력 외교의 방향

1951년 핵분열 에너지를 이용한 원전 기술이 최초로 실현된 이후 1960~1970년대에는 원전 붐이 일었으나, 1979년 미국 스리마일 원전 사고와 1986년 소련 체르노빌 원전 사고가 발생하자 원전은 동북아를 제외한 지역에서 급격한 침체기를 맞이했다. 하지만 2000년대 중반 이후 세계적인 에너지 안보 및 기후변화 대응의 추세와 맞물려 발전 단가가 저렴하고 온실가스를 배출하지 않는 원자력에 대한 수요가 다시 높아지면서 신흥 개도국을 중심으로 원전 르네상스가 열리고 있다(IEA, 2014b: 348~349). 2013년 기준으로 원자력은 세계 전력발전의 11%(392GW)를 차지하고 있는데, 이 중 80%(315GW)는 미국, 프랑스, 일본, 한국, 캐나다, 영국, 독일 등 OECD 회원국이 보유하고 있으며, 나머지는 러시아, 중국, 우크라이나, 인도 등 OECD 비회원국이 차지하고 있다(IEA, 2014b: 351). 현재 전 세계적으로 볼 때 30개국에서 441기의 원전이 가동 중이며, 15개국에서 65기가 건설 중이고 165기가 건설될 예정이다. 원전 보유국이 아니더라도 1호기를 건설 중이거나 원전 도입을 고려 중인 국가만 39개국에 이르기 때문에 2040년에는 원전에 의한 전력발전이 624GW로 상승할 것으로 예상된다(IEA, 2014b: 386).

이러한 원전 확산 추세를 견인하는 지역은 아시아인데, 2013년 9월 16~20일에 열렸던 IAEA 정기회의에서는 후쿠시마 원전 사고 이후로도 아시아 국가들의 원전 활용 의향이 결코 위축되지 않았음이 여실히 드러났다 (Dahl, 2013). 당시 17기의 원전을 이미 가동 중이던 중국은 28기를 추가로 건설하고 있다고 발표했으며, 19기의 원전을 가동 중이던 인도 역시 16기를 추가로 건설할 계획이라고 밝혔다. 23기의 원전을 가동하고 있던 한국 또한 2024년까지 11기의 원전을 추가할 계획이라고 발표했고, 인도네시아, 베트남, 파키스탄 역시 동참 의사를 표명해 향후 아시아를 중심으로 원전 붐이 한층 가속화될 것으로 예상된다.

선진국 역시 원전 르네상스에서 자유롭지 않은데, 현재 탈원전을 선언한 국가는 독일, 벨기에, 스위스의 일부 서유럽 국가 정도이며(미래창조과학부, 2014: 35), 대부분의 선진국에서는 원전을 포기하지 않을 것으로 보인다. 후쿠시마 사고를 겪은 후 안전 규제 강화와 '원전 제로'를 천명했던(Kingston, 2013: 502~504) 일본조차 늘어나는 에너지 수요와 화석연료 수입 비용을 감당하지 못해 2015년 8월부터 센다이원전을 시작으로 점진적인 원전 재가동에 들어갔다. 이에 더해 일본은 자국 내의 반핵 움직임을 피해 원전을 해외로 수출하기 위해 정부와 민간의 협력하에 적극적인 세일즈 외교를 펼치고 있다. 1978년 이래 2012년에 처음으로 신규 원전 건설을 승인한 미국은 향후 기후변화 대응의 중요한 수단으로 원자력을 육성하고 있으며, 원자력 안전과 기술 혁신 등의 국제 협력을 계속 주도하려는 움직임을 보이고 있다. 영국은 최근 중국으로부터 180억 파운드 규모의 원전 투자를 유치하는 데 성공해 유럽에서 원전이 확산되는 움직임의 선봉으로 자리 잡았으며, 전통적인 원전 기술의 강국인 프랑스와 러시아 역시 국내 원전의 유지·확대 및 해외 수출에 사활을 걸고 있다.

신흥 개도국과 선진국을 망라해 원전 붐이 확산되고 있는 현 추세에 대응하기 위해 한국정부는 두 가지 방향에서 원자력 외교를 고민하는 것으로 보인다. 첫째 사안은 원전 수출이다. 현재 3세대 원자로를 건설·수출할 수 있는 국가는 미국, 프랑스, 러시아, 일본, 한국, 중국 정도다. 이 중 미국 - 일본 컨소시엄은 기술력을 앞세워 중국 시장에서 주로 강세를 보이고 있고, 프랑스는 중국과 서유럽 시장에서 큰 영향력을 발휘하고 있다. 러시아는 원전 수출, 핵연료 제공, 핵폐기물 재처리를 일괄 보장하는 패키지 상품을 무기로 해서[9] 중국, 동유럽, 인도 등 신흥 개도국에 시장을 확보하고 있다. 최근 프랑스 기술에서 탈피해 자체 기술로 3세대 원전 '화룽(華龍)'의 개발에 성공한 중국은 2013년 파키스탄을 필두로 2015년에는 아르헨티나에 원전을 수출했고, 자본력을 앞세워 루마니아, 이집트, 남아프리카공화국, 인도네시아, 태국 시장 진출을 적극 모색하고 있다. 2015년 10월 중국의 대규모 투자로 체결된 영국과의 원전 협력은 2030년경 세계 원전 시장의 최강국으로 부상할 것으로 예상되는 중국의 위력을 짐작할 수 있는 사건이었다.

한국은 2009년 12월 UAE에 한국형 3세대 원전인 APR-1400 4기를 200억 달러 규모로 수출한 이후 추가 수출에 성공하지 못하고 있다. 2010년 6월 원전 4기를 도입하려는 터키와 양해각서를 체결하며 협상을 추진한 바 있으나, 결국에는 막대한 자금력과 치밀한 협상력을 앞세운 일본이 터키와의 계약에 성공했다. 일본은 국책 은행이 핵심 자금을 조달하고 민간에서 자금 지원 및 지분 투자를 담당하는 등 강력한 민관 협력을 통해 자금력을 확보했다. 또한 일본은 UAE에 원전을 수출하는 경쟁에 실패한 직후인 2010년에 설립한 원전 수출 전담 합자 회사 국제원자력개발주식회사(International Nuclear Energy Development of Japan: JINED)가 국가별 맞춤형 수출 전략을 수립했기에 한국을 제치고 터키 수주에 성공할 수 있었던 것으

---

9   아톰스토리, "원자력에너지 분야에서의 러시아 도약: 세계 원전 제패를 노리는 로사톰",
    http://atomstory.or.kr/p/54455.

로 분석된다(김정환, 2013). 현재 한국은 기술력에서는 우수성을 인정받고 있지만, 기술뿐 아니라 가격 우대, 파격적인 운영 조건, 수출국 경제 개발 지원 등 다른 혜택이 패키지로 따라붙지 못하면 러시아, 중국, 프랑스, 미국, 일본, 캐나다 등에 비해 수출 경쟁력에서 밀릴 것으로 예상된다. 따라서 원전 수출을 외교 전략으로 본격화하려면 전담 기관 설립, 민관 협력 체제 구축, 시장 동향의 수집, 수출 대상국별 맞춤형 전략의 마련이라는 다양한 차원의 정부 지원이 필요할 것으로 보인다.

한국이 원자력 외교에서 주력하고 있는 둘째 사안은 원자력 안전 협력을 중심으로 하는 동북아 국가들의 협력 기구 설립이다. 2014년 9월 기존의 '한·중·일 원자력안전 고위규제자 회의(Top Regulators' Meeting: TRM)'를 확장해 '동북아 5개국 원자력안전 고위규제자 확대회의(TRM+)'를 출범시킨 사례는, 동북아 평화협력구상의 틀 안에서 에너지를 매개로 국제 협력을 촉진시킨 대표적인 사례로 볼 수 있다. 한국정부는 궁극적으로 TRM+를 통해 '동북아원자력안전협의체'를 설립하려는 의지를 갖고 있으며, 세계 원전 붐의 중심이라고도 할 수 있는 동북아에서 무엇보다 우선적으로 이뤄야 할 에너지 협력 사안이 원자력 안전이라는 점에 대해서는 한·중·일 어느 나라도 이의를 갖지 않는 것으로 보인다. 원자력의 안전 및 평화적 사용, 핵비확산, 안전 조치 등을 둘러싼 국제 협력체가 동북아에서 구축된다면 지역 협력 면에서 큰 진전을 이룰 수 있을 뿐 아니라, 향후 원전 도입 지역에 전할 수 있는 안전 노하우도 축적할 수 있을 것이다.

한국정부는 2015년 10월 서울에서 개최된 제3차 TRM+에서 동북아원자력안전협의체를 설립하기 위한 추진 원칙과 방안을 제시함으로써 동북아 원자력 안전 논의에서 이니셔티브를 쥐고자 노력했다. 한국이 제안한 내용을 보면, 한·중·일 3국을 중심으로 하되 미국, 러시아, 몽골 등 역내 관련국들이 참여하는 개방형 체제이자 정부뿐 아니라 다양한 민간 부문이 참여하는 다층적 체제로 협의체를 구성하고, 원자력 비상사태에 공동 대응하기 위한 위기 대응 시스템을 구축하면서 원자력 안전 규제 및 안전 문화에 대한 조화된 접근 방식을 지향하며, 향후 세계 원자력 안전에 대한 동북아 리더십을 추구하는 것을 목표로 하고 있다. 세부적인 협력 분야로 는 원자력 안전 규제, 비상 대비·대응, 원자력 안전 R&D, 원전 운영 시간 협력 등 4개를 제시했다. 각국의 자체적인 안전 확보 노력과 이에 대한 공유를 넘어 국가들의 협력을 통해 시너지를 낼 수 있는 외교적 아이템을 발굴하는 것이 추후의 협력체 발전을 위한 관건일 것이다.

참고문헌

강광규. 2013. "석탄화력발전의 환경·사회적 쟁점". 제6차 전력수급기본계획 토론회. 서울, 2월.

고희채·이준규·오민아·이보람. 2011. 『미국·캐나다의 녹색성장 전략과 시사점』. 서울: 대외경제정책연구원.

관계부처 합동. 2015a. "Post-2020 온실가스 감축목표 설정 추진계획". 6월 11일.

_____. 2015b. "'동북아원자력안전협의체' 추진 원칙과 기본 방안 제안". 10월 23일 보도자료.

김누리. 2015. "Post-2020 온실가스 감축목표". 온실가스종합정보센터.

김성우·오정열·김영찬. 2012. "머잖아 수익의 40%는 환경비용, 기후충격 흡수할 전략 있나?". ≪동아비즈니스리뷰≫, 115(2), 72~79쪽.

김연규·유철종. 2009. 「EU의 러시아에너지 의존 탈피전략과 정책: EU의 시각」. ≪슬라보학보≫, 제24권 4호, 313~342쪽.

김완진. 2009.5.6. "녹색기술을 말한다: 석탄가스화부문". ≪투데이에너지≫.

김윤종. 2016.1.14. "향후 가장 중요해질 세계적 이슈는 기후변화 딱 한 가지". ≪이데일리≫, 26.

김정환. 2013. "한국형 원전 수출 희망은 있나". ≪매일경제 Lumen≫, 제37호.

김종길. 2015. "동남아에서의 미·중 경제관계의 변화". ≪아시아리뷰≫, 제1권 제2호, 79~108쪽.

김종대·양인목·김성우·김연복·김형찬·이옥수·권경락·서영석. 2015. 『기후변화와 비즈니스전략』. 서울: 씨아이알.

김진수. 2015. 「저유가와 우리나라의 자원개발 전략」. ≪석유≫, 제31권, 68~89쪽.

김진수·허은녕·김연배. 2007. 「공적분과 인과관계 분석을 통한 국제원유시장의 지역화 연구」. ≪자원·환경경제연구≫, 제16권 2호, 213~237쪽.

남궁영. 2007. 「에너지안보: 중국의 전략에 대한 분석」. ≪국제정치연구≫, 제10집 제1호, 243~270쪽.

대외경제정책연구원. 2010. 「궁 구의 원자력, 풍력산업 현황과 발전계획」. ≪KIEP 북경사무소 브리핑≫, 10-21호, 1~11쪽.

도윤주. 2013. 「중국의 녹색발전과 재생에너지 산업」. ≪현대중국연구≫, 제14권 2호, 43~91쪽.

도현재. 2003. 『21세기 에너지안보의 재조명 및 강화방안』. 에너지경제연구원 기본연구보고서 03-07.

레이먼드(Martin S. Raymond)·레플러(William L. Leffler). 2013. 『쉽게 풀어 쓴 석유·가스 개발』. 성원모·이광훈·조철현·김진수 옮김. 서울: 씨아이알.

문덕대. 2012. "국제 청정석탄(Clean Coal) 기술시장과 트렌드". http://blog.naver.com/mbapcokr/60155153924(2015년 11월 7일 검색).

미래창조과학부. 2014. 『2014 원자력백서』. 과천: 미래창조과학부.

박년배·이상훈. 2012. 「2030 에너지대안 시나리오」. 『에너지대안포럼』. 기후변화행동연구소.

박병광. 2012. 「중국의 에너지안보정책과 중미관계」. ≪EAI 프로젝트 리포트≫, 15, 1~25쪽.

박상철. 2015. 『독일 재생에너지정책과 지속가능발전전략』. 서울: 이담.

박성호. 2011. 「동북아 지역 내 에너지안보협의체의 등장 가능성에 대한 고찰」. ≪GRI 연구논총≫, 제13권 제1호, 91~119쪽.

박호정. 2015. 『탄소전쟁』. 서울: 미지북스.

배국진. 2013. 「석탄 화력 발전 시장 전망」. ≪KISTI Market Report≫, 3(6), 15~19쪽.

산업자원부. 2006. "2년여 협상 끝에 한·러 가스협력협정 체결". 10월 18일 보도자료.

산업통상자원부. 2015a. "2030 에너지 신산업 확산전략". 10월 24일 보도자료. 세종: 산업통상자원부.

_____. 2015b. "제12차 장기 천연가스 수급계획(2015~2029)". 산업통상자원부 공고 제2015-679호.

살레, 카림(Kareem N. Saleh). 2015. "신기후체제, 한국의 창조적 리더십 기대." http://www.hkbs.co.kr(2015년 11월 5일 검색).

서정경. 2015. 「'일대일로'의 지정학: 유라시아를 둘러싼 미중 경쟁」. ≪차이나브리프≫, 제3권 제3호, 48~54쪽.

셀러스, 피어스(Piers Sellers). 2016.1.26. "지구온난화, 사실로 인정하면 해결책 나온다". ≪이데일리≫, 33면.

송진영. 2015.10.21. "신기후체제, 한국의 창조적 리더십 기대". ≪환경일보≫.

신범식. 2011. 「기후변화의 국제정치와 미중관계」. ≪국제정치논총≫, 제51집 제1호, 127~158쪽.

신상범. 2012. 「일본 키타큐슈시(北九州市) 환경 거버넌스와 기후변화 정책」. ≪아세아연구≫, 제55권 제1호.

안상욱. 2013. 「프랑스 원자력 에너지 정책의 연속성과 변화가능성」. ≪프랑스학 연구≫,

63, 345~366쪽.

안희민. 2015. "수자원 고갈 네팔, 짐코에 SOS?" ≪에너지경제≫, 2015년 4월 14일, http://www.
    ekn.kr/news/article.html?no=130489(2015년 11월 28일 검색).

에너지경제연구원. 2015a. ≪세계 에너지시장 인사이트≫, 제15-39호.

_____. 2015b. 『에너지통계월보: 2015년 1월 자료』. 울산: 에너지경제연구원.

_____. 2015c. 『2015 에너지통계연보』. 울산: 에너지경제연구원.

오서연·김진수. 2016. 「2007~2014년 기간의 미국과 유럽 시장 원유 및 천연가스 선·현물가
    격 동조화 분석」. ≪한국자원공학회지≫, 제53권 1호, 63~77쪽.

온실가스종합정보센터. 2014. 『2014 국가 온실가스 인벤토리 보고서』. 서울: 온실가스종합
    정보센터.

외교부. 2015. "동북아평화협력구상". http://www.mofa.go.kr/image/main/mofa_asiapeace.
    pdf.

원동욱. 2007. 「중국 에너지외교의 현황과 전망: 한국에 주는 의미와 시사점을 중심으로」.
    ≪Strategy 21≫, 제18호, 175~213쪽.

_____. 2009. 「중국 에너지외교의 새로운 변화와 한중간 에너지협력게임」. ≪국가전략≫,
    제15권 제1호, 89~118쪽.

_____. 2015. 「중국 일대일로와 유라시아 이니셔티브: 한중협력을 위한 제언」. ≪수은북한
    경제≫, 가을호, 1~30쪽.

원형원. 2014. 「미국산 LNG·LPG 수입이 일본 에너지시장에 미치는 영향」. ≪세계 에너지시
    장 인사이트≫, 제14-36호, 1~19쪽.

유희문. 2009. 「중국 신재생에너지 정책과 한중협력의 가능성」. ≪동북아경제연구≫, 제21
    권 제3호, 219~252쪽.

이상복. 2015.10.22. "전력부문 CO2 감축, 석탄화력 발전제약 불가피". ≪이투뉴스≫.

이상윤·최도현. 2015. 「신기후체제 설계의 특징과 신 기후체제에서 차별화 적용방안」. ≪환
    경정책연구≫, 제14권 제3호, 95~119쪽.

이성규. 2011. 「남·북·러 PNG사업이 동북아 가스시장에 미치는 영향」. ≪수은북한경제≫,
    가을호, 1~18쪽.

이성규·이대연·윤영주. 2015. 「EU 에너지 정책 평가 및 에너지동맹 추진전략」. ≪세계 에너
    지 현안 인사이트≫, 제15-2호, 1~52쪽.

이성규·이대연·정소라. 2014. 「EU의 제3차 가스부문 에너지 패키지와 러시아 Gazprom 관
    련 주요 쟁점」. ≪세계 에너지 현안 인사이트≫, 제14-3호, 1~32쪽.

이수열·황호송. 2008. 『기후변화 시대의 기업전략: 기후변화가 비즈니스 바꾼다』. 삼성지구
    환경연구소.

이윤·이정석·홍용석. 2015. 「지속가능발전목표와 공적개발원조」. ≪환경정책≫, 제23권 제
2호.

이종영. 2011. 「유럽연합의 건물 에너지효율성 향상에 관한 지침에 관한 연구」. ≪환경법연
구≫, 제33권 1호, 167~198쪽.

이준승. 2010. 『Green-Tech』. 한국과학기술기획평가원.

이철원. 2010. 「중국의 에너지정책: 정책결정기구와 정책결정의 변천과정」. ≪중국연구≫,
제48권, 463~478쪽.

이한우. 2014. 「온실가스 배출권거래제 추진내용과 향후 정책과제」. ≪에너지포커스≫, 제
11권 제4호, 30~46쪽.

임현영. 2015.12.21. "두꺼운 외투는 No… 슬림해진 패딩". ≪이데일리≫, 4면.

장순원. 2015.12.21. "날씨가 돈… 전용위성까지 띄운 카길". ≪이데일리≫, 5면.

장영석. 2015.12.23. "13개 지자체에 스마트그리드 거점". ≪매일경제≫, 13면.

전가림. 2006. 「에너지안보를 둘러싼 중국의 팽창주의 외교정책」. ≪국제지역연구≫, 제10
권 제1호, 765~789쪽.

전용길. 2015. "아시아 에너지안보의 열쇠, 인도네시아". http://mcms.mofa.go.kr/webmod
ule/htsboard/template/read/hbdlegationread.jsp?typeID=15&boardid=11076&seqn
o=1129090&c=TITLE&t=&pagenum=1&tableName=TYPE_LEGATION&pc=&dc=&w
c=&lu=&vu=&iu=&du=(2015년 11월 7일 검색).

정규호·박갑호·김홍균·박순규. 2013. 「동북아 수퍼그리드 구축을 통한 에너지협력 실현」.
≪전기의 세계≫, 제62권 제4호, 28~32쪽.

정규원·홍광희·홍성윤·박갑호·김홍균·문봉수. 2014. 「한국전력의 동북아 수퍼그리드 구축
현황 및 향후 과제」. 2014년도 대한전기학회 하계학술대회 논문집.

정보통신산업진흥원 정책연구팀. 2011. 「중국 신성장동력 주요 정책 분석」. ≪정책분석≫,
16호, 1~21쪽.

정하윤·이재승. 2012. 「미국의 기후변화 및 신재생에너지 정책의 전개과정 분석: 행정부별
특징을 중심으로」. ≪국제관계연구≫, 제17권 제2호, 5~45쪽.

정혁. 2014. 「배출권 할당과 할당 배출권 중심으로 본 유럽연합 배출권거래제도(EU ETS)의
발전 전망」. ≪유럽연구≫, 제32권 제2호, 137~168쪽.

젤리거, 베른하르트(Bernhard Seliger). 2010. 「동북아, 고비텍(Gobitec) 프로젝트 향해 가자」.
≪통일한국≫, 7월호.

조용성. 2013. "석탄화력발전의 환경·사회적 쟁점". 기후변화행동연구소. 제6차 전력수급기
본계획 토론회.

조정원. 2012. 「바오딩시(保定市)의 환경 거버넌스와 기후변화 정책」. ≪아세아연구≫, 제

424

55권 제1호.

주재우. 2004. 「중국의 에너지정책과 동북아협력문제」. ≪국제정치논총≫, 제44집 제1호, 211~233쪽.

지식경제부. 2008. "북한을 경유하는 러시아 PNG 도입 추진". 9월 29일 보도자료.

차병석. 2016.2.1. "지금이 에너지 신산업 投資 골든타임… 10조원 ESS 등에 투자". ≪한국경제≫, A29.

최현필·이연주. 2015. 『EU의 에너지연합 기본전략계획안 내용 및 시사점』. 서울: KOTRA.

한국거래소. 2015. "KRX 배출권 시장 안내", 8쪽.

한국과학기술기획평가원. 2010. ≪Green-tech Research≫, 제3호.

한국수력원자력. 2015a. "발전원별 이산화탄소 배출량". http://blog.khnp.co.kr/blog/archives/ 10695(2016년 1월 20일 검색).

_____. 2015b. "전원별 발전단가". http://blog.khnp.co.kr/blog/archives/20175(2016년 1월 20일 검색).

해외경제연구소 산업투자조사실. 2010. 「원자력산업동향보고서」. ≪이슈 브리핑≫, 2010-4, 1~16쪽.

황광수·김진수·황영래·허은녕. 2012. 「국제 천연가스 가격과 원유 가격 사이의 탈동조화에 대한 연구」. ≪한국지구시스템공학회지≫, 제49권 3호, 338~349쪽.

Bloomberg New Energy Finance. 2013. "BNEP 2030 에너지시장 전망". http://first.bloomberglp.com/documents/92805_BNEF_2030mktoutlook_kor.pdf.

GE코리아 콘텐츠팀. 2015.11.14. "GE 에코노매지네이션… 친환경전략 통했다". ≪조선일보≫, C6.

IEEJ. 2015. 「신정세하의 원유가격, 기후변화대책을 어떻게 생각하는가?」. 『아시아/세계 에너지 전망 2015』. 임의순 옮김. The Institute of Energy Economics, Japan.

Abbot, Kenneth W. 2012. "The Transnational Regime Complex for Climate Change." *Environment and Planning C: Government and Policy*, 30(4), pp. 571~590.

AGEB(AG Energiebilanzen e.V.). 2012. "German Energy Balances 1990-2010 and Summary Tables 1990-2011, As of August 2012." DIW Berlin: AGEB. http://www.ag-energiebilanzen.de.

_____. 2014. "Energieverbrauch in Deutschland." Berlin: AGEB. http://www.ag-energiebilanzen.de/index.php?article_id=20&archiv=13&year=2014.

Agency for Natural Resources and Energy. 2014. Energy White Paper 2014.

Airbu, Taisuke and Hikaru Hiranuma. 2013. *Rebuilding Japan's Energy Policy*. The Tokyo

Foundation.

Apergis, N. and J. E. Payne. 2009a. "Energy Consumption and Economic Growth in Central America: Evidence from a Panel Co-integration and Error Correction Model." *Energy Economics*, 31(2), pp. 211~216.

_____. 2009b. "Energy Consumption and Growth: Evidence from the Commonwealth of Independent States." *Energy Economics*, 31(5), pp. 641~647.

Bazilian, M. Hobbs, F. Benjamin, Blyth Will, MacGill Iain and Howells Mark. 2011. "Interactions between Energy Security and Climate Change: A Focus on Developing Countries." *Energy Policy* 39, pp. 3750~3756.

Behrens, Carl E., Michael Ratner and Carol Glover. 2011. "U.S. Fossil Fuel Resources: Terminology, Reporting, and Summary." Congressional Research Service Report for Congress R40872.

Belke, Ansgar, Christian Dreger and Frauke de Haan. 2011. "Energy Consumption and Economic Growth: New Insights into the Cointegration Relationship." Essen: Rhur Economic Paper.

Bernstein, Steven and Benjamin Cashore. 2012. "Complex Global Governance and Domestic Policies: Four Pathways of Influence." *International Affairs*, 88(3), pp. 585~604.

Betts, Alexander. 2013. "Regime Complexity and International Organizations: UNHCR as a Challenged Institution." *Global Governance*, 19(1), pp. 69~81.

Bhattacharyya, Subhes C. 2011. *Energy Economics: Concepts, Issues, Markets and Governance*. London, UK: Springer.

Biermann, Frank, Philipp Pattberg and Fariborz Zelli. 2010. *Global Climate Governance Beyond 2012: Architecture, Agency and Adaptation*. Cambridge, UK: Cambridge University Press.

Birnik, Andreas. 2013. "Developing Climate Change Strategy: A Framework for Managers." *Thunderbird International Business Review*, 55(6), pp. 699~717.

Blas, Javier. 2011.11.8. "Iran Worries Spark Fears of $200-a-barrel Oil." *Financial Times*.

Boersma, Tim, Charles K. Ebinger and H. L. Greenley. 2015. *An Assessment of U.S. Natural Gas Exports. Brookings Natural Gas Issue Brief #4*. Washington D.C.: The Brookings Institution.

Boersma, Tim and Charles K. Ebinger. 2015. "The role of coal in future global energy needs." Brookings.

Böhringer, Christoph and Markus Bortolamedi. 2015. "Sense and no(n)-sense of energy security indicators." *Ecological Economics*, 119, November 2015, pp. 359~371.

BP. 2015. *BP Statistical Review of World Energy 2015.* London: BP.

Dundesministerium füur Umwelt, Naturschutz und Reaktorsicherheit and Bundesverband der Deutschen Industrie e.V. 2012. "Memorandum für eine Green Economy." Eine gemeinsame Initiative des BDI und BMU.www.bmub.bund.de/fileadmin/bmu-import/files/pdfs/allgemein/application/pdf/memorandum_green_economy_bf.pdf/.

Bürgin, Alexander. 2015. "National Binding Renewable Energy Targets for 2020, but Not for 2030 Anymore: Why the European Commission Developed from A Supporter to A Brakeman." *Journal of European Public Policy*, 22(5), pp. 690~707.

Calder, Kent. 2013. "Beyond Fukushima: Japan's Emerging Energy and Environmental Challenges." *Orbis*, 57(3), pp. 438~452.

Carlin, A. 2007. "Global climate change control: Is there a better strategy than reducing greenhouse gas emissions?" *University of Pennsylvania Law Review*, 155, pp. 1401~1497.

Center for Naval Analyses. 2007. "National Security and the Threat of Climate Change." April, p. 6.

Chakrabarty, S. and L. Wang. 2013. "Climate change mitigation and internationalization: The competitiveness of multinational corporations." *Thunderbird International Business Review*, 55(6), pp. 673~688.

Chalecki, L. Elizabeth. 2014. "Environmental Security: A Case Study of Climate Change." *Pacific Institute for Studies in Development, Environment and Security.*

Cherp, Aleh and Jessica Jewell. 2014. "The Concept of Energy Security: Beyond the Four As." *Energy Policy*, 75, pp. 415~421.

Cherp, Aleh, Adeola Adenikinju, Andreas Goldthau, Francisco Hernandez, Larry Hughes, Jaap Jansen, Jessica Jewell, Marina Olshanskaya, Ricardo Soares de Oliveira, Benjamin Sovacool and Sergey Vakulenko. 2012. "Energy and Security." GEA(ed.). *Global Energy Assessment: Toward a Sustainable Future.* Cambridge, UK: Cambridge University Press. pp. 325~384.

China National Energy Administration and National Renewable Energy Centre. 2012. "Key Information at a Glance: China 12th Five Year Plan for Renewable Energy Development(2011-2015)." http://www.understandchinaenergy.org/information-at-a-glance-china-12th-5-year-plan-for-renewable-energy-development 2011-2015/

(2012년 12월 검색).

Chung, Suh-Yong. 2015. "Looking Ahead to COP21: What Korea Has Done and What Korea Should Do." Actuelles de l'Ifri June.

CIAB. 2005. *Reducing Greenhouse Gas Emissions: The Potential of Coal.* Paris, France: IEA.

CNREC(China National Renewable Energy Centre). 2012. "Key Information at a Glance: China 12th Five Year Plan for Renewable Energy Development, 2011-2015." September. Beijing: China National Energy Administration.

Cohen, W. and D. Levinthal. 1990. "Absorptive Capacity: A New Perspective on Learning and Innovation." *Administrative Science Quarterly*, 35(1), pp. 128~152.

Cooper, Christopher and Benjamin K. Sovacool. 2013. "Miracle or Mirage? The Promise and Peril of Desert Energy Part 1." *Renewable Energy*, 50, pp. 628~636.

Cornot-Gandolphe, Sylvie. 2014. "China's Coal Market: Can Beijing Tame 'King Coal'?" Oxford Institute for Energy Studies. Paper: CL1.

Costantini, V. and C. Martini. 2010. "The Causality between Energy and Consumption and Economic Growth: A Multi Sectoral Analysis Using Non Stationary Co-integrated Panel Data." *Energy Economics*, 32(2), pp. 591~603.

Costantini, Valeria and Chiara Martini. 2010. "The Causality between Energy and Consumption and Economic Growth: A Multi Sectoral Analysis Using Non Stationary Co-integrated Panel Data." *Energy Economics*, 32(2), pp. 591~603.

Dahl, Fredrik. 2013.9.20. "Asia Airs Nuclear Ambitions at U.N. Gathering." *Reuters*.

Dale, Spencer. 2015. *BP Energy Outlook 2035.* BP Global Group.

Danish Energy Agency. 2009. *Energy Efficiency Policies and Measures in Denmark.* Copenhagen, September.

Dickel, Ralf, Elham Hassanzadeh, James Henderson, Anouk Honoré, Howard Rogers, Jonathan Stern and Katja Yafimava. 2014. "Reducing European Dependence on Russian Gas: Distinguishing Natural Gas Security from Geopolitics." Oxford Institute for Energy Studies Paper NG92.

DII. 2012. *Annual Report 2012.* Munich: DII.

Directive. 2009. 2009/28/EC of the European Parliament and of the Council, 23 April.

Dutton, Joseph. 2015. "EU Energy Policy and the Third Package." Energy Policy Group Working Paper.

Eggleston, Simon, Leandro Buendia, Kyoko Miwa, Todd Ngara and Kiyoto Tanabe(eds.).

2006. *2006 IPCC Guidelines for National Greenhouse Gas Inventories.* Hayama, Japan: The Institute for Global Environmental Strategies.

EIA. 2010. *International Energy Outlook 2010.* Washington D.C.: Energy Information Administration.

_____. 2015. *Annual Energy Outlook 2015.* Washington D.C.: Energy Information Administration.

_____. 2016. "Natural gas expected to surpass coal in mix of fuel used for U.S. power generation in 2016." http://www.eia.gov/todayinenergy/detail.cfm?id=25392(2016 년 3월 21일 검색).

Elder, Miriam. 2012.9.18. "Russia Writes off $10bn of North Korean Debt." *The Guardian.*

Ellerman, A. Denny and Barnara K. Buchner. 2007. "The Europena Union Emission Trading Scheme: Origins, Allocation, and Early Results." *Review of Environmental Economics and Policy,* 1(1), pp. 66~87.

Engel, Engel, Per-Anders Enkvist and Kimberly Henderson. 2015. "How companies can adapt to climate change." http://www.mckinsey.com/business-functions/sustaina bility-and-resource-productivity/our-insights/how-companies-can-adapt-to-climate- change(2016년 1월 1일 검색).

European Commission. 2008. "Second Strategic Energy Review: An EU Energy Security and Solidarity Action Plan." http://eur-lex.europa.eu/legal-content/EN/TXT/PDF/ ?uri=CELEX:52008DC0781&from=EN(2016년 2월 1일 검색).

_____. 2010a. "Analysis of Options to Move Beyond 20% Greenhouse Gas Emission Reductions and Assessing the Risk of Carbon Leakage." http://eur-lex.europa.eu/ legal-content/EN/TXT/PDF/?uri=CELEX:52010DC0265&from=FR(2016년 2월 1일 검 색).

_____. 2010b. *Europeans and Nuclear Safety.* Special Eurobarometer 324.

_____. 2010c. "EUROPE 2020: A Strategy for Smart, Sustainable, and Inclusive Growth." http://ec.europa.eu/eu2020/pdf/COMPLET%20EN%20BARROSO%20%20%20007% 20-%20Europe%202020%20-%20EN%20version.pdf(2016년 2월 1일 검색).

_____. 2010d. "Energy 2020: A Strategy for Competitive, Sustainable, and Secure Energ y." http://eur-lex.europa.eu/LexUriServ/LexUriServ.do?uri=COM:2010:0639:FIN:En: PDF(2016년 2월 1일 검색).

_____. 2012. "Energy Roadmap 2050." https://ec.europa.eu/energy/sites/ener/files/docu ments/2012_energy_roadmap_2050_en_0.pdf(2016년 2월 1일 검색).

_____. 2013a. "Green Paper: A 2030 Framework for Climate and Energy Policies." http://eur-lex.europa.eu/legal-content/EN/TXT/PDF/?uri=CELEX:52013DC0169&from=EN(2016년 2월 1일 검색).

_____. 2013b. "Implementing the Energy Efficiency Directive: Commission Guideline." http://eur-lex.europa.eu/legal-content/EN/TXT/PDF/?uri=CELEX:52013DC0762&from=EN(2016년 2월 1일 검색).

_____. 2014a. "European Energy Security Strategy." http://eur-lex.europa.eu/legal-content/EN/TXT/PDF/?uri=CELEX:52014DC0330&from=EN(2016년 2월 1일 검색).

_____. 2014b. "Energy Efficiency and Its Contribution to Energy Security and the 2030 Framework for Climate and Energy Policy." https://ec.europa.eu/energy/sites/ener/files/documents/2014_eec_communication_adopted_0.pdf(2016년 2월 1일 검색).

_____. 2014c. "Energy Prices and Costs in Europe." https://ec.europa.eu/energy/sites/ener/files/publication/Energy%20Prices%20and%20costs%20in%20Europe%20_en.pdf(2016년 2월 1일 검색).

_____. 2014d. "Quarterly Report on European Electricity Markets." https://ec.europa.eu/energy/en/statistics/market-analysis(2016년 2월 1일 검색).

European Council. 2014a. "European Council 23/24 October 2014: Conclusions." http://www.consilium.europa.eu/uedocs/cms_data/docs/pressdata/en/ec/145397.pdf(2016년 1월 1일 검색).

_____. 2014b. Conclusions on 2030 Climate and Energy Policy framework, Brussels, 23. Oct. SN 79/14.

Eurostat. 2010. Europe in Figures: Eurostat Yearbook 2010. Brussel: Eurostat.

Federal Ministry for the Environment, Nature Conservation and Nuclear Safety. 2011. The Federal Government Energy Concept of 2010 and the Transformation of the energy System of 2011, Berlin: MOE.

Federal Ministry for the Environment, Nature Conservation, Building and Nuclear Safety. 2014. Climate Protection in Figures. Berlin: BMUB.

Federal Ministry of Economics and Technology and Federal Ministry for the Environment, Nature Conservation and Nuclear Safety. 2010. Energy Concept. Berlin & Bonn: MOET & MOE.

Federal Ministry of Economics and Technology. 2010. In focus: Germany as a Competitive Industrial Nation. Berlin: MOET.

_____. 2013. National Reform Programme 2013. Berlin. Federal Ministry of Economics and Technology(BMWi).

Financial Times. 2014. Nov. 24.

Flammer, C. 2013. "Corporate Social Responsibility and Shareholder Reaction: The environ mental awareness of investors." *Academy of Management Journal*, 56(3), pp. 758~781.

Froggatt, Antony. 2013. "The climate and energy security implications of coal demand and supply in Asia and Europe." *Asia Europe Journal*, 11(3), pp. 285~303.

Fulton, Julian, Cooley Heather and H. Peter Gleick. 2011. "Water for Energy: Future Water Needs for Electricity in the Intermountain West." Oakland, California: Pacific Institute, p. 9.

Fulton, Mark and Reid Capalino. 2012. "The German Feed in Tariff: Recent Policy Changes." New York: DB Research.

Garud, Raghu and Peter Karnoe. 2003. "Bricolage versus Breakthrough: Distributed and Embedded Agency in Technology Entrepreneurship." *Research Policy* 32, pp. 277~300.

Gupta, Mitali Das, Nidhi Srivastava, Manish Anand, Manish Srivastava, Nitya Nanda, Indrani Barpujari, Anuradha R V, Kejun Jiang, Retno Gumilang Dewi, Qwanruedee Chotichanathawong, Amir Hisham Hashim. 2009. *Emerging Asia Contribution on Issues of Technology for Copenhagen.* New Dehli: The Energy and Resources Institute[Project Report No.2008RS09].

Hamilton, Blair. 2010. *A Comparison of Energy Efficiency Programmes for Existing Homes in Eleven Countries.* Montpelier: Regulatory Assistance Project, 19 February.

Hare, Bill. 2015. "Climate Action Tracker." http://climateactiontracker.org(2015년 10월 16일 검색).

Harvey, Fiona. 2014.5.28. "Shale and Non-Russian Gas Imports at Heart of New EU Energy Strategy." *The Guardian.*

Hass, Ernest B. 1958. *The Uniting of Europe: Political, Social, and Economic Forces, 1950-1957.* Stanford, CA: Stanford University Press.

Held, David. 2013. *The Handbook of Global Climate and Environment Policy.* West Sussex, UK: 3 John Wiley & Sons, Ltd.

Hendriks, Chris and Kornelis Blok. 1996. "Regulation for Combined Heat and Power in the European Union." *Energy Conversion and Management*, 37(6-8), pp. 729~734.

Heymann, Matthias. 1998. "Signs of Hubris: The Shaping of Wind Technology Styles in Germany, Denmark, and the United States, 1940-1990." *Technology & Culture* 39(4), pp. 641~670.

Hoeven, M. Van der. 2014. "CO2 Emissions from Fuel Combustion." International Energy Agency.

_____. 2015. *World Energy Outlook*. International Energy Agency.

Hoffmann, Andrew. 2005. "Climate change strategy: The business logic behind voluntary greenhouse gas reductions." *California Management Review*, 47(3), pp. 21~46.

Hoffmann, Andrew J. and John G. Woody. 2008. *Climate Change: What is Your Business Strategy?* Boston, MA: Harvard Business School Publishing.

Hossain, Dewan Mahboob and M. Jahangir Alam Chowdhury. 2010. "Climate Change and Corporate Environmental Responsibility." *Middle East Journal of Business*, 7(4), pp. 4~13.

Howard-Grenville, Jennifer, Simon J. Buckle, Brian J. Hoskins and Genard George. 2014. "From the Editors: Climate Change and Management." *Academy of Management Journal*, 57(3), pp. 615~623.

Hribernik, Miha, Abu Anwar, Alberto Turkstra, Maria Chiara Zannini. 2013. *Potential Of Clean Coal Technology In India: An SME Perspective*. Available at SSRN: http://ssrn.com/abstract=2343051.

IEA. 2007. *Energy Policies of IEA Countries: Germany*. Paris: IEA.

_____. 2010. *Technology Roadmap: Concentrating Solar Power*. Paris: International Energy Agency.

_____. 2013a. *Resources to Reserves 2013*. Paris, France: International Energy Agency.

_____. 2013b. *World Energy Outlook 2013*. Paris, France: International Energy Agency.

_____. 2014a. *Energy Policies of IEA Countries: European Union, 2014 Review*. Paris, France: International Energy Agency.

_____. 2014b. *World Energy Outlook 2014*. Paris, France: International Energy Agency.

_____. 2015a. *Medium-Term Gas Market Report 2015*. Paris, France: International Energy Agency.

_____. 2015b. *World Energy Outlook 2015*. Paris, France: International Energy Agency.

IGU. 2014. *World LNG Report - 2014 Edition*. Oslo: The Secretariat of the International Gas Union.

_____. 2015. *World LNG Report - 2015 Edition*. Fornebu: International Gas Union.

IPCC. 2006. *2006 IPCC Guidelines for National Greenhouse Gas Inventories*, Prepared by the National Greenhouse Gas Inventories Programme, Eggleston H. S., Buendia L., Miwa K., Ngara T. and Tanabe K.(eds.). Published: IGES, Japan.

IRENA. 2015. *Renewable Energy Prospects: USA, REMap 2030 Analysis.* Abu Dahbi: International Renewable Energy Agency.

J. P. Morgan. 2015. "J. P. Morgan Global Manufacturing PMI."

Jain, P. 2014. *Energy security in Asia.* Oxford handbook of the international relations of Asia, pp. 547~568.

Jewell, Jessica, Aleh Cherp and Keywan Riahi. 2014. "Erratum to "Energy security under de-carbonization scenarios: An assessment framework and evaluation under different technology and policy choices."" *Energy Policy*, 65.

Jorgensen, Ulrik and Peter Karnoe. 1995. "The Danish Wind-Turbine Story: Technical Solutions to Political Visions?" Arie Rip, Thomas J. Misa and Johan Schot(ed.). *Managing Technology in Society: The Approach of Constructive Technology Assessment.* London: Pinter Publishers, pp. 57~82.

Keohane, Robert O. and David G. Victor. 2011. "The Regime Complex for Climate Change." *Perspectives on Politics*, 9(1), pp. 7~23.

Kim, Hyo-Sun, 2015. "New Nexus of Climate and Energy Security for the Sustainable Arctic Future."*Arctic Yearbook 2015*, pp. 422~426.

Kim, Yong-Gun, Jonghyun Yoo and Wankeun Oh. 2015. "Driving Forces of Rapid CO2 Growth: A Case of Korea." *Energy Policy*, 82, pp. 144~155.

King, Marcus Dubois and Jay Gulledge. 2013. "The Climate Change and Energy Security Nexus." *The Fletcher Forum of World Affairs*, 37(2), pp. 26~42.

_____. 2014. "Climate Change and Energy Security: An Analysis of Policy Research." *Climate Change*, 123(1), pp. 57~68.

Kingston, Jeff. 2013. "Nuclear Power Politics in Japan, 2011-2013." *Asian Perspective*, 37(4), pp. 501~521.

Kiron, David, Nina Kruschwitz, Knut Haanaes and Sonja-Katrin Fuisz-Kehrbach. 2013. "How Serious is Climate Change to Business." *MIT Sloan Management Review*, 55(1), pp. 75~76.

Klessmann, Corinna, Anne Held, Max Rathmann and Mario Ragwitz. 2011. "Status and Perspectives of Renewable Energy Policy and Deployment in the European Union: What is Needed to Reach the 2020 Targets?" *Energy Policy*, 39(12), pp. /63/~7057.

Kolk, Ans and Jonatan Pinkse. 2004. "Market Strategies for Climate Change." *European Management Journal*, 22(3), pp. 304~314.

_____. 2005. "Business Responses to Climate Change: Identifying Emergent Strategies." *California Management Review*, 47(3), pp. 6~20.

KPMG. 2012a. "Business Perspective on Sustainable Growth: Preparing for Rio+20."

_____. 2012b. "Expected the Unexpected: Building Business Value in a Changing World."

Kruyt, Bert, D. P. van Vuuren, H. J. M. de Vries and H. Gronenberg. 2009. "Indicators for Energy Security." *Energy Policy*, 37(6), pp. 2166~2181.

Ladenburg, Jacob. 2008. "Attitudes towards on-land and offshore wind power development in Denmark; choice of development strategy." *Renewable Energy* 33, pp. 111~118.

Leal-Arcas, Rafael, Juan Alemany Ríos and Costantino Grasso. 2015. "The European Union and Its Energy Security Challenges: Engagement through and with Networks." *Contemporary Politics*, 21(3), pp. 273~293.

Lee, Chien-Chiang and Jun-De Lee. 2010. "A Panel Data Analysis of the Demand for Total Energy and Electricity in OECD Countries." *The Energy Journal*, 31(1), pp. 1~23.

Lehtonen, Markku and Sheridan Nye. 2009. "History of Electricity Network Control and Distributed Generation in the UK and Western Denmark." *Energy Policy*, 37(6), pp. 2338~2345.

Levi, Michael. 2015. "What the TPP Means for LNG." Council on Foreign Relations Expert Blog.

Lewis, Joanna and Ryan Wiser. 2005. *Fostering a Renewable Energy Technology Industry: An International Comparison of Wind Industry Policy Support Mechanisms*, LBNL-59116. Berkeley, CA: Lawrence Berkeley National Laboratory.

Lowitt, Eric. 2014. "How to Survive Climate Change and Still Run a Thriving Business." *Harvard Business Review*, 92(4), pp. 86~92.

Lund, H. and B. V. Mathiesen. 2009. "Energy System Analysis of 100% Renewable Energy Systems: The Case of Denmark in Years 2030 and 2050." *Energy*, 34(5), pp. 524~531.

Lund, H., B. Moller, B. V. Mathiesen and A. Dyrelund. 2010. "The Role of District Heating in Future Renewable Energy Systems." *Energy*, 35(3), pp. 1381~1390.

Lund, Henrik and Frede Hvelplund. 1997. "Does Environmental Impact Assessment

Really Support Technological Change? Analyzing Alternatives to Coal-Fired Power Stations in Denmark." *Environmental Impact Assessment Review*, 17, pp. 357~370.

Lund, Henrik. 1999. "Implementation of energy-conversion policies: the case of electric heating conversion in Denmark." *Applied Energy*, 64(1-4)(September), pp. 117~127.

_____. 2000. "Choice Awareness: The Development of Technological and Institutional Choice in the Public Debate of Danish Energy Planning." *Journal of Environmental Policy & Planning*, 2(3), pp. 249~259.

_____. 2010. "The Implementation of Renewable Energy Systems: Lessons Learned from the Danish Case." *Energy*, 35(10), pp. 4003~4009.

Maegaard, Preben. 2010a. "Denmark: Politically Induced Paralysis in Wind Power's Homeland and Industrial Hub." Koyla Abramsky(ed.). *Sparking a Worldwide Energy Revolution: Social Struggles in the Transition to a Post-Petrol World.* Oakland: AK Press, pp. 489~494.

_____. 2010b. "Transition to an Energy-Efficient Supply of Heat and Power in Denmark." Koyla Abramsky(ed.). *Sparking a Worldwide Energy Revolution: Social Struggles in the Transition to a Post-Petrol World.* Oakland: AK Press. pp. 292~300.

Mandil and Claude. 2005. *Reducing Greenhouse Gas Emissions: The Potential of Coal.* Coal Industry Advisory Board.

Mano, Shuta, Bavuudori Ovgor, Zafar Samadov, Martin Pudlix, Verena Jülch, Dmisty Sokolov and Jae Young Yoon. 2014. *Gobitec and Asian Super Grid for Renewable Energies in Northeast Asia.* Spotinov print Ltd.

Maslanka, Peter J. 2015. "Securing Indonesia's Energy Future." *Journal of Energy Security.* http://www.ensec.org.

McCollum, David, Nico Bauer, Katherine Calvin, Alban kitous and Keywan Riahi. 2014. "Fossil Resource and Energy Security Dynamics in Conventional and Carbon-Constrained Worlds." *Climate Change*, 123, pp. 413~426.

Mendonca, Miguel, Stephen Lacey and Frede Hvelplund. 2009. "Stability, Participation and Transparency in Renewable Energy Policy: Lessons from Denmark and the United States." *Policy and Society*, 27(4), pp. 379~398.

METI. 2014. *Strategic Energy Plan.* April.

_____. 2015. *Long-term Energy Supply and Demand Outlook.* July.

Michalisin, Michalisin and Bryan T. Stinchfiled. 2010. "Climate Change Strategies and

Firm Performance: An Empirical Investigation of the Natural Resource-Based View of the Firm." *Journal of Business Strategies*, 27(2), pp. 123~149.

Michelmore, Andrew. 2015. "Australia Does Not Have to Choose Between Coal and A Low Emissions Future." http://www.minerals.org.au(2015년 11월 5일 검색).

Miller, Jeff. 2015. United States and Clean Energy: A View from the U.S. Department of Energy(DOE).

MOE(Ministry of the Environment). 2013. Japan's Climate Change Policies. April 12.

Ministry of Economy, Trade and Industry. 2014. Strategic Energy Plan.

_____. 2015. Strategic Energy Plan.

Mitrany, David. 1966. *A Working Peace System*. Chicago, IL: Quadrangle Books.

MOFA. 2014. *Diplomatic Bluebook*.

MOFA·METI·MOE. 2013. ACE: Actions for Cool Earth Proactive Diplomatic Strategy for Countering Global Warming. November.

Möller, Bernd. 2010. "Spatial Analyses of Emerging and Fading Wind Energy Landscapes in Denmark." *Land Use Policy*, 27(2), pp. 233~241.

Morel, Romain and Igor Shishlov. 2014. "Ex-Post Evaluation of Kyoto Protocol: Four Key Lessons for the 2015 Paris Agreement." *Climate Report*, 44. http://www.cdcclimat. com/IMG/pdf/14-05_climate_report_no44_-_analysis_of_the_kp-2.pdf.

Mortensen, H. C. and B. Overgaard. 1992. "CHP Development in Denmark: Role and Results." *Energy Policy*, 20(12), pp. 1198~1206.

Morthorst, P. E. 2000. "The Development of a Green Certificate Market." *Energy Policy*, 28(15), pp. 1085~1094.

Münster, Marie, Poul Erik Morthorst, Helge V. Larsen, Lars Bregnbæk, Jesper Werling, Hans Henrik Lindboe, Hans Ravn. 2012. "The Role of District Heating in the Future Danish Energy System." *Energy*, 48(1), pp. 1~9.

NERA Economic Consulting. 2014. Potential Energy Impacts of the EPA Proposed Clean Power Plan. http://americaspower.org/sites/default/files/NERA_CPP%20Report_ Final_Oct%202014.pdf.

Nikkei Asian Review. 2015.9.15. "ADB, Japan Companies Plan Asia Green-Energy Fund."

NRC. 2015. "Map of Power Reactor Sites." http://www.nrc.gov/reactors/operating/map-power-reactors.html(2016년 1월 20일 검색).

Nwagbara, Uzoechi. 2013. "Rising above an Inconvenient Truth: A Commentary on Michael Kinsley's Creative Capitalism." *Thunderbird International Business Review*,

55(6), pp. 719~721.

Oberthur, Sebastian and Olav Schram Stokke(eds.). 2011. *Managing Institutional Complexity: Regime Interplay and Global Environmental Change*. Cambridge, MA: MIT Press.

Odgaard, Ole. 2007. *Energy Policy in Denmark*. Copenhagen: Danish Energy Authority.

OECD NEA. 2012. http://www.oecd-nea.org/general/facts/(2015년 12월 12일 검색)

OECD NEA. 2013. http://www.oecd-nea.org/general/facts/(2015년 12월 1일 검색).

Olesen, Gunnar Boye. 2006. "Danish Initiatives and Plans in the Field of Energy Efficiency and Renewable Energy." Forum for Energy Developnent/OVE-Europe and the Danish Organisation for Renewable Energy, INFORSE-Europe.

Oliver, Jos G. J., Greet Janssens-Maenhout, Marlena Muntean and Jeroen A. H. W. Peters. 2013. *Trends in Global CO2 Emissions: 2013 Report*. The Hague: PBL Netherlands Environmental Assessment Agency.

Orr, Franklin M. Jr. et al. 2002. *Coal Waste Impoundments: Risks, Responses, and Alternatives*. Washington, D.C.: National Research Council.

Orsini, Amandine, Jean-Frederic Morin and Oran Young. 2013. "Regime Complexes: A Buzz, a Boom, or a Boost for Global Governance?" *Global Governance*, 19(1), pp. 27~39.

Palle, Angelique. 2013. *Regional Dimensions to Europe's Energy Integration*. Oxford: The Oxford Institute for Energy Studies.

Parajuli, Ranjan. 2012. "Looking into the Danish energy system: Lesson to be learned by other communities." *Renewable and Sustainable Energy Reviews* 16, pp. 2191~2199.

Park, Sang-Chul and Dieter Eissel. 2010. "Alternative Energy Policies in Germany with Particular Reference to Solar Energy." *Journal of Contemporary European Studies*, 18(3), pp. 323~340.

Parker, Larry. 2010. "Climate Change and the EU Emissions Trading Scheme(ETS): Looking to 2020." Congressional Research Service Report for Congress R41049.

Pasqualetti, Martin J. 2011. "Opposing Wind Energy Landscapes: A Search for Common Cause." *Annals of the Association of American Geographers*, 101(4), pp. 1~11.

Pillalamarri, Akhilesh. 2014. "Project Mausam: India's Answer to China's 'Maritime Silk Road.'" http://thediplomat.com/2014/09/project-mausam-indias-answer-to-chinas-maritime-silk-road/(2015년 8월 13일 검색).

Pinkse, Jonatan and Timo Busch. 2013. "The Emergence of Corporate Carbon Norms: Strategic Directions and Managerial Implications." *Thunderbird International Business Review*, 55(6), pp. 633~645.

Porter, Michael E. and Forest Reinhardt. 2007. "Grist: A Strategic Approach to Climate." *Harvard Business Review*, 85(10), pp. 22~26.

Rasul, Golam and Bikash Sharma. 2015. "The Nexus Approach to water-energy-food Security: an option for adaptation to Climate Change." *Climate Policy*, 16.

Ratner, Michael, Paul Belkin, Jim Nichol and Steven Woehrel. 2013. "Europe's Energy Security: Options and Challenges to Natural Gas Supply Diversification." Congressional Research Service Report R42405.

Raustiala, Kal and David G. Victor. 2004. "The Regime Complex for Plant Genetic Resources." *International Organization*, 58(2), pp. 277~309.

REN21. 2014. *Renewables 2014: Global Status Report*. Paris: REN21 Secretariat.

Roosevelt, Theodore and John Llewellyn. 2007. "Investors Hunger for Clean Energy." *Harvard Business Review*, 85(10), pp. 38~40.

Schlomann, Barbara and Wolfgang Eichhammer. 2012. *Energy Efficiency Policies and Measures in Germany*. Karlsruhe: Fraunhofer Institute for Systems and Innovation Research ISI.

Schotter, Andreas and Michael E. Goodsite. 2013. "Interdisciplinary Perspectives on Competitive Climate Strategy in Multinational Corporations." *Thunderbird International Business Review*, 55(6), pp. 629~632.

Schwartz, Peter. 2007. "Investing in Global Security." *Harvard Business Review*, 85(10), pp. 26~28.

Selianko, Iulii and Andrea Lenschow. 2015. "Energy Policy Coherence from an Intra-Institutional Perspective: Energy Security and Environmental Policy Coordination within the European Commission." *European Integration online Papers(EIoP)*, 19(2). http://ssrn.com/abstract=2554322.

Shrivastava, Paul and Timo Busch. 2013. "Avoiding a Global Carbon Crisis: Learning from the Financial Crisis." *Thunderbird International Business Review*, 55(6), pp. 647~658.

Shui, Bin and Robert Harris. 2006. "The Role of CO2 Embodiment in US-China Trade." *Energy Policy*, 34(18), pp. 4063~4068.

Skovgaard, Jakob. 2013. "The Limits of Entrapment: The Negotiations on EU Reduction

Targets, 2007-11." *Journal of Common Market Studies*, 51(6), pp. 1141~1157.

Sovacool, Benjamin K. and Janet Sawin. 2010. "Creating Technological Momentum: Lessons from American and Danish Wind Energy Research." *Whitehead Journal of Diplomacy and International Relations*, 11(2)(Summer/Fall), pp. 43~57.

Sovacool, Benjamin K. and Marilyn A. Brown. 2010a. "Competing Dimensions of Energy Security: An International Review." *Annual Review of Environment and Resources*, 35. pp. 77~108.

_____. 2010b. "Measuring Energy Security Performance in the OECD." Benjamin K. Sovacool(ed.). *The Routledge Handbook of Energy Security*, London: Routledge. pp. 381~395.

Spedding, Don. 2015. "Australia's Liquefied Natural Gas(LNG) Exports, 2003-04 to 2013-14 and beyond." Australian Government Department of Foreign Affairs and Trade document. http://dfat.gov.au/about-us/publications/Documents/australias-lng-exports-2003-04-to-2013-14.pdf.

Sperling, Karl, Frede Hvelplund and BrianVad Mathiesen. 2011. "Centralisation and decentralisation in strategic municipal energy planning in Denmark." *Energy Policy*, 39, pp. 1338~1351.

Stern, Nicholas. 2006. *The Stern Review on the Economics of Climate Change*. London: the British Government.

Stonington, Joel. 2012. "Quagmire in the Sahara: Desertec's Promise of Solar Power for Europe Fades." *Spiegel International*(November 13).

Struett, Michael J., Mark T. Nance, and Diane Armstrong. 2013. "Navigating the Maritime Piracy Regime Complex." *Global Governance*, 19(1), pp. 93~104.

The Economist. 2015. Jan. 15.

The White House. 2013. "President Obama's Plan to Wind the Future by Producing More Electricity Through Clean Energy." The White House, Washington, D.C. www.c2es.org/docUploads/SOTU%20factsheet%20CES.PDF.

_____. 2014. "U.S.-Japan Joint Statement: The United States and Japan: Shaping the Future of the Asia-Pacific and Beyond." https://www.whitehouse.gov/the-press-office/2014/04/25/us-japan-joint-statement-united-states-and-japan-shaping-future-asia-pac.

Togeby, Mikael, Kirsten Dyhr-Mikkelsen, Anders Larsen, Morten Juel Hansen and Peter Bach. 2009. "Danish energy efficiency policy: revisited and future improvements."

European Council for an Energy-Efficient Economy 2009 Summer Study, pp. 299~310.

Toke, David and Sevasti-Eleni Vezirgiannidou. 2013. "The relationship between climate change and energy security: key issues and conclusions." *Environmental Politics*, 22(4), pp. 537~552.

Toke, David, Sylvia Breukers, and Maarten Wolsink. 2008. "Wind Power Deployment Outcomes: How Can We Account for the Differences?" *Renewable and Sustainable Energy Reviews*, 12, pp. 1129~1147.

Toke, David. 2005. "Are Green Electricity Certificates the Way Forward for Renewable Energy? An Evaluation of the United Kingdom's Renewables Obligation in the Context of International Comparisons." *Environment and Planning C*, 23, pp. 361~374.

Tonini, Davide and Thomas Astrup. 2012. "LCA of biomass-based energy systems: A case study for Denmark." *Applied Energy*, 99, pp. 234~246.

U.S. Chamber of Commerce. 2015. *International Index of Energy Security Risk: Assessing Risk in a Global Energy Market.* Washington, D.C.: Institute for 21st Century Energy.

Umbach, Frank. 2015. *The Future Role of Coal: International Market Realities vs Climate Protection?* The European Centre for Energy and Resource Security(EUCERS).

UNFCCC. 2015. "INDC Submission by the Republic of Korea on June 30." http://www4. unfccc.int/submissions/INDC/Published%20Documents/Republic%20of%20Korea/ 1/INDC%20Submission%20by%20the%20Republic%20of%20Korea%20on%20June% 2030.pdf.

US Energy Information Administration. 2010. *International Energy Outlook.* Washington D.C.: US EIA.

Van de Graaf, Thijis. 2013. *The Politics and Institutions of Global Energy Governance.* New York, NY: Palgrave Macmillan.

Van de Graaf, Thijs and Benjamin K. Sovacool. 2014. "Thinking Big: Politics, Progress, and Security in the Management of Asian and European Energy Megaprojects." *Energy Policy*, 74, pp. 16~27.

Van de Graaf, Thijs and Kirsten Westphal. 2011. "The G-8 and G-20 as Global Steering Committee for Energy: Opportunities and Constraints." *Global Policy*, 2(1), pp. 19~30.

Van der Vleuten, Erik and Rob Raven. 2006. "Lock-in and Change: Distributed Generation in Denmark in a Long-term Perspective." *Energy Policy*, 34, pp. 3739~3748.

Van Schaik, Louise and Simon Schunz. 2012. "Explaining EU Activism and Impact in Global Climate Politics: Is the Union a Norm or Interest-Driven Actor?" *Journal of Common Market Studies*, 50(1), pp. 169~186.

Varun, Sivaram and Teryn Norris. 2016. "The Clean Energy Revolution: Fighting Climate Change With Innovation." *Foreign Affairs*, 147.

Virginia, Dale H., Efroymson A. Rebecca and Kline L. Keith. 2011. "The land use-climate change-energy nexus." *Landscape Ecol*, 26.

Vogler, John. 2013. "Changing Conceptions of Climate and Energy Security in Europe." *Environmental Politics*, 22(4), pp. 627~645.

Voytenko, Yuliya and Philip Peck. 2012. "Organizational Frameworks for Straw-Based Energy Systems in Sweden and Denmark." *Biomass and Bioenergy*, 38, pp. 34~38.

Weinhofer, Georg and Volker H. Hoffmann. 2010. "Mitigating Climate Change: How Do Corporate Strategies Differ?" *Business Strategy and Environment*, 19(2), pp. 77~89.

Westphal, K. and T-V. de Graaf. 2011. "The G-8 and G-20 as Global Steering Committee for Energy: Opportunities and Constraints." *Global Policy*, 2(1), pp. 19~30.

Wettestad, Jørgen, Per Ove Eikeland and Måns Nisson. 2012. "EU Climate and Energy Policy: A Hesitant Supranational Turn." *Global Environmental Politics*, 12(2), pp. 67~86.

Widerberg, Oscar and Philipp Pattberg. 2015. "International Cooperative Initiatives in Global Climate Governance: Raising the Ambition Level or Delegitimizing the UNFCCC?" *Global Policy*, 6(1), pp. 45~56.

World Nuclear News. 2015.6.3. "Plan Sets Out Japan's Energy Mix for 2030."

World Bank. 2015. "World Development Indicators." http://data.worldbank.org/data-cata log/world-development-indicators.

Worth, Robert F. 2010.8.6. "Tanker Damage Caused by Attack, Inquiry Finds." *New York Times*.

Wyns, T., A. Khatchadourian and S. Oberthur. 2014. *EU Governance of Renewable Energy: Post 2020 - Risks and Options*. Brussels: Institute for European Studies - Vrije Universiteit.

Yanagisawa, Akira. 2014. Ukraine Crisis: Costs of Economic Sanctions against Russia for Japan. July.

Young, Oran R. 1996. "Institutional Linkages in International Society: Polar Perspectives."
    Global Governance, 2(1), pp. 1~24.

Zelli, Fariborz, and Harro van Asselt. 2013. "Introduction: The Institutional Fragmentation
    of Global Environmental Governance: Causes, Consequences, and Responses."
    Global Environmental Politics, 13(3), pp. 1~13.

Østergaard, Poul Alberg. 2010. "Regulation strategies of cogeneration of heat and power
    (CHP) plants and electricity transit in Denmark." *Energy*, 35, pp. 2194~2202.

龔婷. 2015. 「"一帶一路": 美國對中國周邊外交构想的解讀」. http://www.ciis.org.cn/ch
    inese/ 2015-01/20/content_7620609.htm(2015년 11월 12일 검색).

國家能源局規劃司. 2014. 「十三五能源規劃前期重大問題研究招標評選結果公告」. http://
    www.nea.gov.cn/2014-03/12/c_133180947.htm(2015년 12월 4일 검색).

國家發展改革委·环境保護部·國家能源局. 2014. 「煤電節能減排升級与改造行動計划(2014
    —2020年)」, 2014.9.12. http://www.sdpc.gov.cn/gzdt/201409/W020140919603712
    991447.doc(2015년 10월 12일 검색).

國家發展改革委·外交部·商務部. 2015. 「推動共建絲綢之路經濟帶和21世紀海上絲綢之路
    的愿景与行動」. http://www.sdpc.gov.cn/gzdt/201503/t20150328_669091.html(2015
    년 6월 12일 검색).

金樂琴. 2010. 「后危机時代中國新能源産業創新与發展的思考」. ≪經濟問題探索≫. 第11
    期, pp. 24~27.

呂淼. 2014. 「中國多邊國際能源合作的机遇与挑戰」. http://finance.sina.com.cn/zl/energ
    y/20141030/151620687724.shtml(2015년 10월 23일 검색).

劉建國·梁琦. 2015. 「"一帶一路"能源合作問題研究」, ≪中國能源≫, vol. 37, no. 7, pp. 17~
    20.

師博·王勤. 2016. 「絲綢之路經濟帶能源産業鏈一体化合作研究」, ≪經濟問題≫, 第1期,
    pp. 20~25.

謝克昌. 2014. 「我國能源安全存在結構性矛盾」, ≪中國石油企業≫, 第8期, pp. 22~25.

新華網. 2013. 「中哈關于進一步深化全面戰略伙伴關系的聯合宣言」. http://news.xinhua
    net.com/world/2013-09/08/c_117273076.htm(2015년 9월 12일 검색).

_____. 2014. 「中國-中亞天然气管道D線」. 2014.9.14. http://news.xinhuanet.com/mrdx
    /2014-09/14/c_133641578.htm(2015년 9월 12일 검색)

_____. 2016. 「十三五規划綱要(全文)」. http://sh.xinhuanet.com/2016-03/18/c_1352004
    00_7.htm(2016년 3월 22일 검색).

442

楊晨曦. 2014. 「'一帶一路'區域能源合作中的大國因素及應對策略」, ≪新視野≫, 第4期, pp. 124~128.

王楠·鄭立新. 2015. 「新時期中俄兩國能源合作的趨勢及戰略意義硏究」. ≪經濟硏究導刊≫, 第9期, pp. 254~255.

閆世剛·劉曙光. 2014. 「新能源安全觀下的中國能源外交」. ≪國際問題硏究≫, 第2期, pp. 109~117.

人民網. 2015a. 「外交部：中國已成爲世界節能和利用新能源第一大國」. http://world.people.com.cn/n/2015/1208/c1002-27902167.html(2015년 12월 8일 검색).

_____. 2015b. 「携手构建合作共贏, 公平合理的气候變化治理机制: 在气候變化巴黎大會開幕式上的講話」. http://politics.people.com.cn/n/2015/1201/c1024-27873625.html(2015년 12월 4일 검색).

_____. 2015c. 「報告：上海合作組織應建立統一能源市場」. http://politics.people.com.cn/n/2015/0707/c70731-27265875.html(2015년 12월 5일 검색).

趙一鳴. 2016. 「京津冀協同發展生態环保規划發布 2020年告別霧霾」. http://report.hebei.com.cn/system/2015/12/31/016486786.shtml(2016년 1월 4일 검색).

中國經濟新聞網. 2015. 「高世楫：嚴格環境監管共建生態文明」. http://www.cet.com.cn/wzsy/gysd/1577144.shtml(2015년 9월 12일 검색).

中國國務院. 2014. 「能源發展戰略行動計划(2014~2020年)」. http://www.gov.cn/zhengce/content/2014-11/19/content_9222.htm(2015년 10월 2일 검색).

中國能源報. 2016. 「煤炭消費峰値說法不一」, 2016.1.25. http://paper.people.com.cn/zgnyb/html/2016-01/25/content_1650555.htm(2016년 1월 25일 검색).

中國能源綜合發展戰略与政策硏究課題小組. 2015. 「國家能源戰略的基本构想」, http://www.people.com.cn/GB/jingji/1045/2191153.html(2015년 7월 24일 검색).

中國報告大廳. 2015. 「2015年能源消費的數据分析」. http://www.chinabgao.com/stat/stats/40981.html(2015년 12월 2일 검색).

中國新聞網. 2015. 「至2015年年中中國共建成8个國家石油儲備基地」. http://news.cntv.cn/2015/12/11/ARTI1449823672760185.shtml(2015년 12월 11일 검색).

中國統計年鑒. 2015. http://www.stats.gov.cn/tjsj/ndsj/2015/indexch.htm(2015년 10월 22일 검색).

中華人民共和國商務部. 2014. 「習主席訪問中南美各國, 加强基础設施建設合作」. http://www.mofcom.gov.cn/article/i/jyjl/j/201407/20140700671382.shtml(2015년 10월 23일 검색).

沈鐳·劉立濤. 2010. 「中國能源可持續發展區域差异及其因素分析」, ≪中國人口·資源與

　　環境≫, vol. 20, no. 1, pp. 17~24.

黃曉勇. 2014. 「能源生産与消費革命如何落實」, ≪國際金融報≫, 第19版. http://paper.p
　　eople.com.cn/gjjrb/html/2014-09/29/content_1483038.htm(2015년 3월 29일 검색).

國家戰略室. 2012. グリーン政策大綱.

東洋経濟. 2014.11.10. "「サハリンパイプライン計畫」、年明け始動へ."

経濟産業省. 2014. 平成25年度エネルギーに關する年次報告(エネルギー白書2014).

新メカニズム情報プラットホーム. "JCMの基本コンセプト." http://www.mmechanisms.or
　　g/initiatives/jcm.html.

外務省. 2008. "クールアース・パートナーシップ 氣候変動對策における開發途上國支援
　　のための資金メカニズム."

日本貿易保險. 2013. "NEXIにおけるJCM特別金融スキームについて." http://nexi.go.jp/to
　　pics/system/004985.html.

日本再興戰略. 2013. 日本再生戰略.

Prime Minister's Office. 2013. ACE(エース): Action for Cool Earth(美しい星への行動).

저자 소개(가나다 순)

김성진(tempusfugit@naver.com)
서울대학교 외교학 학사, 서울대학교 외교학 석사, 서울대학교 외교학 박사, 현 고려대학교 그린
스쿨 연구교수
주요 논저: 「파리기후체제는 효과적으로 작동할 것인가?」, 「기후변화적응기금의 배분 기준에 관
한 탐색적 연구」(공저) 외 다수

김연규(YOUN2302@hanyang.ac.kr)
서울대학교 노어노문학과 학사, 미국 터프츠 대학교 국제관계학 석사, 미국 퍼듀 대학교 정치학
박사, 미국 허드슨연구소 초빙연구원 역임, 현 한양대학교 국제학부 교수, 현 한양대학교 에너지
거버넌스센터장(한국연구재단 SSK 에너지연구사업단), 현 한국국제정치학회 이사, 현 한국정치
학회 이사, 현 한러협회 이사
주요 논저: 『에너지국제정치의 변환과 동북아시아』(편저), "The New Great Game of Caspian
Energy in 2013~2014: "Turk Stream," Russia and Turkey" 외 다수

김진수(jinsookim@hanyang.ac.kr)
서울대학교 지구환경시스템공학부 학사, 서울대학교 지구환경시스템공학부 석사, 서울대학교 에
너지시스템공학부 박사, 현 한양대학교 자원환경공학과 교수, 현 한국자원경제학회 상임이사, 현
한국자원공학회 정책이사
주요 논저: "Korean public's perceptions on supply security of fossil fuels: A contingent
valuation analysis" 외 다수

김효선(hyosun@kopri.re.kr)
연세대학교 지질학과 학사, 미국 애리조나 대학교 자원경제학 박사, 한국가스공사 경영연구팀 책
임연구원 역임, UN개발계획(UNDP) 자원개발 프로그램 담당관 역임, 현 극지연구소 선임연구원,
현 한국환경경제학회 대외협력위원장, 현 국제가스연맹(IGU) 지속가능개발분과/E&P분과 위원,
현 한국탄소금융협회 전문위원, 현 전력거래소 자문위원
주요 논저: 『글로벌 북극』, "Testing Market Efficiency of Spot and Futures Prices in European
Carbon Market", "Allocation and Banking in Korean Permits Trading" 외 다수

류주한(jhryoo@hanyang.ac.kr)

미국 뉴욕 대학교 경영학 학사, 뉴욕 대학교 매스미디어 석사, 영국 런던 대학교 MBA, 런던 정경 대학 경영학 박사, 현 한양대학교 국제학부 교수

주요 논저: "Antecedents of boundary decision makings: Integrating transaction costs and organizational perspectives", "Factors influencing Internet shopping value and customer repurchase intention" 외 다수

박상철(scpark@kpu.ac.kr)

독일 유스투스 리비히 대학교 정치학 석사, 유스투스 리비히 대학교 정치학 박사, 유스투스 리비히 대학교 정치학 정교수 자격, 스웨덴 고센버그 대학교 경제학 박사 및 종신부교수 자격, 현 한국산업기술대학교 교수, 현 한국산업기술대학교 중견기업육성연구소 소장

주요 논저: "Innovation policy and strategic value for building a cross-border cluster in Denmark and Sweden", 「유럽연합(EU)의 대 러시아 천연가스 수입의존도 감축 전략에 관한 연구」 외 다수

박희원(phw007@gmail.com)

서울대학교 자원공학과 학사, 서울대학교 자원공학과 석사, 서울대학교 자원공학과 박사, 미국 서던 캘리포니아 대학교 방문연구원 역임, 한국지질자원연구원 연구원 역임, 국가지정연구(NRL) 사업 진행, 현 에너지홀딩스그룹 대표

주요 논저: 「디지털 오일필드 기술 분류 및 적용 사례 분석」(공저), 「미국의 지역별 생산 유·가스전 가치평가의 특성요소 분석」(공저)

벤저민 소바쿨(benjaminso@auhe.au.dk)

미국 존 캐롤 대학교 철학·커뮤니케이션 연구 학사, 미국 웨인 스테이트 대학교 수사학 석사, 미국 버지니아 테크 과학 정책 석사, 버지니아 테크 과학기술연구 박사, 버지니아 테크 연구부총장실 박사후 연구원 역임, 미국 버몬트 로스쿨 방문조교수 역임, 싱가포르 국립대학교 리콴유 공공정책대학 조교수 역임, 현 덴마크 오르후스 대학교 비즈니스사회과학 전공 교수

주요 논저: *The National Politics of Nuclear Power*, *The Governance of Small-Scale Renewable Energy in Developing Asia* 외 다수

안상욱(ahnsangwuk@pknu.ac.kr)

서울대학교 서양사학 학사, 프랑스 파리 3대학 유럽연합 경제정책학 석사, 파리 정치대학 유럽지역학 고등연구과정 수료, 파리 3대학 경제학 박사, 현 부경대학교 국제지역학부 교수

주요 논저: 「프랑스 원자력 에너지정책의 연속성과 변화가능성」, 「프랑스 원자력 에너지 운영 및 에너지 정책의 연속성 독일과의 비교」 외 다수

원동욱(china@dau.ac.kr)
서울대학교 중어중문학 학사, 중국 북경대학교 국제정치학 석사, 북경대학교 국제정치학 박사,
한국교통연구원 책임연구원 역임, 현 동아대학교 중국·일본학부 교수
주요 논저: 「국제기후담판에서 중국의 입장변화 분석: 과정과 동인을 중심으로」, 「중국의 지정학
과 주변외교: '일대일로'를 중심으로」 외 다수

이승주(seungjoo@cau.ac.kr)
연세대학교 정치학 학사, 연세대학교 정치학 석사, 미국 캘리포니아 버클리 대학교 정치학 박사,
연세대학교 국제관계학과 조교수 역임, 싱가포르 국립대학교 정치학과 조교수 역임, 현 중앙대학
교 정치국제학과 교수
주요 논저: "Changing Dynamics in Korea-Japan Economic Relations: Policy Ideas and Devel-
opment Strategies", 「일본의 생산 네트워크와 지역주의 전략의 변화」 외 다수

정수현(soointo@gmail.com)
숭실대학교 정치외교학 학사, 숭실대학교 정치외교학 석사, 미국 플로리다 주립대학교 정치학 박
사, 현 명지대학교 미래정치연구소 전임연구원
주요 논저: 「국제환경협약의 비준과 거부: 국내 정치적 요인의 영향력을 중심으로」, 「민주주의와
국제환경협약의 준수」 외 다수

조정원(cjwsun2007@gmail.com)
국민대학교 중어중문학 학사, 중국 인민대학교 국제정치 석사, 인민대학교 경제학 박사, 현 한양
대학교 에너지거버넌스센터 전임연구원
주요 논저: 「바오딩시의 기후변화 정책과 환경 거버넌스」 외 다수

한울아카데미 1906

신기후체제하 글로벌 에너지 질서 변동과 한국의 에너지 전략

ⓒ 김연규, 2017

엮은이 **김연규** | 펴낸이 **김종수** | 펴낸곳 **한울엠플러스(주)** | 편집 **신순남**

초판 1쇄 인쇄 **2017년 2월 3일** | 초판 1쇄 발행 **2017년 2월 15일**

주소 **10881 경기도 파주시 광인사길 153 한울시소빌딩 3층** | 전화 **031-955-0655** | 팩스 **031-955-0656**
홈페이지 **www.hanulmplus.kr** | 등록번호 **제406-2015-000143호**

Printed in Korea.
ISBN 978-89-460-5906-1 93300(양장)
　　　978-89-460-6188-0 93300(학생판)

※ 책값은 겉표지에 표시되어 있습니다.
※ 이 책은 강의를 위한 학생판 교재를 따로 준비했습니다.
　강의 교재로 사용하실 때에는 본사로 연락해 주십시오.

※ 이 저서는 2015년 정부(교육부)의 재원으로 한국연구재단의 지원을 받아 수행된 연구임(NRF-2015S1A3A2046684).